Benjamin Creme
Worte eines Meisters

Worte eines Meisters

Artikel aus der Zeitschrift *Share International*

Benjamin Creme

Edition Tetraeder

Titel der englischen Originalausgabe:
A Master Speaks
by Benjamin Creme
Third Edition, 2004
Share International Foundation
London • Amsterdam • Los Angeles

Das Umschlagbild ist eine Arbeit von Benjamin Creme aus dem Jahr 1964 mit dem Titel Aspiration. Der goldene Feuerball stellt die Seele dar, mit der sich die Persönlichkeit durch Aspiration und Meditation allmählich verbindet. Diese Verbindung läuft über den Lichtkanal, die Antahkarana.

Bibliografische Informationen der Deutschen Bibliothek
Die Deutsche Bibliothek verzeichnet diese Publikation in der Deutschen Nationalbibliografie; detaillierte bibliografische Daten sind im Internet unter <http://dnb.ddb.de> abrufbar.

ISBN 978-3-932400-04-9
© by Benjamin Creme, London
© für deutschsprachige Ausgaben:
Edition Tetraeder e.V., München
1. Auflage: März 2008
Alle Rechte vorbehalten.
Druck: Offset Druckerei Pohland, Augsburg

Inhalt

Vorwort

In jedem Zeitalter haben bedeutende oder weniger bedeutende Lehrer die Menschheit geleitet. Das waren die großen Gestalten der Geschichte wie Herkules, Hermes, Rama, Mithra, Vyasa, Shankaracharya, Krishna, Buddha, Christus und Mohammed. Sie sind die Hüter eines Evolutionsplans für die Menschheit und die anderen Naturreiche. Die Ausführung dieses Plans zählt zu den Aufgaben der geistigen Hierarchie der Meister der Weisheit.

Die Meister sind jene Mitglieder der menschlichen Familie, die die Evolutionsreise vor uns angetreten und sich bereits vervollkommnet haben – durch dieselben Entwicklungsschritte, die auch uns voranbringen. Sie haben die Verantwortung dafür übernommen, dass alle Menschen dieses Ziel ebenfalls erreichen. Sie sind für den gesamten Evolutionsprozess zuständig, sie beraten und helfen uns, durch eine allmähliche Bewusstseinserweiterung genauso vollkommen und weise zu werden wie sie.

Die Mehrzahl der Meister lebt in abgelegenen Gebirgsregionen und Wüsten und nimmt mit der Welt nur selten direkt Kontakt auf. Sie verrichten ihre Arbeit mithilfe ihrer Jünger und kommunizieren mit ihnen hauptsächlich auf telepathischem Weg. Auf diese Weise ist es auch mir vergönnt, mit einem der Meister in Verbindung zu stehen. Aus verschiedenen Gründen kann seine Identität zurzeit noch nicht bekannt gegeben werden, ich kann nur sagen, dass er ein hochrangiges Mitglied der Hierarchie ist, dessen Name Esoterikern im Westen vertraut ist.

Durch seine Informationen, seine Unterweisungen und Anregungen bin ich in der Lage, die Aufgabe zu erfüllen, die ich übernommen habe: bekannt zu machen, dass Maitreya, der Christus, das Oberhaupt der Hierarchie der Meister, unter uns ist. Er lebt seit Juli 1977 in London und befasst sich als moderner Mensch mit den heute aktuellen politischen, wirtschaftlichen und sozialen Problemen. Er ist ein spiritueller, aber kein religiöser Lehrer, ein Erzieher im weitesten Sinne des Wortes, der uns den Weg aus der gegenwärtigen Weltkrise zeigt.

Um diese Information bekannt zu machen, geben meine Mitarbeiter und ich seit Januar 1982 die Zeitschrift *Share International* heraus. Mein Meister war von Anfang an so freundlich, für jede Ausgabe einen

Artikel beizusteuern. Das macht *Share International*, soweit ich weiß, zur einzigen Zeitschrift der Welt, die einen Meister zu ihren Autoren zählen kann.

Da diese Beiträge eine Fülle von Weisheiten und Information enthalten und immer wieder gerne gelesen werden, haben wir die Jahrgänge 1982 bis 2003 unter dem Titel *Worte eines Meisters* in diesem Band zusammengefasst.

Ich hoffe, dass Sie seine Worte überzeugend und inspirierend finden. Der Name des Meisters wird bekannt gegeben, sobald Maitreya, der Christus, mit seinen richtungsweisenden Ideen an die Öffentlichkeit getreten ist. Dieses Ereignis steht, wie wir meinen, nahe bevor.

Benjamin Creme, Januar 2004

Ein neues Zeitverständnis

Ein für die Menschheit lebensnotwendiger Wandel wird erst dann möglich sein, wenn sich ein neues Verständnis für Zeit entwickelt hat. Heute versteht man unter Zeit meist einen kontinuierlichen Prozess, der Handlungsmomente aneinanderreiht. Zeit ist jedoch kein Prozess, sondern ein Bewusstseinszustand. Wenn wir das erkennen, werden wir unser Leben von Grund auf ändern und viel besser verstehen, was Wirklichkeit eigentlich ist; das gibt dem Menschen eine beglückend neue Freiheit, und er kann sich dann, ohne dem Diktat der Zeit unterworfen zu sein, zu seinem Geburtsrecht erheben.

Wie lässt sich das erreichen? Derzeit sind die meisten von uns in einen festen Tagesablauf eingespannt: der Lebensunterhalt muss verdient werden, Entscheidungen müssen mit Rücksicht auf die Bedürfnisse anderer getroffen werden; es ist ein ständiger Kampf gegen die Uhr und das unbarmherzige „Verrinnen der Zeit". Unsere heutige Lebensweise bietet wenig Hoffnung auf einen grundlegenden Wandel unseres Zeitverständnisses. Doch zum ersten Mal in der Geschichte zeichnet sich nun die Möglichkeit ab, das Zeitphänomen völlig neu zu erleben, und der Schlüssel zu diesem wünschenswerten Geschehen ist eine gesellschaftliche Umgestaltung. Wenn die Menschheit wirklich und wahrhaftig eins geworden ist, wird der Faktor Zeit verschwinden. Wenn der Mensch von einem inneren, kreativen Standpunkt aus an das Leben herangeht, wird die Zeit nicht mehr unser Denken bestimmen, und das wird uns von ihrer Tyrannei befreien. Das erfordert allerdings, dass der Mensch seinen Platz im Universum neu definiert und ein besseres Verhältnis zum Ursprung seines Seins findet.

Man hat sich daran gewöhnt, von Zeit als einer vorübergehenden Abfolge von Ereignissen zu sprechen. Eine neue und zutreffendere Bewertung der Zeit wird dann möglich sein, wenn der Mensch sich an seinem höheren Selbst zu orientieren beginnt. Damit öffnet sich der Weg zu einem besseren Verständnis für zyklische Aktivität und Nichtaktivität und somit für Zeit.

Dieses Verständnis hängt von einer richtigen Beziehung zu unseren Mitmenschen ab. Denn zyklische Aktivität lässt sich erst wirklich begreifen, wenn sich das Gefühl, allein und isoliert zu sein, nicht mehr existiert. Eine neue – politische und ökonomische – Weltordnung ist die unabdingbare Voraussetzung für eine wirklichkeitsgetreuere Sicht, denn das dafür notwendige Gefühl des Einsseins kann nur zustande kommen, wenn Harmonie und Gerechtigkeit herrschen. Das bedeutet, praktisch gesehen, die Schaffung politischer, ökonomischer und sozialer Strukturen, die die Menschen zusammenbringen und das Gefühl des Einsseins auf allen Ebenen und jedem Gebiet hervorrufen. Wenn die Menschen das erkennen, werden sie auch Maßnahmen ergreifen, um die notwendigen Veränderungen herbeizuführen und den Weg zu wirklich menschlichen Beziehungen zu ebnen. Mit diesen neuen mitmenschlichen Beziehungen werden die Voraussetzungen für ein neues Zeitempfinden geschaffen.

Aus der Sicht eines Meisters existiert Zeit nur im Sinne zyklischer Wellen von Aktivität und anschließender Nicht-Aktivität, die sich in unendlicher Folge wiederholen. Er ist völlig frei von einem Zeitgefühl, wie es in den drei Welten der menschlichen Erfahrung empfunden wird, und muss sich daher im Umgang mit seinen Jüngern ständig neu anpassen, um beispielsweise seine Überlegungen und Absichten immer wieder auf den Bewusstseinszustand derjenigen abzustimmen, die noch in der Zeit gefangen sind.

Doch es gibt schon Anzeichen, dass die Menschen ihre verfehlte Einstellung zurzeit erkennen, und es wird nicht mehr lange dauern, bis diese Erkenntnis sich allgemein durchsetzen wird. Viele Entdeckungen der heutigen Wissenschaft führen zu der Annahme, dass Zeit ein dualer Faktor ist, und das wird zunehmend die menschliche Wahrnehmung der Realität prägen; doch eine echte Erkenntnis dessen, was Zeit ist, wird sich erst einstellen, wenn der Mensch sich wirklich bewusst wird, dass er Teil eines integralen Ganzen ist. Wenn er Formen und Strukturen schafft, die auf Einheit und Brüderlichkeit beruhen – ohne die diese Integration nicht stattfinden kann –, wird er am Beginn einer völlig neuen Realitätserfahrung stehen, von der ein stetiger Strom schöpferischer Kraft ausgeht, wie ihn diese Welt bis dahin noch nie erlebt hat.

Januar 1982

Teilen

Im kommenden Zeitalter wird die Menschheit verschiedene Methoden entwickeln, um die Probleme, die bei der Umsetzung des Prinzips des Teilens entstehen, zu bewältigen. Dabei wird jede Phase der Entfaltung dieses kostbaren Prinzips den Menschen seinem Ursprung näher bringen. Allmählich wird man eine neue Menschheit erleben, die mehr und mehr in der Lage ist, ihr göttliches Potenzial zu verwirklichen.

In der ersten Phase wird das Wesentliche die Umverteilung sein, das heißt, jede Nation wird den Teil ihrer Ressourcen, der ihren Eigenbedarf übersteigt, in einen gemeinsamen Haushalt einbringen. Mit einem ausgeklügelten Tauschsystem werden die Güter der Welt so lange verteilt, bis die dem Menschen innewohnende Göttlichkeit den Wunsch nach einfacheren Wirtschaftsmethoden weckt.

Darauf wird eine Phase folgen, in der sich der Mensch von der Plackerei unnötiger Arbeit befreit. Maschinen werden allmählich die Produktion von Gütern übernehmen, und eines Tages wird man auf diese Weise alle Gebrauchsgegenstände herstellen. Dies wird zu einer Unabhängigkeit führen, die heute angesichts der gewaltigen Unterschiede zwischen den Ländern, was Entwicklungsstand und Ressourcen betrifft, noch unvorstellbar ist. Maschinen werden den Menschen entlasten, sodass er sich der Erforschung seiner eigenen inneren Natur widmen und seine Göttlichkeit entwickeln kann. Mit der Zeit wird man diese Maschinen per Willensakt erschaffen. Mit seiner hoch entwickelten Verstandeskraft wird der Mensch ein Kräfteaggregat erzeugen und damit das Instrumentarium für all das schaffen, was er braucht.

Als Nächstes wird man dann die Potenziale und Früchte des Geistes teilen. Eine noch nie da gewesene Kreativität wird das Leben der Menschen verwandeln, und alle werden an dieser neuen Lebendigkeit und Schönheit teilhaben. So werden die Menschen sich als Götter erweisen.

Alles hängt davon ab, ob der Mensch bei seinen Entscheidungen jetzt die richtige Wahl trifft, das heißt, von seiner Fähigkeit, die nötigen Opfer zum Wohle aller zu bringen. Wenn dies gelingt, steht ihm der Weg offen, sich von seinen selbst auferlegten Beschränkungen zu befreien, denen er jetzt noch völlig unterworfen ist.

Aus unserer Sicht werden diese Voraussetzungen bereits erfüllt. Schon jetzt lässt sich erkennen, dass die Menschheit täglich mehr begreift, da ihr für die notwendigen Veränderungen nur noch wenig Zeit bleibt.

Bald wird sich ein neues Gefühl des Einsseins entwickeln, das Gefühl, zu einer Familie von Brüdern und Schwestern zu gehören. Mit neuen, besseren Zielen wird sich das Leben der Menschen entscheidend verändern, und gemeinsam und in zunehmender Harmonie werden sie für ihre Weiterentwicklung das Richtige tun. Die zunehmende Erkenntnis seiner Bestimmung und des Sinns seines Lebens wird den Menschen voranbringen und seinen Weg erhellen.

So wird man das Prinzip des Teilens stufenweise umsetzen, wobei mit jeder Phase ein weiterer Aspekt der göttlichen Natur des Menschen sichtbar wird und mit zunehmender Strahlkraft deren Größe beweist. In der kommenden Zeit wird viel zu tun sein, damit die jetzt der Menschheit gebotenen Chancen, sich in einem insgesamt gesteigerten Rhythmus zu entfalten, auch genutzt werden. Noch nie zuvor standen die Energien hierfür in solcher Stärke zur Verfügung. Deshalb ist diese Zeit so außergewöhnlich. Beispiellos ist auch die Anwesenheit des Friedensfürsten, des Herolds der Morgendämmerung mit der wachsenden Schar seiner Jünger *mitten unter euch*. Unter unserer weisen Führung wird der Mensch mit der Zeit sein wahres Format erkennen und seine Bestimmung erfüllen.

Februar 1982

Neue Formen des Zusammenlebens

Der Menschheit eröffnen sich völlig neue Möglichkeiten im sozialen Miteinander. Da sich der Mensch an der Schwelle der „Wassermann-Erfahrung" befindet, werden in der kommenden Zeit völlig neue Bewusstseinsebenen erkennbar. Auf Grund dessen wird er neue Lebensformen entwickeln, in denen er sein zunehmendes Gefühl für die Wechselbeziehung zwischen allen Dingen zum Ausdruck bringen kann.

Anfangs können sich diese neuen Strukturen nur langsam herausbilden, da der Mensch sich erst vorsichtig seinen Weg aus dem gegenwärtigen Sumpf bahnen muss. Aber allmählich werden die Meister der Hierarchie, die als erste Gruppe in der Alltagswelt tätig werden, dem Wandel neue Impulse verleihen. Neue Ideen werden um sich greifen und die Menschen weltweit auf eine neue Weise miteinander verbinden, sodass sie ihre sozialen Beziehungen anders zu sehen beginnen.

An dieser Stelle ist es notwendig, für einen Moment abzuschweifen, um die Aufmerksamkeit auf die Unzulänglichkeit der gegenwärtigen Sozialstrukturen zu lenken, die zusehends zerfallen. Viele Menschen führen heute ein zutiefst unerfülltes Leben; bloß mit dem Broterwerb beschäftigt, können sie kaum wirklich kreativ zum gemeinsamen Fundus an Erkenntnissen und Erfahrungen beitragen. Ohne eigenes Verschulden können sie nur passiv zuschauen, wie das Leben an ihnen vorbeizieht. Jeder echten Lebensfreude beraubt, ohne einen Sinn im Leben zu sehen, warten sie mit steigendem Groll auf ihren Tag der Rache. Darin liegt ein großes, weltweites Problem. Überall trifft man heutzutage auf Ratlosigkeit, Unruhe und Wut.

Mitten in diese Konfusion ist nun der Christus gekommen. Seine Aufgabe ist es, den Weg zu neuen Strukturen aufzuzeigen, die es den Menschen ermöglichen, ihr wachsendes Verständnis, ein göttliches Wesen zu sein, zum Ausdruck zu bringen. Nur die Meister und der Christus selbst kennen das unvorstellbare Ausmaß seiner Aufgabe. Dennoch warten wir vertrauensvoll auf die Reaktion der Menschheit.

Zu Anfang muss vor allem anderen den ärmeren Regionen der Welt geholfen werden, um das Leid von Millionen Menschen zu lindern. Die den jeweiligen Bedürfnissen entsprechende Umverteilung der Erträge der Erde, der Weltressourcen, sollte so lange fortgesetzt werden, bis ein fairer Ausgleich erreicht ist. Dafür wird man zwei bis drei Jahre benötigen. Gleichzeitig muss ein umfangreiches Ausbildungsprogramm eingesetzt werden, um die zunehmenden Probleme der Arbeitslosigkeit zu bewältigen und den ebenso zunehmenden Forderungen nach einer sinnvolleren, kreativeren Freizeitgestaltung nachzukommen. Mit einem Minimum an Unruhen wird sich schrittweise die gesellschaftliche Umstrukturierung vollziehen. Die Hoffnung der Menschen auf eine Gesellschaft nach dem Prinzip des Teilens und der Liebe wird sich allmählich erfüllen, sodass das neue Zeitalter jedem seinen rechtmäßigen Platz garantiert.

Aufgrund dieser neuen Formen wird der Mensch auch andere, bislang nur ansatzweise erahnte Qualitäten entwickeln. Mit einer neuen Wahrnehmungs- und Aufnahmefähigkeit, die ihm bis dahin unbekannt war, wird er das geistige Fundament unseres Lebens schneller begreifen, sodass sich die innere Göttlichkeit in einem gesteigerten Rhythmus offenbaren kann. In den gesellschaftlichen Strukturen wird sich das Gefühl für das Zusammenspiel der gesamten Schöpfung widerspiegeln und zum richtigen Verhalten gegenüber allen Naturreichen führen. Wieder einmal wird der Mensch die Heiligkeit allen Lebens begreifen und alles tun, um dieses Leben vor Leid zu bewahren. Zwischen allen Gruppen wird ein schöpferisches Geben und Nehmen herrschen und für eine stabile Entwicklung des menschlichen – und göttlichen – Potenzials im Menschen sorgen.

Millionen werden – durch Maschinen von der Last unnötiger Arbeit befreit – eine bisher nicht gekannte schöpferische Kraft in sich entdecken und ihre Bilder in den leuchtenden Teppich eines glücklichen Lebens weben, das zum Merkmal des neuen Zeitalters werden wird.

März 1982

Die Wiederkehr des Christus

Die Welt ist jetzt bereit, den Lehrer, den Avatar, den Vorboten des neuen Zeitalters in ihrer Mitte aufzunehmen. Überall herrscht eine erwartungsvolle Stimmung; überall wird den Menschen bewusst, oder sie ahnen es zumindest, dass die Schicksalsstunde geschlagen hat. Trotz aller Spaltungstendenzen begreifen die Nationen zusehends, wie sehr sie aufeinander angewiesen sind, wie dringend konzertierte Aktionen sind, um ihre Probleme zu lösen. Langsam aber sicher bildet sich ein globales Bewusstsein heraus, sodass die Menschheit heute besser auf die Wiederkehr des Christus vorbereitet ist als je zuvor in der Geschichte.

In vieler Hinsicht wird der Christus heute erwartet, und viele Hoffnungen soll er erfüllen. Zahlreiche Aufgaben harren seiner weisen Anteilnahme, seiner pflichtbewussten Umsicht. Der Christus, Maitreya ist bereit, für eine Welt, die sich nach Wahrheit sehnt, die Rolle des Lehrers zu übernehmen. Der Mensch, im Labyrinth verloren, ringt darum, sich aus den Fesseln der Unwissenheit und Habsucht zu befreien, und sucht nach einer vernünftigeren, einfacheren Lebensweise, um seine Bestimmung erfüllen zu können. In dieses Chaos kommt nun der Christus, da er auf den Hilferuf der Menschen reagiert. Wie wird er vorgehen? Welche Aufgaben wird er angesichts der Weltprobleme zuerst anpacken, womit beginnt seine Mission?

Die Lösung des Hungerproblems, der Hungersnot inmitten von Überfluss, wird sein erstes Ziel sein, und daher wird er seine Stimme den Millionen Menschen leihen, die sich nach einer besseren, gerechteren Welt sehnen. Seine nächsten Pläne betreffen den Abbau des politischen Ungleichgewichts sowie die Neuordnung der Weltwirtschaft auf einer vernünftigeren Basis.

Für all das muss er kämpfen und Schritt für Schritt den Menschen Wege zeigen, wie sie ihr Leben neu gestalten können. Unter seiner Inspiration und Führung wird die Menschheit sich und ihre Strukturen verändern und damit den Weg zu einem tieferen Verständnis und einer besseren Verkörperung der Wirklichkeit ebnen, deren Teil sie ist.

Die unmittelbare Aufgabe wird die Mobilisierung der globalen öffentlichen Meinung sein. Ohne sie wäre sein Ruf nach Gerechtigkeit nicht durchsetzbar. Wenn man die Alternative – entweder Frieden durch Teilen oder Krieg und Selbstzerstörung – wirklich begreift, werden sich Millionen der Argumentation des Christus anschließen und ein Ende der Ungerechtigkeit, des Elends und der Kriege fordern. Die Aufgabe des Christus wird es sein, diese immer drängenderen Rufe nach Freiheit, Teilen und Frieden so zu steuern, dass dabei nur ein Minimum an Unruhen entsteht.

Die Hälfte der Weltbevölkerung lebt heute in Armut, eine ungeheure Kluft trennt Arm und Reich. Dies erzeugt Spannungen, die eine enorme Gefahr für die gesamte Menschheit sind. Der Christus wird den Weg nach vorne zeigen, wird Schritt für Schritt die Ungleichheiten und Spannungen abbauen und so dafür sorgen, dass der Übergang zum neuen Zeitalter relativ ruhig verläuft.

Alles wurde sorgfältig vorbereitet, nichts wird dem Zufall überlassen; doch die Menschheit wird selbst entscheiden müssen, wie rasch die nötigen Veränderungen vor sich gehen, denn ihr freier Wille darf niemals verletzt werden.

Wer diese Worte liest, hat nun die Wahl: entweder dem Christus bei seiner Arbeit zu helfen und daran mitwirken, der Menschheit die Erfordernisse der Zeit bewusst zu machen, und damit allen Menschen auf wirksamste Weise zu dienen – oder passiv abzuwarten, was geschieht, und damit eine Chance zum eigenen Wachstum zu verspielen, wie sie nur selten einer Generation geboten wird.

April 1982

Das Geschenk des Lebens

Gegen Ende dieses Jahrhunderts wird die Menschheit allmählich ein neues Verständnis für den Sinn und Zweck des Lebens entwickeln. Es wird sich eine neue Lebenseinstellung durchsetzen und alle Zusammenhänge und Beziehungen in ganz neuem Licht erscheinen lassen. Damit wird sich die Einstellung des Menschen zu sich selbst und seinem Schicksal von Grund auf wandeln. Doch das geschieht erst, wenn ihm die soziale Integration geglückt ist, die seine vordringlichste Aufgabe ist, das heißt, wenn durch die Neuverteilung der Ressourcen Gerechtigkeit und Harmonie herrschen werden.

Mit dieser neu gewonnenen Harmonie wird sich auch ein neues Verantwortungsgefühl entwickeln, weil man auf einmal spürt, dass man zu einer großen Familie von Brüdern und Schwestern gehört, für deren Bedürfnisse jeder Sorge zu tragen hat. Die Evolution wird neue Anstöße erhalten, und unter der Führung der Meister wird der Mensch seinen Aufstieg zur Göttlichkeit antreten.

Zu diesem neuen Schritt nach vorn bedarf es auch neuer Energien – sie werden in immer höherer Potenz zur Verfügung stehen. Die Wasser des Lebens, die Wasser des Wassermann-Zeitalters werden auf allen Ebenen in das Leben der Menschen einfließen, und durch diesen Stimulus wird ein neuer Mensch geboren, der mehr und mehr seine innewohnende Göttlichkeit widerspiegelt.

Dieses Geschenk des Lebens wird uns der Christus bringen und sich als der Wasserträger zu erkennen geben, als Befreier aller Menschen, der ein „Leben in größerer Fülle" bringt, wie er schon vor langer Zeit vorausgesagt hat. Mit diesem „Leben in größerer Fülle" wird sich auch eine neue schöpferische Kraft entfalten. Ein Strom fruchtbarer Ideen und Entdeckungen wird vom Menschen ausgehen, der alles Vorangegangene übertrifft und der im Einklang mit dem kosmischen Gesetz steht. Die Natur wird ihre Geheimnisse offenbaren und das Universum sich dem forschenden menschlichen Geist öffnen; das so erlangte Wissen wird in den Dienst des allgemeinen Wohls gestellt und das gesamte Erdenleben schöner gestalten und bereichern.

So wird es sein. So werden Menschen zu Göttern werden, den göttlichen Willen erfüllen und alle Geschöpfe im Einklang mit dem göttlichen Plan auf dem Pfad der Evolution weiterführen. Es wird eine Zeit kommen, wo der Mensch Gott in jeder Hinsicht neu und lebendiger erfahren wird, nicht als unfassbare, ferne Idee, sondern als allgegenwärtige Wirklichkeit, die alles Leben beseelt und sich in allen seinen Formen offenbart. Dann wird der Mensch gemeinsam mit dem göttlichen Schöpfer tätig sein und den Platz einnehmen, der ihm im Evolutionsplan bestimmt ist.

Darüber hinaus wird sich mit dem menschlichen Fortschritt auch der Planet selbst weiter entfalten; alles entwickelt sich gemeinsam, als integrales Ganzes weiter. Der Mensch steht jetzt an der Schwelle großer Errungenschaften, und diesmal nicht allein. Seine Älteren Brüder, die Meister und Eingeweihten, sind zu Beistand und Rat bereit. Unter ihrer weisen Obhut wird alles gelingen. Wenn sie in die äußere Welt zurückkehren, werden sie den Menschen die Wege Gottes und den Pfad zu Gott zeigen. Wer fähig ist, auf sie zu reagieren, den werden sie und der Christus an ihrer Spitze nähren und beschützen, lehren und schulen und zu nie gekannter Aktivität anspornen. So wird das Werk gelingen. So wird das neue Zeitalter dem Menschen ein neu erblühtes Leben schenken. Er wird es aufnehmen und damit seine wahre Größe gewinnen.

Mai 1982

Eine neue Ära bricht an

Im Laufe der nächsten Monate fängt eine neue Ära an. Nahezu unmerklich fanden in den letzten Jahren große Veränderungen in der Welt statt, die eine neue Morgendämmerung, eine allmähliche Umwandlung der Gesellschaft und ihrer Strukturen in einem bisher nicht gekannten Ausmaß ankündigen. Bald schon werden die Umrisse der neuen Strukturen zu erkennen sein. In Kürze wird das Grundkonzept, nach dem die neue Zivilisation erbaut wird, eingeführt werden.

Doch all dies hängt davon ab, ob sich die Menschheit für die Prinzipien Teilen und Gerechtigkeit, Brüderlichkeit und Liebe entscheidet. Ohne diese Bereitschaft kann nichts die Welt mehr retten. Deshalb nannte Maitreya diese Prinzipien auch die Voraussetzungen für eine Weiterentwicklung des Menschen. Wenn ihr Maitreya begegnet, wird er euch bitten, mit diesen elementaren und göttlichen Ideen Ernst zu machen, damit zum ersten Mal alle Menschen in Harmonie und Gerechtigkeit leben können. Bald wird man einsehen, dass es keine Alternative zum Teilen gibt, dass alles andere fehlschlug, und daher gemeinsam und einstimmig eine Neuordnung der Welt nach gerechteren Richtlinien fordern. So wird es sein.

Zunächst werden sich allerdings manche diesen Veränderungen, die der Wandel abverlangt, widersetzen und auch weiterhin versuchen, sich an alte Vorrechte und Machtpositionen zu klammern. Nicht alle Menschen sind zur gleichen Zeit zu Veränderungen bereit. Da aber deren Notwendigkeit immer offensichtlicher wird, wird es ihnen zunehmend schwerer fallen, die Ereignisse noch zu beeinflussen – und mit vereinter Kraft wird alles neu gestaltet.

Natürlich braucht die völlige, weltweite Neuorganisation aller Strukturen Zeit, aber den Anfang, den Start ins Neue kann man schon bald machen, den entscheidenden Schritt auf dem Weg, den die Menschheit einschlagen muss.

Selbstverständlich sind zum Aufbau einer neuen Gesellschaft viele Hände nötig. Viele Aufgaben müssen bewältigt und vieles muss berichtigt werden. Alle, die der Welt dienen wollen, werden den Aufruf zum Dienst in ihren Herzen hören und von Herzen darauf reagieren. Aus dem einstimmigen Ruf aller Menschen, aller Länder nach Gerechtigkeit und Teilen wird eine Invokation, der nichts widerstehen kann. So wird die Welt verwandelt. So werden allmählich neue Formen geschaffen, neue Beziehungen geschmiedet – und damit bricht für die Menschheit eine neue und glücklichere Ära unter der Führung des Christus und der Meister an.

Heute wird – wie niemals zuvor – den Menschen, die den Entwicklungsweg schneller zurücklegen wollen, eine einzigartige Gelegenheit zum Dienen und zum Wachsen geboten. Wenn sie die Aufgabe der Umwandlung auf sich nehmen und damit dem großen Plan und der Welt dienen, setzen sie neue Maßstäbe geistigen Fortschritts und beschleunigen die Entwicklung der gesamten Menschheit. Das ist die Herausforderung unserer Zeit. Heute haben Jünger die Gelegenheit, den Entwicklungsprozess für alle Menschen, die nach ihnen kommen, zu beschleunigen. So dienen sie dem Plan des Logos auf effektivste Weise. Dienen und Wachsen. Dienen und Wachsen. Das ist der Schlüssel zum Fortschritt auf dem Pfad.

Juni 1982

Die neue Zivilisation

Zu Beginn des kommenden Zeitalters können sich viele Leute kaum vorstellen, welche Zivilisation und Kultur die folgenden Jahrhunderte auszeichnen werden. Die meisten Vermutungen bleiben rein materialistischen Vorstellungen verhaftet; kaum jemand bemüht sich, die Suche der Menschheit nach der geistigen Bedeutung des Lebens zu formulieren.

Versuchen wir, uns die Zukunft unter den Bedingungen einer neuen Zivilisation und Kultur vorzustellen. Bald wird man die ersten Schritte einleiten, die auf eine neue Ordnung zielen. Bald wird man den Kurs für die Menschheit neu abstecken. Anfangs werden die Veränderungen noch langsam vor sich gehen, doch, wenn sie einmal in Fahrt gekommen sind, schließlich alles umgestalten.

Sehen wir uns an, welche Elemente dieser Kultur neu sein werden. Am auffallendsten wird in der neuen Zeit das Bemühen sein, faire, gerechte Beziehungen herzustellen und guten Willen zu zeigen. Mit einer gewaltigen Akzentverschiebung vom Individuum zur Gruppe wird sich die Menschheit an neuen, fruchtbareren Vorstellungen orientieren und Strukturen schaffen, die dem Plan Gottes besser entsprechen. Charakteristisch für die kommende Zeit wird auch der Wunsch sein, mehr über das Wesen Gottes zu erfahren und mit dem Göttlichen in eine nähere Beziehung zu treten. Dieser heute nur am Rande verspürte Wunsch wird künftig einmal als vordringlichstes Ziel das Leben von Millionen prägen. Mit dieser neuen Annäherung an Gott entsteht auch eine neue Ehrfurcht vor allen Erscheinungsformen des Lebens, die den Menschen und die ihm untergeordneten Reiche wieder mehr in Einklang bringt. Das neue Verantwortungsgefühl gegenüber den niederen Reichen wird die Evolution beschleunigen und damit dem Plan dienen.

Bald wird ein neuer naturwissenschaftlicher Ansatz den Menschen zu einem gänzlich neuen Verständnis der Wirklichkeit verhelfen, in der wir leben. Die neue Wissenschaft wird der Menschheit zeigen, dass alles eins, ein großes Ganzes ist, in dem auch jedes kleinste erkennbare Fragment mit allen anderen eng verknüpft ist, und dass diese Verbindung mathematisch bestimmten Gesetzen unterliegt und jedes dieser Fragmente das Potenzial des Ganzen enthält. Diese neue Erkenntnis wird das Bild verändern, das sich der Mensch von der Welt und sich selbst macht, und die Wahrheit bestätigen, dass Gott und Mensch eins sind. So wird also die neue Naturwissenschaft den Beweis für die Göttlichkeit des Menschen erbringen und damit die Entwicklung zu einer neuen Weltreligion auslösen. Die uralte Trennung von Religion und Wissenschaft wird beendet werden und dem geistigen Wachstum des Menschen neue Kraft verleihen.

In einem derart fruchtbaren Klima werden sich die verborgenen übersinnlichen Kräfte des Menschen ganz natürlich entfalten, sein gewaltiges, mentales Potenzial wird Raum und Zeit besiegen und selbst die Energien des Universums lenken können. Der menschliche Geist hat unerschöpfliche Reserven. Mit immer neuen Enthüllungen wird sich die Herrlichkeit der unsichtbaren Welten dem staunenden Auge des Menschen eröffnen, sodass er die ganze Größe der göttlichen Schöpfung erkennen wird.

Dies alles erwartet den Menschen mit der künftigen „Wassermann-Erfahrung". Die Wasser des Lebens des „Wassermanns", die ihm durch Christus zufließen, werden in ihm das schlafende Gottesbewusstsein wecken und ihm vermitteln, der Gott zu sein, der er eigentlich ist. Unter der weisen Anleitung des Christus und seiner Brüder wird er seine ganze, bislang verhüllte Göttlichkeit offenbaren, die sein Geburtsrecht ist – wenn er es nur erkennen könnte.

Schritt für Schritt wird dem Menschen in den kommenden Jahrhunderten der Aufbau einer Zivilisation gelingen, die das Göttliche in ihm immer mehr zum Vorschein bringt; er wird eine Kultur entwickeln, in der sich die Schönheit der Schöpfung mit all ihren Facetten entfalten und die göttliche Idee in ihrer ganzen Herrlichkeit spiegeln kann.

So wird der Mensch allmählich seinen wahren Platz im Gefüge des göttlichen Plans finden. So wird er, von Christus inspiriert, die heute von Angst, Dogma und Hass zerrissene Welt in einen Lebensraum verwandeln, in dem das Gesetz der Liebe regiert, alle Menschen Brüder sind und alles, was zum göttlichen Wesen gehört, vom Menschen beachtet und sein Leben beherrschen wird. So werden die Träume des Menschen von seiner Göttlichkeit wahr, sein Potenzial wird Wirklichkeit und sein Schicksal sich erfüllen.

Juli/August 1982

Verstand und Intuition

Wir kommen nun in eine Epoche, in der die Vernunft allmählich von der höheren Kraft der Intuition abgelöst werden wird. Die Fähigkeit des Menschen zu logischem Denken, auf die er zu Recht stolz ist, wird eines Tages unter die Bewusstseinsschwelle sinken und genau so instinktiv ablaufen, wie es heute Atem und Bewegung sind. Der Mensch wird mit der Entfaltung seiner Intuition eine enorme Bewusstseinserweiterung erleben, eine Wahrnehmung von Seinszuständen, deren Existenz ihm bisher noch völlig unbekannt ist, die aber, wenn sein Denkvermögen einmal voll erwacht ist, deutlich sichtbar wird.

Jeder Bewusstseinserweiterung geht eine Spannungsphase voraus; und so wird auf die Konflikte und Schwierigkeiten, die die Menschheit jetzt zu bestehen hat, eine Zeit der Ruhe und Ausgeglichenheit folgen, die ein allmähliches Aufblühen der Intuition möglich macht. Wenn das geschieht, wird der Mensch unmittelbar und ohne jeden Zweifel sein wahres Wesen, das heißt, sich als Seele erkennen, die Gott nach seinem Ebenbild geschaffen hat.

Mit Hilfe seiner erwachten Intuition wird er die Geheimnisse der Natur entdecken und lernen, die Rolle, die ihm im Rahmen des Evolutionsplans für alle Reiche zugedacht wurde, auch auszufüllen. Er wird Fähigkeiten und Wissen in sich entdecken, die seine kühnsten Träume übertreffen; alles, was er wissen muss, wird seinem illuminierten Denkvermögen mühelos zufallen.

In der nächsten Phase des Aufblühens der Menschheit treten dann jene Seelen an, deren Intuition bereits stark ausgeprägt ist. Sie sammeln sich schon auf den inneren Ebenen des Lebens und werden bald in Erscheinung treten. Diese Seelen werden die nächste, die sechste Subrasse der gegenwärtigen fünften Wurzelrasse bilden und die Menschheit aus der Dunkelheit des begrenzten, rationalen Denkens ins Licht der Intuition führen. Alles wird dem Menschen möglich werden. Das Licht der Seele wird den Menschen die Probleme erkennen lassen und ihm gleichzeitig deren Lösung zeigen. Mit dieser Gabe der unmittelbaren Erkenntnis wird der Mensch untrüglich seinem Ziel näher kommen.

Das, was wir Vernunft nennen, hat eine wichtige Rolle gespielt; sie hat den Menschen an die Schwelle des Göttlichen geführt und gleichzeitig ihre eigene Ablösung durch die Fähigkeiten des höheren Verstandes vorbereitet. Genau genommen stammt das, was man im Allgemeinen Intuition nennt, von der manasischen Bewusstseinsebene, während die echte Intuition von der höheren, der buddhischen Ebene kommt. Sie ist ihrem Wesen nach vor allem mit Liebe gepaarte Erkenntnis oder echte Weisheit. Sobald die Intuition in Funktion tritt, ist jegliche Spaltung undenkbar; die Einheit aller Dinge wird unmittelbar erlebt. Über die Illusionen des rationalen Denkens ist man hinausgewachsen, man erkennt die Wirklichkeit.

Im Licht der Intuition wird der Mensch seine Welt neu gestalten und auf dem Pfad Gottes all jenen nachfolgen, die vor ihm gingen und sich als Söhne Gottes verwirklicht haben. Wenn wir in eurer Mitte leben und arbeiten, wird es unsere Aufgabe sein, diese Gabe des höheren Verstandes, wo immer es möglich ist, zu stimulieren und euch auf dem Weg weiterzuführen.

Schon jetzt öffnen sich die Tore der Wahrnehmung und viele sehen sich im Besitz intuitiver Wahrheiten. Der Kontakt mit der Seele hat die Schleusen geöffnet, und damit strömt viel Licht herein. In der Stunde der größten Not wird die Menschheit fähig, die Wirklichkeit deutlicher zu erkennen, und das ist ein gutes Omen für die Zukunft. Wo sich Intuition entfaltet, verringern sich die Spaltungstendenzen des rationalisierenden Verstandes, und die wohltuende Folge ist ein gesünderes Klima für alle Beziehungen.

Die künftige Aufgabe ist klar: Öffnet der Seele die Fenster und lasst das Licht der Seele in eurem Leben leuchten. Gebt mit eurer erwachten Intuition der Seele Raum, sodass ihr Wissen und ihre Absicht sich offenbaren können. Erkennt die Bedeutung des Mitgefühls und verbreitet diese Liebe nach außen. Gebt der Weisheit eurer Seele Raum, sodass sie alle Illusionen verbannen und euren Brüdern ein Licht sein kann. Dies ist die Aufgabe all derer, die den Weg des Lichts gehen wollen. Erweckt die Intuition und begreift den Plan; erweckt die Intuition und hebt die Dunkelheit auf; erweckt die Intuition und werft alle Furcht von euch.

September 1982

Gesundheit und Heilung (Teil 1)

Heute kann man überall sehen, wie sich Menschen zusammentun, um die Idee eines gesunden Lebens zu verbreiten und das allgemeine Interesse an mehr Vitalität und Gesundheit zu fördern. Wo man auch hinschaut, erscheinen Bücher, die Ernährungsregeln und andere Gesundheitshinweise anbieten – manche noch neu und unerprobt, andere auf alten Weisheiten beruhend – und den Anspruch erheben, alle körperlichen Übel heilen zu können – vom Übergewicht bis zu den tödlichen Geiseln der Menschheit. Die Forschung nach den Ursachen und der Natur der Krankheiten hat neuen Auftrieb bekommen.

Doch bis jetzt ist die eigentliche Ursache des Krankseins noch reichlich unbekannt. Sie liegt tief in der Vergangenheit des Menschen begraben, ist weitgehend karmischer Natur und wird erblich übertragen. An diesem Karma ist die gesamte Menschheit beteiligt. Uralte Verstöße gegen die Gesetze des Lebens haben dieses unwillkommene Erbe hinterlassen, und nur eine gründliche Neustrukturierung unserer Denk- und Lebensweise wird die Situation verändern und allmählich wieder ins Lot bringen. Dass dieses Gleichgewicht sich wieder einstellt, ist unumgänglich; aber es braucht seine Zeit, gewisse uralte Krankheiten auszumerzen und auch das Erdreich unseres Planeten zu reinigen. Vor allem muss man statt der heute meist üblichen, traditionellen Form des Begräbnisses die Feuerbestattung einführen, das einzige hygienische Verfahren für den Körper nach dem Tod.

Überall wird bereits nach neueren Heilmethoden geforscht; es wird viel und sehr vernünftig experimentiert, und die Tore zu neuen Erkenntnissen öffnen sich eines nach dem anderen. Bald wird eine Flut neuer Einsichten die Welt bewegen und zu einer völlig neuen Einstellung zur Krankheit, ihren Ursachen und ihrer Behandlung führen.

Hinter all diesen Aktivitäten steht die Hierarchie, sie beobachtet und lenkt sie hinter den Kulissen des Lebens und sucht, wo immer möglich, die experimentelle Forschung voranzutreiben. Diese Impulse gehen hauptsächlich in zwei Richtungen: Sie spornen zum einen weitsichtige Menschen dazu an, die menschliche Konstitution und Struktur noch besser zu ergründen, von deren Kenntnis das Verständnis des Krankheitsmechanismus abhängt; und zum anderen geben sie auch den zurzeit gebräuchlichen Mitteln zur Heilung, Linderung und Prävention, seien sie alt oder neu, orthodox oder unorthodox, neue Impulse.

Eine der bemerkenswerten Entwicklungen der Gegenwart ist die zunehmende Beliebtheit sogenannter Geist- oder Glaubensheiler. Die öffentliche Akzeptanz ihrer Rolle und ihrer Fähigkeiten hat sich erstaunlich verbessert, und das weltweit. Neues Interesse an den uralten Heilmethoden des Ostens hat die technischen Hilfsmittel und das Verständnis westlicher Behandler erweitert, wobei die Vorbeugung – die Schaffung der Vorbedingungen für Gesundheit und Vitalität – allmählich eine wichtige Rolle zu spielen beginnt.

All das ist ein gutes Omen für die Zukunft, in der wir die schrittweise Überwindung der die Menschheit schwer belastenden Krankheiten erleben werden. Der erste Schritt wird die Beseitigung der *Furcht* vor Krankheiten sein, und mit dem Verständnis für ihre Ursachen werden sich auch gezieltere Methoden zu ihrer Beherrschung durchsetzen.

Die Umgestaltung der gesellschaftlichen Strukturen wird wesentlich zur Gesundung der Menschen beitragen und chronische Spannungen und Ängste erheblich verringern, mit denen heutzutage Millionen leben müssen. Mehr Freizeit, Muße und Erholung werden ihren Teil dazu beitragen; zudem wird man mithilfe gesünderer Anbaumethoden Nahrungsmittel produzieren können, deren Vitalkraft den menschlichen Bedürfnissen gerecht wird.

Wenn der Mensch die wahre Natur seiner Konstitution erkennt – wenn er sich als Seele erlebt, die sich in einem mentalen, einem emotionalen sowie einem zweifach physischen (ätherischen und grobstofflichen) Körper spiegelt – hat er den ersten Schritt, um Krankheiten besiegen zu können, getan. Bis jetzt konzentriert sich die ganze Aufmerksamkeit auf die grobstoffliche Ebene, während die wirklichen Ursachen in einem Missverhältnis und Missbrauch der den Körper durchfließenden feinstofflichen Energien zu suchen sind.

Der Mensch steht vor einer großen Entdeckung: Krankheit ist das Ergebnis von Unausgeglichenheit; ein gesundes Gleichgewicht ist von richtigem Denken und Handeln abhängig, und richtiges Denken und Handeln bezieht immer und überall Brüder und Schwestern mit ein.

Wenn der Mensch mit den Krankheiten Schluss machen will, muss er zuerst jegliche Ausgrenzungen überwinden.

Oktober 1982

Gesundheit und Heilung (Teil 2)

Beinahe jährlich gewinnt man heute neue Erkenntnisse über das Wesen und die Beherrschung von Krankheit, wie wir diesen Zustand mangelnden Gleichgewichts zwischen Verstand und Körper nennen, der der Menschheit so viel Sorgen bereitet. Jeder neue Fortschritt erweitert ein wenig die Grenzen des Wissens über uns selbst und öffnet eine Tür zu weiteren Erkenntnissen. Da wir uns am Beginn eines neuen Zeitalters befinden, steht die Menschheit so dicht davor wie noch nie, neues Licht zu erfahren. Durch die Impulse von Christus und seinen Meistern beflügelt, wird der Mensch nun die Wahrheiten über seine Existenz entdecken, was ihn im Lauf der Zeit völlig von Krankheiten befreien wird.

Der erste Schritt zur Ausrottung jedweder Krankheit muss immer die genaue Kenntnis ihrer Ursache sein. Bisher allerdings hat der Mensch die Ursache der meisten Krankheiten noch nicht entdeckt, weil er das Wesen seiner Konstitution und die Gesetze, nach denen er funktioniert, überhaupt noch nicht begriffen hat. Wenn der Mensch von nun an einen richtigeren Kurs einschlägt und begreift, wie notwendig stimmige Beziehungen sind, wird sich das bessern. Krankheit ist letztlich das Resultat falscher Beziehungen: einerseits zum höheren Selbst, der Seele, andererseits zu unseren Brüdern und Schwestern in der gesamten Welt und auch zu dem großen Ganzen, dessen Teil wir sind. Durch Missbrauch seelischer Energien setzen wir Ursachen in Gang. Durch falsche Beziehungen zu unseren Mitmenschen lösen wir Ungleichgewicht, Disharmonie und Krankheiten aller Art aus. Durch unsere Neigung, uns zu isolieren, schneiden wir uns von den heilenden Kräften ab, die uns ständig umgeben.

An dieser Wende ihres Lebens wartet auf die Menschheit eine gewaltige Aufgabe: die Reinigung der Welt von uralten, falschen Denkgewohnheiten und Lebensweisen; die totale Änderung der sozialen Verhältnisse, die die Menschen erstmals von Angst befreien wird – der Angst vor Mangel, vor Krieg, vor Krankheit und Tod. Wahrhaftig eine enorme Aufgabe, aber aller Anstrengung wert, denn sie wird eine neue Lebendigkeit, neue und wohltuende Beziehungen zwischen den Menschen und eine Welt zustande bringen, in der die Prinzipien der Gerechtigkeit, Brüderlichkeit, des Teilens und der Liebe herrschen werden. Welches Ziel könnte für die Menschen schöner sein als eine solche Welt zu schaffen? Niemand wird wohl die Vorteile eines derartigen Wandels bestreiten wollen; und wir, die Meister, werden euch bei dieser Aufgabe behilflich sein und euch auf die besten Wege und Möglichkeiten hinweisen.

Die Wissenschaft ist heute soweit, dass sie mit ihren Erkenntnissen zur Überwindung des Krankseins beitragen kann. Die feinstofflichen Ebenen müssen jetzt noch vom Menschen erforscht und genau untersucht werden. Dort wird man den Ursprung des Ungleichgewichts der Kräfte entdecken, das sich in körperlichem Leiden niederschlägt. Die Behandlung von Krankheiten wird eine neue Dimension erreichen, sobald man herausfindet, dass die Kraftzentren (Chakren) sowohl Empfänger wie auch Verteiler von Energien sind und mit dem endokrinen Drüsensystem in Zusammenhang stehen. Natürlich gibt es bereits einige wenige Behandler, die das schon wissen und wertvolle Arbeit leisten; aber erst dann, wenn diese Erkenntnis zum Allgemeingut geworden ist, wird man größere Fortschritte bei der Aufklärung der Krankheitsmechanismen erzielen.

Mit der ernsthaften Erforschung der ätherischen Felder wird man jetzt bald beginnen. Damit wird sich die therapeutische Situation insgesamt verändern. Die neue Psychologie, die kommende Wissenschaft von der Seele, wird sehr viel Licht in diese Zusammenhänge bringen, sie wird auf das Wesen und die Ursachen der Krankheiten sowie auf Vorsorgemöglichkeiten aufmerksam machen. Im Laufe der Zeit wird der Mensch auch lernen, in Kontakt mit der Evolution der Devas (Engel) zu treten und mit ihnen zusammenzuarbeiten, da sie in vielerlei Hinsicht am Heilungsprozess beteiligt sind.

Damit werden die Krankheiten auf der Welt Schritt für Schritt ausgemerzt werden. Die Folge wird eine Vitalität und ein allgemeines Wohlbefinden sein, wie man es heutzutage selten antrifft, das aber zum Geburtsrecht des Menschen gehört – wenn er es nur erkennen könnte! Für diesen Szenenwechsel ist die Weltbühne bereits vorbereitet. Nach ihrer Rückkehr werden die Meister den Weg weisen, und so wird unter ihrer weisen Führung alles neu erstehen.

November 1982

Politische Formen im neuen Zeitalter

Die politischen Gesellschaftsformen von heute gliedern sich in drei Hauptsparten, die drei unterschiedliche Aspekte der göttlichen Absichten, allerdings sehr unvollkommen, repräsentieren. Wir nennen sie Demokratie, Kommunismus und Faschismus. So entstellt sie auch sind, verkörpert dennoch jede dieser Formen eine göttliche Idee; wie korrumpiert sie auch sein mögen, ist dennoch jede Ausdruck einer göttlichen Energie und steht jede in Bezug zu einem großen, planetaren Zentrum.

Bei aller heutigen Unzulänglichkeit dessen, was wir Demokratie nennen, ist sie doch eine Widerspiegelung der Liebesnatur Gottes, wie sie die Geistige Hierarchie verkörpert, das Zentrum, in dem sich die Liebe Gottes manifestiert. Das, was wir als Kommunismus bezeichnen, ist ein – allerdings noch unvollkommener – Ausdruck der Intelligenz Gottes, der sich in der Menschheit zentriert, wohingegen der Faschismus in heute völlig entstellter Form die Energie des Willens von Shamballa spiegelt, jenes Zentrums, das den Willen Gottes kennt.

Jede dieser drei Organisations- und Beziehungsformen befindet sich mehr oder weniger in einem Übergangsstadium, doch in der allmählichen Ausformung der in ihnen verborgenen, ursprünglichen göttlichen Ideen liegt die Hoffnung künftiger friedlicher Zusammenarbeit.

Jede dieser Strukturen charakterisiert eine geistige Haltung der ausgeprägten Rivalität und Ausschließlichkeit. Ihre jeweiligen Anhänger sind überzeugt, dass nur sie allein wissen, welche Organisationsformen der Mensch braucht, und sie sind gegebenenfalls sogar bereit, die Welt in einen katastrophalen Krieg zu stürzen, um das eigene System durchzusetzen.

Wie wird die Zukunft aussehen? Wie können wir dafür sorgen, dass diese scheinbar unvereinbaren, gegensätzlichen politischen Doktrinen die Menschheit nicht zerstören? Es bedarf keines großen Weitblicks, um zu erkennen, dass ohne einen Richtungswechsel die Menschheit vor furchtbaren Gefahren steht. Überflüssig, sie auszumalen, die nukleare Bedrohung ist allen klar.

Der unmittelbar erste Schritt ist die Erkenntnis, dass die Menschheit ein (unteilbares) Ganzes ist und ihre Bedürfnisse überall die gleichen sind, so scheinbar gegensätzlich die äußeren Formen auch sein mögen. Die ungeheuren Diskrepanzen des Lebensstandards in den reichen und den armen Ländern verhöhnen die wesensmäßige Einheit und bergen die Saat des Krieges in sich.

Die Antwort ist sehr einfach: Das angewandte Prinzip des Teilens ist der einzige Ausweg aus der Zerstörungswut auf unserem Planeten. Nichts sonst kann helfen. Teilen ist göttlich, es gehört zu Gottes Plan für seine Kinder und muss eines Tages Wirklichkeit werden.

Wenn die Menschen teilen, wird das Getrennte zusammenwachsen können, die Risse werden verheilen, und die Liebe, die Intelligenz und der Wille Gottes werden sich in den drei großen politischen Strukturen widerspiegeln. Anstelle der heutigen demokratischen Farce wird einmal echte Demokratie herrschen, an der alle Menschen teilhaben. Ein neuer Geist der Freiheit wird dem kommunistischen Ideal Wärme und Liebe einflößen. Eines Tages wird auch eine wahrhaft Geistige Hierarchie, die den mildtätigen Willen Gottes verkörpert, die heutigen autoritären Regime ablösen.

So wird es sein. So werden die äußeren Formen das innere göttliche Leben und seine Absicht widerspiegeln und damit den Menschen neue Ausdrucks- und Beziehungsmöglichkeiten bieten, in denen ihr wachsendes Gespür für das Wesen Gottes Gestalt annehmen kann.

Alles wartet auf die Einführung des Teilens – dies ist der Schlüssel zu Gerechtigkeit und Frieden.

Dezember 1982

Die Entwicklung neuer Strukturen

Da der Mensch jetzt an der Schwelle des neuen Zeitalters steht, ist es sehr wichtig, sich darüber Gedanken zu machen, wie die unzulänglichen heutigen Strukturen umgewandelt werden können.

Um sicher zu gehen, dass die Veränderungen in die gewünschte Richtung, zu größerer sozialer Gerechtigkeit und schließlich zu Brüderlichkeit führen, sollten wir uns einmal genauer ansehen, mit welchen Maßnahmen man die entsprechenden Bedingungen schaffen könnte.

Es ist offensichtlich, dass die gegenwärtigen Strukturen nicht mehr dem Bedürfnis des Menschen nach Frieden und Zusammenarbeit auf nationaler und internationaler Ebene dienen, ganz im Gegenteil. Würde der Mensch so weitermachen wie bisher, wäre die Vernichtung unvermeidlich. Glücklicherweise gibt es Menschen, die das sehen und an einer Wende arbeiten.

Wir brauchen Strukturen, die den individuellen Bedürfnissen größte Freiheit und Toleranz gewähren und gleichzeitig jedem das Recht absprechen, seine Brüder auszubeuten. Sie müssen einerseits dem Unternehmergeist des begabten Individuums Raum geben und andererseits die Rechte der menschlichen Gemeinschaft schützen.

Man muss Strukturen finden, die das natürliche Bedürfnis des Menschen ansprechen, sich an allem, was sein Leben betrifft, zu beteiligen. So können ein stärkerer sozialer Zusammenhalt und ein Gefühl von gemeinsamer Verantwortung entstehen. Die gegenwärtigen politischen Parteistrukturen sind für diese Art der Partizipation völlig ungeeignet und müssen anderen Repräsentativsystemen Platz machen. Dies gilt sowohl für den demokratischen Westen wie für den kommunistischen Osten.

Man stelle sich eine Entwicklung vor, bei der sich allmählich jeder Mann und jede Frau an kommunalen Entscheidungsprozessen beteiligen wird. Wenn das bislang brachliegende Potenzial von Millionen Menschen angesprochen wird, kann die Umwandlung der sozialen Lebensbedingungen schnell und in geordneter und verantwortlicher Weise vor sich gehen. Partizipation ist der Leitgedanke, denn jeder kann sich nur, wenn er beteiligt ist, mit den gemeinschaftlichen Zielen identifizieren und sich mit ganzem Herzen dafür einsetzen. Auf diese Weise wächst die Verantwortung für die Gruppe und die Gesellschaft; die heute ungesunden, unsozialen Einstellungen, die ihren Ursprung in einer zerrissenen und ungerechten Gesellschaft haben, werden verschwinden wie der Nebel im Sonnenlicht.

Natürlich sind derartige Prozesse in einigen Ländern schon längst im Gang, sie beschränken sich aber bis jetzt hauptsächlich auf ländliche Gemeinden, deren Sozialstrukturen noch relativ homogen sind. Die Aufgabe wird künftig sein, weltweit die Voraussetzungen dafür zu schaffen, dass alle Menschen bei der Gestaltung der zukünftigen Gesellschaft eine Stimme haben. Nur so werden sich die bestehenden Spaltungen überwinden lassen. Das ist nicht so schwierig, wie es scheint, denn der Mensch hat den Schlüssel dazu in der Hand. Wie immer geht es um das Prinzip des Teilens. Wenn sich dieses Prinzip durchsetzen kann, wird es die Hindernisse für die Zusammenarbeit der verschiedenen sozialen und nationalen Gruppen beseitigen und damit den Weg zu harmonischeren Lebensformen ebnen, die dem Ausdruckswillen der Menschheit angemessen sind.

Erstmals werden Millionen Menschen Gelegenheit zur Muße haben, um sich am Leben ihrer Gemeinde und ihres Landes zu beteiligen und es mitzugestalten. Wenn Menschen Zeit und Muße haben, sich zu beteiligen, werden sie in sich die Antworten auf die Probleme finden, die sie jetzt belasten, wie Hass und Schranken zwischen den Konfessionen, Ungerechtigkeit und Armut, Verbrechen und Kriege.

Nicht alle werden sofort die Änderungen, die kommen müssen, begrüßen, aber allmählich werden immer mehr Menschen die Weisheit von Gerechtigkeit und geteilter Verantwortung erkennen, den einzigen Garanten für Harmonie und Frieden auf kommunaler, nationaler und internationaler Ebene.

Viele sind bereits in ihren Kommunen aktiv und versuchen, ihre Vorstellungen einzubringen; da geschieht bereits sehr viel Wertvolles; aber die Menschheit wartet noch auf den Schlüssel, der ihr das Tor zur Zukunft öffnen und die Sicherheit eines neuen und erfüllteren Lebens bieten wird – das göttliche Prinzip des Teilens.

Januar 1983

Leben im neuen Zeitalter

Man hat schon viel über ein Leben in der Zukunft geschrieben; viele Science-Fiction-Romane widmen sich der phantastisch-unwirklichen Darstellung einer zukünftigen Welt. Fast ausnahmslos wird dabei geschildert, wie das Leben und die Umwelt von technisch-naturwissenschaftlichen Systemen beherrscht werden. Ein derart unerquickliches, mechanistisches Zukunftsbild wird dort dem Leser vor Augen gestellt, dass man nur zu gut verstehen kann, wenn er die Gegenwart trotz all ihrer Unsicherheiten und Gefahren dieser nicht sehr einladenden Perspektive vorzieht.

Die Zukunft muss jedoch keineswegs so trostlos und bar jeder menschlichen Wärme sein, wie sie uns die Science-Fiction-Autoren ausmalen. Dass Naturwissenschaft und Technik blühen werden, darüber besteht kein Zweifel. Wir kommen in ein Zeitalter, in dem die Geheimnisse des Lebens enthüllt und die Energien des Universums durch wissenschaftliche Entdeckungen kontrolliert werden können. Und unsere Technologie wird noch sehr viel differenzierter werden, wenn sie sich den Herausforderungen, vor die sie diese Entdeckungen stellen, anpasst. Wir müssen dafür sorgen, dass eine richtige Balance erhalten bleibt und die Errungenschaften und Ressourcen der Wissenschaft so eingesetzt werden, dass sie der Menschheit dienen und nicht der Mensch ihr Sklave wird.

Dabei werden wir euch helfen. Unsere Aufgabe wird es sein, darauf zu achten, dass die Entwicklung der neuen Gesellschaft in ausgewogenen Bahnen verläuft, und wir werden nichts, was das Gebot der Menschlichkeit verletzt, unterstützen. Schönheit und Sinn für das richtige Maß wird unser Prüfstein sein. Alles, was hässlich, mechanisch und für den menschlichen Geist schädlich ist, wird vermieden. Unser Ziel wird es sein, dass der Mensch in voller Freiheit und Harmonie ein richtiges Verhältnis zu seiner Umwelt entwickelt; und wir werden dafür sorgen, dass jeder technische und wissenschaftliche Fortschritt dazu dient, die Bedürfnisse des Menschen noch besser zu erfüllen und die eigentliche Realität besser zu verstehen.

Ihr dürft daher gewiss sein, dass in die neuen Ordnungen entsprechende Sicherungen eingebaut werden. Alles, was zu erhöhter Lebensqualität und zur Verschönerung der Lebensformen beiträgt, wird unseren

Segen haben; alle Ansätze, die dem Gemeinwohl dienen, werden wir unterstützen.

Die Zeit naht heran, da der Mensch eine neue Beziehung zu seiner Umwelt entwickeln wird. Er wird, seinem Gefühl folgend, dass Mensch, Natur und Gott eins sind, Lebensformen erfinden, in denen sich diese Wahrheit verwirklichen lässt. Es wird ein sehr enger Kontakt und ein freier Austausch zwischen allen Aspekten des großen Ganzen zustande kommen; ein sicheres Wissen um die Bedeutung und den Sinn des Lebens wird die heute herrschende Verwirrung ablösen und zu einer Demonstration der Schönheit führen, wie sie noch niemand erlebt hat. Das Wahre, Gute und Schöne wird im Leben der Menschen Wirklichkeit werden.

Die Voraussetzung, von der dies alles abhängt, ist die Abkehr vom bisherigen Chaos. Es kann nichts Gutes entstehen, solange die Sozialstrukturen nicht grundlegend umgestaltet und den menschlichen Bedürfnissen gerecht werden. Wüsste der Mensch, in welchem Maße sein gottgegebenes Potenzial der unheiligen Ordnung zum Opfer fällt, dann würde er keinen Augenblick zögern, die notwendigen Veränderungen vorzunehmen. Ahnte er auch nur ansatzweise, welch herrliches Potenzial er besitzt, würde er alles daransetzen, dass es zur Entfaltung kommt. Die Zukunft ruft die höchsten Kräfte des Menschen auf, seine edelsten Ziele und großartigsten Visionen.

Möge der Mensch an einer Zukunft bauen, in der er nicht seine Göttlichkeit opfert, sondern sein isoliertes Ich. Möge er seine Mitmenschen in seine Liebe einschließen und wieder gesunden.

Februar 1983

Die Zukunft winkt

Von Zeit zu Zeit habe ich davon gesprochen, dass sich der Geist des Teilens durchsetzen muss, damit die Güter der Erde gerechter verteilt werden können. Das würde nach und nach Spannungen und unermessliches Leid verringern und brächte zudem eine Revitalisierung des Lebens sowie der Wirtschaft der Industrieländer mit sich. Das Lebensblut des Planeten muss zirkulieren. Die stagnierende Wirtschaft der reichen Nationen kann nur wieder in Bewegung kommen, wenn man einsieht, dass die ärmeren Länder ebenfalls ein Recht zu leben haben und sich eines vernünftigen Lebensstandards erfreuen dürfen. Nur durch Teilen wird dies möglich.

Tagtäglich wird es deutlicher, dass die Welt ein Ganzes und die Menschheit ein Organismus ist, dessen Wohlbefinden von der Gesundheit jedes einzelnen Teils abhängt, und dass es weder möglich noch weise ist, die Anzeichen von Gefahr und Krankheit nicht wahrhaben zu wollen. Viele begreifen das inzwischen und rufen nach Gerechtigkeit, aber erst der Aufschrei der erwachten Menschheit wird die Kraft besitzen, die Mächtigen aus ihren jetzigen Positionen der Gier zu vertreiben.

Bald wird die Welt die Gewissheit erlangen, dass die Menschen teilen müssen oder untergehen. Maitreya wird keine Zeit verlieren, diese Wahrheit jedem nahe zu bringen. Er wird den Menschen zeigen, dass die Welt uns allen gehört, Reichen und Armen, Mächtigen und Hilflosen, Weißen und Farbigen. Er wird deutlich machen, dass nur eine gemeinsame Anstrengung die heute anstehenden Probleme lösen kann, und er wird den Weg dazu aufzeigen. Er wird an alle Menschen appellieren, die Notwendigkeit zur Veränderung zu erkennen; das wird sie in ihren Hoffnungen auf Gerechtigkeit bestärken und ihren Willen mobilisieren, sich dafür einzusetzen. So wird er alle Menschen vereinen, die nach besseren Systemen suchen, in denen sich die Göttlichkeit des Menschen verwirklichen lässt; und durch die Massen wird ein Aufschrei gehen, wie er noch nie auf der Erde zu hören war – der Ruf nach Gerechtigkeit und Wahrheit, nach Freiheit und Frieden.

Dann werden die Herrschenden reagieren, und mit wachsender Dynamik wird diese Welt verwandelt werden. So wird es sein; so wird Maitreya das Fundament für die neue Zivilisation legen, das auf Teilen und Liebe beruht.

Könnt ihr nicht schon den neuen Rhythmus spüren, der in euer Leben kommt? Wer kann diesen neuen Impuls überhören, der die Menschen zum Handeln treibt? Alles wird neu geschaffen werden, und bald wird die Dunkelheit dem klärenden Lichte weichen.

Alle, die auf die Not der Zeit reagieren, werden eine Aufgabe finden. Das garantiert das Gesetz des Dienstes. Niemand, der dienen will, muss Sorge haben, keine Arbeit oder Aufgabe oder keinen Beistand von erfahrener Hand zu erhalten. Wir werden euch helfen, diese Erde wieder zu heilen, wir werden als Brüder an eurer Seite arbeiten und mit euch den Schutt der Vergangenheit beseitigen.

Bald wird die Welt große Veränderungen erleben und wissen, dass das neue Zeitalter begonnen hat. Das alte scheidet dahin, und die Zukunft winkt der Menschheit. Niemand braucht diese Zukunft zu fürchten, denn sie verheißt dem Menschen sein göttliches Erbe und eine allgemeine Anerkennung des Willen Gottes.

Dient und schafft diese Zukunft für euch und eure Brüder. Dient und erkennt, dass ihr im Einklang mit dem Willen Gottes arbeitet. Dient glücklich und weise und lebt in Freiheit und Freude.

März 1983

Zeit der Veränderung

Fast ausnahmslos erleben die Nationen in aller Welt sowohl in ihrem Inneren wie auch in ihren Beziehungen zueinander tief greifende Veränderungen. Dieser Prozess ist die unmittelbare Folge eines energetischen Impulses, der jetzt den gesamten Erdball erfasst und mit der Zeit zu einer völligen Umgestaltung der bestehenden Strukturen führen wird. Es ist unser Wunsch und Wille, diesen Wandel zu beschleunigen, doch die Spannungen sind derzeit so groß, dass wir behutsam vorgehen müssen; zu starker Druck da und dort könnte für weite Teile der Welt verheerende Folgen haben. Deshalb gehen wir die Probleme, vor denen der Mensch heute steht, sehr vorsichtig an. Der Wandel muss sich in geordneter Weise vollziehen, sonst wäre ein Chaos die Folge.

Es gibt viele, die die Veränderungen fürchten und im Zusammenbruch des Alten einen schwerwiegenden Verlust lieb gewonnener Lebensformen sehen. Viele lehnen solche Veränderungen auch als Bedrohung ihrer Privilegien und ihres Prestiges ab. Viele verkennen das legitime Streben der Völker nach Freiheit und Gerechtigkeit und fürchten eine von innen drohende Anarchie. Gleichzeitig gibt es aber auch diejenigen, die am liebsten alles hinwegfegen würden, was sich die Menschheit an Schönem und Wahrem erworben hat. In ihrer ungeduldigen Suche nach neuen Lebensformen übersehen sie, wie wichtig ein sanfter Übergang ist, und unterschätzen sehr viele wertvolle Dinge aus der Vergangenheit.

Unsere Aufgabe als Hüter der Menschheit bedeutet, einen Kurs zwischen beiden Extremen zu steuern und je nach Bedarf die Zügel anzuziehen oder die Sporen zu geben. Unser Ziel ist es, einen geordneten Übergang mit einem Minimum an Unruhen zu erreichen. Schaut euch daher um, wo ihr unsere Hand im Weltgeschehen spürt, und urteilt weise. Vieles von dem, was geschieht, wird von uns bewirkt und wird unweigerlich in eine bessere Welt münden. Wenn ihr uns seht, werdet ihr wissen, dass diese Welt in guten Händen ist.

Hört auf unseren Rat und handelt. Beachtet unsere Hinweise und erneuert die Welt in Etappen, die machbar und sicher sind. Sorgt dafür, dass die elementarsten Bedürfnisse eurer Mitmenschen, eurer Brüder, erfüllt werden, dann könnt ihr nicht auf Abwege geraten. Fragt man euch: „In welche Richtung sollen wir gehen?", dann erwidert fröhlich:

„Dorthin, wo ihr am meisten gebraucht werdet, wo Brüderlichkeit gefordert ist."

Um die Grundstruktur eures Lebens zu erneuern, werden neue Materialien und Fertigkeiten gebraucht. Ersetzt die ausgedienten Lebensformen durch die neuen Energien, die jetzt verfügbar sind, und lernt mit anderen zusammen in Freude und Liebe schöpferisch tätig zu werden. Festigt euer Leben im Feuer des Dienstes und tragt euer Teil zur Veränderung bei.

Unter unserer Führung ist alles möglich. In Schönheit und Wahrheit wird alles neu erstehen. Bereitwillige Hände werden euch unterstützen, und nichts kann den Neubeginn aufhalten. Sobald ihr uns seht, werdet ihr wissen, dass die Brüder Menschen sind wie ihr, deren Liebesfähigkeit jedoch vollkommen ist. Wir werden euch das Geheimnis der Liebe lehren und euch mit Freuden an die fernen Ufer und vor den Hüter der Tore bringen.

Allem Wandel gehen Spannungen voraus, und Spannungen erzeugen Angst. Doch Angst hat keinen Platz in einem Herzen, das von Dienst und Liebe erfüllt ist. Legt die Rüstung des Dienenden an und blickt der Zukunft froh entgegen. Freut euch auf die Veränderungen, die kommen müssen, und schafft gemeinsam Raum für die Entfaltung der Liebe.

April 1983

Wir sind nicht entmutigt

Viele spüren heute eine deutliche Veränderung in der – wie man sagen könnte – „Atmosphäre" der Welt, nicht physikalisch, sondern psychisch gesehen. Diese Veränderung beruht auf dem Einstrom völlig neuer Energien von gewaltiger Potenz, auf die die Menschheit reagiert. Die Hierarchie der Meister unter der Führung des Christus versucht gezielt einen weltweiten Bewusstseinswandel zu bewirken und zu einer Veränderung im Denken und Handeln zu inspirieren, die unweigerlich zum Wiederaufbau der Welt nach eher geistigen Grundsätzen führen wird.

Wir, die Hüter der Menschheit, haben – soweit dies möglich ist, ohne den freien Willen zu verletzen – die Aufgabe, jeden evolutionären Schritt des Menschen bei seinem Aufstieg zur Göttlichkeit zu lenken und zu überwachen. Dieser Verpflichtung entsprechend, legen wir die Richtlinien für den Menschen fest, liefern die nötigen Impulse, und dann beobachten und warten wir.

Die Ergebnisse sind nicht entmutigend. Trotz der vielen Zeichen der Spaltung entwickelt sich bereits vieles zum Guten. Auf dem richtigen Weg ist schon vieles erreicht worden. Viele sehr komplexe Aufgaben liegen noch vor uns, aber es wurden auch schon echte Fortschritte erzielt.

Aus unserer Sicht ist die Erde für die Veränderungen bereit, ohne die es für den Menschen keine Zukunft gäbe. Wenn die Menschen dies einsehen, werden sie diese Veränderungen als Garanten für Kontinuität und einen bislang noch nie erlebten Fortschritt zum Göttlichen begrüßen. Wir beobachten, warten und sind nicht entmutigt.

Bald wird es offenkundig sein, dass der Mensch nicht allein ist. In ihrer langen Geschichte hat die Menschheit nie die Führung derer entbehren müssen, die vorangegangen sind und die Route für den Menschen abgesteckt haben. Jetzt, da sich die Spirale dreht, nehmen wir erneut unsere Plätze mitten unter euch ein und bieten euch zu eurem Nutzen an, was wir erreicht haben. Seht in uns Brüder, die nichts lieber tun als helfen. Betrachtet uns als Wegbegleiter in die Zukunft, denn wir kennen den Weg gut. Mit unserer Bruderschaft im Rücken könnt ihr nicht fehlgehen. Unsere Inspiration wird die eure sein, und aus dieser Energiequelle werdet ihr das Wissen und die Kraft schöpfen und euch damit eure Träume erfüllen können.

Bis jetzt war unsere Führung auf die inneren Ebenen des Lebens beschränkt, und so war der Fortschritt eher langsam. Von nun an wird unsere Anwesenheit in eurer Mitte dem Wandel einen dynamischen Aufschwung geben und den Aufbau einer neuen Kultur beschleunigen. Unsere Aufgabe wird es sein, euch die Möglichkeiten zu zeigen und euch damit zu helfen, euer Potenzial zu erkennen und umzusetzen.

Der künftige Fortschritt hängt ganz und gar von der Fähigkeit der Menschheit ab, auf unseren Stimulus zu reagieren; jeden Schritt auf dem Weg muss der Mensch selbst tun, und jeden Stein des Neubaus muss er selbst legen. Nur so werdet ihr wachsen und eure wahre Größe erlangen.

Dass ihr dieses Ziel erreichen werdet, daran zweifeln wir nicht; aber es liegt an euch, in welcher Zeit ihr das schafft. Haltet euch zum Beginn der neuen Ära dieses Ziel vor Augen: göttlich zu werden und Gottes Plan zu erfüllen.

Mai 1983

Eine bessere Zukunft für alle

Eine neue Ordnung wird entworfen und vom Menschen selbst gestaltet. Aus dem Chaos der heutigen Zeit zeichnet sich für die Menschheit bereits eine neue Richtung ab. Unter dem Einfluss der neuen Kräfte suchen die Menschen überall nach Lösungen für ihre vielen, drängenden Probleme und entdecken, auch wenn sie eher willkürlich und zögernd vorzugehen scheinen, doch einige Hinweise auf eine bessere Zukunft für alle.

Auf diese Weise wird die neue Zivilisation zustande kommen; aus den alten, brüchigen Formen des zu Ende gehenden Zeitalters werden neue, kräftigere Schößlinge austreiben, die tiefer in der geistigen Realität des Menschen verwurzelt sind und seine innewohnende Göttlichkeit besser zum Ausdruck bringen können.

Es wird noch eine Zeit lang dauern, bis diese neuen Gewächse herangewachsen und kräftiger geworden sind, aber dennoch darf man schon in relativ kurzer Zeit große Veränderungen erwarten, da bereits jetzt vieles geschieht, was zu dieser Annahme ermutigt.

Mit jedem neuen Zyklus kommen neue Energien und andere Seelen in Gruppen in die Welt, die dafür ausgerüstet sind, auf diese Energien anzusprechen und deren Qualitäten zum Ausdruck zu bringen. Jetzt und auch im Lauf der nächsten Jahrhunderte inkarnieren sich auf diesem Planeten immer mehr Mitglieder einiger hoch entwickelter Seelengruppen, die lange auf diese Gelegenheit zu dienen gewartet haben. Sie werden mit ihren in der Vergangenheit errungenen Fähigkeiten der Menschheit dienen, und durch ihren langen Kontakt mit der inneren Welt wird sich ein neues Verständnis für das Ziel des Menschen und eine größere Achtung vor dem wahren Wert des Lebens entwickeln. Sie werden eine Weisheit verbreiten, die den Menschen in ihrem Alltag bisher fehlte, sodass sich im Licht dieser Weisheit alles wandeln wird.

Jeder evolutionäre Schritt des Menschen bedarf langer Vorbereitungszeiten, und was sich nun abspielt und was wir bald noch erleben werden, ist das Ergebnis jahrhundertelanger planvoller Arbeit der Hierarchie. Durch unsere Tätigkeit in allen Bereichen und in jeder Richtung entsteht jetzt eine neue Synthese. Aus unserer Sicht ist die Menschheit nun besser vorbereitet als je zuvor, um ihr Geburtsrecht antreten zu können und aus sich heraus ihr ganzes göttliches Potenzial zu entfalten.

Der erste Schritt besteht darin, den Sinn und die Notwendigkeit des Teilens zu begreifen. Teilen ist der Schlüssel zur Lösung aller menschlichen Probleme, und dahinter steht die Kraft des göttlichen Willens, denn im Teilen äußern sich die Liebe und der Wille Gottes. Maitreya hat gesagt: „Wenn ihr teilt, erkennt ihr Gott in eurem Bruder." Das trifft wahrhaftig zu. Nicht zu teilen, heißt Gott zu leugnen, der in allen Wesen wohnt. Nicht zu teilen, bedeutet ewige Trennung von Gott und euren Brüdern. Allein das Teilen verleiht dem Menschen die Würde wahren Menschseins.

Bedauerlicherweise erkennen nicht alle Regierungen, dass die einzig wirkliche Friedensgarantie das Teilen ist und man keine Mühe scheuen sollte, um diese Wahrheit publik zu machen. Dennoch bemühen sich die führenden Politiker der Welt inzwischen mehr und mehr, ihre Beziehungen im Licht dieser Erkenntnis neu zu gestalten, und können ihre Fehler bereits besser erkennen wie auch die Vision einer neuen Ordnung.

Es ist noch viel zu tun, bevor diese Vision in die Tat umgesetzt werden kann, aber man kann schon sehen, wie die Wege frei geräumt, wie Wegweiser aufgestellt werden und die Staaten eine neue, realistische Einstellung entwickeln, wenn sie gemeinsam nach Lösungen suchen.

Um diesen Prozess zu unterstützen und zu beschleunigen, ist Maitreya früher gekommen als geplant. Tagtäglich fördern seine Energien den guten Willen und Gerechtigkeit. Stunde um Stunde nährt er mit seiner Liebe die Welt. Von seinem Zentrum ergießen sich Ströme von Liebe und Licht und Kraft über die Welt und machen ihr den Neubeginn bewusst.

Juni 1983

Synthese ist eine Notwendigkeit

Es ist seltsam, dass trotz aller Lippenbekenntnisse zu den Ideen der Einigkeit und brüderlichen Liebe nur wenige der Gruppen, die sich mit „New Age"-Konzepten befassen, sich anderen gegenüber aufgeschlossen zeigen. Weit davon entfernt, tendieren sie eher zum Gegenteil und sind im Vergleich zu anderen Vereinigungen, die sich der Erziehung der Menschheit widmen, sogar diejenigen, die am stärksten ausgrenzen und sich abgrenzen.

Es wäre eigentlich ihre Funktion, den Völkern die Vorstellung einer besseren Welt zu vermitteln, in der für Separatismus kein Platz ist und jeder Mensch als gleichwertig gilt und wesentlich zum Ganzen beiträgt. Dagegen wird fast überall die Überlegenheit der jeweiligen Lehre oder Sichtweise betont. Ganz selten findet man gemeinsames Handeln und Verständnis füreinander, obwohl dies in ihrem Wortschatz doch einen stolzen Platz einnimmt.

Die Denkweise dieser Gruppen wird noch immer von einem uralten Rhythmus bestimmt, und sie müssen viel dazulernen und verändern, wenn sie wirklich die Ideale der kommenden Zeit vertreten wollen. Dass ein solcher Wandel stattfinden wird, ist unvermeidlich, aber für viele wird dies ein schwieriger und langwieriger Prozess sein. Viele sehen zwar die Notwendigkeit, schaffen sie aber nicht, mit anderen auf gleicher Ebene zu verkehren, weil die Gewöhnung an Wettstreit und Abgrenzung zu tief sitzt. Dazu kommt, dass für manche das Bedürfnis, eine geistig führende Rolle zu spielen, sehr dominant ist; die Verblendung des persönlichen Ehrgeizes hat sie fest im Griff.

Das ist die Situation heute. Notwendig wäre aber ein wachsendes Gefühl für Gleichheit untereinander und ein Gespür für die tiefe Synthese, die die Bemühungen all dieser Gruppen eint. Außerdem können sie ihre erzieherische Aufgabe nur dann erfüllen, wenn sie die Synthese erkennen und der Allgemeinheit vorleben. Im Augenblick ist der normale Suchende angesichts des rivalisierenden Buhlens um seine Gunst und Anhängerschaft nur verwirrt und ratlos.

Bald wird die Welt wissen, dass die vielen Lehren und Formulierungen der Wahrheit aus einer Quelle stammen, dass in allen der gleiche göttliche Stimulus pulsiert und die unterschiedlichen Auslegungen daher rühren, dass Menschen unterschiedliche Bedürfnisse haben und sich auf vielen verschiedenen Stufen der Leiter zum Aufstieg befinden. Nicht umsonst hat die Hierarchie daran gearbeitet, die erforderlichen Lehren und Ideen möglichst breit gefächert und auf vielen verschiedenen Ebenen und in vielfältigen Formen anzubieten.

Die Synthese der Ideen, die dieser Vielfalt zugrunde liegt, entspringt unserem Verständnis der Einheit aller Dinge, da wir immer das Ganze vor Augen haben und uns der Unteilbarkeit der Wirklichkeit bewusst sind. Wenn die Menschen diese Erkenntnis einmal teilen, dann wird alles möglich werden.

Sobald sie den Christus und seine Jünger, die Meister der Weisheit sehen, werden sie begreifen, wie notwendig die vielen Darstellungen der Wahrheit sind. Denn sie werden erkennen, wie alt der Mensch ist, wie verschiedenartig seine Erfahrungen und Erwartungen im Lauf der Zeiten waren, und wie unterschiedlich Menschen Ideen in sich aufnehmen. Allmählich werden sie dann auch etwas von der inneren Einheit hinter der äußeren Vielfalt erfassen können.

Die Menschen werden selbst entdecken, dass hinter den Ideen und Lehren ein Plan steht; dass jede Lehre nur die Formulierung eines der vielen Aspekte dieses Plans ist; dass der Plan Ausdruck des Schöpferwillens Gottes ist und als solcher einem ständigen Wandlungsprozess unterliegt. Wie sollte da eine Gruppe, eine Gemeinschaft oder Institution die ewige Wahrheit verkörpern?

Natürlich glauben viele, dass sie auch jetzt schon für Synthese und Einheit arbeiten, aber das ist weitgehend Illusion. Man sollte es sich nicht als Verdienst anrechnen, sich mit Gleichgesinnten zu verbünden; das ist zwar nützlich, aber relativ einfach. Viel schwieriger ist es, einander über ein Meer von Differenzen hinweg die Hände zu reichen und diejenigen, mit denen man nicht übereinstimmt, als ebenbürtig anzuerkennen.

Sucht in den Ansichten, die euer Bruder vertritt, das, was euch eint. Wisst, dass hinter allen der Christus und seine Jünger stehen. Seid euch bewusst, dass hinter allen Ansätzen nur eine Wahrheit steht und dass nur ihre Denkweise die Menschen trennt.

Juli/August 1983

Die Freude zu leben

Stets geht im Winter die Sonne jeden Tag ein bisschen früher unter, bis wir sie am kürzesten Tag – wenn überhaupt – nur wenige Stunden sehen. So sieht die Wirklichkeit unseres Lebens hier auf diesem Planeten aus. Doch die Erfahrung hat uns zweifelsfrei gelehrt, dass die Tage allmählich wieder länger werden, dass das Blühen des Frühlings und die Wärme des Sommers wiederkehren und uns von neuem Hoffnung und Freude am Leben bringen.

Wenn man dies bedenkt, wenn man sieht, wie unausweichlich Veränderungen sind, sieht man auch, wie unnötig Verzweiflung ist. Verzweiflung verstößt gegen eine tiefe Wahrheit – die Wahrheit, dass nichts für immer gleich bleibt, auch ein wirklich düster erscheinendes Schicksal nicht.

Und da dies so ist, was ließe sich durch fruchtlose Verzweiflung erreichen? Es ist bei Weitem besser, wenn einem die Schläge des Karmas kaum erträglich erscheinen, in Ruhe abzuwarten, bis sich die Situation wandelt, weil man genau weiß, dass dieser Zeitpunkt kommen wird. Wirkliche Freude am Leben können wir nur dann haben, wenn wir lernen, die Schicksalsschläge und die Geschenke des Lebens mit Gleichmut anzunehmen.

Dann ist der Mensch ein Jünger. Er weiß dann, dass nichts in diesem Universum still steht; alles ist in Bewegung, verändert sich ständig und nimmt neue Formen an. Bedenkt also, wie vergeblich die Erwartung ist, die Gegenwart bliebe wie sie ist. Diese Einsicht bringt Freiheit; aus dieser Freiheit entsteht spontane Freude.

Freude muss als der natürliche Zustand verstanden werden, sie liegt Glück und Kummer in gleicher Weise zugrunde. Wenn sie unverhüllt ist, strahlt sie ihr Licht – das Licht der Seele – auf alles in ihrem Umkreis aus und offenbart die Liebe, die das Wesen Gottes ist. Liebe und Freude wohnen zusammen in einem Herzen, das rein ist – ungetrübt durch Furcht, Hass oder quälende Verzweiflung. Nehmt die Furcht von eurem Herzen und erfahrt Freude. Erlöst euch von allem Hass und erkennt den Sinn der Liebe. Werft alle dunkle Verzweiflung ab und seht euch in eurem wahren Licht. So könnt ihr das Reich der Seelen betreten und zu einem Retter der Welt werden.

Viele schauen mit Furcht in die Zukunft und wissen wenig von dem Glanz, der sie erwartet. Sie sehen nur trostlos den Untergang vor sich.

Zeigt ihnen, dass die Zukunft des Menschen wunderbar aussehen wird, denn sie birgt die Verheißung der sich offenbarenden Göttlichkeit. Vertrauen ist nicht leicht zu wecken, aber das Licht der Freude wird sich als der beste Botschafter erweisen. Lehrt die jungen Menschen, ihre Freude auszudrücken, die ihr Geburtsrecht ist, und belastet zarte Herzen nicht mit Schuld und Furcht. So entsteht eine Generation von fröhlichen Dienern der Menschheit.

Nehmt uns, eure Älteren Brüder, als Beispiel; die Strahlkraft unserer Freude ist unser Merkmal. Eifert uns nach und verbreitet das Licht der Freude.

Besiegt die Furcht und stärkt die Hoffnung der anderen; Furcht und Freude sind gleichermaßen ansteckend. Zeigt eure Liebe und Freude und schließt für immer die Tür zur Verzweiflung. Wenn ihr dies tut, helft ihr der Menschheit mehr, als ihr ahnen könnt.

September 1983

Die Kunst zu leben

Schon bald wird sich in unserer Einstellung zum Leben ein großer Wandel vollziehen. Aus dem Chaos der heutigen Zeit wird sich ein neues Verständnis für den tieferen Sinn unserer Existenz entwickeln und bewirken, dass alle sich bemühen, diese Erkenntnis im täglichen Leben umzusetzen. Dadurch wird sich die Gesellschaft vollkommen verändern: Eine neue Lebendigkeit wird unsere Beziehungen und Institutionen auszeichnen – eine neue Freiheit und Unbeschwertheit anstelle der heute verbreiteten Angst. Vor allem wird die Menschheit allmählich erkennen, dass leben eine Kunst ist, die bestimmten Gesetzen folgt und der Intuition bedarf, um sie richtig zum Ausdruck zu bringen.

Arglosigkeit ist der Schlüssel zu neuen mitmenschlichen Beziehungen, deren Schönheit sich allen offenbaren wird. Ein neues Verantwortungsbewusstsein für die eigenen Taten und Gedanken wird jeden in jeder Situation leiten und das Verständnis für das Gesetz von Ursache und Wirkung den Umgang miteinander verändern. Eine neue und harmonischere Interaktion zwischen Menschen und Nationen wird jedes Konkurrenzverhalten und Misstrauen verdrängen. Allmählich wird die Menschheit die Kunst zu leben lernen und jedem Augenblick neu begegnen. Die Menschen werden nicht länger in Furcht vor der Zukunft und vor einander leben. Und Millionen Menschen werden nicht mehr verhungern oder die Arbeitslast für ihre Brüder tragen.

Jeder ist an diesem komplexen Muster beteiligt, das die Menschheit webt. Jeder Beitrag hat seinen einzigartigen Wert und ist notwendig für das Ganze. Es gibt niemanden, in dem das Feuer der Kreativität, auch wenn es vorerst nur ein kleiner Funke ist, nicht entzündet werden könnte. Die Kunst zu leben ist die Kunst, dieses schöpferische Feuer zu entfachen und damit das Wesen der Menschen als potenzielle Götter zu offenbaren.

Es ist lebensnotwendig, dass alle Menschen an dieser Erfahrung teilhaben können und die Kunst zu leben lernen. Bis jetzt war ein wahres schöpferisches Leben das Privileg von wenigen. In dieser kommenden Zeit wird die zum Leben erweckte Kreativität von Millionen Menschen die bisherigen Errungenschaften bei Weitem übertreffen. Der Mensch wird aus der Dunkelheit der Ausbeutung und der Furcht herauswachsen und richtige mitmenschliche Beziehungen entwickeln, sodass jeder den Sinn und die Freude des Lebens in sich selbst entdecken kann.

Die Gegenwart des Christus und der Meister beschleunigt diesen Prozess und inspiriert die Menschen, wie sie sich in vernünftiger und sicherer Weise weiterentwickeln können. Mit dem Beistand dieser „Gotteskenner" wird sich die kommende Zivilisation durch eine neue Einfachheit auszeichnen.

Schon jetzt wächst allmählich die Erkenntnis, dass es mit dem Menschenreich nicht zum Besten steht. Mehr und mehr wird den Menschen bewusst, wie eingeschränkt ihr Leben ist, und daher suchen sie nach etwas Besserem. Sie hinterfragen ihre Vorgehensweisen und Strukturen, die sie daran hindern, an der Fülle des Lebens teilzuhaben, und sehnen sich danach, einen Sinn in allem, was sie tun, zu finden.

In Kürze werden neue Energien in unser Leben einströmen und die Menschen zu schöpferischem Tun inspirieren. Die Künste und die Kunst zu leben werden einen neuen, harmonischen Impuls erhalten. Eine noch nie zuvor erlebte Schönheit wird die Lebensweise der Menschen verändern und für alle Zeiten das Wesen Gottes beweisen.

Der Mensch ist nun zur Offenbarung bereit. Herz und Verstand der Zukunft zugewandt, erwartet er die Herrlichkeit, die er aufgrund seiner Bereitschaft angerufen hat.

Oktober 1983

Der Wendepunkt

An jedem Wendepunkt der menschlichen Geschichte kam eine neue Energie (oder eine Kombination von Energien) in unser Leben und löste Reaktionen aus. Auf diese Weise wurde die menschliche Evolution beschleunigt und jeweils ein neuer Abschnitt auf dem langen Weg zur Vollkommenheit bewältigt. So war es immer und so wird es auch weiterhin sein, bis die Zeit erfüllt ist und der Plan des Logos für unseren Planeten vollendet ist.

Heute befinden wir uns an einem solchen Wendepunkt. Überall in der Welt verstärkt sich der Eindruck, dass sich Ereignisse anbahnen, die das gesamte Lebensmuster verändern werden, auch wenn noch keiner die Richtung kennt: in eine Zukunft, in der die Menschheit ständig Fortschritte macht – oder in die Zerstörung. Es gibt viele Ansichten über die Zukunft, aber dass nichts beim Alten bleiben wird, dass sich die Welt vollkommen verändern wird, sei es zum Guten oder zum Schlechten, das sehen die meisten so.

Die Veränderungen, die kommen werden und kommen müssen, sind einerseits auf Kraftströme zurückzuführen, deren Einfluss sich zyklisch in unserer Welt bemerkbar macht, und zum anderen auf bestimmte Energien, die uns zum ersten Mal und mit großer Kraft erreichen. Wenn sie in Herz und Verstand der Menschen eindringen, regen sie zu neuen Verhaltensweisen und Beziehungen an und motivieren einen Großteil der Menschheit zum Handeln. Wenn ihre Einwirkung einen kritischen Punkt erreicht hat, ist die Wende unvermeidlich.

Am stärksten sind heute die Energien, die die Menschen zusammenbringen und – zum ersten Mal – eine Synthese schaffen. Ein mächtiger Avatar wurde angerufen, der einen gewaltigen Strom eines alles verschmelzenden Willens in die Welt entsendet. Dieser Mächtige steht hinter dem Christus und unterstützt den Herrn der Liebe in allem, was er tut.

Von Shamballa strömt der Wille zum Guten in die Welt und inspiriert die Menschheit, Gottes Plan zu folgen. Ebenso wirkt sich der Strahl des Rituals, der täglich stärker wird, mit seinem ordnenden Rhythmus langsam und allmählich auf unser Leben aus.

So geht der Plan voran und bringt den Menschen schließlich zu Gottes Füßen. Allem Anschein zum Trotz findet ein deutlicher Fortschritt statt. Könntet ihr nur die Ereignisse aus unserer Perspektive sehen, so würden viele eurer Ängste dahinschmelzen.

Wenn der Christus mit seiner Mission in der Welt beginnt, wird er für alle sichtbar als der „Wasserträger" tätig sein und jedem das Wasser des Lebens bringen. Vom weit entfernten Sternbild des Wassermanns strömt diese neue Lebensqualität herein und verspricht den Menschen eine neue Lebendigkeit.

Durch Christus wirkt auch ein weiterer mächtiger Avatar und beschenkt die Welt mit seinen segensreichen Gaben. Durch die Umwandlung von Gewalt und Hass – die sich im Rahmen des Gesetzes vollzieht – bringt er den Menschen den Segen der Harmonie und des Friedens.

So arbeitet Maitreya zum Wohle aller. Der große Dienst hat ihn wieder einmal in die Arena des täglichen Lebens gerufen, und diesem Ruf ist er bereitwillig gefolgt. Dient mit ihm gemeinsam der Welt und verändert sie. Er kann das nicht allein bewältigen; ihm sind, wie er sagte, durch das Gesetz die Hände gebunden.

Seine Ankunft wird für alle, die sich jetzt im Hintergrund bereithalten, das Signal zum gemeinsamen Handeln sein. Seine Worte werden die ganze Welt erreichen und alle dazu ermutigen, auf ihrem Anrecht auf Leben zu bestehen und das separatistische Verhalten der Vergangenheit für immer aufzugeben.

Entschließt euch, mit ihm die Vorreiter des Wandels zu sein und stimmt in den Ruf nach Gerechtigkeit und Wahrheit ein.

November 1983

Es werde Licht

Jedes Jahrhundert bringt die Menschheit näher an ihr Ziel: das Licht Gottes in seiner ganzen Vollkommenheit zu offenbaren. Auf diese Weise wird der Mensch zu dem, was er potenziell ist – ein lebender Gott. Jede Inkarnation kennzeichnet eine Stufe, die in den Berg des Aufstiegs geschlagen wird. Mit jeder dieser Erfahrungen führt der Mensch seinen Körpern etwas mehr Licht zu und verändert dadurch subtil deren Schwingung. Wenn alle seine Körper in der Frequenz des Lichts schwingen, ist die Aufgabe erfüllt, die Reise beendet. Aus der Sicht des Menschen ist die Reise zu Ende, aus der Sicht derer, die vollendet sind, hat die Reise erst begonnen.

So macht jeder Mann und jede Frau eine Metamorphose von Mensch zu Gott durch. Aus dem Kokon der Materie und ihren Beschränkungen entwickelt sich der befreite Meister, der nun Gottes Licht ausstrahlt.

Dieses Licht herrscht im ganzen, unendlichen Universum; in jeder Dimension und auf jeder Ebene entfaltet es sich – bedingt nur durch die Formen, in denen es sich zeigt. Diese Formen dienen all jenen, deren Bewusstsein im Reich der Materie ruht, als Einstieg zum Licht; aber Licht ist an sich formlos und bedarf keiner Struktur zur Selbsterhaltung.

Tief in uns allen wohnt ein solches Licht und wartet auf die Gelegenheit zu leuchten. In jedem von uns glüht das Potenzial des ganzen Kosmos. In jedem ist auch der Wille vorhanden, dieses Licht freizusetzen und damit die Natur Gottes zu offenbaren. Dieses Licht und dieser Wille gehören zur Seele und werden durch Seelenkontakt aktiviert. Sucht daher die Verbindung mit der Seele und macht die Absicht Gottes offenbar. Sucht in eurem Innern, dort findet ihr die Quelle allen Wissens und aller Liebe. Enthüllt der Welt das Licht der Seele und schließt euch den Reihen derer an, die der Menschheit dienen.

Die Welt ist nun bereit für mehr Licht. Überall dürsten die Menschen danach, mehr über sich und über Gott zu erfahren. Aufgrund dieser Bereitschaft haben sich die Meister darauf vorbereitet, eine neue Epoche des Lichts einzuleiten. Unbegrenzte Möglichkeiten zum Fortschritt werden der Menschheit präsentiert: Der Mensch wird staunen über die Entdeckungen, die das Tor zur Meisterschaft über die Naturkräfte öffnen werden; er wird überwältigt sein von den Wundern und der

Schönheit, die sich ihm enthüllen; er wird die Realität Gottes und seine Beziehung zu dieser Göttlichkeit erkennen und sich für eine Zusammenarbeit mit dem göttlichen Plan entscheiden.

All das erwartet die Menschheit jetzt, wo sie an der Schwelle des Wassermann-Zeitalters steht. Dies wird eine Epoche sein, in der der göttliche Plan wieder anerkannt wird, sodass der Mensch endlich seine Bestimmung bewusst annehmen kann.

Viele mögen das heute angesichts der Risse und Spannungen in der Welt bezweifeln. Die Probleme erscheinen ihnen viel zu komplex, die Unterschiede zu extrem. Aber genau dann, im Augenblick der größten Not, kommt der Lehrer, um neues Licht zu bringen. Dieser Lehrer ist jetzt unter euch und wartet geduldig und bereit auf die Einladung, euch zu dienen.

Verbreitet das Licht, das er bringt, und hüllt alle Dinge in Heiligkeit. Greift seine Lehren auf und bringt all denen Hilfe, die in Not sind. Offenbart sein Licht und erschafft diese Welt aufs Neue.

Dezember 1983

Der Sieg ist gewiss

Es wird immer deutlicher, dass die Kräfte des Lichts den Kampf zwischen Gut und Böse gewinnen werden. Allmählich bekommt in diesem uralten Ringen um Einfluss auf die Köpfe und Herzen der Menschen das Gute die Oberhand. Für einige mag das angesichts der Spannungen und Spaltungen in der Welt eine erstaunliche Behauptung sein. Und doch ist es so, und wenn ihr die Welt und die Ereignisse so wie wir, die Älteren Brüder, sehen könntet, hättet ihr eine Welt vor euch, die eine erstaunliche Wandlung durchlebt. Überall wird sichtbar, dass die alte Ordnung in sich zusammenfällt. Noch trennt uralter Hass die Völker und es herrscht Gesetzlosigkeit, doch überall wird auch erkennbar, dass im Menschen ein neuer Geist erwacht, ein neues Verantwortungsgefühl und eine neue Ehrfurcht vor dem Leben in all seinen Formen.

Diese neue Schönheit äußert sich in vielfältiger Weise, und die Vorstellungen von der Zukunft, die sich der Menschheit eröffnet, sind wunderbar. Bis jetzt steht der Mensch erst an der Schwelle des Neubeginns, aber die Zeichen des Fortschritts sind für jene erkennbar, die Augen haben, zu sehen.

Wir erleben zurzeit eine Polarisierung, die die Menschheit zu einer Entscheidung zwingt. Die Gefahren der gegenwärtigen Lebensverhältnisse sind so Furcht erregend, dass sich der Geist im Menschen auflehnt und nach Neuem sucht. Auf diese Weise wird der Mensch darauf gestoßen, den Willen Gottes zu erkennen. Hinter allem steht der große Plan, der diesen Willen verkörpert, und die Menschen sind – bewusst oder unbewusst – jetzt bereit, diesen Plan auszuführen.

Überall bilden sich Gruppen, die etwas Neues schaffen wollen. Sie tun es aus Liebe und Notwendigkeit und haben dabei eine einfachere und vernünftigere Welt vor Augen. Sie sehen, dass aus dem Ungleichgewicht und den Spannungen der heutigen Zeit Gerechtigkeit und Harmonie erwachsen müssen. Sie wissen, dass sie göttlich sind und geradezu Wunder an Veränderungen bewirken können. Sie spüren die Not dieser Zeit und widmen sich dem Dienst. Sie vertreten das Gute in jedem Land.

Viele Wege führen zu Gott, aber der schnellste und sicherste ist der Pfad des Dienstes an der Welt. Kein anderer beschreibt so vollkommen die Natur Gottes. Schlagt diesen Weg ein und erfüllt das Gebot eurer

Seele. Folgt den Eingebungen eures Herzens und erkennt die Probleme der Welt. Seid euch bewusst, wenn ihr den Pfad des Dienstes betretet, dass ihr eine Aufgabe im Rahmen des Plans übernehmt und dass ihr euch damit auf dem Weg zu Gott befindet.

Darauf werden wir, eure Älteren Brüder, sofort reagieren. Dann ergreifen wir schnell die Gelegenheit, euch auf eurem Weg zu helfen, indem wir euch Anregungen geben und Aufgaben anbieten. So könnt ihr euch uns anschließen und uns bei unserer Arbeit helfen. Macht das zu eurem Ziel und reiht euch in den Kreis der Weltdiener ein. Nehmt euren Platz an unserer Seite ein und arbeitet mit den Kräften des Lichts. Der Sieg ist sicher, muss aber noch erkämpft und gewonnen werden.

Seid trotz des Chaos und der Spannung unbesorgt. Furcht ist in der jetzigen Situation fehl am Platz, begreift sie als Erprobung eures Vertrauens.

Februar 1984

Eine große Gelegenheit

Jedes Jahr, wenn das Frühjahr kommt, trifft die Hierarchie Vorbereitungen für die drei Frühlingsfeste im April, Mai und Juni. Jedes Jahr, wenn diese Zeit naht, werden Pläne in Bewegung gesetzt, um es denen, die das Licht suchen und die der Welt dienen möchten, zu ermöglichen, dies verstärkt und effektiv zu tun. In diesem Frühling haben wir eine größere Manifestation vor. Während dieser Monate werden Energien von enormer Stärke in die Welt fließen. Ihre erhöhte Intensität wird gewisse Wiederannäherungen erleichtern, die in dieser Zeit dringend notwendig sind, und wir werden alles tun, um den guten Willen von Millionen Menschen zu kanalisieren. Damit hoffen wir, große Veränderungen im menschlichen Verhalten zu bewirken und ein weiteres Abgleiten in Chaos und Krieg verhindern zu können.

Diese Zeit erhöhter Aktivität bezeichnen wir als „geistigen Anstoß", denn in dieser Periode sollen sämtliche geistige Aktivitäten vielfach verstärkt werden. Jede spirituelle Aktivität – in jeder Kultur und jeder Glaubensgemeinschaft – wird in diesen Monaten gesteigert, und wenn diese Gelegenheit wirklich wahrgenommen wird, kann sehr viel erreicht werden. Es steht allen, die der Welt dienen und sie verbessern möchten, gut an, diese Kräfte anzurufen und zu nutzen, um sie in ihrem Leben zu manifestieren.

Wir versuchen, in den Menschen das Bewusstsein ihrer gemeinsamen Verantwortung wachzurufen. Wir versuchen, in ihnen die Freude am gemeinsamen Handeln zu wecken. Wir bemühen uns, Bedingungen zu schaffen, unter denen sich diese beiden Eigenschaften manifestieren und dadurch einen Wandel bewirken können. Alles ist Energie; es gibt nichts außer Energie. Durch die Einwirkung dieser höheren Energie auf das Zentrum „Menschheit" versuchen wir, in der Welt eine neue Atmosphäre zu schaffen. Helft uns, Vertrauensverhältnisse herzustellen und damit der Welt wieder Hoffnung zu geben. Sät die Samenkörner der Liebe und des Vertrauens und schaut, wie daraus Hoffnung und Freude erwachsen.

Jeder kann etwas tun, um das Leid seiner Mitmenschen zu lindern. Werdet euch klar darüber, wo ihr steht, und erkennt, was zu tun ist. Unterstützt jede Opferbereitschaft und beteiligt euch daran. Macht aus dieser Zeit eine Zeit des Gebens. Setzt euren Willen zum Teilen in die

Tat um. Seid euch bewusst, dass ihr, wenn ihr dient, dem Licht zuarbeitet und dass ihr euch dabei immer stärker der Absicht eurer Seele annähert.

Stellt euch auf unsere Seite und lasst die Träume der Menschen wahr werden. Stellt euch auf unsere Seite und seid versichert, dass ihr von uns Anregung und Hilfe bekommt. Stellt euch auf unsere Seite und führt Taten aus, die euch zuvor unmöglich erschienen.

Wenn ihr Maitreya seht, werdet ihr wissen, dass der Moment der Entscheidung für die Welt gekommen ist. Er wird alle, die die Welt retten möchten, zum Handeln aufrufen. Reiht euch in den Kreis derer ein, die handeln und dienen, und schließt euch der Bewegung des großen Lebensstroms an.

Wie nie zuvor ist es jetzt an der Zeit, dass ihr nach den Idealen, zu denen ihr euch bekennt, handelt und die Vision, die ihr im Herzen tragt, in die Tat umsetzt. Wisst, dass ihr nicht allein seid, dass Millionen dieselben Ideale verfolgen. Reicht all denen die Hand, die der Welt dienen wollen, und webt ein Netz aus Licht um die Welt. Erinnert euch, dass ihr in der Welt seid, um zu dienen, und dass ihr nur durch Dienst wachsen könnt. Denkt daran, dass ihr eures Bruders Hüter seid, und nehmt die Verantwortung für die Bedürfnisse eurer Brüder an. Bietet euch, wie nie zuvor, als Kanal an, durch den wir arbeiten können. Werdet zu Transformatoren der mächtigen Kräfte, die euch in Kürze zufließen werden.

Auf diese Weise könnt ihr diesem Leben das Siegel des Dienens aufdrücken und euch zu gegebener Zeit unter diejenigen einreihen, die diesen Weg vor euch gegangen sind.

März 1984

Verblendung

Keines der vielen Probleme, die der Menschheit zu schaffen machen, ist so groß wie das der Verblendung. Sie ist die Ursache all unserer Schwierigkeiten und Gefahren und hält die überwiegende Mehrheit der Menschheit in ihrem Bann. Sie ist der eigentliche Grund für alle Differenzen und Schranken und die Quelle aller Leiden und Schmerzen. Sie hat ihre Wurzeln in uralten Zeiten und hat mit wenigen Ausnahmen alle in ihrer Macht.

Verblendung entsteht im Sinnes- und Gefühlsapparat, dem Emotional- oder Astralkörper des Menschen, und durch eine Identifikation mit dessen Bewegungen. Durch diese falsche Identifikation mit seinen Gefühlen und Emotionen – seiner Wunschnatur – hat der Mensch sich im dichten Nebel der Illusion und des Unwirklichen verloren. Die meisten Menschen befinden sich ein Leben lang im Zustand der Verblendung. Verblendung ist Illusion auf der Gefühlsebene und stellt das größte Hindernis für die Weiterentwicklung des Einzelnen sowie der gesamten Menschheit dar. Sie verstellt dem Unbesonnenen mit zahllosen falschen Vorstellungen den Weg. Weder der noch so hochgesinnte Idealist (gerade er ist meist besonders anfällig dafür) noch der härteste Zyniker sind von ihrem Einfluss frei.

Um Verblendung bewältigen zu können, muss die Menschheit deren Mechanismus erkennen, der die zentrale Irrlehre – dass wir voneinander getrennte Einzelwesen sind – geschaffen hat und aufrechterhält. Alles, was dahin tendiert, das Bedürfnis nach Abgrenzung zu verstärken, beruht auf Verblendung, und alles, was diese Irrlehre untergraben kann, trägt zu ihrem Abbau bei. Der Verblendung wohnt die Vorstellung inne, dass die Wünsche des Menschen real und daher berechtigt, gültig und sinnvoll sind. In Wahrheit sind sie die Ursache allen Unglücks – und nicht wirklicher und nicht weniger vergänglich als eine Fata Morgana in der Wüste.

Der wohlmeinende Aspirant trübt sein Tun mit dem Wunsch nach Vollendung. Der Idealist meint, sein Ideal sei für vernünftige Menschen das einzig Richtige. Immer wieder sehen wir, wie Staaten sich, von absurdem nationalem Stolz getrieben, Maßnahmen ergreifen, die gegen die Interessen des Volkes gerichtet sind. Diese Mechanismen der Verblendung sind das Produkt von Wünschen – nach Macht und Befriedigung des Ehrgeizes. Das Licht wissenschaftlicher Erkenntnis hat die Welt zwar von einigen alten Verblendungen befreit, stattdessen aber andere geschaffen: Die Verblendung, Besitz anzusammeln, hält die halbe Welt in ihrem Bann, während die andere Hälfte hungert und in Armut und Elend umkommt.

Schließlich wird sich die Menschheit durch diese Phase hindurcharbeiten und ein besseres Wahrnehmungsvermögen für die Realität entwickeln. Die unzähligen Verblendungen, die heute die Menschheit noch belasten, werden sich eines Tages im Licht der Seele auflösen, das sich im Laufe des neuen Zeitalters im Menschen manifestieren wird. Doch gegenwärtig befinden wir uns noch in einer Zeit, wo neuartige Energien auf das menschliche Leben einwirken und viel Bestürzung und Verwirrung auslösen. Durch die derzeit erhöhte Anspannung wird die Verblendung von Angst und Zerstörung begünstigt und gefördert und schlägt sich in Gewalt jeder Art nieder.

Was kann getan werden, um die Menschheit von dieser alten Knechtschaft zu befreien, die zum Teil ein Aspekt der Materie ist? Wie kann sich der Mensch von falscher Identifikation und von der Tyrannei seiner selbst geschaffenen Denkformen befreien? Die Antwort liegt in der Verlagerung des Fokus vom Ich zur Gruppe, in einer deutlicheren Identifizierung mit der Seele und ihrer Beziehung zu allen Seelen. Das Licht der Seele, wirksam durch das Denken, ist der große Zerstreuer der Verblendung; schon vor langer Zeit lehrte Buddha die Überwindung der Wunschnatur: den edlen Mittelweg zwischen den Gegensatzpaaren. Im Licht der Seele wird die grundsätzliche Einheit erkannt, die astralen Wellen legen sich, und der Aspirant steht vor dem Tor der Einweihung.

April 1984

Gerechtigkeit ist göttlich

Gerechtigkeit ist göttlich. Gerechtigkeit, von Millionen ersehnt, denen dieses heilige Gleichgewicht fehlt, bringt göttliche Harmonie in die Welt der Menschen. So wie ein Spiegel das Bild eines Menschen reflektiert, so spiegelt Gerechtigkeit die Natur des Göttlichen wider. Das Maß der Gesetzlosigkeit dieser Zeit lässt sich am Grad der Ungerechtigkeit in der Welt ablesen, und heute müssen die Armen unter enormer Ungerechtigkeit leiden.

Juristisch gesehen dient Gerechtigkeit der sozialen Ordnung, befasst sich mit Verbrechen und ihrer Bestrafung. Aber grundsätzlich hat Gerechtigkeit mit Gottes Gesetzen zu tun, die Harmonie und richtige Beziehungen bewirken sollen. Jede auch noch so kleine Ungerechtigkeit bringt einen Missklang in das Ganze. Heute sind die Bereiche, in denen Ungerechtigkeit herrscht, in jedem Land so groß, dass außergewöhnliche Maßnahmen nötig sind, um ein totales Chaos zu verhindern.

Ungerechtigkeit ist eine Verleugnung des göttlichen Potenzials im Menschen. Sie trennt Mensch von Mensch und die Menschheit von Gott. In der ganzen Welt kämpfen viele, um sich von jahrelanger Ungerechtigkeit, Ausbeutung und Tyrannei zu befreien, um endlich das Joch ihrer Vorfahren abzulegen. Wir, die wachsame Hierarchie, unterstützen ihren Kampf, denn wir sehen darin eine Äußerung des göttlichen Funkens, der in allen Menschen lebt, die sich nach Freiheit und Gerechtigkeit sehnen. Wir sehen ihre Not voller Mitgefühl und reichen ihnen die Hand.

Einige bestreiten, dass alle Menschen das gleiche Anrecht auf Gottes Vorsehung haben. Wer so argumentiert, hört nur auf die Stimme seines isolierten Ichs und vergisst, dass alles, was er hat und besitzt, ihm nur von Gott zukommt. Wenn die Menschen auf ihre innere Stimme, die Stimme Gottes hören, werden sie erkennen, dass Teilen und Gerechtigkeit die einzige Antwort auf ihre Missstände sind.

Heute wird mehr und mehr auf diese Stimme des inneren Gottes gehört. Überall stehen Menschen als Fürsprecher der Besitzlosen auf. Der Schrei nach Gerechtigkeit wird stärker und bald schon so laut sein, dass die Warnrufe der Repräsentanten der Vergangenheit völlig darin untergehen werden.

Wie kann es zwei Welten geben, wenn die Welt eine Einheit ist? Wie kann es Ausgrenzung geben, wenn das Gesetz für alle Menschen dasselbe ist? Bald werden die Menschen verstehen, dass das Leiden der Vielen die Krankheit des Ganzen ist und nur Gerechtigkeit Heilung bringen wird.

Obwohl Hilfe heute unerlässlich ist, ist sie doch nur die halbe Antwort. Gerechtigkeit muss im Garten des Menschenherzens aufblühen und damit alle Menschen befreien.

Gerechtigkeit schafft die Voraussetzungen, unter denen der Mensch sich selbst als Gott erkennen kann. Seinem Bruder in Liebe verbunden, kann er seine Zukunft mutig in die Hand nehmen und sie im Einklang mit Gottes Plan gestalten. Viele haben glücklicherweise eine Vision des Ganzen und wünschen sich diese Zukunft jetzt herbei; doch sie wird nur mit Arbeit und Anstrengung möglich sein, und auch erst dann, wenn Gerechtigkeit, Liebe und Freude herrschen.

Denkt auf eurem Weg in die Zukunft daran, dass niemand diesen Weg allein geht. Als Brüder müssen alle Menschen diesen Pfad gemeinsam gehen, der direkt zur Quelle führt. Aus dieser Quelle entspringt die Gerechtigkeit, die alle Menschen in Harmonie und Liebe verbindet.

Mai 1984

Der Menschensohn

Viele Menschen erwarten die Rückkehr des Christus mit Angst und Bangen. Sie spüren, dass seine Ankunft große Veränderungen in allen Lebensbereichen auslösen wird. Sie vermuten zu Recht, dass seine Wertmaßstäbe ihre Denk- und Lebensweise unausweichlich verändern werden, und sie erblassen bei dieser Vorstellung. Zudem haben die Kirchen jahrhundertelang den Christus auf so mystische Weise dargestellt, dass viele sein Gericht und seine Allmacht fürchten; sie erwarten ihn als einen Gott, der die Bösen strafen und die Gläubigen belohnen wird.

Es ist bedauerlich, dass sich ein derart verzerrtes Bild des Christus im menschlichen Bewusstsein einnisten konnte. Ein solches Wesen gibt es nicht. Um die wahre Natur des Christus zu verstehen, muss man ihn als einen unter ebenbürtigen Gottessöhnen sehen, die alle die Fülle des göttlichen Potenzials in sich tragen und sich nur durch den Grad der Offenbarung dieser Göttlichkeit unterscheiden.

Dass er dieses Maß an Göttlichkeit erreicht hat, ist sein Ruhm, und wir können nur in Ehrfurcht vor dieser Vollendung stehen. Dass eine solche Vollkommenheit äußerst selten erlangt wird, ist unbestreitbar wahr. Aber für die Menschen besteht das Wunder des Christus darin, dass er einer der ihren war. Es gibt keine Prüfungen und Leiden der Menschen, die er nicht ebenso erfahren hat. Jeden Schritt auf dem mühsamen Weg, den die Menschen noch vor sich haben, ist auch er gegangen. Im ganzen Panorama menschlicher Erfahrungen gibt es nichts, was nicht auch er erlebt hat. Darum ist er wahrhaftig des Menschen Sohn.

Es besteht kaum ein Zweifel, dass nur wenige ihn erkennen würden, erschiene er unangekündigt in unserer Mitte. Er entspricht so wenig den gängigen Vorstellungen, dass er völlig unbemerkt in der Menge an uns vorbeigehen könnte. So sieht es heute unter seinen Brüdern aus, während er auf die Einladung der Menschen wartet, um seine Mission zu beginnen. Viele, die ihn täglich sehen, erkennen ihn nicht. Manche erkennen ihn zwar, haben aber Angst, darüber zu reden. Und manche warten und beten in der Hoffnung, dass er der Eine sei, auf den sie nicht zu hoffen wagen. Nur seine Deklaration vor der Welt wird bewirken, dass er im Bewusstsein und in den Herzen der Menschen seinen wahren Platz erhält.

Doch während wir auf diesen Tag der Tage warten, wollen wir uns über die Gründe für seine Rückkehr klar werden. Versuchen wir die Dimension der Aufgabe zu begreifen, die er sich selbst gestellt hat: Er ist gekommen, um in unserer Mitte die Tatsache Gottes zu etablieren. Er ist hier, um die göttlichen Mysterien wieder zu beleben. Er ist unter uns, um die Menschen zu lehren, wie man liebt und Liebe erwidert. Er weilt wieder auf der Erde, um den Menschen ihre Brüderlichkeit zu beweisen. Er nimmt diese Bürde auf sich, um dem Vater und den Menschen die Treue zu halten. Er ist zurückgekehrt, um das neue Zeitalter einzuleiten. Er ist von seinem hohen Berg herabgestiegen, um uns die Schätze der Vergangenheit zu bewahren und uns zu den Wundern der Zukunft zu inspirieren, um Gott und Mensch zu verherrlichen.

Schauen wir uns seine Prioritäten an: die Sicherung des Friedens; die Einführung des Systems des Teilens; die Befreiung von Schuld und Furcht – die Läuterung der Herzen und Gedanken der Menschen; die Erziehung der Menschheit nach den Gesetzen des Lebens und der Liebe; eine Einführung in die Mysterien; die Verschönerung unserer Städte; die Erleichterung des Reisens und des Austauschs unter den Völkern; die Schaffung eines gemeinsamen Wissensfonds, der allen zugänglich ist.

Dass diese Aufgabe nicht einfach ist, nicht einmal für den Menschensohn, ist offensichtlich. Die uralte Neigung zu Zwietracht und Spaltung hat tiefe Wurzeln, und Furcht und Aberglaube halten Millionen Menschen im Bann. Aber nie zuvor in der Weltgeschichte war ein Lehrer besser gerüstet für seine Aufgabe. Maitreya ist gekommen, um gegen Unwissenheit und Furcht, Uneinigkeit und Not zu kämpfen. Seine Waffen sind geistiges Verständnis, Wissen und Liebe; die Wahrheit ist seine strahlende Rüstung.

Juni 1984

Menschenrechte

Die Frage der Menschenrechte ist das Kernproblem des modernen Menschen. In der Vergangenheit beherrschten die sozialen Strukturen das Leben des Einzelnen und schufen hierarchisch aufgebaute Beziehungen, die jedem seinen Platz zuwiesen: die Frau gehorchte ihrem Gatten; der Mann gehorchte seinem Herrn; der Herr gehorchte seinem König und führte dessen Willen aus; und der Klerus amtierte als Vermittler zwischen Gott und Mensch. Diese, wenn auch künstlich geschaffenen Verhältnisse dienten den Bedürfnissen der damaligen Gesellschaft, die um ihre Identität und ihren Platz in der Welt rang.

Heute hat sich das alles geändert. Abgesehen von einigen Gebieten, wo die herrschende Gruppe an den alten Formen festhält, häufig um den Preis von Bürgerunruhen oder Kriegen, haben die Völker ihr Recht auf Selbstbestimmung behauptet. Sie haben die Verantwortung für eine gerechte Regierung übernommen und können durch verschiedene Repräsentativsysteme ihren Willen kundgeben. Mehr als je zuvor fordern die Menschen eine stärkere Partizipation an den Beschlüssen, die ihr Leben betreffen.

Diese neue Freiheit hat eine Reihe von Spannungen mit sich gebracht, die der Lösung bedürfen. Überall ertönt der Ruf nach mehr Freiheit, der von jenen Kreisen, die die bestehenden Strukturen erhalten wollen, mit einem ebenso scharfen Ruf nach Ruhe und Ordnung entgegnet wird. Insgesamt sind völlig neue Wege nötig, um die Ziele dieser gegensätzlichen Gruppen in Einklang zu bringen. Dass dieser Einklang langsam und schwierig zu erreichen sein wird, müssen wir akzeptieren. Dass man sich über viele widersprüchliche Standpunkte einigen muss, versteht sich von selbst. Doch während wir auf die Lösung dieser Probleme warten, wäre es ratsam, einige Grundprinzipien, einige Richtlinien festzuhalten, weil ohne sie eine Lösung der Probleme unwahrscheinlich ist.

Als Erstes muss beachtet werden, dass die Gesetze einer Gesellschaft fair und für alle gültig sein müssen. Ohne diese elementare Gerechtigkeit und Unparteilichkeit kann man von niemandem erwarten, dass er die Gesetze einhält. Heute gilt für Reiche häufig ein anderes Gesetz als für die Armen – ein sicheres Rezept für soziale Unruhen. Eine weitere Notwendigkeit besteht darin, die Gesetze bekannt und verständlich zu machen und sie in eine Sprache zu kleiden, die jeder versteht. Allzu oft werden Menschen eingesperrt und wegen Übertretung eines Gesetzes schuldig gesprochen, das längst veraltet und nur noch Spezialisten bekannt ist.

Am wichtigsten aber ist, die Interessengegensätze zwischen Individuum und Gesellschaft aufzuheben; nur so kann die Freiheit des Einzelnen und die Stabilität des Ganzen erhalten werden.

Wie kann man dies am besten erreichen?

Die Vereinten Nationen haben einen Kodex der Menschenrechte formuliert. Würden diese angewandt, so könnte man damit die bestehenden sozialen Spannungen schon weitgehend lösen und die Basis für eine gerechte und stabile Gesellschaft schaffen. Bis jetzt bleibt die Allgemeine Erklärung der Menschenrechte für Millionen von Besitzlosen und Rechtlosen in jedem Land der Welt nur ein Traum. Diese Grundrechte möglichst schnell in allen Nationen umzusetzen, muss das Ziel sein.

Wenn man das Prinzip des Teilens allgemein akzeptiert, wird dies möglich sein. Nicht länger mehr müssten die Menschen für ihr Recht auf Arbeit kämpfen, für das Recht, ihre Familien zu ernähren, und für ein gewisses Maß an Selbstbestimmung. Wenn dieses Prinzip befolgt wird, lassen sich mit einem Mal die Uneinigkeiten beilegen, die Konfrontationen beenden und die Übel der gegenwärtigen Situation kurieren, sodass die Menschen sich aus dem Sumpf befreien können, in dem sie versunken sind. Setzt also das Prinzip des Teilens um. Macht deutlich, dass die Welt heute, mehr denn je in ihrer Geschichte, nach diesem gerechten und elementaren Prinzip handeln muss, denn nur damit wird der Mensch zu seiner Göttlichkeit finden und sie manifestieren können.

Juli/August 1984

Einheit ist eine Notwendigkeit

Einheit muss mit aller Kraft angestrebt werden. In der Einheit liegt nicht nur Stärke, sondern auch Schönheit. Kultiviert die Einheit, wie ein weiser Gärtner seinen Garten pflegt und sich sorgsam um jede neue Knospe und jeden neuen Schössling kümmert. Einheit entsteht aus jeder echten Liebesbezeugung und zeichnet jede geistige Errungenschaft aus.

Schreibt die Einheit auf euer Banner und folgt dem Weg der Stärke. Einigkeit macht alle Dinge möglich, doch ohne sie ist nichts gewiss, und die besten Möglichkeiten zerfallen zu Staub. Das Gelingen beruht darauf, dass die vorhandenen Fähigkeiten richtig genutzt werden; durch mangelnde Einheit kann mitunter das höchste Potenzial vergeudet werden.

Einheit ist eine Manifestation des Geistes, denn die wahre Natur des Menschen ist das Einssein. Alles, was zur Einheit führt, geschieht zum Wohle der Menschheit und beflügelt sie auf ihrer Reise. Einheit ist unbesiegbar; die dunklen Kräfte hämmern vergeblich gegen den Schild der Einheit. Die Zeit wird kommen, wo Einheit herrschen wird, aber die ersten Schritte in diese Richtung müssen jetzt getan werden. Es ist sinnlos, darauf zu warten, dass andere den Anfang machen; den Weg zur Einheit muss jeder Einzelne einschlagen. Nichts durchtrennt das Netz der Einheit so sehr wie Kritik.

Tausende von Möglichkeiten gehen auf diese Weise verloren. Haltet eure kritische Zunge im Zaum und schützt das so sorgfältig gesponnene kostbare Gewebe.

Jeder kennt auf seine Weise die Macht der Einheit; jeder sucht bei seinen Nächsten Anerkennung und Zustimmung. Doch eine mechanische Gleichförmigkeit der Gedanken wäre hier fehl am Platze. Jeder Schritt zur Einheit erhöht die Kraft des Ganzen und erleichtert die schwere Aufgabe derer, die unermüdlich hinter den Kulissen arbeiten. Entwickelt Einheit und erkennt die wahre Natur des Menschen. Bewahrt die Einheit und lasst den menschlichen Geist aufblühen. Lehrt Einheit und entzündet die Liebe im Herzen eures Bruders.

Wenn die Menschheit Frieden finden will, muss sie sich als Einheit sehen. Nichts anderes wird diesen glücklichen Zustand herbeiführen. Frieden wird dann eintreten, wenn Gerechtigkeit herrscht und die Armen nicht länger um Barmherzigkeit betteln müssen. Ohne Gerechtigkeit ist Einheit undenkbar und bliebe für immer außerhalb der menschlichen Reichweite. Führt daher Gerechtigkeit ein und bringt Einigkeit und Frieden in diese von Angst gepeinigte Welt.

Allein durch Teilen kann Gerechtigkeit verankert werden, und allein das Teilen wird sämtlichen Nationen den ersehnten Frieden bringen. Wenn die Menschen teilen lernen und die trennenden Mauern niederreißen, werden sie endlich den wahren Sinn ihrer Existenz erkennen und die Welt mit Brüderlichkeit und Liebe erfüllen.

Lasst das Teilen Wegweiser in die Zukunft sein. Befreit eure Brüder vom Joch der Armut und des Elends. Öffnet euch den Seelenimpulsen und lasst euch vom Willen Gottes leiten.

Gottes Wille wird sich durchsetzen, das versichern wir. Durch Einheit und Liebe werden die Menschen das Teilen lernen. Durch Opfer und Vernunft werden sie den Weg zu Gerechtigkeit und Frieden finden. Freiheit und Brüderlichkeit werden das Handeln der Menschen bestimmen. Alles kann erreicht werden.

Gemeinsam können die Menschen alle erdenklichen Großtaten vollbringen. Die Möglichkeiten des Wandels sind grenzenlos, doch die Menschen müssen gemeinsam handeln, um die neue Welt zu schaffen. Nur durch Einheit werden sie siegen. Die Kraft der Einheit wird alle Tore öffnen. Haltet am Ideal der Brüderlichkeit fest und hört auf, die Bemühungen eures Bruders gering zu achten. Wisst, dass auch er dem Sturm ausgesetzt ist und im Dunklen kämpft.

Seit Anbeginn hat die Menschheit gekämpft, immer war sie gespalten. Heute tritt ein neues Licht in das Leben der Menschen, um die Welt von Bigotterie und Krieg zu befreien. Helft, das Licht der Vernunft und des Friedens zu verbreiten. Helft, der Gerechtigkeit und der Freiheit den Weg zu bahnen. Bemüht euch um Einigkeit; sie wird den Menschen weiterhelfen und sie unter dem Banner des Christus versammeln.

Die Zukunft muss gewonnen werden. Für diese Aufgabe werden alle Hände gebraucht. Manifestiert die innere Einheit und reicht euch die Hände, um gemeinsam das Ziel zu erreichen.

September 1984

Die Meister in der Welt

Wenn sich die Meister der Welt zu erkennen geben und Anerkennung finden, werden sich die Beziehungen zwischen ihnen und der Menschheit entscheidend verändern. Während sie bis jetzt sehr zurückgezogen lebten und nur mit einigen wenigen Jüngern Kontakt hatten, werden sie, die Berater der Menschheit, in unmittelbarer Zukunft eine tiefere und kontinuierlichere Form der Zusammenarbeit mit ihr pflegen. Dieser Prozess, die sogenannte Externalisierung der Hierarchie, hat schon begonnen, und mehrere Meister haben bereits Verbindung mit einigen Gruppen auf der irdischen Ebene aufgenommen. Bisher beschränkte sich dieser Kontakt auf Kreise, die in Wirtschaft, Verwaltung und Wissenschaft arbeiten, und in engerem Rahmen auch im Erziehungswesen; aber die Zeit wird kommen, wo sie auch alle anderen Gruppen, die sich für die Gesundung der Welt einsetzen, inspirieren und beraten werden.

Von da an wird ein völlig neues Kommunikationssystem zwischen den Inspiratoren und der Menschheit aufgebaut werden. Die häufigste Form des Kontakts wird weiterhin die Telepathie sein, vor allem dann, wenn es sich um Jünger handelt; aber wenn nötig werden sich die Meister auch der Sprache bedienen, wofür sie sich einem besonderen Training unterzogen haben. Auf diese Weise geraten auch Menschen in ihren Einflussbereich, die sonst diese Anregung nicht erhalten würden.

Dann beginnt die eigentliche Schulung der Menschheit. Als Erstes wird man Hochschulen gründen, die besonders viel versprechenden Schülern die Grundlagen der neuen Wissenschaften vermitteln, zu denen auch die Wissenschaft von der Seele gehört. Man wird entdecken, dass diese Wissenschaften alle Aspekte des menschlichen Lebens mit einbeziehen, Sichtbares und Unsichtbares, vom subatomaren bis zum kosmischen Bereich. Auf diese Weise wird dem Menschen eine neue Vorstellung von der Herrlichkeit der unsichtbaren Welten vermittelt; zwischen den verschiedenen Fachbereichen wird man eine kooperative Haltung pflegen und statt der heute üblichen Fragmentierung eine neue, weitreichende und integrative Sichtweise bevorzugen. Und so wird die Arbeit der Meister die Denkfähigkeit der Menschen stimulieren und stärken und sie zu erstaunlichen Forschungen und Leistungen inspirieren.

Damit wird die Zeit allmählich reif für die Wiedereinführung der Mysterien. Für fortgeschrittene Studenten werden Schulen an verschiedenen uralten, aber auch modernen Orten in vielen Ländern eröffnet. Im Lauf der Zeit wird dann ein Netzwerk von Schulungszentren für die Einweihung in die Mysterien entstehen, das sich über die ganze Welt erstreckt. Die Mysterien sind die Kulte, die sich mit dem Ursprung und Ziel des Menschen befassen und auch den Schlüssel zur Beherrschung der Kräfte des Universums bewahren. Mit der Zeit werden sehr viele Menschen an dieser Schulung teilnehmen und sich dadurch Stufe um Stufe dem Denken des schöpferischen Logos annähern. Auf diese Weise werden die Meister den Evolutionsprozess auf der äußeren Ebene und sichtbar für die Welt beaufsichtigen. Seit langer Zeit haben sie sich auf den Tag ihres Arbeitsbeginns vorbereitet. Dieser Tag wurde von dem Christus angekündigt; er führt seine Brüder in die Welt. Sie sind Vorbild und Garantie für die zukünftigen Errungenschaften des Menschen. Ihre Arbeit wird den Menschen eine neue Vorstellung von den in ihnen angelegten Möglichkeiten eröffnen.

All das setzt voraus, dass der Christus anerkannt wird und seine Vorschläge für das Wohl der Menschheit angenommen werden: das Prinzips des Teilens zu befolgen und die Welt nach gerechten und vernünftigen Grundsätzen wieder aufzubauen. Wir sehen der Entscheidung des Menschen mit Zuversicht entgegen.

Oktober 1984

Mitarbeiter Gottes

Von unserer Warte aus ist die gegenwärtige Situation der Welt zwar nicht ohne Probleme und Gefahren, trägt aber doch in sich den Samen der Wandlung und Hoffnung für die Zukunft. Wie diese Zukunft genau sein wird, hängt von den Menschen und ihrer Bereitschaft zu einer radikalen Änderung ihres Verhaltens und ihres Handelns ab.

Ohne Zweifel, würde der Mensch, allein gelassen, blindlings vorwärts stolpern, wäre er so gut wie verloren, denn noch fehlt ihm die Weisheit, seine Macht in Schranken zu halten, fehlt ihm der Wille, seine höheren Aspirationen umzusetzen, und fehlt ihm vor allem die Liebe zu seinen Brüdern, die für immer das Elend der Welt weitgehend beenden würde.

Zum Glück für die Welt ist der Mensch nicht allein. Die Älteren Brüder des Menschengeschlechts stehen seit jeher hinter ihm, und wir sind immer bereit, unsere jüngeren Brüder zu unterstützen, wenn der Ruf nach Hilfe zu uns dringt. Auch jetzt kam dieser Ruf, und wir antworten darauf mit Freude. Ohne unsere Hilfe wäre die Lage des Menschen wirklich traurig. Er ist so weit vom Weg der Wahrheit abgeirrt, dass sogar der Unwissende die Gefahren sieht. Doch die Tollkühnen ignorieren den Treibsand und setzen ihr Glücksspiel fort.

Wenn ihr uns seht, werdet ihr Menschen begegnen, die vor euch die Reise zurück zu Gott gemacht haben. Ihr werdet göttliche Merkmale in uns erkennen, die auch in euch angelegt sind. So werdet ihr von eurer zukünftigen Herrlichkeit erfahren. Aus dem gegenwärtigen Chaos werden wir zu einer neuen Ordnung inspirieren. Aus Hass und Spaltung werden wir Harmonie und Frieden schaffen, und Zweifel und Angst in Lebenssinn, Vertrauen und Freude verwandeln.

Wir kommen, um zu dienen, zu lehren und mit euch zusammenzuarbeiten. Wir kennen eure Probleme und ihre Lösung ebenso. Wir sehen und achten die innere Göttlichkeit des Menschen und warten zuversichtlich auf deren Manifestation, sobald sie von uns wachgerufen wird.

Damit wird sich die Situation auf der Erde völlig verändern. Gott und Mensch werden durch uns zusammenkommen. Aus dieser göttlichen Übereinstimmung wird eine neue Zivilisation entspringen, in der die Kraft des Schöpfers dem Menschen in die Hand gegeben wird. Der Mensch wird sich als Mitarbeiter Gottes erfahren.

Bald wird die Welt von unserer Existenz wissen. Seit Langem haben wir uns auf unsere Ankunft bei euch vorbereitet, und nun kommen wir und freuen uns darauf. Wisst, dass alles, was ihr erleidet, auch wir erlitten haben. Es gibt keinen Schmerz und keine Erniedrigung, die wir nicht ebenso erlebt haben. Eure Fehlschläge waren auch unsere Fehlschläge, eure strauchelnden Schritte auch die unseren. Wir haben auf genau dem gleichen Weg das Ziel erreicht und bieten euch die Früchte des Erreichten an. Wir sind eure Vorläufer und Wegweiser.

Jetzt kommt die Zeit der Regeneration. Jetzt beginnt die Ära der Wahrheit. Zuerst werdet ihr Maitreya und dann uns sehen.

Die Gegenwart ist eine Zeit der Krise und Verheißung. Das Neue ringt nach Form, das Alte bemüht sich, trotz des vorausbestimmten Wandels zu überleben. Die Menschheit ist bereit für den nächsten Schritt; der lange Schlaf geht zu Ende, die Schläfer erwachen. Der Ruf nach Freiheit und Freude hallt in den Herzen der Menschen wider und motiviert sie, zu handeln.

Nur wenig Zeit bleibt jetzt noch zur Vorbereitung. Bald wird man Maitreya von Angesicht sehen. Er allein kann die Kluft zwischen den Nationen überbrücken und sie durch Vertrauen zu gegenseitiger Hilfe veranlassen.

November 1984

Zusammenarbeit

Die Menschheit steht vor einem großen Sprung in die Zukunft, eine Zukunft, in der sich die eigentliche, die göttliche Natur der Menschen zeigen wird. Auch wenn es ihm kaum bewusst sein mag, konnte und wird der Mensch die Prüfungen bestehen, durch die er in voller Reife die Kenntnisse und Kräfte gewinnen wird, mit denen er die Zukunft gestalten kann.

Gegenwärtig mag diese Realität nur in der Vision der Ratgeber der Menschheit erkennbar sein; aber es ist so und verheißt Gutes für die kommende Zeit. Wo immer Menschen heute zusammenkommen, können wir ein neues Verantwortungsbewusstsein für das Wohlergehen des Planeten wahrnehmen.

Erst jetzt, nachdem der Mensch Äonen damit verbracht hat, für seine Existenz und den Fortschritt zu kämpfen, kann man sagen, dass er reif geworden ist, auch wenn ihm das selbst noch nicht klar ist.

Nun ist die Voraussetzung für einen großen Fortschritt in der menschlichen Entwicklung gegeben, der so schnell und erfolgreich sein wird, dass er alle früheren Bemühungen weit übertrifft. Während bis jetzt langsamer und stetiger Fortschritt wünschenswert war und sogar bevorzugt wurde, wird heute ein neuer Rhythmus geschaffen, dessen Dynamik die Menschheit auf einer Welle globalen Wandels in die Zukunft mitreißen wird. So groß sind die Spannungen in der heutigen, gespaltenen Welt, dass nur ein schneller Richtungswechsel sie vor der Katastrophe bewahren kann. Dieser schnelle Wechsel wird zweifellos vielen Anpassungsprobleme bereiten, aber die Mehrheit wird diese Veränderungen als Chance für eine neue Lebensweise willkommen heißen.

Wir, die Arbeiter hinter den Kulissen, haben vollstes Vertrauen, dass die Menschheit diese radikale Transformation ihrer Strukturen in Gang setzen wird. Diese Strukturen entsprechen nicht länger den Bedürfnissen der Menschen und blockieren die Entwicklung des Neuen. Wir beobachten und beraten, wir beaufsichtigen dies alles.

Nach und nach entwickeln die Menschen ein neues Bewusstsein für ihre inneren Bedürfnisse. Das alte Wettbewerbsdenken ist zwar äußerst zäh, aber dennoch wird bereits ein neuer Geist der Zusammenarbeit deutlich. Das ist ein gutes Omen für die Zukunft, denn die Menschheit wird nur überleben, wenn sie zusammenarbeitet; nur in Zusammenarbeit kann die neue Zivilisation aufgebaut werden; nur in Zusammenarbeit können die Menschen die innere Wahrheit ihrer Göttlichkeit erkennen und beweisen.

Zusammenarbeit ist das natürliche Ergebnis richtiger zwischenmenschlicher Beziehungen – und ebenso sind richtige Beziehungen die Folge kluger Zusammenarbeit. Zusammenarbeit ist der Schlüssel zum Erfolg bei jeder Gruppenarbeit und eine Manifestation des göttlichen guten Willens. Ohne Zusammenarbeit lässt sich nie etwas Dauerhaftes erreichen, da nur sie eine Synthese der vielen verschiedenen Sichtweisen zustande bringen kann.

Zusammenarbeit ist ein anderes Wort für Einheit. Einheit und Zusammenarbeit sind das Sprungbrett in die Zukunft und die Garantie für den Fortschritt aller Menschen. Die Menschheit verfügt über große, noch unerschlossene Kraftreserven, die darauf warten, durch die Magie der Zusammenarbeit freigesetzt zu werden.

Wettbewerb verzerrt die natürliche Ordnung; Zusammenarbeit weckt den guten Willen im Menschen. Wettbewerb ist nur um das eigene Wohl besorgt. Zusammenarbeit bewirkt das Beste für alle.

Wettbewerb führt zur Spaltung, dem Ursprung aller Sünden; Zusammenarbeit sucht die vielfarbigen Stränge des einen, göttlichen Lebens zu verbinden und zu vereinen.

Wettbewerb hat den Menschen an den Rand des Abgrunds gebracht; allein Zusammenarbeit wird ihm helfen, den Weg zu finden.

Die ewig Gestrigen lieben den Wettbewerb; die Neuen folgen voller Freude dem göttlichen Weg der Zusammenarbeit. Man kann die Menschen auf der Welt in zwei Kategorien einteilen: diejenigen, die miteinander konkurrieren – und diejenigen, die kooperieren. Befreit euer Herz vom Makel des Wettbewerbs und öffnet euch der beglückenden Zusammenarbeit.

Dezember 1984

Das Gesetz der Wiedergeburt

Es herrscht im Allgemeinen große Verwirrung unter den Menschen, wenn es um das Verständnis der Gesetze geht, die die Wiedergeburt regeln. Diese Verwirrung spiegelt sich in der Vielzahl der Lehren und Interpretationen wider, die die Unwissenheit und die Furcht der Menschen nur vergrößern.

Im Orient wurde die seit Jahrtausenden herrschende Vorstellung von aufeinander folgenden Leben, die einem unwandelbaren Gesetz des Karmas unterliegen, nur selten in Frage gestellt. Daraus entstand die Bereitschaft, die jeweiligen Lebensumstände anzunehmen, wie degradierend und unmenschlich sie auch sein mochten. Im Westen dagegen hat man, bis auf wenige Ausnahmen, die Frage wiederholter Inkarnationen ruhen lassen, seit die Kirche im 6. Jahrhundert auf Betreiben des Kaisers Justinian sie aus ihren Lehren ausgeschlossen hatte. Wären die Lehren des Origines dem christlichen Glauben erhalten geblieben, gäbe es heute im Westen eine grundsätzlich andere Einstellung zu Leben und Tod.

Dieser große Eingeweihte kannte und lehrte die Wahrheit über die Zyklen der Inkarnation, die vom Herrn der Welt eingeführt wurden, durch das Gesetz des Opfers weitergeführt und durch das Gesetz von Ursache und Wirkung geregelt werden. Weil diese Wahrheit aus den Lehren der Kirche verbannt wurde, entstand die heute so verbreitete Unwissenheit und Furcht. Dort wo das Interesse an Reinkarnation überlebte, beschränkt es sich fast ausschließlich auf mutmaßliche persönliche Details aus früheren Leben.

Im kommenden Wassermann-Zyklus wird man einen ganz neuen Zugang zu dem Gesetz der Wiedergeburt finden. Die alte fatalistische Einstellung, alles, was geschieht, als unerforschliche Hand des Karmas hinzunehmen, die Millionen zu Knechtschaft und Leid verurteilte, wird dann den Osten nicht länger beherrschen; und im Westen werden die Menschen die fundamentalen Gesetze ihrer Existenz und die daraus resultierende persönliche Verantwortung auch nicht mehr länger ignorieren können. Sie werden alle begreifen, dass sie sich mit ihrem Denken und Tun ihre Lebensumstände selbst schaffen, aber nach denselben Gesetzen auch sich selbst und ihre Lebensbedingungen zum Guten verändern können.

Man wird mit der Zeit den Sinn und Zweck des Lebens wiedererkennen und eine natürlichere Einstellung zum Tod entwickeln. Das Verständnis für die Kontinuität allen Lebens, ob inkarniert oder nicht, wird die heute herrschende Angst ersetzen. Die alte krankhafte Furcht vor dem Tod als dem Ende aller Dinge wird sich im Licht dieser neuen Erkenntnis vollständig auflösen. Dieses Licht wird auch die dunkelsten Winkel des Aberglaubens und der Unwissenheit ausleuchten und den Menschen ihre Göttlichkeit als unsterbliche Seelen bewusst machen.

Wenn man die Maxime des Christus – dass wir ernten, was wir säen – richtig versteht, wird sich das Leben der Menschen in jeder Hinsicht von Grund auf verändern. Statt der gegenwärtigen Spaltungstendenzen werden sich eine bisher unbekannte Toleranz und Arglosigkeit durchsetzen, sobald die Menschen die Gerechtigkeit und die Logik dieses Gesetzes erkennen.

Die neue Epoche wird dem Menschen neue Einsichten vermitteln, sodass er das Leben als das Abenteuer verstehen kann, das es in Wahrheit ist, als eine Entdeckungsreise – die Entdeckung der Tatsache, dass Gott und Mensch eins sind, dass sie nichts außer der begrenzten Sicht des Suchenden trennt, dass alle Menschen auf verschiedenen Wegen das gleiche Ziel ansteuern, und dass unser gemeinsames Ziel das Göttliche ist, das wir in uns entdecken und eines Tages manifestieren werden.

Unter dem großen Gesetz der Wiedergeburt machen wir uns wieder und wieder auf die Reise, bis wir schließlich durch unsere eigene Erkenntnis zu vollkommenen Söhnen Gottes werden.

Januar/Februar 1985

Die Wissenden kehren zurück

Selten gab es in der Weltgeschichte eine Zeit wie diese, eine Zeit so voller erschütternder Veränderungen und Verheißungen für den Menschen. Wieder einmal im Laufe der Umdrehung des Großen Rades schickt sich der Mensch an, einen neuen Sinnzusammenhang hinter den äußeren Formen seines Lebens zu entdecken und von Neuem mit der Quelle all seiner Weisheit und Inspiration Fühlung aufzunehmen. Nach langer und gründlicher Vorbereitung kehrt die uralte Gilde der Wissenden, die Geistige Hierarchie, in die Alltagswelt der Menschen zurück, um die Saat des Wissens und der Wahrheit zu säen, die dem Menschen die Höhen erschließen wird, von denen die Götter herablächeln.

In unmittelbarer Zukunft werden die Menschen die Meister der Weisheit als ihre Freunde und Verbündeten auf dem langen Evolutionspfad kennenlernen, als Ratgeber und Mentoren, die ihnen den großen Plan vermitteln, dem sie dienen, und die für sie die Garanten zukünftiger Errungenschaften sind.

Zurzeit sammeln die Meister ihre Kräfte für den Schlag gegen Tyrannei und Habgier, Ausbeutung und Entbehrung. Sie wissen, dass nicht alle Menschen für die Veränderungen bereit sind, die kommen müssen; aber sie wissen auch, dass bei Weitem die meisten sich nach einer neuen Dimension in ihrem Leben sehnen und zu allen dafür notwendigen Taten und Opfern bereit sind. Daher werden sie ohne Zögern auf den Rat der Großen hören. Bereitet euch darauf vor, den Meistern zu begegnen und ihrem Rat zu folgen. Seid bereit, zu handeln und ihnen bei ihrer Aufgabe zu helfen. Seid auch bereit für den Strom neuen Lichts, neuen Lebens und neuen Wissens, der sich von ihnen aus in die Welt ergießen wird.

So wird sich alles verändern. So wird das Alte hinweggefegt werden und eine neue Epoche anbrechen. So werden die Lehrer den Menschen zu einer neuen Lebensenergie verhelfen und die Voraussetzungen für die Entwicklung eines neuen Menschen schaffen.

Der neue Mensch wird sich zu der Wahrheit bekennen, dass die Menschheit eine Einheit ist, die von der großen Kraft der Liebe zusammengehalten wird; er wird das durch seine Toleranz und Arglosigkeit und sein richtiges Verhältnis zu allen Naturreichen beweisen. Den neuen Menschen wird man an der Fähigkeit erkennen, aus intuitiver Erkenntnis richtig zu handeln sowie den Willen Gottes richtig zu deuten. So wird mit der Zeit der Gott erkennbar, der als Potenzial im Herzen aller Menschen wohnt und darauf wartet, durch die Handlungsweise des Menschen zum Leben erweckt zu werden.

Der Schlüssel zu dieser Entwicklung liegt in einer zunehmend besseren Arbeitsbeziehung zwischen den Meistern und den Menschen. Daraus wird eine Bindung erwachsen, die so stark sein wird, dass nichts sie mehr zerreißen kann. So wird allmählich ein Verbindungskanal entstehen, über den die Meister ihre Gaben, ihre Weisheit, ihre Liebe und ihr Wissen weitergeben können. Ihre Göttlichkeit wird auch in den Menschen das Göttliche wecken, bis sie erkennen, dass sie schon immer Götter waren.

All das wird nicht an einem Tag geschehen, sondern sich allmählich entwickeln – langsam aber sicher wird das Göttliche im Menschen auf das Feuer der göttlichen Liebe und Weisheit ansprechen, das die Meister ausstrahlen. Sie werden sich um dieses Feuer scharen und in seinen Flammen den Widerschein ihrer Zukunft erkennen. So wird es sein, denn so hat er selbst, der Herr des Lebens, es angeordnet.

In Kürze werden nun die Meister zu sehen sein und als solche bekannt werden – als Begleiter und Lehrer, als die Älteren Brüder der Menschheit, als die Wissenden, in deren Händen das Schicksal der Welt liegt. Bittet sie in eure Mitte und seid bereit, mit ihnen der Welt zu dienen. Bietet großmütig eure Dienste an und werdet ihre Mitarbeiter. Seid gewiss, dass sie den Weg kennen und euch zu den Toren der Freiheit mitnehmen werden.

März 1985

Die Zukunft

Es gibt viele Wege in die Zukunft. Viele Möglichkeiten stehen dem Forschergeist des Menschen offen. Vielfältige Aufgaben warten auf all jene, die eine menschenwürdige Zukunft schaffen wollen. Mit zahlreichen Experimenten können sie herausfinden, welche Vorgehensweisen ihnen am besten entsprechen. Und zum ersten Mal seit unzähligen Jahrtausenden können die älteren Mitglieder der Geistigen Hierarchie nun selbst den Menschen mit Rat und Tat beistehen und ihnen dadurch viel Kummer und Jahre nutzloser Anstrengungen ersparen.

Am Anfang wird sich diese Entwicklung wahrscheinlich nur langsam vollziehen, doch nach und nach immer schneller vor sich gehen, bis sich mit immer erstaunlicheren Entdeckungen den Menschen ein ganz neuer Lebenssinn eröffnen wird.

Bis jetzt war Fortschritt nur sporadisch möglich. Da weite Teile der Welt lange isoliert waren, dauerte es Jahrtausende, bis auch nur kleine Veränderungen zustande kommen konnten. Heute ist alles anders. Mit den neuen Kommunikationsmitteln hat die Menschheit jetzt die Möglichkeit, die Entwicklung zu beschleunigen, was an den weit verbreiteten Gärungs- und Veränderungsprozessen bereits erkennbar wird. Der Plan für die Zukunft zeichnet sich allmählich ab und findet als eine neue Vision bei feinfühligen Zeitgenossen Resonanz. Noch nie zuvor in der Geschichte dieser Welt bot sich den Menschen eine bessere Gelegenheit als jetzt. Aus dem Chaos der Vergangenheit kann nun Ordnung entstehen, und ein neues Licht wird auch die tiefste Unwissenheit durchdringen. Zum ersten Mal können die Menschen jetzt gemeinsam, als Brüder, die Herrschaft des göttlichen Gesetzes etablieren und wieder Verbindung mit ihrem Ursprung aufnehmen.

Da nun die Zeit der Erneuerung beginnt, sollten die Menschen die Prinzipien begreifen, auf denen ein wirklicher Fortschritt beruht. Die Brüderlichkeit muss als naturgegebener Zustand für die neuen Lebensformen allmählich maßgebend werden. Jede Tätigkeit, die sich an dem Prinzip der Brüderlichkeit orientiert, wird sich als wegweisend für die Zukunft herausstellen. Jedes brüderliche Verhalten wird vonseiten der Hierarchie einen energetischen Impuls erfahren. Frieden wird sich auf die Idee der Brüderlichkeit gründen und damit die Welt endgültig vom Krebsgeschwür des Krieges befreien.

Der Schlüssel zu den neuen mitmenschlichen Beziehungen ist Zusammenarbeit. Wenn Kooperationsbereitschaft herrscht, hören die Ungerechtigkeiten und Ungleichheiten der Vergangenheit auf. Die von Selbstsucht und Habgier geschürte Leidenschaft des Wetteiferns wird sich legen, sodass die Menschen mit der Zeit harmonisch und vertrauensvoll zusammenleben können. So wird es sein. Und so wird der Plan, der Gottes Ziele verkörpert, in die Tat umgesetzt. Bis zu diesem segensreichen Zustand müssen zwar noch viele Stufen überwunden werden, aber die Überlegungen der Menschen bewegen sich bereits hoffnungsvoll in diese Richtung.

Der Schlüssel aller Schlüssel ist das Teilen. Es wird dem Menschen die eigentliche Bedeutung von Gottes Liebe erschließen. Ohne Teilen hat der Mensch keine Zukunft mehr, denn die Zeit ist gekommen, wo er entweder Gottes Liebe manifestiert – oder stirbt. Teilen ist die Antwort auf alle seine Probleme und ein sicherer Weg ins neue Zeitalter. Durch Teilen wird der Frieden die Oberhand gewinnen, durch Teilen wird Gerechtigkeit erreicht. Durch Teilen und Zusammenarbeit wird sich die Brüderlichkeit entwickeln und den Menschen eine neue, herrliche Zukunft eröffnen.

April 1985

Einweihung

Das Ziel der Hierarchie ist, den Plan Gottes auszuführen. Um das zu erreichen, setzen ihre Mitglieder alle ihnen zur Verfügung stehenden Mittel ein. Zu den vielen Verfahren, derer sie sich bedienen, gehört auch die sogenannte Initiation, sie ist die wichtigste Methode. Sie hat vor jeder anderen Maßnahme Vorrang und entspricht allen Erfordernissen für jedweden Fortschritt auf diesem Planeten. Jede Einweihung eröffnet dem Betreffenden ein tieferes Verständnis für den Sinn und Zweck des großen Plans sowie eine tiefere Erkenntnis der ihm darin zugedachten Rolle und steigert damit auch seine Fähigkeit, bewusst und intelligent an seiner Umsetzung mitzuarbeiten. Es gibt keinen anderen Vorgang auf dieser Welt, der den Menschen so schnell und gewiss zum Gipfel der Befreiung führt.

Der Ursprung des Initiationsprozesses liegt unvorstellbar weit zurück. Seit Millionen Jahren ist die Einweihung der Hauptantrieb für die Evolution des Menschen und war schon immer für alle, die bereit waren, die damit verbundenen strikten Regeln zu akzeptieren, ein sicherer Weg zur Entfaltung der inneren Göttlichkeit. Heute drängen sich viele vor den Toren zur Initiation – eine Situation, die für die ganze Menschheit von großer Tragweite ist. Sie bedeutet einen enormen Fortschritt in der langsamen Entwicklung zur Göttlichkeit und ist eine Garantie dafür, dass der Plan sich erfüllt, sowie auch ein Zeichen dafür, dass die Methoden, die die Hierarchie seit Jahrtausenden anwendet, wirksam sind und Früchte tragen.

Vielleicht bedarf es hier einer kurzen Abschweifung. Jahrhundertelang war es üblich, dass die Hierarchie im Verborgenen wirkte; nur selten trat ein Meister öffentlich in der Welt auf. Die Hauptaufgabe, Impulse zu geben, wurde bisher von den Jüngern ausgeführt. Jetzt jedoch ändert sich alles. Die älteren Mitglieder der Hierarchie werden mehr und mehr ihre Plätze unter euch einnehmen und euch ihre Weisheit und Erfahrung zugutekommen lassen. Das wird für die Menschheit ein ungeheurer geistiger Ansporn sein, der Millionen, die jetzt erst die ersten Schritte auf dem Pfad machen, durch die Tore der Einweihung treiben wird. Um diese Entwicklung vorzubereiten, wurden viele Informationen über die Voraussetzungen für jede Einweihungserfahrung herausgegeben, und daher sollten sich Aspiranten nun mit den Einzelheiten der verschiedenen Stufen und Grade bekannt machen. Nicht umsonst hat man dieses Wissen weitergegeben, denn durch sorgfältiges Studium und Nachdenken kann man viel über diesen zutiefst esoterischen Prozess erfahren.

Der Christus ist bereit, mit seiner Arbeit zu beginnen. Als der Hierophant der ersten und zweiten Einweihung wird es seine Aufgabe sein, die esoterischen Übungen und Zeremonien, die zu dieser alten Wissenschaft gehören, durchzuführen, und dem staunenden Eingeweihten die Augen für die darin verborgenen Geheimnisse zu öffnen. Diese Aufgabe führte er bereits auf den inneren Ebenen aus, wird aber von nun an alle in Gruppen zusammenfassen, die bereit sind, das „Feuer des Einweihungsstabes" auf der physischen Ebene entgegenzunehmen, um damit das von ihnen Erreichte zu besiegeln. Auf diese Weise wird die Menschheit sich mit der Hierarchie verbinden, bis diese zwei Zentren zu gegebener Zeit zu einem verschmelzen. Damit wird die Aufgabe des Christus – die äußere Manifestation des Reiches Gottes – erfüllt sein. Dann wird er sein Werk zufrieden betrachten können.

Mai 1985

Maitreyas Mission

Es wird nicht mehr lange dauern, bis die Welt den Christus sehen wird. Wenngleich nichts darauf hinzudeuten scheint, kommt er mit seiner Mission gut voran und seine Gegenwart hat bereits zahlreiche Veränderungen bewirkt.

Allerdings bezweifeln manche seine Anwesenheit in der Welt. Das ist ganz natürlich; erst wenn sie sein Gesicht sehen, werden auch die Zweifler glauben können. So war es immer. Viele erwarten ihn in der Hoffnung auf Wunder. Viele erwarten seine Hilfe und Unterstützung. Nach seinen Wundern von einst wird er sich nun ganz den Problemen der Gegenwart zuwenden: Hunger und Armut, Krieg und Entbehrungen. Wenn ihr ihn seht, habt ihr einen Menschen vor euch, der sich Gott überlassen hat und dadurch selbst zu einem Gott geworden ist. Die Übereinstimmung mit seinem Ursprung ist so vollkommen, dass nichts mehr zwischen ihm und dem Göttlichen steht.

Denkt daran, wenn ihr ihn seht, dass kein Gesetz seine Präsenz und seine Rückkehr fordert. Nur der inneren Berufung zu Dienst und Opfer folgend, nimmt er die Bürde nochmals auf sich und trägt sie mit Freuden.

Immer wieder hat er euch zur Mithilfe aufgerufen und euch gebeten, seine Gegenwart bekannt zu machen. Würdet ihr diesen Wunsch erfüllen, wäre die Welt besser auf sein Erscheinen vorbereitet. Es ist schade, dass diejenigen, die sich am meisten sehnen, am wenigsten tun.

Zum ersten Mal in der Geschichte wird die gesamte Welt den Lehrer sehen und erkennen. Zum ersten Mal werden die Menschen gemeinsam den Boten Gottes begrüßen. Wenn sie ihn kennenlernen, werden sie in ihm einen weisen Berater, einen echten Bruder und Freund erleben. Schöpft wieder Mut aus diesem Versprechen, denn der Tag ist nicht mehr fern, wenn die Qual der Menschen gelindert wird. Schöpft Mut aus diesem Versprechen, denn es tritt eine Wende ein zugunsten des Lichts.

Kenntnisse über Gott sind für den Fortschritt des Menschen sicher wichtig, doch man kann Gott auf sehr unterschiedliche Weise erfahren. Eure Wissenschaftler präsentieren uns heute einige bislang unbekannte Facetten der Natur Gottes, die von den Lehren der Kirchen abweichen. Es ist an der Zeit, dass die Kirchen ihre Lehren im Licht der neuen

Erkenntnisse, die dem Menschen jetzt zugänglich sind, überprüfen. Wenn sie das tun, werden sie vieles verwerfen und vieles neu interpretieren müssen. Nur so können diese Mausoleen ausgedienter Doktrinen und Dogmen, zu denen die Kirchen inzwischen geworden sind, wieder zu lebensnahen Übermittlern der Wahrheit Gottes werden.

Bei diesem Klärungsprozess wird der Meister Jesus eine wichtige Rolle spielen. Seine Aufgabe ist es, den christlichen Gemeinschaften sinnvollere Vorstellungen zu vermitteln, sie neu zu strukturieren und auf ihre Rolle als Lehr- und Heilungszentren vorzubereiten. Dazu wird er eng mit dem Christus zusammenarbeiten, doch Maitreyas Mission wird sich auf alle Aspekte des menschlichen Lebens erstrecken. Seine Energie und Inspiration werden alle Bereiche stimulieren, sodass die Menschen in ihm den Weltlehrer erkennen werden, der er ist. Unter seiner Anleitung werden die Menschen die Welt nach gerechteren und geistigen Prinzipien neu gestalten und so mit ihrem Aufstieg zum Gipfel der Vollendung beginnen.

Juni 1985

Maitreyas Aufruf

Wann immer die Mächte des Lichts und der Finsternis zum Kampf antreten, dürfen die Menschen sicher sein, dass das Licht den Sieg davonträgt. Wie lange das Ringen auch dauern mag, über das Ende besteht kein Zweifel. Daher besteht auch während des gegenwärtigen Konfliktes kein Grund zur Angst. Auch wenn die äußeren Ereignisse einen anderen Anschein erwecken, nehmen die Kräfte des Lichts ständig zu und vermitteln den Menschen einen neuen, schnelleren Lebensrhythmus und höhere Lebensziele. Da das so ist, kann nichts den Plan zur Gesundung der Welt vereiteln. Die äußeren Anzeichen – Unruhen und Gewalt, Hass und Angst – sind nur die Auswirkungen des Todeskampfes einer sterbenden Zivilisation, die unter dem Ansturm des Neuen zusammenbricht. Wenn sich der erste Rauch gelegt hat, wird sich die Menschheit auf eine neue Ordnung einlassen, die mit nichts Vorangegangenem vergleichbar ist, auf „ein einfacheres Leben" – wie Maitreya sagte –, „in dem kein Mensch Mangel leidet, in dem kein Tag dem anderen gleicht und das Glück der Brüderlichkeit alle Menschen erfasst".

Um solche Lebensumstände zu schaffen, wird es großer Anstrengungen bedürfen. Alles muss der Mensch unter Anleitung der Großen selbst zustande bringen. Alles, was dem Entstehen einer neuen Zivilisation im Wege steht, muss aufgegeben werden, damit die Bühne für den Aufbau neuer, passender Strukturen vorbereitet werden kann. Daher hat die Menschheit nun die Chance, ihr kreatives Genie und ihre Erneuerungsfähigkeit zu beweisen. Der Mensch ist ein potenzieller Gott, dessen Potenzial sich in der geistigen Erneuerung der Welt bald manifestieren wird.

Das soll nicht heißen, dass die Menschen wieder in die Kirchen zurückkehren werden; das ist eher unwahrscheinlich. Doch in jedem Betätigungsfeld wird sich eine neue, göttliche Lebendigkeit bemerkbar machen, sodass das Leben und Wirken der Menschen an Ausstrahlung gewinnt.

Dass dies Verzicht verlangt, ist offensichtlich, aber nur Verzicht auf Habgier und Selbstsucht. Diese Eigenschaften allein trennen die Völker und gefährden inzwischen sogar die Existenz der gesamten Menschheit. Ein freiwilliger Verzicht wird den Menschen die höchsten Errungenschaften ermöglichen und ihr göttliches Potenzial bestätigen.

Sicher ist heute die Sehnsucht nach Veränderung und die Einsicht, dass Opfer notwendig sind, weit verbreitet. Wo immer nachdenkliche Männer und Frauen zusammenkommen und über die Erfordernisse der Zeit diskutieren, sind sie sich darüber einig.

Doch bis jetzt ist das nichts als ein Ideal. Keine Nation macht den Anfang und zeigt den Weg. Deshalb ist Maitreya gekommen. Er will zeigen, dass nur der Verzicht auf engstirnige, selbstsüchtige Interessen wieder Brücken zwischen den Gegnern schlagen kann und nur dadurch die Spannungen verringert und die Hungernden ernährt werden können.

Seid bereit, wenn die Zeit kommt, die Opfer zu bringen, die man von euch verlangen wird: Verzicht auf Privilegien und Macht, auf den Einfluss und Reichtum eurer Nationen, auf eure ungerechtfertigt hohen Anteile an den Schätzen der Welt. Seid bereit, anzuerkennen, dass alle Menschen ein zusammengehörendes Ganzes sind, dass Gott alle gleich liebt und jeder Einzelne ein Widerschein des Göttlichen ist. Wenn ihr Maitreya seht, wird er euch jeden Zweifel nehmen. Die Richtung, die ihr einzuschlagen habt, ist eindeutig: „Nehmt euch die Bedürfnisse eures Bruders zum Maßstab eures Handelns und löst die Probleme der Welt. Es gibt keinen anderen Weg."

Juli/August 1985

Der Weg in die Zukunft

Viele Hindernisse stehen dem Fortschritt im Wege, doch keines hemmt mehr als die Angst. Furcht vor dem Versagen, Furcht vor der Lächerlichkeit, vor Leid, Bestrafung und Schmerz – das sind die Hürden, die es auf dem Weg zur Freiheit zu überwinden gilt. Auf einem felsigen Gebirgspfad muss man einen sicheren Tritt haben. Die Angst verkrampft den Geist und lähmt den Instinkt, Gefahren zu erkennen. Es gibt kein größeres Hindernis als die Angst. Sie behindert den eigentlichen Lebensfluss. Sie zerstört jede Hoffnung und ist die größte Gefahr für Wohlbefinden und Gesundheit. Schwört der Angst ab und baut wieder Vertrauen in euch auf. Besiegt die Furcht und macht der Qual des Zweifelns ein Ende. Wissen verbannt die Angst. Wappnet euch daher mit Wissen und Vertrauen.

Seit dem Jahr 1425 hat die Hierarchie einen neuen Arbeitsrhythmus entwickelt. Alles, was den Plan betrifft, ist einer Überprüfung unterzogen worden, und es wurden viele neue Projekte eingeleitet. Das bedeutet, dass die Methoden und Verfahrensweisen zur Umsetzung des Plans überarbeitet wurden, und das stellt in vieler Hinsicht auch einen Bruch mit der Vergangenheit dar. Während sich die Meister auf ihre künftige Rückkehr vorbereiten, wurden uralte Systeme verändert und den Bedürfnissen des sich weiter entwickelnden Menschen angepasst.

Damit haben wir uns auf unseren Eintritt in die äußere Welt vorbereitet. Wenn ihr uns seht, werdet ihr auch den Beginn der Umwälzungen erkennen, die die Welt verändern werden. Dieser Wandel wird nicht plötzlich stattfinden, aber die ersten kräftigen Anstöße zu Gerechtigkeit und Freiheit werden schon bald erfolgen und im Lauf der nächsten Monate und Jahre, die wie im Flug vergehen werden, immer stärker werden. Mit der Zeit wird alles neu gestaltet, bis die Völker der Erde wieder eine gesündere, reinere Luft einatmen können.

Diese gewaltige Aufgabe erfordert Mut. Viele Herausforderungen müssen bestanden werden. Es ist weder leicht, die Welt von Grund auf zu ändern, noch eine neue Welt auf den Ruinen der Vergangenheit aufzubauen. Habt deshalb Mut und gestaltet eure Welt neu. Legt eure Angst ab und heißt die Zukunft mit offenen Armen willkommen.

Habt auch Geduld, denn die Fundamente des Neuen müssen auf Fels und auf Vertrauen gegründet sein. Hütet die besten Qualitäten der

Vergangenheit wie einen Schatz und stellt die alten Wegweiser wieder auf, sonst verfehlt der Mensch seinen Weg.

In früheren Zeiten bot sich dem Menschen immer wieder die Gelegenheit zu wachsen, aber er versäumte stets den rechten Augenblick. Bereitet euch darauf vor, eure Zukunft in die Hand zu nehmen und eine wunderbare Welt zu schaffen. Gebt die Hoffnung nicht auf und macht euch mit Freude und Liebe an die Arbeit, denn ihr wisst, welche Zukunft euch erwartet.

Ebenso sind Standfestigkeit und Zuversicht nötig, um das Neue aufzubauen. Prägt euch ein, dass es auch um Durchhaltevermögen geht, da auf dem Weg zu Freiheit und Liebe viele Hindernisse lauern.

Wir, die Meister, werden bei euch sein, sodass unsere Erfahrung euch viel Mühe ersparen kann. Rechnet mit unserer Unterstützung und unserer lenkenden Hand, die euch auf die Fallen am Weg hinweisen wird. Wir werden euch die Gesetze der Liebe lehren und dazu inspirieren, eure höchsten Ziele zu verfolgen. Wir, die Wissenden, werden euch lehren, was Wahrheit bedeutet, und euch zum Licht eurer eigenen Göttlichkeit führen.

Erlaubt uns, eure Schritte in die Zukunft zu lenken, die euch weiterbringen wird. Arbeitet voller Hoffnung und Vertrauen mit uns zusammen und vollendet euren Weg. Lasst eure Ängste hinter euch. Lasst euch durch unser Beispiel ermutigen, denn auch wir haben die Mühen und Gefahren dieses Pfades selbst erlebt.

September 1985

Teilen für den Frieden

Wenn ein Mensch teilt, dann wächst er. Dieser einfachen Wahrheit schenkte man bisher wenig Beachtung. Für viele ist das miteinander Teilen etwas Natürliches, ganz Selbstverständliches, für andere dagegen ist dieser Begriff befremdlich und mit Misstrauen und Schmerz verbunden. Was ihnen gehört, so meinen sie, gehört ihnen – sozusagen nach göttlichem Recht –, zu teilen liegt ihnen fern und erscheint ihnen widersinnig. Wie aber soll sich die Welt dann zum Teilen und Umverteilen bereitfinden, was doch die Vorbedingung für den Weltfrieden wäre?

Wohin die Menschen heute blicken, sehen sie die Folgen ihrer Unfähigkeit zu teilen. Auf dem ganzen Planeten hungern und verhungern Millionen. Unzählige vegetieren in Elend und hoffnungsloser Armut und sind von der Geburt bis zu ihrem frühen Tod zum Leiden verdammt.

Ändern wird sich das erst dann, wenn die Menschen begreifen, wozu sie auf der Erde sind, wenn sie erkennen, dass sie an einem großen evolutionären Experiment teilhaben, dessen Ziel allen bis auf wenige Ausnahmen noch verborgen ist. Wenn sie sich selbst als Seelen, als Teile der einen Überseele sehen und ihnen damit die Gleichheit untereinander bewusst wird, wenn sie verstehen, dass das Teilen zur natürlichen Ordnung gehört, während Selbstsucht und Habgier Abweichungen von der Norm sind, und wenn sie das Teilen auch als eine Gelegenheit zum Wachsen begreifen, dann werden sie sich darauf einlassen, um ihren Sorgen und ihrer Isolation ein Ende zu bereiten.

Die Zeit dafür ist nun gekommen. Der Druck innerer Kräfte und äußerer Ereignisse ist weltweit zu spüren und führt zu einer erneuten Einschätzung der Situation und der Aussichten des Menschen. Angesichts der rücksichtslosen Ausbeutung des Planeten kann man nicht mehr davon ausgehen, dass das Leben auf der Erde unendlich fortbestehen kann. Die atomare Vernichtung ist eine allgegenwärtige Bedrohung, während gleichzeitig der wirtschaftliche Konkurrenzkampf und das finanzielle Ungleichgewicht Probleme aufwerfen, die täglich das Leben von Millionen gefährden.

Nicht umsonst ist es zur Gepflogenheit geworden, dass sich Vertreter der Staaten zusammenfinden, um über diese Schwierigkeiten zu diskutieren. Diese Treffen sind ein Zeichen dafür, dass sich der Mensch seiner Verantwortung als Verwalter des Planeten bewusst wird und bereit ist, Entscheidungen zur Verbesserung der Situation zu treffen. An erster Stelle muss die Bereitschaft zu teilen stehen. Wenn man die Güter der Erde gerechter verteilt, wird bereits die Hälfte der Schwierigkeiten über Nacht verschwunden sein. Es gibt bereits Anzeichen dafür, dass viele das eingesehen haben, denn überall hört man den Aufruf zum Teilen. Kluge Menschen sehen das Teilen als eine Notwendigkeit, als die einzig mögliche Grundlage für einen dauernden Frieden, und auch die Helden der jungen Leute stimmen in diesen Aufruf ein.

Das ist ein gutes Omen für die Zukunft, denn es zeigt, dass die Menschheit endlich einsieht, vor welcher Wahl sie steht – teilen oder sterben –, und dass sie bereit ist, im Geist der Brüderlichkeit und Liebe zu handeln. Die Menschen geben sich nicht länger damit zufrieden, ihr Schicksal in andere Hände zu legen, es Regierungen anzuvertrauen, in denen mit Blindheit geschlagene, alternde Männer sitzen. Sie haben erkannt, dass sie sich beteiligen müssen, um ihre Zukunft und ihre Welt zu beschützen und zu bewahren.

Viele haben noch Angst, aber das Licht der neuen Zeit wird stündlich heller. Viele erwarten die Morgendämmerung einer neuen Epoche mit Hoffnung und Vorfreude auf die Möglichkeit, der Welt zu dienen und selbst zu wachsen. Sie wissen, dass sie nicht allein dastehen, sondern von vielen anderen umgeben sind, die ihre Vision teilen und sich gleichfalls nach Brüderlichkeit und Frieden sehnen.

Nur durch das Teilen kann diese Vision Wirklichkeit werden, allein durch Teilen wird dieser Frieden zu gewinnen sein. Daher lautet die Botschaft für diese Zeit: Teilt und wachst zu einem Spiegelbild des Göttlichen heran. Teilt und leitet damit die Epoche des Friedens und der Liebe ein.

Oktober 1985

Liebe – der Weg nach vorn

Immer wieder schaut sich der Mensch sein Leben an und kann die Ursache seiner Unzufriedenheit doch nicht entdecken. Er gibt dem Wetter, seinem Nachbarn, seiner knappen Kasse oder seinen mangelnden Chancen die Schuld daran, dass er das Glück und den inneren Frieden nicht finden kann. Deshalb ist er mit sich und der Welt uneins. Ihm fehlt das Vertrauen in den Sinn und Zweck des Lebens und daher greift er nach jeder flüchtigen Idee, nach jedem Gedanken, der ihm begegnet, im vergeblichen Bemühen, sein Verlangen nach einer sicheren Erkenntnis der „Wahrheit" zu stillen. Doch immer wieder entgleitet ihm diese „Wahrheit" und lässt ihn wie einen Schiffbrüchigen in einem Meer von Zweifeln zurück. Nirgends findet er die Lösung für seine Probleme; nirgends sieht er Antworten auf seine Fragen und Ängste. Mit der Zeit versinkt er in schweigende Lethargie oder schlägt einen Weg ein, der zu immer heftigerer zerstörerischer Gewalt führt. So steht der Mensch am Scheideweg seines Lebens und wartet, ob ein neuer Morgen dämmert oder ein endgültiger, katastrophaler Krieg.

In dieser Situation taucht nun Maitreya mit seiner Gruppe der Meister auf, die das Banner des Friedens und der Liebe mit sich tragen und von ihren Jüngern begleitet werden, die ebenso bereit sind, für Gerechtigkeit und Frieden zu kämpfen. Ihr Schlachtruf ist *Einheit – Gerechtigkeit* und *Freiheit* für alle. Sie kennen die Regeln des Kampfes – Sieg durch Liebe und Dienst an der Welt. Sie kennen die Probleme dieser Zeit und sind zu jedem Opfer bereit. Sie kennen ihre Aufgabe und warten ungeduldig darauf, handeln zu können. Hört auf den Klang ihrer Musik – Schönheit und Wahrheit. Achtet auf die Zeichen ihrer Hand – Zusammenarbeit, Teilen und Freude.

Macht euch bereit, diese Verfechter der neuen Zeit zu erkennen, mit ihnen zusammenzuarbeiten und so das Ziel eurer Inkarnation zu erfüllen. Bisher sind sie noch weitgehend unbekannt und gehören nicht bereits bestehenden Gruppen an. Sie warten hinter den Kulissen auf das Zeichen zum Einsatz. Wenn der Ruf kommt, werden sie einen Dienst auf sich nehmen, auf den sie gut vorbereitet sind, und sich für das Bedürfnis aller nach einer von Zynismus und Habgier und für immer von Bigotterie und Engstirnigkeit befreiten Welt einsetzen – für eine

Welt, in der die Menschen sich selbst und einander als die göttlichen Wesen erkennen, die sie in Wahrheit sind.

Dann werden die Menschen einsehen, dass das, woran sie leiden, ihr Mangel an Liebe ist, ihre Unfähigkeit, in ihrem Leben ihre Seelenqualitäten freizulegen; dass die Seele täglich versucht, ihr Lebensziel zu erfüllen, und wenn man es verleugnet, alles zu Salz erstarrt.

Hier also ist die Heilung für alle menschlichen Übel zu suchen. Beweist eure Liebe, damit jeder an der Fülle der Erde teilhaben kann. Beweist eure Liebe, damit die Kriege aufhören. Beweist die Liebe eurer Seele und führt den Tag herbei, da der Mensch mit dem Menschen und mit Gott vereint sein wird.

Wenn er es auch noch so sehr versucht, ohne Liebe kann der Mensch nicht leben. Diese Erkenntnis wird sich bald allgemein durchsetzen und zu Ereignissen führen, die in der Geschichte beispiellos sind. In Kürze wird ein Umwandlungsprozess beginnen, wie man ihn noch nie zuvor erlebt hat: nie wieder der Anblick von Millionen Verhungernden, das tägliche Leid der Enteigneten, die unendliche Mühsal der Armen der Welt; nie wieder, weder vor Augen, noch im Sinn, die drohende Selbstzerstörung, dieser heillose Terror, der die Menschheit in Bann hält; nie wieder dieser Mangel an Vertrauen, der jede Tätigkeit einschränkt und hemmt und den Menschen zum Feind seines Nachbarn und seiner selbst werden lässt.

All das wird ihm gelingen, wenn er seine Liebe walten lässt. Durch sie wird der Mensch siegen und zu einem Gott werden.

November 1985

Die Rolle des Menschen

Mit der Zeit werden die Menschen ihre eigentliche Beziehung zu den niederen Naturreichen erkennen und dann bereitwillig die Rolle des Pflegers und Hüters dieser Evolutionen übernehmen. Das wird zu einer Umgestaltung in allen bäuerlichen und agrarwirtschaftlichen Bereichen, in der Forst- und Fischwirtschaft führen. Die heute üblichen Methoden wird man für immer aufgeben: Wald und Erdboden auszuplündern, ausgelaugte Felder zu überdüngen und viele Tierarten zu Land und zu Wasser habgierig und rücksichtslos zu verfolgen.

Diesem unheiligen Krieg gegen die großzügigen Geschenke der Natur muss bald und energisch Einhalt geboten werden. Die Menschen dürfen die Vergiftung der Erde und des Wassers nicht länger hinnehmen, da sie das Leben von Mensch und Tier in gleicher Weise bedroht. Nicht länger darf man viehwirtschaftliche Methoden anwenden, die das grundlegende Recht auf Bewegung, Luft und Licht missachten. Die grausame Ausbeutung unzähliger Kreaturen zu Versuchszwecken muss vernünftigeren Forschungsmethoden und Erkenntnisprozessen weichen.

Viele sind sehr besorgt über diese Situation und verlangen Veränderungen. Die Überlegungen der Menschen gehen in die richtige Richtung, und diese Entwicklung kann nichts mehr aufhalten. Trotzdem bedarf es künftig noch größerer Veränderungen, um das ökologische Gleichgewicht auf der Welt aufrechtzuerhalten.

Wenn man die Erde als ein lebendiges Wesen versteht, das in allen seinen Teilen vollkommen ist, und in dem jedes Teilchen wesentlich für das Ganze ist, dann wird sich eine neue, vernünftigere Sichtweise durchsetzen. Die Menschen werden sich als Verwalter der natürlichen, planvollen Ordnung begreifen, in der alles in Harmonie und Schönheit gedeihen kann und jedes Naturreich mit allen über und unter ihm verbunden ist.

Heutzutage werden große Summen in die Erforschung der Naturgesetze investiert, gleichzeitig werden enorme Ressourcen verschwendet und missbraucht. Würde man sie zur Stabilisierung des natürlichen Gleichgewichts einsetzen, könnte die Welt neu entstehen. Der Mensch sähe sich im Besitz von ihm bisher verborgenen Geheimnissen. Er würde Zugang zu Wissensbereichen finden, die seinem forschenden Geist bisher verschlossen blieben. Die Natur würde ihre Geheimnisse enthüllen und der Mensch zum Partner des Schöpferlogos werden, und damit seinen rechtmäßigen Platz als Hüter des Plans einnehmen.

Der Mensch hat es in der Hand, alles neu zu gestalten oder seine Welt zu zerstören. Niemals zuvor besaß er diese Allmacht. Um sie richtig einsetzen zu können, muss er eine Weisheit entwickeln, die heute noch selten ist, die er aber in sich entdecken muss, wenn er nicht zugrunde gehen will.

Zu ihrem Glück ist die Menschheit nicht allein. Aus den Kulissen der Bühne des Lebens tritt eine Gruppe Wissender hervor – es sind Menschen, die mit allen Attributen Gottes ausgestattet sind. Sie bringen die Weisheit der Jahrtausende mit und können daher die Menschen dieser Erde auf dem schmalen Pfad begleiten und behüten.

Mit ihrer Inspiration wird der Mensch umkehren und neu beginnen. Unter ihrer weisen Führung wird er den Aufstieg zur Göttlichkeit antreten und dieses in ihm angelegte, noch unartikulierte Göttliche schließlich beweisen.

So werden die Menschen im Laufe der Zeit zu Wissenden entwickeln und ebenso den Zielen Gottes dienen. Dann kann von ihnen ein Strom umfassender Weisheit ausgehen, der alles nährt und der Förderung des großen Plans dient.

Dezember 1985

Psychismus heute

In früheren Zeiten war es üblich, in einer misslichen Lage oder vor einer schwierigen Entscheidung ein Orakel zu Rate zu ziehen. Die alten Mythen zeugen mit einer Fülle von Geschichten noch vom tiefen Aberglauben weit zurückliegender Zeiten. Die Orakel waren allmächtig und beeinflussten häufig das politische Geschehen. Ganze Nationen wurden durch einen Orakelspruch in Krieg und Verderben gestürzt.

Das ist heute kaum anders. Überall auf der Welt suchen Männer und Frauen aus allen Kreisen bei „Hellsehern", „Astrologen" und „Wahrsagern" Rat und Hilfe bei der Lösung von Problemen und schwierigen Situationen. In den allermeisten Fällen ist dieser Rat falsch und nutzlos, und doch zahlen die Leute leichten Herzens beträchtliche Summen in der Hoffnung auf „höhere" Führung. So tief verwurzelt ist die Gewohnheit, sich um Hilfe dieser Art an andere zu wenden, dass auch viele sonst durchaus intelligente und kultivierte Leute sich schwer damit tun, eine Entscheidung selbst zu treffen. Außerdem gibt es einen beträchtlichen Markt, der dieser Nachfrage nach Führung entgegenkommt. Bei dieser Sachlage geht viel Unsinn als höhere Weisheit und geschulte innere Wahrnehmung durch.

Wir kommen jetzt in eine Zeit, in der die übersinnlichen Fähigkeiten des Menschen eine Stimulierung erfahren. Diese Fähigkeiten werden sich einmal so weit entwickeln, dass das höhere Wissen der Seele dem Suchenden zugänglich wird. Heute jedoch manifestiert sich in den meisten Fällen lediglich der niederere übersinnliche Mechanismus und übermittelt daher von den Astralebenen die für diesen Bereich typischen Illusionen und Verzerrungen. Was bringt es denn, die Antwort auf seine Entscheidungsprobleme auf den Ebenen der Illusion zu suchen? Es muss noch viel Erziehungsarbeit und richtige Schulung erfolgen, bevor die Welt vom Rat erfahrener Sensitiver profitieren kann.

Die dafür notwendige Vorbereitung und Schulung wird es auf jeden Fall geben, das steht fest. Viel Gedankenarbeit wurde in die Planung dieses Verfahrens gesteckt, und bald schon können die Arbeiten beginnen. In der Zwischenzeit allerdings sollte man Menschen mit „übersinnlicher Wahrnehmung" mit der nötigen Vorsicht und äußerst kritischem Unterscheidungsvermögen begegnen. Es ist bei Weitem besser, selbst Entscheidungen zu treffen und, wenn notwendig, aus den eigenen Feh-

lern zu lernen. Auf diesem Weg entsteht Wachstum und künftige Stärke. Kein Mensch wird zum Meister, der nicht allein stehen und zielbe-
wusst und konzentriert handeln kann. Untätige Abhängigkeit von „Hellsehern" und „Führern" produziert nur Inaktivität und verpasste Gelegenheiten und dient nur denen, die ihrem lukrativen Gewerbe nachgehen.
Daher empfehlen wir den härteren Kurs der Eigenständigkeit und der
Disziplinierung des Geistes, denn auf diesem Amboss wird die scharfe
Klinge des Meisters geschmiedet.

Es kommt die Zeit, da man die Fähigkeiten des Geistes nicht mehr
verkaufen wird. Der Tag bricht an, an dem die Freude, diese Gaben zu
teilen, sich selbst Belohnung ist. Wo Erkenntnisse und Wissen wirklich
dem Geist entstammen, kommt der Gedanke an Bezahlung nicht mehr
auf. Bald werden wir sehen, dass sich in diesem Bereich eine Klärung
vollzieht und die Sensitiven in unserer Mitte richtig eingeschätzt werden können. Die Gegenwart Maitreyas und seiner Brüder wird zu einem neuen klaren Ansatz führen und eine Flut von Erkenntnissen und
einen weiseren Umgang mit diesem Thema mit sich bringen.

Januar/Februar 1986

Die göttliche Wissenschaft

Da wir uns jetzt einer neuen Epoche nähern, wenden die Menschen ihr Interesse dem Himmel zu und machen sich Gedanken über zukünftige interplanetare Reisen. Schon erforschen Sonden die Weite des Weltraums und sammeln Informationen, die in das System, in dem wir leben, Licht bringen können. Zum ersten Mal richten sich die Gedanken der Menschen nach oben und nach außen. Dieses Interesse ist etwas Neues. Bisher dachte der Mensch nur selten über den häuslichen Herd hinaus und versagte sich damit die Sicht auf die unermessliche Weite des Kosmos, die ihm zur Erforschung noch offen steht. Zugleich machen nun neue Entdeckungen über das Wesen des Lebens den Menschen bewusst, dass sie die Einheit, die – wie man inzwischen weiß – dem Universum zugrunde liegt, auch manifestieren müssen.

Gewaltige Summen werden bereits jährlich für das Gelingen dieser Forschungen ausgegeben, deren Erfolge immer wieder auch viel Hingabe und Mut erfordern. So stehen wir heute an der Schwelle einer neuen Wissensepoche, die umfassendere Konzepte, weitere Horizonte und tiefgründigere Erfahrungen eröffnet, als dies je vorstellbar war.

Genau zu diesem Zeitpunkt kommt der neue Lehrer. Seine Aufgabe ist es, den Horizont des Menschen zu erweitern und ihm verständlich zu machen, dass alles miteinander verbunden ist, dass wir in einer Familie, als Brüder leben, und dass jeder zum Wohlergehen des Ganzen beiträgt. So wird der Mensch sich selbst als integralen Teil eines unermesslichen Systems, das bis zu den Sternen reicht, erleben können – als ein kleines Pünktchen bewussten, liebesfähigen Lebens, ohne das unser Universum ärmer wäre. So wird der Mensch schließlich seine Größe begreifen und seine Funktion in einem grenzenlosen Plan aufeinander bezogener Punkte aus Licht und Energie und Wissen.

Als Erstes muss die Einsicht kommen, dass alles eins ist, dass unter der Vielfalt der Formen das Herz des einen, großen göttlichen Lebens schlägt. Wenn die Menschheit diese Wahrheit begreift, wird eine Zivilisation entstehen, die auf dieser Wahrheit gründet und den Menschen zu den Füßen der Gottheit trägt. Von diesem heiligen Ort aus wird der Mensch die bislang seinem Blick verborgenen Herrlichkeiten schauen und sich selbst als der Gott erkennen, der er ist.

Dann wird er über eine neue, göttliche Wissenschaft verfügen und damit die Energien des Universums für seine verschiedenartigen Bedürfnisse nutzbar machen und diese Erde verwandeln und verschönern. Als Hüter dieser Wissenschaft werden wir, die Meister, ihre Geheimnisse Schritt um Schritt enthüllen, sobald der Mensch sich für deren Anwendung entsprechend qualifiziert hat.

Dann wird sich das Tor zum Himmel öffnen und der Mensch seine Reise ins Unendliche antreten. Der Kosmos, nah und fern, wird Gegenstand seiner Forschung werden; die Unendlichkeit wird ihn immer weiter locken und seinen Mut auf die Probe stellen.

Ein Strom neuer Ideen hat das Leben der Menschen erfasst und wird sie zum Handeln inspirieren. Überall wird eine neue, schöpferische Kraft zu spüren sein, und mit zunehmender Geschwindigkeit wird man dann die Geheimnisse des Lebens entdecken und enthüllen. Dem Menschen stehen jetzt große Dinge bevor. Er wird über die Wunder staunen, die sich ihm eröffnen werden. Er wird sich von den Beschränkungen der Vergangenheit lösen können, sodass er frei wird, den Kosmos und sich selbst zu erforschen.

Wenn der Mensch das Universum und sich selbst als eins erlebt, wird alles möglich.

März 1986

Die großen Förderer der Menschheit

In der Geschichte jeder Nation kommt eine Zeit, wo ihre Seelenqualität sich stärker zu manifestieren beginnt und bewirkt, dass große Persönlichkeiten auf dem Gebiet der Künste oder Wissenschaften, der Politik oder der Religion auftauchen. Dann können wir immer wieder erleben, wie einflussreiche Männer und Frauen den Bemühungen einer Nation Farbe und Kohärenz verleihen. Da sie äußerst schöpferische Menschen sind, inspirieren sie ihre Umgebung mit ihrer Vorstellungskraft und tragen entscheidend zur Kultur ihrer Zeit bei. Es sind die Jünger und Eingeweihten, die im Namen aller dem Genius eines Volkes Ausdruck verleihen.

Zurzeit erwarten wir die Ankunft solcher großer Persönlichkeiten auf der Weltbühne. Es gibt jetzt eine Gruppe spirituell orientierter Männer und Frauen, die von hochrangigen Mitgliedern der Geistigen Hierarchie geschult wurden und daher das Rüstzeug mitbringen, die Probleme unserer Zeit in der richtigen Weise anzugehen. Wenn der Ruf ertönt, was bald geschehen wird, werden sie die Arbeit aufnehmen, auf die sie vorbereitet wurden: der Wiederaufbau unseres Lebens auf diesem Planeten nach völlig neuen Richtlinien.

Diese Gruppe engagierter Jünger wird der Menschheit auf jedem Gebiet den Weg zeigen, den sie einschlagen sollte. Da sie aus vielen Nationen stammen, werden sie die sehnsüchtigen Hoffnungen aller Völker auf Frieden und Gerechtigkeit fokussieren und ihnen eine Richtung geben. Zurzeit sind sie größtenteils noch unbekannt, doch bald schon werden ihre Namen und ihre Arbeit für die Menschen ein Lichtblick sein und sie inspirieren, wieder auf eine bessere Zukunft zu hoffen. Sie arbeiten jetzt noch unbemerkt, halten sich aber bereit, ihre Begabung und ihre Schulung in den Dienst der Menschheit zu stellen. Sie werden bekannt sein für ihre altruistische Liebe und ihr weises Urteil, für ihr Pflichtgefühl und die Hingabe an ihre Aufgabe. Da sie von Meistern geschult wurden, werden sie auch etwas von deren Gelassenheit und Wissen widerspiegeln und einen neuen Rhythmus und Ordnung in unsere chaotische Welt bringen.

In Kürze werden sich aus dem Bauplan für die Zukunft, der jetzt erkennbar wird, die Formen der neuen Zivilisation herauskristallisieren. Jeder Nation kommt dabei eine spezifische Rolle zu und muss mit ihrer Stimme zum Gesamtwerk beitragen. Den Vereinten Nationen wird eine entscheidende Aufgabe zufallen, da sie die Pläne für den Wiederaufbau und die Neuverteilung koordinieren müssen. Schon jetzt ist, trotz der Beschränkungen, die ihr die Großmächte auferlegen, der Beitrag der UNO zum Weltfrieden groß. Ihre Organisationen bringen Millionen Menschen in vielen Ländern Bildung und Hilfe. Als Forum für weltweite Debatten ist ihre Stellung einmalig und von unschätzbarem Wert. Es wäre sehr schade und ein großer Verlust für die Menschheit, wenn die Völker den Glauben an diese Institution verlieren würden, die bei der Ausführung des göttlichen Plans eine so zentrale Rolle spielt.

Viele erwarten, dass Maitreya und die Meister alle Übel beseitigen und die Welt verändern werden. Es ist unbestreitbar, dass sie den Weg zeigen und führen und inspirieren werden, ebenso wahr ist, dass sie ihr Licht und ihre Weisheit in den Dienst der Menschheit stellen werden. Aber die Arbeit der Transformation muss die Menschheit selbst durchführen und alle Veränderungen und Opfer, die sich daraus ergeben, bereitwillig auf sich nehmen. Nur die Akzeptanz dieser Veränderungen führt dazu, dass sie sich dauerhaft durchsetzen und die Bedingungen für ein neues und besseres Leben des Menschen schaffen können. Um auf dem Weg voranzugehen und die Grundstrukturen des neuen Zeitalters aufzubauen, treten jetzt die geschulten Architekten der kommenden Zivilisation auf. Erkennt sie an ihrem Wunsch zu dienen, an ihrer Weisheit und ihrer tatkräftigen Liebe.

April 1986

Ein Aufruf zum Dienst

Der Mensch hat innerhalb der Grenzen, die ihm seine gegenwärtige Bewusstseinsebene setzt, schon viel zustande gebracht. Das wird nirgends so deutlich wie in seinen wissenschaftlichen Errungenschaften, in seiner Kunst, seiner Technik und in seinen architektonischen Leistungen. Viele geniale Frauen und Männer, die sich der Aufgabe widmen, die Kultur unserer Zeit zu bereichern, zeigen den Weg auf. So eröffnen sich dem Menschen an der Schwelle der „Wassermann-Erfahrung" viele neue Möglichkeiten, die ihn fordern, sein Potenzial auszuschöpfen – ein göttliches Potenzial, das auf seine Enthüllung wartet.

Von unserem Standpunkt aus betrachtet sind das erst die Anfänge, die Vorbereitungen für eine Zivilisation, wie der Mensch sie noch nie erlebt hat – eine Zivilisation, die sich mit den großartigsten Zeiten des Altertums nicht nur messen kann, sondern sie bei Weitem noch übertreffen wird. Damals wiesen die Meister, so wie wir heute, jedoch öffentlich den Weg und waren bekannt als diejenigen, die den Menschen Wissen und Wahrheit bringen. Das Rad hat sich gedreht, und wir nehmen die Spur wieder auf.

Bald wird die Welt die Rückkehr der ältesten Mitglieder der menschlichen Gemeinschaft, der Wissenden, der Söhne Gottes erleben. Prophezeiungen haben unsere Ankunft vorhergesagt und die Erwartung der Jünger neu belebt, doch viele haben einen gesunden Schlaf und nehmen gar nicht wahr, was sich derzeit ereignet. Viele erwarten uns mit Sehnsucht, rechnen aber erst in ferner Zukunft mit unserem Kommen. Wissen sie denn nicht, dass wir *jetzt* ans Tor pochen? Wacht auf, Freunde! Wacht auf, ihr Arbeiter im Dienst des Guten! Wir brauchen alle, die mit uns zusammenarbeiten wollen, um die Welt umzugestalten. Wir brauchen euer Sehnen und eure Freude. Eure Hoffnung und euer Vertrauen schätzen wir sehr. Macht euch bereit, uns zu erkennen und in eurem Leben willkommen zu heißen.

Es gibt keinen Grund, unsere Rückkehr zu fürchten. Wir verkörpern das Zentrum der Liebe. Das ist unser Wesen, deshalb dienen wir der Welt. Wisst, dass das so ist, und fürchtet euch nicht. Wir werden als Ältere Brüder bei euch sein, um euch den Weg zu zeigen. Schon lange haben wir auf diese Gelegenheit gewartet, die Jahre gezählt, bis wir wieder bei euch sein und euch dienen können. Wenn ihr uns seht, werdet ihr wissen, dass die Zeit des Endes und des Neubeginns gekommen ist: das Ende der Trennung, der Beginn der Partnerschaft.

Ein Plan zur Errettung der Welt ist nun auf dem Weg. Er bezieht die Mitarbeit all derer ein, die sich danach sehnen, der Welt dienen zu können. Heutzutage ist es nicht schwer zu dienen, denn die Möglichkeiten dazu sind vorhanden, und die Erde selbst schreit um Hilfe. Wählt, auf welchem Gebiet ihr mithelfen wollt, und macht euch mit Eifer an die Arbeit und wisst, dass eure Seele euch dabei hilft. Seid euch auch bewusst, dass unsere Hand der euren Kraft verleihen und die Bürde teilen wird.

Sicher ist: Vieles muss sich verändern; wie rasch, das hängt von euch ab. Wir sind auf eure Mitarbeit angewiesen, damit der Plan in allen Details ausgeführt werden kann. Der Aufruf zum Dienst richtet sich an die Vorreiter der neuen Zivilisation, damit sie die Fundamente für eine bessere Welt von morgen legen.

Geht bei diesem Appell auf eure Plätze und helft uns bei dem Rettungswerk. Seid bereit, wenn die Stunde schlägt!

Mai 1986

Lieben ist eine Notwenigkeit

Von Zeit zu Zeit denken die Menschen über den Begriff Liebe nach. Die Idee der Liebe als natürlicher Instinkt, der nach Ausdruck verlangt, beschäftigt die Menschen, und man bemüht sich, mit Argumentationen und Diskursen zu beweisen, dass das so ist. Das geht seit Jahrtausenden so. Die Vorstellung, dass Liebe irgendetwas Grundlegendes im Menschen ist, findet immer Zustimmung. Ist es da nicht merkwürdig, dass der Mensch im Alltag so wenig Liebe beweist?

Die Menschen leben fast ausnahmslos in Angst. Sie empfinden die Welt und das Leben als Bedrohung und umgeben sich zum Schutz mit einem Panzer – und schränken damit ihre Fähigkeit zu lieben ein. Die Liebe verkümmert und erstirbt in ihnen oder verbirgt sich hinter Aggressionen und Hass. Ist der Mensch der Liebe beraubt, wird er krank. Im Bewusstsein seines inneren Wertes, den er nicht zum Ausdruck bringen kann, projiziert er seine Ängste und Hassgefühle auf seine Nachbarn und die Umwelt.

Wo Liebe regiert, herrscht Harmonie. Ohne Harmonie entsteht kein Vertrauen, und ohne Vertrauen ist wenig zu erreichen. Furcht verhindert den Ausdruck der Liebe. Liebe vernichtet die Furcht. Wenn der Mensch seine Liebe nur so weit zeigen will, wie die Angst es erlaubt, dann verliert er sich. Im Treibsand verirrt, ziehen ihn seine Kämpfe nur noch tiefer hinein.

Worin also liegt die Rettung? Um lieben zu können, muss der Mensch vertrauen können. Wo kein Vertrauen ist, kann auch keine Liebe sein. In einem vertrauensvollen Herzen entsteht Liebe von selbst, da sie die wahre Natur des Menschen ist. Lernt daher zu vertrauen und demonstriert eure Liebe, deren Leuchtkraft stets präsent ist. Vertrauen heißt, das Leben mit all seinem Schmerz und seiner Schönheit zu akzeptieren. Vertrauen ist die Gewissheit, dass alles sich zum Guten wendet und dem Gesetz untersteht und dass dieses Gesetz gerecht angewendet wird. Lernt zu vertrauen und vertreibt die Furcht. Verbannt diese hinderlichen Mechanismen für immer aus eurem Leben und öffnet der Liebe Tür und Tor.

Wer liebt, zieht unbegrenzte Möglichkeiten an. Der Magnet der Liebe zieht alles an, was die gleiche Schwingung hat und zum Leben notwendig ist. Daher ist die Liebe der Hebel für die Evolution.

Man stelle sich eine Welt ohne Liebe vor: Etwas derart Schreckliches widerstrebt der Phantasie. Warum wohl? Instinktiv weiß der Mensch, dass Liebe eine Notwendigkeit ist, und er wird bald begreifen, warum. Er wird erkennen, dass die Liebe ihn in einer unendlichen Kette mit allen anderen verbindet, und er wird allmählich, zunächst vielleicht noch zögernd, zu vertrauen beginnen. Schritt für Schritt wird er seine Ängste besiegen. Dann wird er den segensreichen Zustand erreichen, in dem kein Raum für Angst ist, in dem die Liebe ruhig thront und allen, die sich ihr nähern, ihre Gnade erweist.

Dann werden Leben und Liebe für den Menschen ein und dasselbe sein. Er muss sich der Angst, der Tyrannei der Angst, widersetzen und sie überwinden. Vertrauen erzeugt Liebe und macht die Angst zunichte, da es das Göttliche zum Vorschein bringt, das immer in uns wohnt. Vertrauen und Glaube sind eins, sie spiegeln die innere Göttlichkeit wider. Vertraut dem Göttlichen in euch, lasst es leuchten, strahlt diese Liebe aus und erfahrt das Ende der Angst.

Juni 1986

Die Wohltäter

Mit jeder Generation kommen Seelen in die Inkarnation, die dafür gerüstet sind, mit den Problemen ihrer Zeit fertig zu werden. Diese Behauptung ist eine esoterische Binsenweisheit, der man mehr Aufmerksamkeit schenken sollte. Sie birgt Hoffnung für die Zukunft und ist eine Garantie für den Fortschritt. Außerdem vermittelt sie Einblick in die Wirkungsweise des großen Plans. Angesichts all des Unglücks und der Prüfungen neigen die Menschen dazu, die Welt als feindlich und das Leben als ziellos zu betrachten. Es gelingt ihnen nicht, den inneren Zusammenhang, die Kontinuität und Schönheit des sich entfaltenden Evolutionsplans zu erkennen.

In Wahrheit wirkt alles zum Guten. Es gibt keine Prüfungen und Schmerzen, die nicht allmählich zu größerem Verständnis und Frieden führen. Könnten die Menschen das komplexe Wirken des karmischen Prozesses nur sehen, sie würden über die Gerechtigkeit und majestätische Erhabenheit des Plans staunen. Sie wissen noch nicht, dass sich alles nach dem Gesetz abspielt. In Angst und Zweifel verloren, lassen sie die Beweiskraft ihrer eigenen Erfahrungen außer Acht und leugnen die Existenz des Gesetzes.

Doch ein Blick zurück in die Geschichte würde den steten Fortschritt der Menschheit erkennen lassen. Jede Epoche hat die Entfaltung einer der Facetten des menschlichen Potenzials erlebt. In jedem Jahrhundert gab es geniale Männer und Frauen, deren Ausstrahlung und Einfallsreichtum das Leben aller bereichert haben. Mit ihren Entdeckungen, ihren Künsten und Wissenschaften haben diese Wohltäter der Menschheit uns weitergebracht und allen die Früchte des Geistes vor Augen geführt.

Das ist seit uralten Zeiten so und bezeugt die Wirksamkeit des Plans. Und so wird es weitergehen, bis alles vollendet ist und ein neuer Tag auf einem anderen Stern beginnt.

Zyklus um Zyklus, in immer neuen Wellen, brachten Seelen ihre Gaben, ihre Erkenntnis und Erfahrung ein und haben sich den Herausforderungen ihrer Zeit gestellt und sie gemeistert. Nie ist die Menschheit lange gestrauchelt, so düster das Bild auch ist, das die Geschichte bietet. Nie blieb der Mensch lange sich selbst überlassen. Die Zeiten ohne Führung waren in der Tat sehr kurz, und selbst dann war das Licht für diejenigen immer sichtbar, die Augen dafür hatten.

Diese Manifestation wird durch das Gruppengesetz bedingt, während das Gesetz des Dienens die Gruppen zur Zusammenarbeit mit dem Plan drängt. Myriaden von Seelen warten, dass sie zum Dienst gerufen werden, zu dem sie durch den Magneten ihres Strahls in die Inkarnation gezogen werden.

Epoche um Epoche erschallt der Ruf, und immer wieder reagieren die Gruppen darauf. Sie haben verstanden, was nottut, und kommen bereitwillig, um den Kampf mit Unwissenheit und Furcht aufzunehmen.

Die jetzige Zeit der Prüfung ist keine Ausnahme. In den Zentren wartet schon die Vorhut. Es sind geschulte und gut vorbereitete Menschen, die ihre Rollen und Pflichten kennen und wissen, dass der Sieg auf ihrer Seite sein wird.

Vertraut also dem Plan und wisst, dass nichts seine Erfüllung lange aufhalten kann. Seid sicher, dass die Großen in ihrer Weisheit alles, was erforderlich ist, voraussehen. Wisst auch, dass alle in den Dienst eintreten und die Bürde der Aufgabe teilen können.

Die heutige Zeit bietet eine besondere Gelegenheit. Selten hat man, wenn je überhaupt, eine solche Epoche erlebt. Nehmt eure Plätze an der vordersten Front der Diener der Menschheit ein und stellt euch auf die Seite Gottes.

Juli/August 1986

Der Augenblick der Wahrheit

Von Zeit zu Zeit entwickelt sich eine neue Situation, die der konzentrierten Aufmerksamkeit der Hierarchie bedarf, um den richtigen Entschluss zu fassen. Derzeit sind so viele Kräfte in Konflikte verstrickt, die Spannungen sind so groß, dass selbst die Hierarchie alles daransetzen muss, um die Balance zu halten. Das ist auch nicht anders zu erwarten, da der Augenblick der Offenbarung näher rückt. Bald wird die Welt vor der Wahl stehen: sie kann entweder so weitermachen wie bisher und untergehen oder aber die alten Fehler korrigieren und ein neues Leben anfangen.

Schon gibt es Anzeichen dafür, dass die Menschheit für den Wandel bereit ist, bereit für die Zeit der Prüfung, die ihr bevorsteht; doch es hängt jetzt so viel von der richtigen Entscheidung der Menschheit ab, dass ihr Urteilsvermögen durch nichts getrübt werden darf. Deshalb arbeitet die gesamte Hierarchie unter ungewöhnlicher Anspannung, da sie sich ihrer Verantwortung bewusst ist, die Menschen sicher durch diese schwierige Zeit zu führen.

Wir befinden uns jetzt in einer einzigartigen Situation. Die Menschheit steht kurz davor, mithilfe ihrer Repräsentanten den Christus zu sehen und zu erfahren, sich der Herausforderung zu stellen und den Segen seiner Anwesenheit zu ernten. Die ganze Welt wartet auf diesen Augenblick der Wahrheit. Bald wird es kein Leugnen mehr geben; die Menschen werden sicher wissen, dass der Avatar gekommen ist.

Da er einer von uns ist, ein Mensch unter Menschen, wird der Christus für alle sprechen und verkünden, was eine gespaltene und zerrissene Welt braucht. Da er einer von uns ist, der Meister aller Meister, wird er auch uns in eine neue Beziehung mit den Menschen führen und versuchen, uns auf dem höheren Pfad zu begleiten. Auf diese Weise wird er seine zweifache Aufgabe weiterführen.

Viele werden ihn aus lang vergangenen Zeiten wieder erkennen und ihm auch jetzt wieder vertrauensvoll nachfolgen. Viele, die neu in der Gemeinde sind, werden ihn als ihren Lehrer begrüßen und durch mutiges Handeln ihre Treue zu seiner Sache unter Beweis stellen.

Auf diese Weise wird die Vergangenheit bewältigt werden. Eine verwandelte Welt wird so entstehen, von beiden, von Meistern und Menschen gestaltet. Wenn ihr uns seht, werdet ihr eure Freunde und

Brüder sehen, jeder ein Mensch und jeder ein Sohn Gottes. Nichts an uns ist ungewöhnlich, außer unsere ungebrochene Freude und unsere Liebesfähigkeit. Lasst uns die Geheimnisse des Lebens mit euch teilen und eure Mentoren auf dem Weg sein. Lasst uns eure Schritte auf dem Pfad begleiten und euch zum Licht führen. Unser Ziel ist es, euch zu dienen und zu inspirieren. Unsere Freude ist es, eure Liebe zu wecken.

Da jeder Mensch ein potenzieller Gott ist, sollte ein jeder, seine Göttlichkeit auch manifestieren. Unsere Aufgabe wird es sein, euch dabei zu helfen und euch den schnellsten Weg zu zeigen. Unsere Erfahrung ist alt und erprobt, unsere Weisheit verlässlich. Unsere hart errungenen Erkenntnisse werden euch gute Dienste leisten. Daher gibt es auch keinen Grund zur Angst, wenn ihr jetzt an der Schwelle einer neuen Zeit steht.

Jedes Zeitalter verleiht der Menschheit eine herausragende Eigenschaft. Das jetzt zur Neige gehende Zeitalter brachte den Menschen die Fähigkeit zur Devotion, zur Hingabe, und wohin man auch schaut, kann man diesen Aspekt erkennen. Bis jetzt hat sich die Devotion auf das Ich gerichtet, auf das eigene Land und auf einen fernen Gott. Mit unserer Hilfe und durch unser Beispiel werden sich die Menschen einander und dem Gott in allen zuwenden. So wird es sein. So wird der Mensch sich selbst und seine Brüder als Gott erkennen, und so wird Gott sich durch die Menschen offenbaren.

September 1986

Die Hüter

Immer dann, wenn der Mensch an einem Kreuzweg steht – vor der schwierigen Wahl, welche Richtung er einschlagen soll –, darf er sicher sein, dass er Hilfe erwarten kann. So ist es auch heute, wo der Mensch sich für Gerechtigkeit oder Tod zu entscheiden hat. Um ihm bei dieser Entscheidung beizustehen, ihm die Chancen und Gefahren vor Augen zu führen, ihm zu dienen und ihn zu leiten, kehren seine Älteren Brüder zurück. Seit langem warten sie auf diese Gelegenheit. Seit Langem sind sie bereit, öffentlich zu wirken. Da nun die Stunde gekommen ist, übernehmen sie ihre Aufgaben mit Freude und in dem Wissen, dass sie gelingen wird. Wie schwer die Probleme auch sind, sie wissen, dass sie bewältigt werden; wie schwer auch die Entscheidung ist, die richtige Richtung wird eingeschlagen werden.

Sie wissen aber auch, dass ohne ihre Hilfe der Mensch in Gefahr wäre, sich selbst zu zerstören. Sie wissen, dass es jene gibt, die die Welt in das Chaos eines totalen Krieges hineinstürzen würden. In einen Krieg, in dem es keinen Sieg und keine Zukunft gäbe, da alles Leben damit zugrunde gehen würde.

Die Älteren Brüder stehen bereit, zu schützen und zu führen. Sie wissen, dass sich die Menschen nach Frieden sehnen, aber hilflos den chaotischen und separatistischen Kräften ausgesetzt sind; dass sie auf ein Zeichen warten, dass ihre Hilferufe gehört, ihre Sehnsucht erkannt und ihre Gebete um Befreiung beantwortet werden.

Die Zeichen sind nicht zu übersehen, aber Zweifel machen die Augen blind. Da sie in die Ferne schauen, sehen die Menschen nicht, was jetzt geschieht. Während sie den Himmel absuchen, sehen sie den Fremden an ihrer Tür nicht.

Bald wird sich der Herr der Liebe für alle sichtbar der Welt vorstellen. Das wird für den Menschen die Herausforderung bedeuten: entweder hilflos im Morast stecken zu bleiben und den bisherigen Fortschritt zu verwirken oder Habgier und Stolz zu überwinden und seine Göttlichkeit zu manifestieren. Wir, die Älteren Brüder, beobachten und warten, bereit zu reagieren, wenn Menschen unsere Führung und Erfahrung suchen. Auf dieser Erfahrung, die schwer zu erringen ist, beruht unser Recht, die Rückreise des Menschen zu überwachen.

Bald werden die Menschen entdecken, dass sie nicht allein sind und es niemals waren. Dass immer in Zeiten der Krise die Hüter nahe waren und schützend und lenkend im Hintergrund wirkten. Innerhalb der Grenzen des Gesetzes haben wir immer Hilfen gegeben, und darauf darf sich der Mensch verlassen. Er wird uns als seine Brüder erkennen, viel älter an Erfahrung als er selbst, deren Fußspuren jeder getrost folgen kann; als die Lehrer auf dem Pfad des unendlichen Weges, die alle Nachfolgenden sicher zu den Füßen Gottes führen werden; als die Mitarbeiter, die bereit sind zusammenzuarbeiten, um die Welt zu transformieren und den göttlichen Plan umzusetzen.

So werden wir, die Hüter, unter den Menschen bekannt werden. So werden wir gemeinsam die neue Welt auf den Fundamenten der alten aufbauen, indem wir das Beste aus der Vergangenheit bewahren und zugleich die Formen der Zukunft erschaffen. Nichts kann diese Manifestation zum Stillstand bringen. Wir, eure Älteren Brüder, sind hier. Der Ruf erging an die uralten Rückzugsorte: Kehrt zurück, kehrt zurück, die Stunde ist gekommen!

Einzeln und zu zweit kehren wir auf unseren eigenen Spuren noch einmal in die Welt der Menschen zurück. Wir tun es mit Freuden. Gern ergreifen wir diese Möglichkeit zu dienen und zu wachsen. Die Arbeit, die uns bevorsteht, mindert unsere Freude nicht, wir begrüßen die neuen Beziehungen mit den Menschen. Als Partner werden wir mit ihnen die herrliche Zukunft schaffen, die auf alle Menschen wartet.

Oktober 1986

Muße ist das Schlüsselwort

Unter all den vielen Problemen, vor denen die Menschheit steht, belastet sie vor allem das der Arbeitslosigkeit. In den Entwicklungsländern haben Millionen niemals eine geregelte Arbeit kennen gelernt, und selbst die Industrienationen müssen jetzt mit ansehen, wie jedes Jahr das Heer der Arbeitslosen unaufhaltsam größer wird. „Der Mensch muss arbeiten oder verhungern", sagt eine alte Redensart. Doch muss das unbedingt so sein?

Zweifellos ist der Hauptgrund für die steigende Arbeitslosigkeit die Entdeckung und Anwendung neuer Technologien. Der Roboter ersetzt mehr und mehr den Menschen bei immer komplizierteren Herstellungsprozessen. Kein Mensch kann es mit den modernen Produktionsmaschinen aufnehmen, mit der Geschwindigkeit und Präzision des Fließbands. So soll es auch sein. Viele beklagen vielleicht den Verlust handwerklicher Geschicklichkeiten, die in langer Lehrzeit und Praxis erworben wurden, aber der Mensch ist für höhere und wertvollere Anstrengungen geboren. Warum sollten die Menschen mit Maschinen konkurrieren?

Der Mensch ist ein sich entfaltender Gott, und es wäre töricht, seinen schöpferischen Möglichkeiten Schranken zu setzen. Es gibt nichts, wozu er im Lauf der Zeit nicht imstande sein wird. Warum also darüber klagen, dass auf der langen Reise zur Vollkommenheit ein Abschnitt zu Ende geht und der Mensch endlich die Muße hat, sich weiter zu entwickeln und zu wachsen?

Der Mensch steht an der Schwelle einer neuen Erkenntnis seiner selbst, seines Sinns und Zwecks und auch der Welt, in der er lebt. Dieses neue Bewusstsein wird ungeahnte Fähigkeiten und Begabungen in ihm wecken, die jetzt noch auf ihre Enthüllung warten, und die dem Menschen die Pforte zum Sitz der Götter öffnen.

Wenn der Mensch sich wirklich als den erkennt, der er ist, dann wird nichts der Manifestation seiner göttlichen Kräfte im Wege stehen. Auf allen Ebenen wird dieser Glanz dann sichtbar sein und einen Weg bis zu den fernsten Sternen aufleuchten lassen. Bis zu dieser segensvollen Zeit muss der Mensch lernen mit seiner freien Zeit umzugehen und sich in Muße zu üben. Ohne Muße hat der Mensch nur wenige Chancen zu wachsen. Muße ist als Voraussetzung für jenes schöpferische Denken und Handeln zu sehen, das das Leben der Menschen völlig verwandeln wird.

Für ein Zeitalter des Wettbewerbs gilt die alte Regel: Nur Arbeit gibt Anrecht auf Brot. Aber der Mensch ist jetzt reif für neue mitmenschliche Beziehungen; ein neues kooperatives und mitfühlendes Verhalten lässt ihn seines Bruders Hüter sein und das Recht aller auf das zum Leben Nötige verteidigen.

Maschinen werden den Menschen immer freier machen, er selbst zu sein. Freie Zeit wird gewährleisten, dass jeder alle seine Möglichkeiten ausschöpfen kann, die er gemäß seinem Entwicklungsstadium auf dem Weg zur Vollkommenheit zur Verfügung hat, und daher mit seiner Begabung zur Bereicherung des Ganzen beiträgt.

Auf diese Weise wird die Menschheit eine Blüte erleben, die sich heute noch niemand vorstellen kann: Sie werden sich eines Tages als die Götter erkennen, die sie sind.

Muße ist das Schlüsselwort, und um dieser Muße willen müssen die Menschen teilen. Millionen verhungern und unzählige schinden sich tagaus, tagein in hoffnungsloser Armut zu Tode. Dieses Elend darf nicht mehr als Norm hingenommen werden. Noch länger kann die Menschheit die Spannungen, die auf diese Weise entstehen, nicht ertragen. Auf der Schwelle eines neuen Zeitalters, in dem Maschinen die Bedürfnisse aller decken können, müssen die Menschen lernen, als Brüder miteinander zu teilen und gemeinsam der Morgendämmerung entgegenzugehen.

November 1986

Eine Frage der Prioritäten

Auf der ganzen Welt wächst heute immer mehr die Einsicht, dass große Veränderungen notwendig sind, wenn die Menschheit überleben will. Nirgends zeigt sich das deutlicher als in Wirtschaft und Politik. Mit zunehmender Häufigkeit treffen sich die Verantwortlichen der Welt zu Besprechungen und hoffen, einige der drängendsten Probleme, die die Menschheit belasten, lösen zu können. Millionen Menschen beobachten sie dabei, und sie stehen unter wachsendem Druck der öffentlichen Meinung. Sie wagen es nicht, aufzugeben, zu versagen, denn sie wissen, dass die Völker der Erde von ihnen Rechenschaft fordern.

Die Gräben zwischen den Nationen klaffen weit auseinander, und doch ist jedem bewusst, dass sie irgendwie überbrückt werden müssen. Die gegenwärtigen Spannungen werden bald nicht mehr zu ertragen sein. Sie zehren an den Kräften und Nerven aller mit Ausnahme der Stärksten.

Diesen Schauplatz muss der Christus betreten. Seine Aufgabe wird es sein, den Weg durch den Treibsand zu zeigen und die Menschen sicher auf den Weg zu Frieden und Gerechtigkeit zu führen. Eine erschreckend schwierige Aufgabe, aber eine, für die er gut vorbereitet ist. Er wird den Menschen die Führung geben, nach der sie verlangen. Er wird dafür sorgen, dass ein spiritueller Sinnbezug wieder zu einer selbstverständlichen, dem Leben gemäßen Haltung wird. Er wird die Würde der Menschen als potenzielle Götter bekräftigen und ihnen zeigen, wie sie dieses Potenzial freisetzen können. Eine gewaltige Aufgabe, die jedoch seine Kräfte nicht übersteigt.

Er wird gewisse Richtlinien festlegen, gewisse Prioritäten setzen. Im Vordergrund steht als dringlichste Aufgabe die Abschaffung des Hungers in der Welt. Millionen verhungern heute, während die Lebensmittel, die sie zum Überleben bräuchten, sich zu Bergen auftürmen und verrotten. Die Armen der Welt ächzen tagtäglich unter der Last ihres Loses. Er wird von Neuem zu zeigen versuchen, dass die Menschen eins sind, dass sie gemeinsam im Leben sind, um den Plan Gottes zu erfüllen.

Die nächste Priorität ist, Frieden zu schaffen; geschieht das nicht, besteht nur noch wenig Hoffnung für die Menschheit. Er wird zeigen, dass der einzig gangbare Weg zum Frieden Gerechtigkeit heißt – groß geschrieben. Die Menschen müssen das Teilen lernen, ohne das Gerechtigkeit ein ferner Traum bleibt.

Die dritte Priorität betrifft die Wahrung der menschlichen Freiheit. Unzählige erleiden Demütigungen und Folterqualen in den Gefängnissen der Welt, obwohl ihr einziges Verbrechen darin besteht, dass sie unabhängig, selbständig zu denken wagten. Der Christus wird die Notwendigkeit menschlicher Freiheit betonen, ohne die der Mensch auf seinem Weg zu Gott nicht weiterkommt und verkümmert.

Wenn diese drei vorrangigen Aufgaben bewältigt sind, haben die Menschen auf dem Weg zur Vollkommenheit einen guten Anfang gemacht. Ohne ihre Bewältigung haben sie kaum Überlebenschancen. Zusehends die Menschen das zu begreifen und suchen nach einem Weg zu gerechtem und dauerhaftem Frieden. Sie werden erkennen, dass ohne die Bereitschaft zu teilen alle Bemühungen vergeblich sein werden, denn nur das Teilen eröffnet den Menschen eine Zukunft. Wenn sie teilen, werden sie den Frieden erleben. Wenn sie teilen, werden sie das Recht erwerben, das ihre Geburt ihnen verheißt. Wenn die Menschen teilen, werden sie den Sinn und Zweck des Lebens erkennen.

So wird Maitreya sprechen und ihnen freistellen, zwischen Herrlichkeit und Tod zu wählen. Im Vertrauen auf ihre richtige Wahl wird er ihre Gedanken auf die Zukunft lenken und ihnen den Traum Gottes zeigen, den sie eines Tages mit Staunen erfahren und erkennen werden. Er wird ihnen helfen, diese Zukunft vor Augen zu haben und diesen Traum zu verwirklichen.

Dezember 1986

Das Aids-Problem

Ohne Zweifel ist das vor Kurzem entdeckte Virus, genannt Aids, das das Immunsystem in den Blutzellen angreift, das bei Weitem größte Problem, vor dem die Menschheit im Gesundheitsbereich heute steht. Viele sehen im Auftreten dieses Virus nur ein weiteres Zeichen für den Zorn Gottes und eine gerechte Strafe für Verstöße gegen seine Gebote.

Vernünftiger allerdings wäre es, wenn man Aids als Folge der Unfähigkeit des Menschen betrachten würde, mit den neu einströmenden Kräften richtig umzugehen; denn diese Kräfte wirken auf alle ein und haben in einigen unglückseligen Fällen durch Überstimulation zu diesem Albtraum geführt und die gesamte Menschheit vor ein immenses, drängendes Problem gestellt. Eine tolerantere Sicht dieser Tragödie würde die rapide Verbreitung der Krankheit als Folge einer durchwegs offeneren Einstellung zur Sexualität verstehen, wie sie sich in den letzten Jahren in vielen Ländern durchgesetzt hat und die gesellschaftliche Toleranz gegenüber sexuellen Minderheiten positiv verändert hat. Dass diese „Permissivität" zu solchen unvorhergesehenen Auswirkungen führte, zeigt mehr als deutlich, dass es eines ausgewogenen und allmählichen Wandels bedarf. Doch man sollte das nicht zum Anlass für Schuldzuweisungen oder die Verteufelung von Menschen nehmen, die zu anderen Gewohnheiten als den eigenen neigen. Fürsorge und gesunder Menschenverstand sind die wichtigsten Faktoren einer pragmatischeren Einstellung gegenüber dieser neuen Krankheit.

Was die Behandlung anbelangt, sind wir uns sicher einig, dass die weitere Verbreitung der Krankheit unbedingt eingedämmt werden muss. Leider bietet sich dafür noch kein einfaches Rezept an, und das ist auch nicht zu erwarten, bevor die Ursache nicht feststeht. Der Mensch begreift noch nicht, dass seine zunehmende Verstandeskraft und seine Fähigkeit zu heilen oder zu zerstören eine Wirkung auf seinen Körper ausüben. Doch nicht von ungefähr kennt man überall in der Welt den Ausspruch „der Geist herrscht über die Materie". Die Menschheit tritt in eine Phase, in der sich die noch ruhenden Verstandeskräfte in aller Herrlichkeit entfalten und ihr zur Freude und zum Nutzen Taten ermöglichen werden, die dem Ziel der Seele entsprechen und sie beglücken.

Doch gegenwärtig ist der unberechenbare Verstand des Menschen mit seinen unbeherrschten Instinkten in eine Falle geraten und hat mit seiner Unausgeglichenheit eine Büchse der Pandora geschaffen. Heftiges Begehren hat bei manchen auf das Denken übergegriffen und einen Impuls zur Schönheit in Furcht und Schrecken verwandelt.

Die Menschen müssen jedoch nicht mehr lange auf eine Linderung dieser Notlage warten. Man wird ein Serum finden, mit dem die Verbreitung von Aids bis zu einem gewissen Grade eingedämmt wird. Völlige Heilung wird man freilich erst dann erreichen, wenn der Mensch seine Gedanken und seine Welt in Ordnung gebracht hat und eine neue Beziehung zu seinen Mitmenschen und zu sich selbst entwickelt hat.

Dass das nicht leicht sein wird, ist wichtig zu wissen. Die Kräfte, die sich gegen diesen Wandel stemmen, sind in der Tat sehr mächtig, und alte Gesetze, die übertreten werden, fordern ihren Tribut. Die Krankheiten des Menschen sind die Folgen einer mangelhaften Nutzung seiner Seelenenergien, die, wenn sie behindert oder vergeudet werden, Unausgewogenheit bewirken.

Was nottut und sich bereits auch anbahnt, ist ein besseres Verständnis dafür, wie der Mensch funktioniert. Man wird die Komplexität seines energetischen Netzwerks und die Wechselbeziehungen aller Teile entdecken. Man wird auch die Rolle der verschiedenen Körper des Menschen als Träger der Seele begreifen und sich für eine Lebensweise entscheiden, die es möglich macht, diese Träger richtig zu nutzen.

Diese Zeit ist noch nicht gekommen, aber auch nicht so fern, wie manche vielleicht befürchten. Die Ankunft Maitreyas und seiner Gruppe der Meister wird den Wandel beschleunigen. Ihr Stimulus wird eine Klärung und eine größere Bereitschaft für die erforderlichen Veränderungen bringen. Allmählich werden altgewohnte Lebensrhythmen und Verhaltensweisen aussterben, und eine neue, gesunde Lebenseinstellung und Lebensweise werden den Menschen zu einer richtigen Beziehung zu sich und zu anderen verhelfen, wodurch er endlich den Weg zur Vollkommenheit finden wird.

Januar/Februar 1987

Argumente für das Teilen

Bald kommt die Zeit, wo die Menschheit eine wichtige Entscheidung treffen muss. Da jetzt überall Uneinigkeit und Spaltung drohen, muss sie einen neuen Zugang zu den vielen Problemen finden, die auf sie einstürmen. Wenn ihr das nicht gelingt, hätte die Menschheit wohl eine sehr düstere Zukunft zu erwarten.

Historisch gesehen, lässt sich die gegenwärtige Situation auf der Erde mit nichts zuvor vergleichen. Nie zuvor haben so viele Seelen gleichzeitig auf dem Planeten gelebt. Kaum je, wenn überhaupt, waren die Gräben zwischen den Gruppen so schmerzlich und so tief. Nie zuvor hat der Mensch über derart zerstörerische Kräfte verfügt, mit denen er jedes Naturreich vernichten kann. Angesichts dieser drohenden Zerstörung muss der Mensch Bilanz ziehen und neue Wege beschreiten.

Von allen erdenklichen Wegen ist einer noch niemals ausprobiert worden. Im Laufe seiner Geschichte ist dem Menschen die einfachste Lösung noch nie eingefallen. Das Prinzip des Teilens ist die einzige Antwort, die den Bedürfnissen der Menschen gerecht werden und ihre vielen Probleme lösen kann, denn auf diesem Prinzip beruht der Plan Gottes. Wenn die Menschen nicht teilen, leugnen sie ihre Göttlichkeit und beschwören alles zukünftige Unheil selbst herauf. Wenn sie nicht teilen, herrscht heilloses Chaos, und das verhindert die Gerechtigkeit, die ihnen gesetzmäßig zusteht. Nur durch Teilen kann der göttliche Plan der Brüderlichkeit umgesetzt und die Sünde der Spaltung endgültig in der Welt überwunden werden.

Wie kann der Mensch denn weiter bestehen, ohne zu teilen? Wie kann er denn noch hoffen zu überleben, ohne zu teilen? Die Gefahren des gegenwärtigen Ungleichgewichts zwischen den Nationen sind so groß, dass Glück allein nicht ausreichen würde, um das zu überstehen. Eine tödliche Krankheit – Separatismus mit Habgier gepaart – herrscht auf der Erde und erfordert drastische Maßnahmen.

Die einfache Heilmethode liegt trotz des offensichtlichen Chaos greifbar nahe. Die lange Versuchsperiode der Menschheit ist fast zu Ende. Die Hierarchie des Lichts tritt jetzt gegen die Kräfte an, die den Menschen immer noch in ihrer Gewalt haben, und steht geschlossen unter dem Banner der Wahrheit.

Maitreyas Mission beginnt mit einem Aufruf an die Menschheit, zu teilen. Da er die Herzen der Menschen kennt, weiß er genau, wofür sie sich entscheiden werden, und weiß auch, dass sie zu den notwendigen Veränderungen bereit sind. „Der Mensch muss teilen oder sterben", sagte er, wohl wissend, dass der Mensch das Teilen und das Leben wählen wird und willens ist, gemeinsam mit ihm, Maitreya, eine bessere Zukunft zu schaffen.

Bis jetzt beschränkten sich alle Anstrengungen, die Menschheitsprobleme zu lösen, darauf, die gegebenen Strukturen aufrechtzuerhalten, wenngleich sie sich als noch so ungerecht erwiesen haben. Die weitverbreiteten heftigen Auseinandersetzungen bedürfen dringend einer Lösung, die dem Gesetz der Gerechtigkeit entspricht.

Viele Menschen geraten in Angst, wenn sie hören, wie ihre Politiker miteinander streiten; doch es kommt eine Zeit, da sie ihre Regierungen weit hinter sich lassen werden. Die Menschheit ist für den Ruf der Freiheit hellhörig geworden und braucht nur eine glaubwürdige Führung, damit sie die Welt wieder in Ordnung bringen kann. Maitreya ist gekommen, um die Menschen zu begleiten und ihnen den Weg zu Brüderlichkeit und Gerechtigkeit zu zeigen. Unter seiner weisen Führung beginnt eine neue Epoche, in der sich die Göttlichkeit des Menschen beweisen wird und in der Mittel und Wege zum Teilen und zur Zusammenarbeit gefunden werden, mit denen der Plan Gottes erfüllt werden kann.

März 1987

Die Ankunft Maitreyas

Seit Jahren warten viele Menschen mehr oder weniger geduldig, dass Maitreya auf der Weltbühne erscheint und sich den Menschen als Weltlehrer für das Zeitalter des Wassermanns vorstellt. Viele empfanden diese Wartezeit als sehr ermüdend, wohingegen andere bereitwillig daran gearbeitet haben, die Welt mit seiner Anwesenheit und seinen Plänen vertraut zu machen, weil sie wussten, dass ihre Bemühungen mit der Zeit erfolgreich sein werden. Der Tag, an dem ihn alle sehen werden, ist nun angebrochen. Bewusst oder unbewusst haben ihn alle gerufen, und er hat sein Versprechen, zurückzukehren, eingelöst.

Auch er hat jahrelang darauf gewartet, dass die Menschen ihn einladen, an die Öffentlichkeit zu treten und sich für sie einzusetzen. Nachdem dies endlich geschehen ist, hat er die notwendigen Schritte eingeleitet, damit man ihn erkennen und akzeptieren wird. Nicht umsonst hat er viele Gruppen darauf vorbereitet, dass sie ihn als den bestätigen können, der er ist. In vielen Bereichen des öffentlichen Lebens gibt es einflussreiche Leute in hohen Positionen, die wissen, dass er hier ist, die seine Pläne und seine Prioritäten kennen, seine Worte gehört haben und sie für wahr halten. Es sind Menschen aus verschiedenen Kreisen und vielen Ländern, die alle darauf vorbereitet sind und den Wunsch haben, Maitreya und der Welt zu dienen. Da sie mit seinen Plänen bis ins Einzelne vertraut sind, werden sie seine Ansichten vertreten und ihren Kollegen und Mitmenschen die kommenden Aufgaben bewusst machen. Auf diese Weise kann er durch sie wirken und den Weg in eine bessere Zukunft weisen.

Bald werden Tausende in aller Welt sein Gesicht sehen können. Das Fernsehen ermöglicht es dem Avatar, unzählige Menschen direkt anzusprechen, um mit einfachen Worten ihre Herzen zu erreichen. Bald darauf werden weitere solcher Auftritte folgen, bis die ganze Welt zuhört und darauf reagiert.

So wird die Welt erfahren, dass der Christus, dass Maitreya in unserer Mitte ist, bereit zu lehren und zu leiten, der Welt zu dienen und den Weg zu zeigen, der vom Rand des Abgrunds wegführt, und sie zu einer neuen Lebensweise zu inspirieren.

Doch es muss auch gesagt werden, dass ihn wahrscheinlich nicht alle Menschen sofort erkennen werden. Denn nicht alle kennen die wahren Hintergründe seines Lebens und seiner heutigen Ankunft. Allmählich werden sie die Weisheit in seinen Worten entdecken, den Segen seiner Gegenwart spüren und tief in ihrem Herzen wissen, dass er die Wahrheit spricht.

So werden sie auch mit dem Herzen auf ihn reagieren und ihn als den Lehrer für das Zeitalter anerkennen. Er wird in ihnen den Wunsch wecken, zu teilen und wieder eine gerechtere und harmonischere Welt zu schaffen. Wenn die Menschen die dringende Notwendigkeit dieser Aufgabe begreifen, werden sie sich gegen die Ungerechtigkeiten dieser Zeit mit der geballten Kraft des Guten stemmen, wie man es noch nie zuvor erlebt hat. Die Erneuerung wird rasche Fortschritte machen, und die Menschen werden zum Wohle aller zusammenarbeiten. So wird es geschehen. Somit wird das neue Zeitalter unter der Führung Maitreyas und seiner Gruppe von den Menschen selbst gestaltet werden. Statt der Zwistigkeiten der Vergangenheit werden Zusammenarbeit und Teilen tonangebend sein; Selbstsucht und Habgier werden einem neuen Gerechtigkeitsgefühl weichen. Von innen heraus wird der Mensch auf Besserung drängen und damit das Göttliche in uns allen beweisen. Maitreya wird zeigen, dass dieses Göttliche die eigentliche Natur des Menschen ist, und dass er diese Entwicklung fördert.

Inzwischen können alle bereits die Anzeichen seines Wirkens verfolgen. Die alten Dogmen sterben allmählich aus; neue Besen fegen die Trümmer der Vergangenheit hinweg. Die alten Männer zaudern, doch die Wahrheit trommelt mit neuer Kraft auf ihre zinnenbewehrten, aber zerbröckelnden Festungsmauern ein. Sie werden dieser neuen Kraft, die für Rechtschaffenheit und Gerechtigkeit kämpft, nicht lange standhalten.

April 1987

Die neue Einfachheit

Es wird nicht mehr allzu lange dauern, bis eine Zeit kommt, wo die Menschen mit Sicherheit wissen, dass sie Götter sind. Diese Göttlichkeit wird sich als Brüderlichkeit beweisen und durch eine Kultur auszeichnen, in der die Menschheit gottgegebene Fähigkeiten und Kräfte entfalten wird.

Inspiriert von Christus und den Meistern werden die Menschen Kenntnisse und Einsichten gewinnen, die ihnen einen Ausblick auf ein neues Lebensgefühl und einen neuen Lebenssinn eröffnen. Daraus ergeben sich unweigerlich neue Formen, neue Lebens- und Arbeitsweisen, neue Produktionsmethoden, neue Motive und Ziele, an denen man die Errungenschaften der Menschen messen wird. Diese völlig neue Lebenseinstellung wird sich in neuen mitmenschlichen Beziehungen und neuen Bräuchen widerspiegeln.

Anfangs werden die Veränderungen noch langsam vor sich gehen; doch sie werden zunehmen und allmählich die Welt umgestalten. Jede Nation wird mit ihren spezifischen Gaben zu einer neuen Weltharmonie beitragen. Vor allem aber wird ein neuer Geist des guten Willens die Menschen motivieren und zu einem echten, dauerhaften Frieden führen. So wird es sein. So wird die „Sehnsucht aller Völker" mitten unter uns Wirklichkeit. Auf diese Weise werden sich die Menschenkinder als Gotteskinder erfahren.

Viele warten auf die Manifestation eines großen Lehrers, eines Avatars, eines Führers, der sie sicher durch das Labyrinth der gegenwärtigen Schwierigkeiten und Gefahren lotst und ins „gelobte Land" führt, „in dem Milch und Honig fließen", in ein Land des Überflusses und der Fülle. Diese Vorstellung von dem großen Lehrer ist nicht ganz falsch, doch spiegelt sich darin auch eine zutiefst materialistische Anschauung. Gewiss wird es Überfluss geben, der dem Menschen neues Leben auf allen Ebenen bringt. Dieses „neue Leben" ist ein spirituelles Geschenk des Kosmos, für das der Christus steht und das allen Menschen gilt. Aber ein Land der Fülle könnte schon heute für jeden Menschen möglich sein. Man muss nicht erst auf einen Avatar warten, um die herrschenden Übel zu beseitigen. Kein Retter ist nötig, wo sich der Mensch selbst helfen kann. „Nehmt euch die Bedürfnisse eures Bruders zum Maßstab eures Handelns und löst die Probleme der Welt." So sprach der Christus und umriss damit die einfachen Schritte zu Gerechtigkeit und Wohlstand für alle.

Viele erwarten von dem Avatar, dass er ihre individuellen Leiden kuriert, und vergessen dabei, dass die Heilung in ihrer Hand liegt. „Kein Mensch ist eine Insel", noch war er je dafür bestimmt, denn wenn die Grundbedürfnisse aller befriedigt werden, wird es dem Einzelnen ebenfalls gut gehen.

Wohlstand ist ein Zustand, „in dem niemand Mangel leidet", in dem es weder sehr Reiche noch sehr Arme gibt. Von diesem segensreichen Stadium sind die Menschen heute noch weit entfernt, solange Luxus und Hungersnot Tür an Tür wohnen.

Der Christus wird die Menschen zu einer neuen Einfachheit ermutigen, um alles brüderlich zu teilen. Zusammenarbeit wird der Grundton dieses einfachen Lebens sein; und das Teilen der Ressourcen wird auf der Tagesordnung stehen. So wird die Göttlichkeit des Menschen sich manifestieren und der große Plan durch die Menschen erfüllt werden.

Damit beginnt jetzt ein großes Abenteuer für die Menschen, das sie zu den höchsten Höhen führen wird. Die Einfachheit wird das Merkmal dieses neuen, reichen und wieder sinnerfüllten Lebens sein. Aus den „Wassern des Lebens", die dem Zeitalter des Wassermanns entspringen, wird den Menschen die geistige Fülle zufließen, nach der sich alle im Herzen sehnen.

So wird man die Probleme Geld und Macht, Privilegien und Prestige auf eine ganz neue Weise angehen. Der Wunsch zu dienen wird den Wunsch nach Gewinn ablösen und die Sehnsucht nach Gerechtigkeit die zerstörerische Habgier verdrängen. Jeder kann mithelfen, diese neue Freiheit zu schaffen. Alle, die spüren, was in dieser Zeit geschieht, sind gefordert, ihre Aufgabe gut zu machen.

Mai 1987

Die kommende Zeit

Wenn Maitreya vor die Weltöffentlichkeit tritt, wird er den Menschen den Anbruch eines neuen Zeitalters verkünden. In dieser kommenden Zeit wird der Mensch Höhen erreichen, von denen die jetzt Inkarnierten nicht einmal träumen. Neue Lehren werden der Reihe nach neue Erkenntnisse, neue Inspirationen und eine neue geistige Klarheit vermitteln. Aus Hoffnungen werden Gewissheiten, aus Ängsten wird Vertrauen und aus Ignoranz Weisheit.

Sobald der Mensch die tatsächlichen Gegebenheiten seiner Existenz begreift – seine dreifache Natur, seine wiederholten Lebensabschnitte auf der physischen Ebene und das große und gerechte Gesetz des Karmas, nach dem sich die Abfolge seines Lebens und Sterbens vollzieht – wird er in einen Seinszustand gelangen, in dem alles möglich wird. Dann werden die in jedem verborgenen Kräfte sich entfalten und damit den göttlichen Ursprung des Menschen beweisen. Menschen sind Götter, würden sie es nur erkennen. Nichts anderes als Unwissenheit macht sie für ihre eigene Herrlichkeit blind.

Wenn der Mensch vorausschauen könnte, würde er mit Staunen Zukunftsperspektiven und Verheißungen erkennen, deren Neuheit ihn zutiefst verblüffen würde. Der Sprache von heute fehlen die Worte, um diese Schöpfungen zu beschreiben und diese Freude, die der Mensch erleben wird. Nichts vermag das Gefühl des inneren Friedens und diese pulsierende Schaffensfreude zu schildern. Wenn die Menschen den Sinn des Lebens heiligen und ein Ziel vor Augen haben, hält das Leben für sie unendliche schöpferische Möglichkeiten bereit.

Bis jetzt haben sie nur einen winzigen Bruchteil ihres Potenzials verwirklicht, weil sie in ihrer Unwissenheit ihre wahre Natur nicht erkennen. Von nun an wird eine Aufwärtsspirale schöpferischer Erneuerung zum Merkmal einer neuen Zivilisation werden, wodurch das göttliche Licht das Handeln der Menschen erhellen kann.

Die Geschichte zeigt, dass die Evolution nur langsam vor sich geht; trotzdem werden die Menschen in der kommenden Epoche sogar das Tempo ihrer berühmtesten Vorfahren weit hinter sich lassen. Tief greifende Veränderungen in der Lebensweise und den Lebensformen werden bisher unerschlossene Energien freisetzen, die wie ein Wirbelwind die Welt transformieren. So wird es sein, so werden die Menschen den

Erwartungen gerecht werden und die Kräfte, die so lange still in ihnen geschlummert haben, entfalten.

Der Grundton dieser kommenden Zeit wird schöpferischer Wandel sein, der alle Möglichkeiten zum Guten in sich vereint. Die Menschen werden begreifen, dass schöpferischer Wandel die Grundlage des Lebens und Ursache der Zyklen ist. In Harmonie mit der kosmischen Strömung werden sie eine Zivilisation schaffen, wo es den Begriff Zeit nicht mehr gibt, wo „kein Tag dem anderen gleicht", und wo die Kunst zu leben mit der Kunst göttlich zu sein einhergehen wird.

Die Vorbereitungen für diese Zukunft sind schon weit gediehen. Die Entwürfe für die neue Zivilisation inspirieren die Menschen. Man entdeckt bereits Formeln, die Grundwahrheiten verkörpern, und weitblickende Denker sehen ungeahnte Schönheiten vor uns liegen.

Noch aber will das Alte seine Macht nicht aufgeben und hat sich in einen aussichtslosen Kampf mit dem Leben selbst verstrickt. Das Althergebrachte geht zu Ende – der Klang des Neuen hat die Menschen im Herzen erreicht.

Bald wird der Christus alle um sich versammeln, die auf diesen neuen Ton ansprechen. Mit seiner Lehre können die Menschen den sicheren Weg durch das Labyrinth der Illusion und Finsternis finden und die Herrlichkeiten sehen, die in der kommenden Zeit auf sie warten.

Juni 1987

Gottes Repräsentant

Wenn der Mensch aller Hoffnung beraubt ist, keinen Weg mehr in die Zukunft sieht, nicht weiß, wie er seine Probleme lösen soll, dann stößt er instinktiv einen Hilfeschrei aus und fleht zu Gott, ihm in seinen Qualen beizustehen. So war es auch während der Kriegsjahre in diesem Jahrhundert; durch das Leid, das die Menschheit durchmachte, wurde der Christus wieder in die Welt zurückgerufen. Nie zuvor im Auf und Ab der Geschichte hing so viel von seinem Kommen ab, denn nie zuvor verfügte der Mensch über solche Zerstörungskräfte.

Heute sind die Nationen gespalten wie eh und je. Jede beansprucht für sich, der Hort aller Weisheit zu sein, und offeriert den Menschen die Wahl zwischen Freiheit und Gerechtigkeit. Wie absurd, die Menschen überhaupt vor eine solche Wahl zu stellen! Freiheit und Gerechtigkeit sind göttlich, und diese Göttlichkeit ist unteilbar. Es gibt keine Freiheit ohne Gerechtigkeit und keine Gerechtigkeit, die der Freiheit entbehrt. Bald wird den Menschen Gelegenheit geboten, diesem Zerrbild der Wahrheit für immer ein Ende zu setzen und so den Bruch zwischen den Nationen zu heilen. Es erfordert lediglich die Einsicht, dass alle Menschen göttlich sind und gleiches göttliches Anrecht auf ihren Teil an Gottes Gaben und Plänen haben. Ohne diese Einsicht kann die Menschheit keinen Frieden finden.

Wenn die Menschen den Christus sehen, werden sie erkennen, dass sie nicht allein sind, dass Gottes Repräsentant ihren Ruf gehört hat und zurückgekehrt ist, um ihnen zu helfen. Er wird sie an ihren göttlichen Ursprung und an ihre innere Verwandtschaft erinnern – daran, dass sie alle Brüder und Schwestern sind. Er wird ihnen zeigen, vor welchen Zukunftsentscheidungen sie stehen, und sein Recht als Ratgeber wahrnehmen. Er wird die Schritte erläutern, die zu einem besseren Leben für alle führen, einem Leben, das mit der geistigen Natur des Menschen in Einklang steht. Er wird lehren und leiten und so die Welt durch die Taten der Menschen verändern.

Anfangs wird es nur langsame Fortschritte geben, da sich die Menschen an die Vorteile der Veränderung erst gewöhnen müssen; aber zur rechten Zeit wird sich das Tempo beschleunigen und alles von einem Wandlungsprozess erfasst werden. Nichts vermag diesen Ablauf aufzuhalten, denn er entspringt dem Denken Gottes; nichts kann auf Dauer der magnetischen Kraft des göttlichen Plans widerstehen.

Das größte Hindernis für das erfolgreiche Funktionieren des Plans ist zweifellos die momentane Unsicherheit der Menschen. Sie sehen ringsum eine feindselige Welt und fühlen sich auf allen Seiten von Mangel und Not bedrängt. Die atomare Bedrohung hängt schwer über allen. Durch Maitreyas Empfehlungen wird den Menschen bewusst werden, dass sie nichts anderes zu fürchten haben als ihre eigene Furcht; dass sie eine segensreiche Zukunft erwartet, wenn sie in ihrem eigenen, wahren Interesse handeln, und dass die Absicht Gottes ihr wertvollstes Gut ist. Maitreya wird ihnen zeigen, dass sie selbst handeln müssen, um die Welt zu schaffen, die sie sich wünschen, und dass er nicht kommt, um sie zu erretten, sondern um ihnen den Weg zu zeigen. Er wird allen Kraft verleihen, die die Last und Freude des Dienstes auf sich nehmen. Er wird alle salben, die seine Bürde teilen.

Die Verfechter des Alten spüren die Gefahr, aber sie kämpfen einen verlorenen Kampf und versuchen vergeblich, die Mauern ihrer Zitadelle zu befestigen. Ihre Wälle geben nach, wenn mit dem Gezeitenwechsel die Flut der Gerechtigkeit hereinströmt. Ihre Stützpfeiler lassen sie im Stich, wenn die Menschen nach der Freiheit greifen. In diesen Tumult hat sich Maitreya hineinbegeben, um seine göttlichen Fähigkeiten in den Dienst der Menschheit zu stellen.

Juli/August 1987

Ein herrliches Zeitalter liegt vor uns

Es kommt nicht von ungefähr, dass die Welt aufgrund der massiven Umwälzungen heutzutage völlig aus den Fugen gerät. Etwas Vergleichbares hat es in der überlieferten Menschheitsgeschichte bisher noch nicht gegeben; Ereignisse dieser Größenordung und Tragweite fanden das letzte Mal vor etwa hunderttausend Jahren statt. Die Welt wird jetzt für den Anbruch einer neuen, unvergleichlichen Epoche vorbereitet, in der die Menschheit aus ihrem langen Schlaf erwachen und ihre blinde Ignoranz und Furcht abschütteln wird, um sich endlich im Licht der Erkenntnis und der Wahrheit auf ihr Geburtsrecht zu besinnen.

Um den Menschen bei diesem Erwachen zur Seite zu stehen, kehren die Meister nun in die Welt zurück, nehmen ihre Verbindung mit den Menschen wieder auf und sind zum Dienst bereit. Sie tun es auf Geheiß des Herrn der Liebe, ihres Oberhauptes Maitreya. Er hat sie aufgefordert, ihrem Schicksal zu folgen, und sie auf den höheren Pfad berufen.

Dass die Meister diese günstige Gelegenheit zu weiterem Dienst begrüßen, steht außer Zweifel. Dass sie die Größe der Aufgabe kennen, ist ebenso gewiss. Sie tauchen aus ihren alten Rückzugsorten auf und treten voll Freude wieder in das Leben der Menschen ein.

Es ist ihr erklärtes Ziel, dieses Leben neu zu gestalten, und für diese Aufgabe sind sie durch lange Erfahrung gerüstet. Sie kennen die Fallgruben, die dem Reisenden auf dem Evolutionspfad drohen, sehr genau und versuchen, die Menschen sicher auf ihrem Weg zu leiten. Sie sind ebenfalls gut vertraut mit den Methoden des Aufstiegs und stellen ihre Erfahrung den Aufwärtsstrebenden zur Verfügung.

Die Welt wartet auf die öffentliche Erklärung des Christus. Dieses große, in der Geschichte einmalige Ereignis wird den Anbruch der neuen Epoche einleiten. Damit werden auch die Qualen der Menschen ein Ende haben und neue Erfolge möglich werden. Wenn die Menschen dem Christus folgen – und das werden sie tun –, treten sie ihr Geburtsrecht an und werden von ihm mit Freude und Frieden belohnt.

Sie kennen dann das Ziel ihres Lebens auf der Erde und werden alles tun, um es zu erfüllen. Sie kennen dann die Absicht ihrer Seele und wie man sie am besten ausführt. Sie werden auch erkennen, wie richtige Beziehungen zu Gott und zu den Mitmenschen zustande kommen, und die Brüderlichkeit unter den Menschen in die Tat umsetzen.

All das werden die Menschen von dem Christus lernen und sich zur Regel machen. Damit werden sich die alten Prophezeiungen erfüllen, sodass eine Zeit des Friedens und der Freude, ein goldenes, leuchtendes Zeitalter der Gerechtigkeit und Wahrheit entstehen kann.

Heute können sich noch wenige die Zukunft vorstellen, die die Menschheit unter der Führung des Christus schaffen wird. Nur wenige würden jetzt die Wunder für möglich halten, die er ihnen offenbaren wird; und nur wenige können die Veränderungen ermessen, die sich unter seiner Führung durchsetzen und die Menschen bewusst zu den Füßen Gottes führen werden.

September 1987

Das Menschenreich als Bindeglied

Rasch nähert sich der Tag, wo die Menschheit sich als das erkennen wird, was sie in Wirklichkeit ist: ein Energiezentrum im Manifestationskörper des Logos. Wenn diese Zeit anbricht, werden sich auch die Vorstellungen der Menschheit vom Sinn und Zweck ihres Daseins völlig verändern. In ihrer langen Geschichte wird sie sich zum ersten Mal ihres Potenzials bewusst werden und sich gezielt bemühen, ihre bisher ungenutzten Quellen der Weisheit und der Macht zu erschließen und ihre Fähigkeiten zu beweisen.

Das Menschenreich ist das Bindeglied zwischen den göttlichen und den subhumanen Reichen und trägt daher eine große Verantwortung, da es dem Plan entsprechend eines Tages *eigenständig* für die Evolution der niederen Naturreiche verantwortlich sein wird. Das liegt nicht in so weiter Ferne, wie es vielleicht viele denken mögen, denn der Mensch steht nun am Beginn einer großen Bewusstseinserweiterung, die, sobald erreicht, Wissen und Macht in unvorstellbarem Ausmaß in seine Hände legen wird.

Um dieses Wissen und diese Macht zu erlangen, muss der erste Schritt die Erkenntnis sein, dass das Leben eine Einheit ist. Das ist die Basis für jeden künftigen Fortschritt des Menschen. Sobald die Menschen zweifelsfrei wissen, dass es nur ein großes Leben gibt, das sich in Myriaden verschiedener Formen manifestiert, dann werden sie ihre Aufgabe darin sehen, dieses Leben zum größeren Wohl der gesamten Schöpfung aufzubauen und seine Ressourcen zu verteilen. So wird der Mensch die Ressourcen der Natur in bisher ungeahnter Weise weiterentwickeln, alten Formen neues Leben geben und neue Formen schaffen, in denen das eine, alles umfassende Leben besser zur Geltung kommen kann.

Im Tierreich werden sich durch den energetischen Stimulus des Menschen tief greifende Veränderungen vollziehen. Der Intelligenzfaktor wird rasch zunehmen, und dann wird durch den Denkimpuls vom Menschen eine neue Zusammenarbeit dieser Naturreiche möglich. Viele uralte Arten werden aussterben, denn sie haben ihren Zweck erfüllt. Doch unter der Inspiration und Leitung des Menschen wird sich eine neue Sensibilität und Reaktionsfähigkeit für Gedanken einstellen. Daraus wird sich eine neue Beziehung zwischen Tieren und Menschen entwickeln, die dem göttlichen Plan besser entspricht.

Eine neue Epoche liegt vor uns, in der die Menschen – als Götter – im Dienst am Plan ihre göttlichen Kräfte beweisen werden und daher auch die Vorrechte jedes wahren Dienstes genießen können: eine größere Verantwortung und die Gelegenheit, noch besser zu dienen. Wenn diese Kräfte zum Wohle aller eingesetzt werden, beginnt ein neuer, bedeutungsvoller Abschnitt für die Menschen, und sie werden erfahren, wie sie auf dem Weg zur Entdeckung ihrer eigenen Göttlichkeit von Offenbarung zu Offenbarung geführt werden. So wird es sein. So werden sie ihre innewohnende geistige Natur, ihre Fähigkeit zum Dienst und ihre Sensitivität für den Plan beweisen.

Maitreya steht mit seiner Gruppe der Meister bereit, den Weg zu zeigen. Sie kennen das Potenzial des Menschen sehr gut und haben es als Menschen seit Langem bereits selbst in sich entfaltet. Sie kommen, um Rat zu geben und ihre Erfahrung in den Dienst der Menschheit zu stellen. Mit ihnen als Vorhut kann die Menschheit den Weg nicht verfehlen.

Oktober 1987

Kontinuität des Bewusstseins

Immer mehr Menschen erreichen heute die Kontinuität des Bewusstseins und behalten damit die Erfahrungen des Schlafzustandes im Gedächtnis. Dies beschleunigt die Evolution, da keine Zeit mehr mit Warten auf das Durchsickern der Informationen zum Gehirn verloren geht. Es bürgt auch für einen genaueren Empfang der Informationen, was zu angemessenerem Handeln und zu besseren Ergebnissen führt.

Das ist der Weg, der die Menschheit weiterführt. Bis jetzt hat sich die Bewusstseinsunterbrechung zwischen Wach- und Schlafzustand als Hindernis für große Fortschritte erwiesen. Sie hat die Menschen mehr als alles andere in Unwissenheit über die wahre Natur der Wirklichkeit gehalten – und somit in Aberglauben und Furcht.

Fast ein Drittel des Lebens verbringt man schlafend, und in dieser Periode werden viele Informationen übermittelt und empfangen. Dieser Vorgang kann mit vielseitigen Erfahrungen verbunden sein, die das Leben jedes Menschen sehr bereichern. Noch nie zuvor hat es diese Chance einer allmählichen Bewusstseinsverschiebung im großen Rahmen gegeben. Eine große Gruppe Menschen ist inzwischen so weit, dass sie diese Kontinuität erreichen kann, es fehlen ihr dazu nur noch die praktischen Methoden.

Bald wird man dafür sorgen, dass die schon gegebenen Informationen zu diesem Thema bekannter und verfügbarer werden. Da vieles bereits mitgeteilt wurde, müsste man sich nur eingehend damit befassen und es anwenden. Nur wenige sind sich darüber im Klaren, welcher Schatz an Instruktionen schon aufgeschrieben und publiziert wurde.

Die mentale Polarisierung ist der Schlüssel für diese Kontinuität. Der Einklang des astralen mit dem physischen Körper bildet die Grundlage, auf der sich eine mentale Polarisierung allmählich aufbauen kann. Wenn sie erreicht ist, entfaltet sich die Kontinuität des Bewusstseins ganz natürlich. Selbstverständlich gibt es verschiedene Grade der Vervollkommnung, und der Vorgang erfordert viel Zeit.

Über die Notwendigkeit einer inneren, geistigen Gelassenheit wurde schon viel geschrieben. Diese Fähigkeit führt am schnellsten zur richtigen Interpretation der Phänomene und Informationen, die man aus dem Schlaf herübernimmt. Ohne sie kann sich trotz kontinuierlichen Bewusstseins vieles verzerrt darstellen. Geistige Gelassenheit entsteht durch Dezentralisieren. Durch Dienst und richtige Meditation verschiebt sich die Orientierung des Jüngers von seinem begrenzten Ich auf das Nicht-Ich. Das bringt einen Zustand göttlicher Indifferenz mit sich, in dem die Wunschnatur schwächer wird und der wahre, innere Mensch zum Vorschein kommt.

Von da an kann sich die Kontinuität des Bewusstseins entwickeln. Nun kann die außerkörperliche Erfahrung unbeschadet und genau wahrgenommen und verstanden werden, womit ein neues Kapitel im Leben des Jüngers beginnt. Je nach Entwicklungsstufe werden die Hallen des Lernens oder der Weisheit zu bewussten Erkenntnisfeldern.

Bisher haben wir nur von der Kontinuität des Bewusstseins zwischen Wachen und Schlaf gesprochen. Eine noch umfassendere Bewusstseinserweiterung erwartet den Jünger, wenn er die Kluft zwischen den beiden großen Erfahrungsbereichen, die wir Leben und Tod nennen, schließen kann.

Es gibt nur Leben. Tod ist bloß der Name für eine andere Ebene kontinuierlicher Lebenserfahrung, die allein in der Begrenztheit des menschlichen Bewusstseins unterbrochen erscheint. Es kommt jetzt die Zeit, wo sich die Menschen bewusst an die Erfahrung, die wir Tod nennen, an die Zwischenperiode und die Rückkehr in eine äußere Erscheinungsform erinnern können. Dann wird der Mensch die Furcht vor dem Tod verlieren und die Früchte aus den inneren Ebenen der Erkenntnis und Glückseligkeit ernten – in vollem Bewusstsein seiner wahren Identität als Sohn Gottes.

November 1987

Furcht vor dem Wandel

Das größte Hindernis für den Wandel ist zweifellos der heutige Bewusstseinszustand der großen Mehrheit. Die meisten Menschen haben eine tief sitzende Furcht vor Veränderungen, deren Folgen sie nicht absehen können.

So sieht es auch in der Gemeinde aus, in deren Mitte der Christus jetzt lebt. Trotz seiner Gegenwart und seinen inspirierenden Empfehlungen sind es nur wenige, die nach seinen Worten *handeln* und versuchen, Veränderungen vorzunehmen. Andere hören zwar ernst zu und nicken zustimmend, interessieren sich jedoch nur dafür, wer da so beschwörend weise Ratschläge gibt.

Vielleicht führt die Angst vor einer Abschiebung zu diesem vorsichtigen Verhalten, vielleicht sind diese Leute auch untypisch für die Welt als Ganzes. Aber nur selten steht einer auf und fragt, was man denn tun soll, um das Bewusstsein der Menschen zu verändern.

Die Furcht vor Veränderungen ist eine ansteckende Krankheit der menschlichen Psyche. Von frühesten Zeiten an hat der Mensch gelernt, sich gegen unvermeidliche Veränderungen zu wehren und ihnen Schranken zu setzen. Wie ein Kind hat er sich immer an das Vertraute und Sichere geklammert, mochte es noch so schmerzlich und von kurzer Dauer sein.

Nirgends wird das deutlicher als in der Politik. Millionen Menschen leben heute in tiefstem Elend, werden missbraucht und von Tyrannen ausgebeutet, die sich als ihre Führer aufspielen. Doch die Masse des Volkes leidet stumm und voller Angst, dass Widerstand das Untragbare noch verschlimmern könnte.

Können die Menschen dazu überzeugt werden, den Veränderungen mutiger entgegenzublicken und zu begreifen, dass die Übel der Welt behoben werden müssen, wenn die Welt nicht zugrunde gehen soll? Wie lange, wie schwer müssen denn Menschen leiden, bis sie etwas zur Verbesserung ihrer Lage tun?

Maitreyas Aufgabe wird es sein, den Menschen zu zeigen, dass ihr Leid nicht notwendig ist, dass Abhilfe zu schaffen schon jetzt in ihren Händen liegt, und dass sie gemeinsam unbesiegbar sind.

Er wird zeigen, dass die einzige Barriere für das Freisein von Furcht die Furcht selbst ist, und dass eine neue Welt, die auf Vertrauen und Gerechtigkeit beruht, nur darauf wartet, gestaltet zu werden.

Wenn die Menschen das einsehen, dann werden sie seine Sache unterstützen und die Veränderungen herbeiführen, die die Welt erneuern. Gemeinsam werden sie in Brüderlichkeit die Freiheit und Gerechtigkeit fordern, die ihnen zustehen. So wird es sein. So werden die überholten Institutionen neuen Strukturen weichen, in denen sich die wahre Göttlichkeit des Menschen richtig entfalten kann.

Dass nicht alle diese Veränderungen von Anfang an begrüßen werden, ist wahr. Für viele haben sie sicher einen bitteren Beigeschmack. Aber langsam werden sie herausfinden, dass die Veränderungen nur zu ihrem Besten sind, und dadurch ihre Lebensfreude wiedergewinnen.

Von der Last der Angst befreit, werden die Menschen in neuer Frische die Probleme der Zeit angehen und einen ununterbrochenen Strom von Veränderungen in Gang setzen, die nach ihrer Vollendung unseren Planeten in strahlendes Licht hüllen werden.

Dezember 1987

Die neue Erziehung

Auf der Suche nach möglichen Kriterien für eine Erziehung im neuen Zeitalter ist es sicher sinnvoll, das eigentliche Ziel von Erziehung zu bestimmen und damit auch die Mängel gegenwärtiger Erziehungsmodelle zu erkennen. Zunächst muss man verstehen, wem Erziehung dienen soll und auf welchem Wege sie ihre Funktion erfüllt. Das ist vielleicht weniger eindeutig, als man auf den ersten Blick meinen könnte, weil der Mensch lange nichts von seiner wahren Natur und Konstitution wusste, deshalb den Teil für das Ganze hielt und sein eigentliches Wesen weitgehend ignorierte.

Als Seele in Inkarnation ist der Mensch ein angehender Gott, der sich unter dem Gesetz der Wiedergeburt langsam weiterentwickelt, bis er diese Göttlichkeit in ihrer ganzen Herrlichkeit beweisen kann. Erziehung im eigentlichen Sinne ist das Verfahren, mit dem ein Individuum durch die schrittweise Erweiterung seiner Erkenntnisfähigkeit sich für dieses Ziel schult und geschult wird. Alles, was diesen Prozess unterstützt, ist Erziehung, wie formell oder informell die Methoden auch sein mögen.

Im heutigen Sinne ist Erziehung eher eine klägliche Angelegenheit, da sie nur den Mindestanforderungen für das Verständnis und die Kontrolle der Umwelt des Menschen gerecht wird. Da die meisten völlig mit dem täglichen Existenzkampf beschäftigt sind, gibt es nur wenige, die mehr als rudimentäre Kenntnisse über den Sinn des Lebens erwerben.

Es gibt heute noch Länder, in denen viele keine Schulbildung haben. Anderswo sind gut ausgebildete Leute ohne Beschäftigung, weil es an sinnvoller Arbeit fehlt. Die Ausbildung für den Job hat die Bildung für das Leben abgelöst, mit der Folge, dass sich die aus diesem Ungleichgewicht entstehenden Spannungen in Gewalttätigkeit entladen.

Bildung sollte die Absicht verfolgen, mit dem innewohnenden Göttlichen in Berührung zu kommen, es zu erkennen und zu offenbaren. Traditionell wurde diese Rolle der Religion zugewiesen, und die religiöse Erziehung ist in vielen Ländern bis heute ein Bollwerk der Kirchen geblieben. Da Religion aber nur einer von vielen Wegen zu Gott ist, muss man andere Möglichkeiten finden, damit alle Menschen auf ihre

Weise das Göttliche erfahren und dementsprechend manifestieren können.

Diesem Ziel sollte sich die neue Erziehung zuwenden. Die Existenz der Seele, des göttlichen Mittlers, muss generell Anerkennung finden, so wie auch die Methoden der Kontaktaufnahme mit diesem höheren Prinzip Allgemeingut werden müssen.

Wenn die Strahlenstruktur, die Entwicklungsstufe und die Absichten der Seele erkannt und belegt werden können, wird man an die Erziehung von Kindern wie von Erwachsenen wissenschaftlicher herangehen und dem Prozess, durch den der Mensch lernt, ein Gott zu werden, mehr Bedeutung beimessen.

Für diese Entwicklung werden sich diejenigen, die im Erziehungssektor arbeiten, ernsthaft einsetzen müssen. Wer gerne junge Menschen unterrichten möchte, sollte sich gezielt auf diese Aufgaben vorbereiten. Wer sich den Herausforderungen einer Erziehung für das Leben in dem neuen Zeitalter, das nun vor uns liegt, stellen möchte, dem bietet sich hier eine Gelegenheit der Welt zu dienen, wie es sie noch nie zuvor gab.

Sobald die Menschen versuchen, die Probleme der Ausgrenzung und Spaltung zu bewältigen, werden sich ihnen ganz neue Perspektiven eröffnen. Das wird neue Kräfte wecken und zu Ausbildungs- und Lehrmethoden inspirieren, die die Menschen im Lauf der Zeit zu den Füßen Gottes führen werden.

Januar/Februar 1988

Die neue Offenbarung

Immer dann, wenn die Menschen, so wie heute, an einer Wegkreuzung stehen, wird ihnen die ganze Aufmerksamkeit und Unterstützung ihrer Älteren Brüder, der Geistigen Hierarchie zuteil, die von alters her über ihr Wohlergehen und ihre Fortschritte wachen.

Das trifft auch für die heutige Situation zu, da wir der Formulierung der Strukturen für das neue Zeitalter entgegensehen. Um die Menschen bei ihren Überlegungen zu unterstützen und zu beraten, beziehen die Meister ihre Posten in den großen Städten der Welt. Auch wenn sie bisher nur einigen wenigen bekannt waren, stellen sie doch das Höchste dar, was Menschen auf diesem Planeten erreichen können: eine vollkommene Verkörperung der Liebesnatur Gottes, Bewusstsein und Verantwortung auf allen Ebenen und eine in langer Erfahrung geprüfte und erprobte Kenntnis des Evolutionsplans und des Prozesses seiner Umsetzung.

Noch nie in der langen Menschheitsgeschichte waren die Möglichkeiten für einen raschen Fortschritt so groß; noch nie haben so viele Meister mitten unter den Menschen gelebt. Das allein ist schon bemerkenswert und lässt auf große Umwälzungen schließen, Umwälzungen, die bereits stattfinden, und andere, die noch vor uns liegen.

Die bedeutendste unter diesen Veränderungen ist die Bereitschaft der Menschen zu neuen Offenbarungen. Dieser Wissensdurst hat sie an die Pforte eines unbegrenzten Wissens gebracht. Jenseits dieses Tores liegen – so ahnt der Mensch bereits – eine Schatztruhe voller Geheimnisse, denen man auf die Spur kommen will, eine innere Welt, die es zu erobern gilt, Perspektiven voller Schönheit, die man erkennen und erfahren kann. Der Mensch beginnt nach dem Ziel seiner Existenz zu fragen und nach Wegen zu suchen, wie dieses verwirklicht werden kann.

So erleben wir den Anbruch des neuen Zeitalters. Wie immer an solchen Zeitenwenden empfindet der Mensch eine tiefere Ehrfurcht vor dem Leben, er spürt, dass es eine geistige Grundlage hat, und erhebt seine Augen und sein Herz zu jenen Sphären, von denen alle Offenbarung kommt; auf diese Weise ruft er die Offenbarung herbei, nach der er sich sehnt.

„Gottes Wege sind unergründlich", sagt das Sprichwort. Und doch war es immer möglich, seine geheimnisvollen Wege zu erforschen und zu verstehen. In allen Zeitaltern wurden Mysterien offenbart; neue Erkenntnisse haben neue Wissenshorizonte eröffnet und die Denkfähigkeit der Menschen durch neue Erfahrungen – neues „Licht" – bereichert.

Mit seiner Leuchtkraft wird es der Menschheit das große Ziel offenbaren, das der Wille Gottes verfolgt, und sie motivieren Beziehungen und Strukturen zu schaffen, die dieses Ziel in seiner ganzen Schönheit und Wirkungskraft zum Ausdruck bringen können.

Eine Zeit wie diese hat es selten gegeben. Der Mensch steht an der Schwelle eines neuen Verständnisses seiner selbst wie auch jener Kräfte, die hinter allen Erscheinungsformen stehen. Bald wird er gegen alle Einwände erkennen, dass Gott existiert und dass der Mensch Gott ist.

März 1988

Vor dem Tor der Einweihung

Wenn Menschen sich dem Tor der Einweihung nähern, und das betrifft jede Stufe, dann stellen sich in ihren Lebensrhythmen und Vorstellungen tief greifende Veränderungen ein. Alles Vertraute und Tröstliche verliert an Geschmack und wird schal und leer. Alles, was bisher Halt und Trost gab, fällt weg. Eine neue Offenheit und Verletzlichkeit tritt an die Stelle gesicherter Denkgewohnheiten, und eine ungekannte Demut ergreift den Suchenden. Die alten Sicherheiten lösen sich auf, die Welt sieht anders aus, und nichts ist mehr, wie es war.

Wenn das geschieht, befällt den Menschen ein tiefes Unbehagen und Verlustgefühl bis hin zu äußerster Verzweiflung. Alles erscheint ihm schwarz und hoffnungslos; das Alte verliert seinen Reiz, die Zukunft sieht bedrohlich aus.

Das erlebt der einzelne Jünger ebenso wie die Menschheit als Ganzes. Während sie jetzt unmittelbar vor dem Tor der Einweihung in einen neuen Bewusstseinszustand steht, stärkt sie sich für die neuen, unendlichen Aufgaben, die vor ihr liegen – die Erschaffung einer neuen Welt. Ohne Beistand würde sie bald scheitern und sehr leiden. Ohne Unterstützung von höherer Seite wäre nur ein langsamer und sporadischer Fortschritt möglich, dann sähe ihre Zukunft ungewiss und düster aus.

Doch Hilfe steht wie immer bereit. In ihrer ganzen langen Geschichte wurden die Menschen nie im Stich gelassen. Jetzt, zur Zeit der größten Not, bieten sich viele helfende Hände an, und dieser Beistand äußert sich in unterschiedlichen Formen.

An erster Stelle steht dabei die Wiederkehr des Christus. Als Antwort auf den Notruf der Menschheit hat Maitreya die Bürde der Rückkehr wieder auf sich genommen. Nun wartet er auf eine Einladung, als Weltlehrer an die Öffentlichkeit zu treten, als ihre Hoffnung und als Retter der Menschen.

Er kommt selbst und diesmal nicht allein, sondern gemeinsam mit vielen seiner Brüder, die wie er die Lektionen dieser Erde längst gemeistert haben. Sie kommen, um zu helfen und zu lehren, um den Weg zu zeigen und den Menschen den Plan für die Zukunft in seiner ganzen Schönheit zu übergeben.

Auch andere, noch unsichtbare Helfer aus fernen Welten bieten der unserer Welt großzügig Unterstützung an, um sie zu beschützen und ihr viel Schmerz und Leid zu ersparen. Die Menschen haben nichts zu befürchten. Die Hilfe ist der Situation angemessen und kommt zur rechten Zeit. Nun muss der Mensch Verantwortung für seine eigene Rettung übernehmen und die Veränderungen in Gang setzen, nach denen er sich sehnt. Maitreya und seine Gruppe der Meister werden den Weg vorzeichnen, aber den ersten Schritt zur Rehabilitation seiner Welt muss der Mensch selbst tun.

Wenn dieser erste Schritt getan ist, dann werden sich auch die Meister mit ihrer Kraft und ihrem Wissen für die Umgestaltung einsetzen. Dann wird die Welt auf eine neue Tonart ansprechen, auf ein helleres Signal; dann werden die Menschen glücklichere Tage erleben und das uralte Bündnis mit Gott erneuern.

So wird sich Gottes Plan allmählich in seiner ganzen Schönheit und Farbenpracht erfüllen. So werden die Menschen erfahren, dass sie in Wahrheit göttlich sind, und in der Gewissheit leben, in diese Göttlichkeit hineinzuwachsen.

April 1988

Die Stunde naht

Mehr denn je ist der Mensch bereit, neue Lehren anzunehmen. Trotz seiner Ratlosigkeit und Angst spürt er doch, dass eine neue Offenbarung vor ihm liegt und er über das Ziel seines Lebens und seine wahre Natur noch mehr erfahren wird.

Zweifellos begreift der Mensch jetzt, dass er an einem Scheideweg steht. Wie es nun weitergehen soll, das ist sein Problem; welchen Weg soll er einschlagen? Der eine, das weiß er, bedeutet für seine Spezies, für immer verloren zu sein, vielleicht mitsamt der ganzen Welt. Wie aber umgeht man die Gefahren, die auf diesem Wege lauern, wie kann man den Fallgruben ausweichen, die man deutlich vor sich sieht? Schritt für Schritt tastet er sich langsam, vorsichtig erkundend voran und geht oftmals fehl. Aus Mangel an Vertrauen glaubt er nicht an den Wert der Aussöhnung; angesichts der Gefahren aber weiß er auch, dass er den richtigen Weg auf keinen Fall verfehlen darf. So steht der Mensch heute da, suchend, forschend und bereit, sich führen zu lassen.

Mit dem Angebot einer zuverlässigen Führung wird der Christus vor die Welt treten. Während er geduldig darauf wartet, dass er sich öffentlich zu erkennen geben kann, befasst er sich mit aktuellen Problemen, zeigt, wie sie zu lösen sind, und tut alles, um die Menschen zum Handeln zu motivieren.

Endlich, so glaubt er, ist der Mensch bereit, in seinem eigenen Interesse zu handeln. Die Anzeichen für eine Versöhnung sind bereits deutlich zu erkennen und verbreiten eine neue Zuversicht unter den Menschen.

Diese Zuversicht hat jetzt ein solides Fundament. Noch nie zuvor haben die Völker so ernsthaft und entschlossen den Weg zum Frieden gesucht. Nie zuvor war ein Kompromiss so leicht und greifbar nahe. Auch in seinen kühnsten Träumen hat der Mensch niemals diese Entwicklung für möglich gehalten, die wir jetzt auf der Weltbühne erleben können. Wenn es auch noch düstere und gefährliche Winkel gibt, ändert sich doch im äußeren Leben der Menschheit vieles zum Guten. Das aber ist die Resonanz auf den inneren Transformation, die sich rapide vollzieht.

Maitreya inspiriert und unterstützt von seinem Zentrum aus die Welt. Seine Energien, die er mit vollendetem Geschick lenkt, überbrücken die Auseinandersetzungen, zerstören die überalteten Dogmen und klären die Wege des Menschen.

All diejenigen, die ihren selbstsüchtigen Willen durchsetzen wollen und an den Formen der Vergangenheit festhalten, werden bald auf ihre Macht verzichten müssen. Sie finden keinen Rückhalt mehr und werden daher im Dunkel des Gestrigen verschwinden. Eine neue Führungsgeneration wird an ihre Stelle treten, Männer und Frauen guten Willens, die vom Wunsch beseelt sind, der Menschheit zu dienen.

In ihre Hände wird man die Zügel der Macht legen, ihr Altruismus und ihre Weisheit werden sie nach allgemeiner Übereinstimmung dazu befähigen, die Aufgaben des kommenden Neuaufbaus zu bewältigen. Mithilfe des Christus und der Meister werden sie das Fundament der neuen Epoche legen und eine Zukunft ankündigen, die auf Toleranz und Liebe beruht. So wird es sein.

So wird der Christus durch all jene wirken, die ihren Mitmenschen dienen wollen, und damit werden die Menschen allmählich und mit einem Minimum an Unruhen dieser Welt ein neues Gesicht geben.

Mai 1988

Der Große Herr ist nahe

Reisepässe werden bald der Vergangenheit angehören. In der Zeit, die vor uns liegt, wird man jedes Land beliebig bereisen und verlassen können. So groß wird das durch die Präsenz Maitreyas geweckte Vertrauen sein, dass alle Türen offen stehen und sich ein reicher, reger Austausch zwischen den Völkern entwickeln kann. So werden die Menschen ihre Brüder kennen und lieben lernen und erfahren, wie wenig sie voneinander unterscheidet. So wird es sein.

In wenigen Wochen wird Maitreya offiziell mit seiner Mission beginnen und alle an sich ziehen, die sich um die Welt sorgen und ihr mit ganzem Herzen dienen möchten. Seine Mitarbeiter und andere, die ihm nahe stehen, werden den Boden bereiten und sein Konzept und seine Lehre vorstellen. Sobald eine gewisse Bekanntheit erreicht ist, wird er selbst auf der Weltbühne erscheinen.

Schon jetzt gestaltet sich die Politik der Länder unter seinem Einfluss neu. Viele in hohen Positionen wissen bereits von seiner Gegenwart und warten auf seine Ankündigung. So arbeitet er im Stillen und beeinflusst – im Rahmen des karmischen Gesetzes – die Zukunft der Menschheit.

Diese Zukunft ist voller Verheißungen. Mit dem Deklarationstag wird ein Prozess beginnen, der diese Welt verwandeln und die Menschen zu höchsten Errungenschaften befähigen wird.

An diesem Tag werden Männer und Frauen weltweit die Liebesnatur Gottes erfahren und erkennen, dass sie auch ihre eigene ist. Maitreyas Strahl wird in die Herzen dringen und ein völlig neues Verständnis wecken. Sein Ruf nach Teilen und Gerechtigkeit wird die Menschen so ansprechen und inspirieren, dass sie sofort darauf reagieren und die Welt nach seinen weisen Vorschlägen neu gestalten werden.

Nicht umsonst hat er mit seinem Erscheinen bis jetzt gewartet. Erst jetzt machen die Menschen den ersten Schritt, um ihr Haus zu ordnen. Daher kann er jetzt erst antreten und Führung anbieten.

Am Deklarationstag wird er die Zukunft des Menschen beschreiben und aufzeigen, vor welcher Alternative die Menschheit heute steht: Die Wahl des Menschen kann nur das Teilen sein, da nichts sonst den Planeten am Leben halten kann.

Viele Aufgaben liegen jetzt vor uns. Groß ist die Trägheit, die heute noch die Welt gefangen hält. Doch ein Anfang ist bereits gemacht, sodass die Zukunft wieder hell erscheint.

Die Menschen sollten wissen, dass jeder gebraucht wird, um die Übel der Vergangenheit zu überwinden. Spaltung und Ausgrenzung haben uralte Wurzeln, die nicht leicht nachgeben werden. Deshalb sollte jeder es sich zur persönlichen Aufgabe machen, dem Christus bei seinem Werk der Umwandlung zu helfen, und sein Bestes geben, um die Welt neu zu gestalten.

Bald wird die Welt den Glanz in ihrer Mitte erkennen. Bald werden die Menschen ihn erleben und vor Freude weinen.

Bald werden sie auch die Aufgabe, Beistand und Hilfe zu geben, selbst übernehmen und damit ihre wahre Einheit wiederherstellen. So wird es sein. So werden die Menschen endlich die Brüderlichkeit kennenlernen, die sie schon seit Langem schätzen und doch nie zustande bringen konnten.

Juni 1988

Die große Annäherung

In jedem Jahrhundert erhält eine Gruppe von Jüngern eine spezielle Aufgabe: die Entdeckung oder Bekanntgabe bestimmter Ideen und Wahrheiten, die Enthüllung bisher unbekannter Fakten zur Natur des Menschen oder des Universums und die Bereicherung der spirituellen Lebensqualität der Menschen durch Kunst oder Religion. Auf allen diesen Wegen hat sich die im Verborgenen wirkende Hierarchie bemüht, dem Menschen die Wirklichkeit, in der er lebt, bewusst zu machen. Jahrhundert um Jahrhundert haben die Meister diese Arbeitsweise verfolgt und damit ihren Lehrmethoden Kontinuität verliehen. Da die Welt sich kurz vor dem Übergang in das neue Ordnungssystem des Wassermanns befindet, ist jetzt alles in Bewegung und den Gärungsprozessen des Wandels ausgesetzt.

Dasselbe gilt auch im Kreise der Hierarchie. Auch bei den Meistern spielt sich ausnahmslos eine Neuorientierung in ihren Vorgehensweisen und Methoden ab, wie man sie bisher noch nicht erlebt hat. Während der letzten 500 Jahre haben sie zur Vorbereitung auf die „große Annäherung" – die Verlagerung ihrer Arbeit in die Außenwelt – allmähliche Veränderungen vorgenommen.

Nicht ohne Grund haben sie jede lang erprobte Verfahrensweise neu überprüft, um sie immer wieder, wenn nötig, der neuen und wachsenden Sensibilität der Menschen anzupassen. Jetzt, wo sie hinter den Kulissen auf den Deklarationstag warten, der ihre Ankunft ankündigen wird, sind die Wegbegleiter der Menschheit gut gerüstet, um den Menschen und ihrer Weiterentwicklung zu dienen. Die Meister sind selbst aus der Menschheit hervorgegangen und bitten nun die Menschen in ihre Reihen und heißen sie willkommen.

Dass ihre Aufgabe nicht leicht sein wird, wissen sie. Jahrhunderte lang waren sie es gewohnt, im Verborgenen zu wirken. Jetzt müssen sie im vollen Licht des Tages die Geschicke der Menschen lenken und sie besonnen auf den Gipfel des Berges führen. Sie müssen ihre Blicke vom höheren zum niedereren Zentrum lenken und damit ihre gemeinsame Bereitschaft für den höheren Weg beweisen.

Trotz langer Schulungs- und Vorbereitungszeit ist ihnen noch vieles unbekannt. Die Menschen bestimmen mit ihrem göttlichen, freien Willen das Tempo des Fortschritts und ihre Reaktionsbereitschaft. Nur so können aus den Menschensöhnen Gottessöhne werden.

Die Menschen erwarten die Ankunft des Christus, wissen aber nicht, dass er schon hier ist. Sie sind gegenüber dem wirklichen Leben so blind, dass sie die Verheißung in ihrer Mitte nicht sehen. Nicht nur der Christus, sondern auch die Vorhut seiner Gruppe ist bereits mitten unter euch, und sie warten auf die Bitte, am täglichen Leben der Menschen teilzunehmen. Bald werden sie bereitwillig mit ihrer Aufgabe beginnen und die Menschen in die Disziplinen des Wissens und der Liebe, des Opfers und Dienstes, der Gerechtigkeit und Brüderlichkeit einführen.

So werden die Menschen sich das höhere Wissen ihrer Älteren Brüder aneignen können und mit ihnen gemeinsam eine Kultur schaffen, die diesen Namen verdient. So werden die Menschen erleben, dass sie nicht allein gelassen sind, es niemals waren und nie sein werden. Immer sind die Meister nahe, wenn Hilfe nottut, darauf können sich die Menschen verlassen. Jetzt werden die Meister mit ihrem Beistand uneingeschränkt und öffentlich zur Verfügung stehen, sodass die gesamte Welt es sehen kann.

So werden die Zentren zusammenkommen, und damit wird der Wille Gottes erfüllt. So wird es sein.

Juli/August 1988

Die lebenspendenden Wasser
im Wassermann-Zeitalter

In jedem Zeitalter inkarnieren sich Gruppen von Seelen, deren Energien mit den für dieses Zeitalter typischen Energien im Einklang sind. Das gewährleistet die Entwicklung der nötigen Formen, in denen sich die spezifischen Intentionen einer Epoche realisieren lassen. Dasselbe erleben wir auch heute an der Schwelle des Wassermann-Zeitalters.

Es wird sich zeigen, dass immer mehr Jugendliche und junge Erwachsene bemerkenswert gut dafür ausgerüstet sind, auf die hereinströmenden Energien des Wassermanns zu reagieren, die Synthese und Fusion bewirken. Genauso gut werden sie auch die Chancen zu nutzen wissen, die ihnen in einzigartiger Weise geboten werden, und die Strukturen entwickeln, auf denen die Zivilisation des kommenden Zeitalters aufgebaut werden muss.

Wie zu erwarten hat Maitreya seine Pläne gut durchdacht. Sie sehen die Errichtung von Zentren und Institutionen vor, in denen die entsprechenden Lehren angeboten, Erfahrungen erworben und Lektionen gelernt werden können.

Auf diese Weise werden Gruppen junger, aufgeweckter Pioniere die neuen Lebens- und Umgangsformen vorzeichnen und immer bemüht sein, die von Liebe geprägten und alles verschmelzenden Energien des Wassermanns in den Alltag fließen zu lassen. Mit klug durchdachten Experimenten werden sie schrittweise realisierbare, tragfähige Strukturen entwickeln, die mit der Zeit von allen übernommen werden.

So wird die neue Epoche aus dem Chaos der alten erwachsen. Die Beschränkungen der Gegenwart werden einer völlig neuen Freiheit weichen, die schließlich mit den lebenspendenden Wassern des Wassermann-Zeitalters in Einklang stehen wird.

Wie diese Strukturen aussehen werden, kann heute noch niemand sagen, doch ihr Merkmal wird sicher eine neue Lebendigkeit, Kreativität und Aufgeschlossenheit für die Bedürfnisse aller sein. Zur rechten Zeit werden die Meister persönlich die menschliche Arena betreten und interagieren, beraten und ihre reichen Erfahrungen beisteuern. Dann wird man vieles lernen, was derzeit noch nicht bekannt gegeben werden kann. Dem menschlichen Forschergeist werden sich einmal gewaltige Wissensgebiete eröffnen, die jedoch, würden sie zu früh entdeckt, seinem Fortschritt im Wege stünden. Wenn verantwortungsvolle Hände bereit sind, dieses Wissen anzunehmen und weise einzusetzen und weiterzugeben, wird sich ihnen eine Fülle segensreicher Erkenntnisse und Weisheiten erschließen.

Die Welt erwartet Maitreya als den „Wasserträger". Wenige wissen, dass die Wasser des Wassermanns täglich von ihm aus in die ganze Welt fließen, vereinen und zusammenführen und den Menschen die strahlende Kraft in ihrer Mitte bewusst machen. Bald werden sie ihn sehen und kennenlernen. Bald werden sie ihn anerkennen und ihm folgen. Der Tag ist nicht mehr fern, an dem das fröhliche Läuten der Festglocken erklingen wird.

September 1988

Der Avatar

Mit angehaltenem Atem erwartet die Menschheit die Ankunft des Avatars. Bewusst oder unbewusst stehen jetzt Millionen Menschen bereit, den Lehrer, den Verkünder neuer Wahrheiten und den Garanten der Zukunft und der Göttlichkeit des Menschen zu empfangen.

Alles wirkt nun zusammen, um dieses Segen bringende Ereignis herbeizuführen. Die kosmischen und planetaren Kräfte der Erneuerung ernten jetzt, was sie gesät haben, und schaffen die Voraussetzungen, die Maitreyas Erscheinen ermöglichen. Nachdem er durch das Gesetz bedingt einige Zeit mit seiner öffentlichen Mission warten musste, weiß er, dass dieses Gesetz bald erfüllt ist, die Schulden beglichen und die Möglichkeiten genutzt werden, sodass er nun in voller Herrlichkeit erscheinen und die Liebe und Dienstbereitschaft annehmen kann, zu der sich viele offen bekennen werden.

Seine Güte durchdringt schon jetzt die Welt. Seine Liebe umfängt alle Nationen in Ost und West, in Nord und Süd. Keiner entkommt dem Pfeil seiner Liebe. Täglich weckt sein Strahl in den Menschen mehr Verständnis für ihre wahre Bestimmung und ruft aufs Neue ihre Hoffnung und ihr Vertrauen hervor.

Aus der ganzen Welt versammeln sich die Vertreter der Völker an seiner Seite und gewinnen durch ihn völlig neue Erkenntnisse. Bald wird diese Gruppe überragender Männer und Frauen offen über ihre Geschichte und ihre Erfahrungen sprechen und – über jeden Widerspruch erhaben – damit den Beweis antreten, dass der Christus mitten unter uns lebt. Millionen werden bei dieser Verheißung aufhorchen und fordern, den Repräsentanten Gottes zu sehen. Daraufhin wird er unter vielen Namen auftreten und die Hoffnungen aller Konfessionen erfüllen. Sein Ruf nach Gerechtigkeit, Frieden und Brüderlichkeit wird dann unter den Völkern gehört werden und Gottes Anteilnahme am Wohl aller Menschen bekunden. Seine Stimme wird sie an ihren Ursprung und ihre Bestimmung erinnern und sie zuverlässig zu Gottes Füßen führen.

Ihr könnt sicher sein, dass seine Aufgabe gut vorbereitet wurde. Seine Jünger haben sich nach einer inneren Schulung schon lange dieser Vorbereitungsarbeit gewidmet und kennen ihre jeweiligen Rollen genau. Werden sie zum Handeln aufgerufen, tragen sie die Arbeit des

Wiederaufbaus in jeden Winkel der Erde und ersetzen Elend durch Freude, Spaltung durch Einigkeit und Hass und Bosheit durch selbstlose Liebe. So wird es sein. So wird die neue Zeit ihren glanzvollen Anfang nehmen, und die Menschheit wird begreifen, welche Verheißung Maitreyas Gegenwart bedeutet.

Gewiss werden nicht alle seine Herrlichkeit bezeugen; für manche strahlt der Mantel Gottes zu hell. Aber die meisten werden in ihm die Erfüllung ihrer Hoffnungen und Träume von Gerechtigkeit und Liebe, Vernunft und Freiheit sehen. Auf der Suche nach Beistand und Trost, nach Inspiration und einem Ziel, nach Erleuchtung und Liebe werden sich ihre Augen und Herzen ihm zuwenden. All dies wird er der Welt in reichem Maße schenken. Er ist ein breiter Strom der Wahrheit, der alle nährt, die in vollen Zügen von diesen Wassern trinken. Er ist ein Quell der Liebe, die alle in ihr Herz schließt. Er ist ein Avatar wie keiner je zuvor; er kommt, um den Menschen zu zeigen, dass auch sie Götter sind.

Oktober 1988

Eine neue Epoche bricht an

Zu diesem Zeitpunkt der globalen Krise, in der wir uns befinden, können bisher nur einige wenige begreifen, welche enormen Aufgaben auf die Hierarchie und auf die Menschheit zukommen. Die Größenordnung der Transformation, die diese Welt braucht, ist jedoch nur ganz wenigen bewusst. Dennoch sind bereits große Kräfte des Wiederaufbaus am Werk, und den Beweis dafür werden alle sehr bald sehen können. Schon jetzt sind die Veränderungen so zahlreich, dass sie niemand leugnen kann.

Den Völkern der Erde wird mehr und mehr bewusst, dass ihr Schicksal sie eng miteinander verbindet und dass keiner dem Gebot der Stunde entrinnen kann. Bald wird die Mehrheit der Völker eine neue Formel, eine neue Erklärung ihres gemeinsamen Erbes und ihrer gemeinsamen Zukunft unterzeichnen und gesetzlich verankern. Damit wird in der langen Evolution der Menschheit eine neue Epoche beginnen.

In der Zwischenzeit können diejenigen, die auf das eigentliche Zeitgeschehen eingestimmt sind, vieles beobachten und erlernen.

Wenn wir das Gesetz (von Ursache und Wirkung) in Aktion beobachten und dadurch erfahren, wie es Schmerz und Leid ebenso bewirkt wie Korrektur und Transformation, können wir auch die Unausweichlichkeit dieses großen Gesetzes begreifen. Alles unterliegt seinem Gebot. Niemand, nicht einmal der Christus, kann sich ihm entziehen.

Seit kurzem nimmt die Erkenntnis zu, dass der Christus in unserer Mitte ist. Das beruht zum einen auf einer inneren, auch indirekten Reaktion auf seine Energien, die jetzt in die Welt fließen, und zum anderen auch auf der Arbeit derer, die es sich zur Aufgabe machen, auf seine Gegenwart unter uns hinzuweisen. Dass die Mehrheit diese Nachricht für unwahrscheinlich hält, darf einen nicht wundern, weil damit althergebrachte und als unantastbar geltende Normen in Frage gestellt werden.

Doch die Menschen in seiner Gemeinde, die ihn kennen, haben keinen Zweifel. Sie wissen, dass der Lehrer für alle Menschen hier ist, und erwarten, dass er vermehrt in der Öffentlichkeit auftreten wird.

Sie wissen aber auch, dass dies nur allmählich, sorgfältig Schritt für Schritt vor sich gehen kann, damit nicht gegen den freien Willen der Menschen verstoßen wird.

Wenn ihn die Menschen vor sich sehen, werden sie feststellen, dass er ihren Hoffnungen, ihrer Sehnsucht und ihrer Vorstellung von Vollkommenheit entspricht. Einige werden ihn völlig ablehnen, weil ihre Angst, das Wirkliche zu erfahren, sie davon abhält. Aber die große Mehrheit wird in ihm die Erfüllung ihrer Träume von Gerechtigkeit und Frieden, von Harmonie und Güte sehen und ihn ins Herz schließen.

Auf diese Weise werden wir die Umsetzung eines lange bestehenden Plans erleben, der vorsieht, dass die Menschheit sich selbst allmählich als göttlich erfährt.

Dieser Prozess ist nun im Gang, und bald wird man die ersten Anzeichen erkennen. Die Menschen werden wieder Verpflichtungen übernehmen, die sie seit Langem vernachlässigt haben, und ihre lang gehegten Hoffnungen und Träume verwirklichen. Dann werden wir wahrhaftig wissen, dass die neue Epoche angebrochen ist.

November 1988

Eine Zukunft in Harmonie

Während der Deklarationstag jetzt immer näher rückt, verstärkt sich allgemein das Gefühl, dass sich bald alles ändern wird und die bisherigen Richtlinien ihre Gültigkeit verlieren. Für Kenner zeichnet sich bereits ab, dass das Ende dieser Epoche bevorsteht. Schon fürchten viele, dass sich zum Ende des Jahrhunderts ein Sturm zusammenbraut, und suchen daher in Bergen und Wüsten Zuflucht. Sie fürchten die Zerstörung der vertrauten Lebensformen und erwarten den von ihren Ängsten heraufbeschworenen, völligen Zusammenbruch.

Dass die Welt rasante Veränderungen erlebt, ist richtig. Jeden Tag geschieht etwas, was dies beweist. Niemand wird den hektischen Rhythmus leugnen können, mit dem der Wandel jetzt die Welt überrollt, sowie auch das neue Klima der Hoffnung, das dadurch entsteht.

Die Arbeit der Hierarchie, die diesen Prozess beobachtet, ist daher keineswegs leicht. Ihre Aufgabe ist es, die Ereignisse so zu lenken, dass dabei nur ein Minimum an Unruhen entsteht. Ließe man den Kräften der Erneuerung und des Wandels freien Lauf, würden diese jeden Widerstand gegen ihre Pläne hinwegfegen und damit die Saat für spätere Unstimmigkeiten und Kämpfe säen; hielte man sie aber zu stark zurück, könnten die reaktionären Kräfte ihre dahinschwindende Macht über das Geschick der Menschen wieder verstärken und ausdehnen. In dieser Umbruchsphase zwischen zwei Zeitaltern sind kontinuierliche, aber geordnete Veränderungen von entscheidender Bedeutung, und die Meister scheuen keine Mühe, um dieses Ziel zu erreichen.

Um eine ausgewogene Entwicklung zu ermöglichen, wurden die Energien des Geistes des Gleichgewichts freigesetzt, der nun den Christus überschattet und auf diese Weise die ganze Welt erfüllt. Mit immer größerem Erfolg wird er alle Parteien zu einer gemäßigten Mitte hinführen, bis schließlich Konsens statt Opposition auf der Tagesordnung stehen wird. In dem Maße, wie es jetzt Spannungen und Konflikte gibt, wird diese göttliche Energie wieder Harmonie und Frieden herstellen. So wird es sein. So arbeitet der Große Herr, um diese Welt für die Menschen wieder sicher zu machen.

Wenn alles bereit und vorbereitet ist, wenn die Menschen die Weltereignisse als Warnsignale verstehen, wird Maitreya an die Öffentlichkeit treten und den ihm zustehenden Platz als Lehrer einnehmen. Von da an wird ein neuer Geist der Kooperation herrschen und eine rasche Umwandlung aller unserer Strukturen möglich machen. Die Menschen werden die lenkende Weisheit akzeptieren, die ihm sein geistiger Rang verleiht, und Stufe für Stufe, mit zunehmender Kraft ihr Leben im Sinne des geistigen Plans neu gestalten, den er der Welt übergeben wird.

Seine derzeitige Aufgabe besteht darin, ein Gleichgewicht herzustellen und zu erhalten, um der Menschheit viele unnötige Schmerzen und Leiden zu ersparen. Es zeigt sich auch schon, dass dies gelingt, denn die Verantwortlichen an der Spitze der Völker lassen einen neuen Geist der Aussöhnung erkennen. Bald wird die Welt den Lehrer in ihrer Mitte sehen. Viele haben ihn auf die eine oder andere Weise bereits erlebt und sind voll freudiger Erwartung. Nun müssen wir auf den Avatar, den Christus, den Lehrer für alle Menschen nicht mehr lange warten.

Dezember 1988

Neuordnung der Prioritäten

Der Druck, unter dem die Menschheit heute lebt, ist derart stark, dass nur wenige die Veränderungen, die täglich weltweit vor sich gehen, wahrnehmen können. Ein gewaltiger Umwandlungsprozess ist im Gange, der nicht mehr aufzuhalten oder zu verändern ist. Damit befindet sich die Welt nun in einer schmerzvollen Phase der Regeneration und Läuterung, mit der sie sich auf eine völlig neue Zivilisation vorbereitet.

Die neue Zivilisation wird auf den Grundlagen der alten aufbauen, wobei natürlich mit vielem Althergebrachtem, das korrumpiert und wertlos wurde, aufgeräumt werden muss. Für einen genauen Beobachter sind die Anzeichen des Neuen bereits deutlich erkennbar. Wo immer man sich heute umschaut, bietet sich einem ein neues Bild mit neuen Vorstellungen und neuen Strukturen, die ansatzweise bereits Gestalt annehmen. Die Welt kommt in Bewegung und verwandelt sich, und die Wachstumsschmerzen spüren alle.

Aufgrund dieser Situation ist der Christus gekommen, um den Menschen in der Stunde der Not beizustehen. Dass er helfen kann, steht außer Zweifel. Doch die Menschen müssen die Veränderungen, für die er eintritt, auch wollen und sie freiwillig selbst vornehmen. Nichts wird erzwungen, nichts wird aufgedrängt, denn damit würde das Gesetz verletzt.

Das Tempo des Wandels hängt von der Fähigkeit der Menschen ab, die Maßnahmen zu akzeptieren, nach denen eine notleidende Welt verlangt: Teilen, Gerechtigkeit, Zusammenarbeit und allgemeine Rechtsstaatlichkeit. Nur so werden die Menschen den Frieden finden, nach dem sich alle Völker sehnen.

Um die Menschen bei ihrer Aufgabe zu unterstützen, hat der Christus bestimmte Prioritäten formuliert, die – sobald sie umgesetzt sind – Ausgewogenheit und Ordnung und damit die Harmonie schaffen werden, die Vorbedingung für Frieden und Wohlbefinden ist. Diese Prioritäten sind einfach und selbstverständlich, aber noch nirgendwo in nennenswertem Maße verwirklicht worden. Es geht dabei um die Grundbedürfnisse jedes Menschen, ob Mann, Frau oder Kind: An erster Stelle steht eine ausreichende und ausgewogene Ernährung, an zweiter Obdach und Geborgenheit für alle, an dritter Stelle medizinische Versorgung und Bildung als universelles Recht.

Das sind die Mindestanforderungen für eine stabile Welt, und sie werden zu den ersten Pflichten aller Regierungen gehören. Sie sind sehr einfach, doch ihre Durchsetzung wird weitreichende Auswirkungen auf den Planeten haben und den Beginn einer neuen Ära einleiten.

Die Rüstungsproduktion hat auf der Agenda vieler Staaten heute einen bedrohlich hohen Stellenwert. Von nun an müssen die neuen Prioritäten gelten und mithilfe der Ressourcen, die bisher in die „Verteidigung" fließen, umgesetzt werden.

Wenn das geschieht, wird eine große schöpferische Welle der Freude die Erde erfassen und Menschen aller Länder stimulieren. Zusammenarbeit und Teilen werden auf der Tagesordnung stehen, und überall werden die Völker von Neuem einen Sinn und Zweck in ihrem Leben erkennen. Maitreya wird ihnen mit Rat und Tat beistehen, und unter seiner weisen Regie wird die Welt neu gestaltet. Diese Zeit steht nun bevor.

Januar/Februar 1989

Vertrauen ist eine Notwendigkeit

Die Menschen werden die heutige schwierige Periode im Rückblick einmal als eine Zeit beschreiben, in der sie in einem Chaos von falschen Werten den Sinn des Lebens wieder entdeckt haben. Jahrtausendelang haben die Menschen nur nach Reichtum und Macht, Ansehen und Ruhm getrachtet. Die subtileren Künste geistiger Erkenntnis und Weisheit haben nur sehr wenige angesprochen, sodass die Menschen fast zwangsläufig den stürmischen Weg der Zwietracht, Ignoranz und Angst eingeschlagen haben.

Nun wird ihnen im Licht einer neuen Erkenntnis endlich bewusst, welch herrliche Zukunft sie als Mitarbeiter und Mitschöpfer Gottes vor sich haben. Auf dem Weg dorthin stehen ihnen zwar noch zahlreiche Prüfungen bevor, aber sie sind wie nie zuvor jetzt willens und darauf vorbereitet, sich diesen Herausforderungen zu stellen. Wider Erwarten und gegen allen Anschein ist die Menschheit bereits im Begriff, sich aus einem düsteren Kokon, aus ihrer Ohnmacht und Angst zu befreien. Mit zunehmender Kühnheit und Gewissheit machen sich die Menschen auf den Weg zu Einheit und Gerechtigkeit, zu Zusammenarbeit und Teilen, zu Einfachheit und Vertrauen.

Dass dieses Vertrauen notwendig ist, wird niemand bestreiten. Wenn keine Vertrauensbasis entsteht, wird man nichts erreichen können. Mangel an Vertrauen hat bis heute die höchsten menschlichen Bestrebungen vereitelt, die Nationen entzweit und die Zukunft der Menschheit aufs Spiel gesetzt.

Vertrauen, das Spiegelbild der Liebe, entsteht spontan immer dann, wenn die Angst sich legt. Nur Vertrauen kann Wunder in der Zusammenarbeit bewirken und zu Taten führen, die sonst unmöglich sind.

So sieht es in der Welt heute aus. Unter dem Einfluss und der Inspiration des Christus beginnen die Regierungen allmählich einander zu vertrauen. Vieles bleibt noch zu tun, doch die Zeichen sind bereits für jeden sichtbar. Ein neues Kapitel der langen Geschichte des Menschen hat begonnen, das seinen künftigen Ruhm besiegeln wird.

Das wachsende Gefühl gegenseitiger Abhängigkeit beweist, dass der Mensch seinen Weg noch nicht verloren hat, dass er am Rande des Abgrunds eine Kehrtwendung gemacht hat und jetzt auf eine Zeit der Zusammenarbeit und des Realismus zugeht.

Im persönlichen Bereich ist Vertrauen von größter Bedeutung. Nichts verdirbt die mitmenschlichen Beziehungen so sehr wie der Verlust dieses kostbaren Juwels. Auch wenn Vertrauen gebrochen oder verraten wird – Vertrauen schafft immer wieder Vertrauen und lässt dem sanften Strom der Liebe freien Lauf.

Nur wenige können sich heute eine Welt vorstellen, in der wirklich Vertrauen herrscht. Wenige können sich die Ruhe und Schönheit einer solchen Zeit ausmalen.

Lasst eure Phantasie eine Welt beschwören, in der es weder Angst noch Verbrechen, weder Wettbewerb noch Habsucht gibt. Öffnet euch der Idee der universalen Gerechtigkeit und des Friedens – des Glücks für alle.

Dann werdet ihr eine Welt erblicken, in der das ungebrochene, kindliche Vertrauen wieder aufblüht, weil der Mensch keine Angst mehr hat. In einer solchen Welt wird alles möglich. Der Mensch steht jetzt an der Schwelle dieser Entdeckung.

März 1989

Der Plan

Schritt um Schritt und Stufe für Stufe kommt die Menschheit der Einheit näher. Es vergeht kein Tag ohne neue Einsichten oder Ereignisse, die diesen Prozess unterstreichen und beweisen, dass der Plan in Erfüllung geht.

Der Plan, von dem ich spreche, verkörpert die Ziele des großen Einen, den wir Gott nennen, und enthält seine Intentionen für alle Reiche der Schöpfung. Niemand kann die mannigfaltigen Aspekte dieses Bauplans der Evolution in ihrer Gesamtheit erkennen, doch zumindest die große Linie zu verfolgen, war schon seit Langem das wichtigste Anliegen der Geistigen Hierarchie der Meister unter der Leitung des Christus. Sie befassen sich täglich mit den vielen Aspekten des Plans und bemühen sich, die Menschheit zu seiner schrittweisen Umsetzung zu inspirieren.

Für die Menschheit ist nun die Zeit gekommen, den tieferen Sinn dieses Plans zu erfassen und sich damit bewusst und im Einklang mit dem Willen Gottes weiter zu entfalten. Wo Menschenwille und Gotteswille übereinstimmen, verläuft alles normal und reibungslos. Wo aber diese Übereinstimmung fehlt, wird die Menschheit von allen möglichen, stets selbst erzeugten Übeln befallen. So kann man zu Recht sagen, dass der Mensch sich sein Schicksal selbst schafft – seine Fesseln, seine Ängste, sein Leid.

Zurzeit kommt der Plan mit einer noch nie da gewesenen Geschwindigkeit voran. Wie durch ein Wunder kommen weltweit Veränderungen zustande und machen die Hoffnungen derer zunichte, die die Völker für immer unterjochen und in schändlicher Knechtschaft halten wollten. Neue Energien durchströmen die Welt und eröffnen der Menschheit neue Möglichkeiten und neue Beziehungen. Neue Lehrer wenden sich mit neuen Lehren an die Menschen und beleuchten – jeder auf seine eigene Weise – jeweils ein Element des komplexen Musters des Plans.

So nimmt der Plan durch Mutation und Wandel allmählich Gestalt an, bis schließlich alle das vorgesehene Ziel erreichen. Wo immer die Menschen heute ihren Blick hinwenden, können sie diese Entwicklung sehen; eine Woge der Veränderung durchflutet die Welt.

Die Aufgabe der wachsamen Bruderschaft besteht darin, diese Veränderungen zu beobachten und gesetzmäßig dafür zu sorgen, dass sie im

Einklang mit dem Plan geschehen. Es ist also die Arbeit der Meister, den Plan auf die Menschen und ihre jeweiligen Möglichkeiten abzustimmen.

Jeder Schritt der Menschen zur Synthese bietet ihnen eine Gelegenheit zu weiterer Entfaltung im Sinne des Gesetzes. Daher sind es die Menschen selbst, die den Fortschritt des Plans bestimmen.

Die völlig neuen Kräfte, die heute unser Leben beeinflussen, kündigen eine Zivilisation an, die auf Brüderlichkeit und Liebe aufbaut. Gleichzeitig kündigen sie an, dass der Christus erneut mitten unter den Menschen lebt, um sich der Herausforderung – als Lehrer für die neue Zeit – zu stellen. In genauer Kenntnis des Plans hat er die Aufgabe übernommen, die Menschheit auf den ihr bestimmten Weg zu führen: die Vervollkommnung aller Menschen und damit den Willen Gottes zu erfüllen.

So arbeitet der Christus heute, um seine Aufgabe als der große Vermittler, der Repräsentant und Vertraute Gottes zu vollenden.

April 1989

Verantwortungsbewusstsein

In früheren Zeiten gingen Veränderungen langsam vor sich, jahrhundertelang war die Gesellschaft in ihren Strukturen und ihrem Verhalten relativ statisch. Hinzu kam, dass weite Teile der Welt nichts voneinander wussten. Selbst zwischen nahen Nachbarn gab es nur gelegentliche Kontakte, die sich meist auf Händler und Soldaten beschränkten.

Heute sieht die Situation ganz anders aus. In fast jedem Winkel der Erde sind die Kommunikationswege bestens ausgebaut, um alle von den täglichen Ereignissen in Kenntnis zu setzen. Nirgends bleibt man von der rasanten Abfolge oft grausamer Geschichten verschont, die täglich Augen und Ohren von Milliarden von Menschen beleidigen. In einem ganz realen Sinn ist die Welt zu einem Dorf geworden, und wie im Leben eines Dorfes betrifft die Tat eines Einzelnen das Leben und die Interessen aller. Keine Nation kann mehr abseits stehen und sich der Verantwortung für die Folgen ihrer Verfehlungen entziehen. Macht allein verleiht niemandem mehr dieses Privileg. Mehr und mehr wird den Völkern bewusst, dass sie alle voneinander abhängig sind und Verantwortung füreinander tragen. Das ist ein gutes Omen für die Welt.

Unter dem Druck der Völker sehen die Regierungen endlich ein, dass sie für den Erhalt der Umwelt, von der alles Leben in der Zukunft abhängt, sorgen müssen. Denn ohne weises Haushalten sähe die Zukunft der Menschheit wirklich düster aus. Allmählich jedoch beginnen die Entscheidungsträger einzusehen, dass die Zeit nicht auf der Seite derer ist, die den Planeten ausplündern und vergiften, dass seine Ressourcen nicht unendlich sind und die Natur sich vor der Ausbeutung und dem Angriff auf sie zurückzieht. Langsam setzt sich die Erkenntnis durch, dass nur eine sorgfältig konzertierte, globale Aktion die vielen Verletzungen der natürlichen Ordnung wieder ausgleichen kann, die der Mensch in seiner Ignoranz und Habgier verursacht hat. Ein Anfang ist bereits gemacht, doch es werden noch viele Jahre hingebungsvoller Arbeit nötig sein, um der den Menschen bedrohenden Umweltverschmutzung und -zerstörung Einhalt zu gebieten.

Glücklicherweise sieht die Zukunft nicht ganz so finster aus. Der Mensch ist, wie immer, nicht allein, es sind bereits Maßnahmen im Gang, um ihm die Kenntnisse einer neuen, sauberen und sicheren Energiegewinnung zu vermitteln. Völlig neue Technologien werden das tägliche Leben verändern und dem Menschen Zeit und Kraft lassen, sein eigenes Wesen und seine eigentliche Aufgabe zu erforschen.

Auf diese Weise wird er lernen, im Einklang mit der Natur zu arbeiten und zu leben und aus ihrem Reichtum zu schöpfen, der alles bietet, was er sich nur wünscht oder braucht.

Sobald die Menschen den Christus sehen, wird ihnen ihr Grundproblem bewusst werden: Die Menschen stehen vor der Wahl, entweder zum Wohle aller zusammenzuarbeiten und ihre Lebensweise so umzustellen, dass jeder ein hinreichendes Auskommen finden kann, oder die Totenglocke für den bereits schwer angeschlagenen Planeten zu läuten und damit die eigene Zukunft aufs Höchste zu gefährden.

Maitreya selbst zweifelt nicht daran, dass die Menschen seinen Aufruf hören und darauf reagieren werden.

Mai 1989

Neues Licht – neue Erkenntnisse

Jedes Zeitalter bietet der Menschheit neue Herausforderungen und Chancen. Das beginnende Wassermann-Zeitalter wird ihr Aufgaben und Gelegenheiten in solcher Fülle präsentieren, dass noch vor seinem Ende alle Menschen gewaltige Fortschritte auf dem Evolutionspfad erzielt haben werden. Wir stehen jetzt an einem Wendepunkt, der nicht nur die gegenwärtige Weltlage, sondern auch das Schicksal der uralten Spezies Mensch betrifft. Die Menschheit steht heute unmittelbar davor, sich bewusst einer neuen Dimension des Lebens zuzuwenden.

Fünf lange Jahrhunderte haben die Meister auf diese Zeit gewartet, um mit ihrer Begabung und ihrer Weisheit die Anstrengungen der Menschen zu unterstützen. Bewusst oder unbewusst haben die Menschen sich selbst übertroffen und sind inzwischen wider Erwarten bereit für eine neue Offenbarung; sie sind bereit, neues Licht und Wissen zu erhalten, wieder den Sinn und Zweck ihres Lebens zu sehen und diese zunehmende Erkenntnis mit völlig neuen Technologien, Wissenschaften und veränderten Verhaltensweisen unter Beweis zu stellen.

Nicht umsonst heißt es: „Wenn der Schüler bereit ist, kommt der Meister." Das gilt für die breite Masse ebenso wie für jeden Einzelnen. Geprüft und erprobt als Schüler, als Weltjünger ist die Menschheit nun reif, ein neues Leben, ein Leben im Dienst an der Gemeinschaft zu beginnen.

Der Bewusstseinswandel, der nun vor sich geht, wird den Menschen zeigen, dass ihr Abgrenzungsbedürfnis einer Illusion entspringt, da in der gesamten Schöpfung nichts getrennt vom Ganzen existiert. Diese aufkeimende Erkenntnis der Menschen und ihre Bereitschaft, sich zu ändern, haben den Lehrer und die Lehrer auf den Plan gerufen, denn als solche sind wir hier.

Unsere auf Erfahrung beruhenden Ratschläge werden die Menschen in allen Lebensbereichen zum Handeln anspornen. Bald werden alle die Veränderungen sehen können. Bald wird der Stellvertreter Gottes einen festen Platz im Herzen aller Menschen einnehmen.

Auf seine Anregung hin wird die Menschheit Mittel und Wege suchen, wie sie die neuen Richtlinien, die mit seiner Gegenwart erkenntlich werden, in die Tat umsetzen kann, und ihre Lebensformen einem neuen, höheren Rhythmus anpassen.

Wenn sich Maitreya der Welt zu erkennen gibt, werden sich Staatsmänner aus allen Nationen versammeln, um seinen Rat einzuholen, sodass in ihren Beschlüssen ein neuer Realismus zu spüren sein wird. Sein Aufruf zum Handeln wird rund um den Erdball bei Jungen und Alten, Reichen und Armen, Starken und Schwachen Widerhall finden. Noch nie in der Geschichte der Erde hat man eine Zeit erlebt wie diese, wo die ganze Welt aktiviert wird, gemeinsam zum Wohle aller zu handeln.

Viele, die ihn inzwischen kennen, hören bereits auf seinen Ruf; die Erfahrung seiner Gegenwart inspiriert sie dazu, ihr Leben dem Dienst zu widmen und sich seiner Führung anzuvertrauen.

So wird es sein, wenn alle ihn kennen, wenn er sich als Lehrer aller Nationen vorstellt und die Aufgabe übernimmt, deretwegen er gekommen ist: die Errettung der Völker als der, der den Menschen neues Licht und neue Erkenntnisse enthüllt.

Juni 1989

Die Gegensatzpaare

Seit der Mensch auf der Erde erschien, ist seine Geschichte von Konflikt und Hader, Aggression und Krieg gezeichnet. Nur selten gab es Zeiten, in denen diese Tendenzen nicht vorherrschend waren, sodass man mittlerweile meinen könnte, dass sich darin die wahre Natur des Menschen zeigt. Und doch, trotz aller gegenteiligen Anzeichen, ist dies entschieden nicht der Fall. Warum präsentiert dann der Mensch ein solch verzerrtes Bild seiner selbst? Woher kommt dieser Hang zu chaotischem Handeln und destruktiver Gewalt?

Der Mensch ist seinem Wesen nach eine Seele, ein vollkommenes Spiegelbild Gottes. In zahllosen Inkarnationen über unsagbar lange Zeiträume hinweg versucht die Seele ihre göttliche Natur in Raum und Zeit zu offenbaren. Sie schafft sich ein irdisches Pendant und stattet es mit den Möglichkeiten zur eigenen Weiterentwicklung und zur eigenen Vollkommenheit aus. Auf diese Weise erfüllt sich der Plan Gottes.

Der Schlüssel zu dieser Entwicklung ist die Aspiration, das Streben nach Höherem. In allen Menschen wohnt der Wunsch nach Vollkommenheit und der Drang, das Gute, Schöne und Wahre zu bekunden – die Attribute der Seele. Dieser Wunsch nach Verbesserung, wie immer er sich äußert, geht nie verloren, auch wenn ein Mensch noch so oft strauchelt. Es gibt niemanden, in dem diese Sehnsucht nicht lebendig wäre.

Wie aber lassen sich dann die Verirrungen des Menschen erklären, seine Gewalttätigkeit, sein Hass? Die Antwort liegt in der einzigartigen Stellung des Menschen im Schnittpunkt zwischen Geist und Materie sowie in den Spannungen, die deren Aufeinandertreffen erzeugt. Der Mensch ist eine unsterbliche Seele, die mit dem Eintauchen in die Materie nun den Begrenzungen unterworfen ist, die die Stofflichkeit ihr auferlegt. Sein Ringen um Vollkommenheit bedeutet, diese beiden Gegenpole seiner Natur vollständig in Einklang zu bringen – und damit aufzulösen. Durch immer neue Inkarnationen führt der Evolutionsprozess stufenweise zu diesem Ziel, bis die Qualität und Strahlung der Materie mit der des Geistes übereinstimmt. Damit ist der Plan erfüllt – ein weiterer Sohn Gottes ist heimgekehrt.

Jahrtausendelang schließt die Vorherrschaft der Materie einen größeren Einfluss der Seele aus; die Evolution geht nur langsam vor sich. Wenn endlich die gegensätzlichen Pole seiner Natur aufgelöst sind, erkennt der Mensch, dass die Dichotomie nur scheinbar besteht, die Gegensätze unwirklich sind. Dann sieht er, dass alles eins ist, dass Geist und Materie nur zwei Aspekte einer göttlichen Einheit sind und die Begrenzungen der Vergangenheit nur Illusion waren.

Ohne den Widerstreit der Gegensätze und der sich daraus ergebenden Reibung wäre der Fortschritt des Menschen noch viel langsamer. Reibung ist das Feuer, das ihn auf seinem Weg vorantreibt, und Aspiration das Licht, das ihn zu immer Höherem ruft. So entledigt sich der Mensch mit der Zeit der Grenzen der Materie und verleiht ihr den Glanz seiner geistigen Wahrheit. Der Mensch hat die Aufgabe, die Materie zu vergeistigen und die Substanz des Planeten in allen Naturreichen in einen vollendeten Spiegel des himmlischen Menschen zu verwandeln, dessen Körper dieser Planet ist. Konflikt und Krieg, Gewalt und Hass sind nur ein vorübergehender Ausdruck der bisherigen Unfähigkeit des Menschen, seine wahre Natur zu beweisen. Die Zeit rückt näher, wo seine wahre Natur die Oberhand in ihm gewinnen wird und seine Schönheit strahlen und das Gute in ihm für alle sichtbar wird.

Juli/August 1989

Das Zeitalter des Lichts

In jedem Jahrhundert gibt es einige Menschen, die ihre Zeitgenossen haushoch überragen. Ihre Begabungen sind offenkundig, ihr Genie wird von allen erkannt und bewundert. Es sind die großen bekannten Entdecker, Maler, Schriftsteller, Musiker und Wissenschaftler, deren Werk die Menschheit zu einer wachsenden Erkenntnis ihrer selbst und ihres Potenzials geführt hat.

In jüngerer Zeit lag das Hauptgewicht auf den Naturwissenschaften und der Erweiterung des menschlichen Wissens. Das hat einer bemerkenswerten Steigerung des menschlichen Denkvermögens den Weg geebnet, deren Ausmaß bislang jenseits aller Hoffnungen lag.

Die kommende Zeit wird man das Zeitalter des Lichts nennen, man wird den Ursprung des Menschen auf Licht in jeglicher Bedeutung und Form zurückführen. Wer genauer hinschaut, kann bereits erkennen, dass der Mensch an das Tor pocht, das in die Kammer des Lichts führt. Uralte Dunkelheit und Unwissenheit sind dahin, wenn die Menschen sich mit den praktischen Folgen ihrer neuen Einsichten und Technologien auseinandersetzen. Bald wird sich der staunenden Menschheit die Wissenschaft vom Licht, die Göttliche Wissenschaft offenbaren und damit wird ein wichtiger Meilenstein auf dem Evolutionspfad des Menschen erreicht sein.

Bis jetzt haben nur wenige Spezialisten Zugang zur Wissenschaft vom Licht, aber es wird bereits daran gearbeitet, ihre Wohltaten der Allgemeinheit zugänglich zu machen. Man wird den gesamten Bedarf an Strom und Licht auf sichere und einfache Weise decken können und dazu die Sonnenkraft nutzen.

Die Menschen werden, unter Maitreyas Banner in Liebe vereint, neue Pfade zu den Sternen erkunden. Wenn der Mensch die Mysterien der Natur erforscht, wird sie ihre Geheimnisse lüften und zeigen, welche Ordnung und Schönheit allem zugrunde liegt.

So wird unter der Anleitung Maitreyas und seiner Jünger ein neues und einfacheres Leben beginnen. Frohen Herzens werden die Menschen ihre Streitigkeiten hinter sich lassen und einen neuen Bund der Harmonie mit allem Lebendigen schließen.

Lange haben die Menschen vergeblich nach dem Schlüssel zu dieser ersehnten Harmonie gesucht. Immer wieder wurden ihre höchsten

Erwartungen und Anstrengungen zunichte. Jetzt macht die aufkeimende Erkenntnis ihrer Einheit ihnen erstmals deutlich, dass sie teilen und sich in ihrer Lebensweise an gerechteren und sichereren Richtlinien orientieren müssen.

Die neue Epoche, die Epoche des Lichts ist angebrochen. In dieser kommenden Zeit werden die Menschen die Inspiration und Führung haben, die ihre Vorfahren nicht hatten oder ignorierten. Jetzt endlich werden die Menschen und die Meister, vereint in Brüderlichkeit und Vertrauen, gemeinsam arbeiten und vorankommen. Unser Beispiel wird die Menschen zu übermenschlichen Anstrengungen und Leistungen inspirieren und das Licht in alle Herzen und Gedanken lenken. So wird es sein. So werden die großen Geheimnisse der Schöpfung offenbar werden. So wird der Mensch zum Schöpfer und Lenker seines eigenen Geschickes werden, ein Gott ähnliches Wesen, das den Namen Mensch verdient.

September 1989

Die Epoche der Rechtschaffenheit

Mit der Zeit werden die Menschen erkennen, wie wichtig und wertvoll die gegenwärtige Übergangsphase ist, in der auf dem gesamten Planeten stürmische Veränderungen vor sich gehen. Man wird auch begreifen, dass die damit verbundenen Traumata unvermeidlich, vorübergehend und heilsam sind.

Sie leiten eine Epoche ein, in der ein neues Gleichgewicht zwischen den individuellen Bedürfnissen nach Freiheit und Selbstverwirklichung und dem Bedürfnis der Gesellschaft – von Gruppen und Nationen – nach Ordnung und Disziplin herrschen wird. Das bisherige Wettbewerbsdenken hat in dieser Hinsicht äußerst belastende Verhältnisse geschaffen und damit immer wieder zu heftigen Protestausbrüchen und Revolutionen und in der Folge auch häufig zu barbarischer Unterdrückung geführt.

In aller Welt verlangen die Menschen heute, oft zum ersten Mal, ein Mitspracherecht, wenn es um die Regierung ihres Landes und um die Gestaltung ihres eigenen Schicksals geht. Die alten Vorgehensweisen werden in Frage gestellt, und überall regt sich der Unmut über die seit alters herrschende Korruption.

Natürlich stößt diese gesunde Reaktion der Massen auf wenig Gegenliebe in den Machtzentren aller Länder, da sie deren Privilegien und Prestige bedroht. Dennoch wird den Ungerechtigkeiten der Vergangenheit eine neue Welt abgerungen, und nichts kann dieser Woge des Wandels auf Dauer widerstehen. Die Energien, die Maitreya und seine Helfer freisetzen, vermitteln den Menschen ein neues Bewusstsein ihrer selbst und ihres Potenzials und zunehmend Vertrauen in ihre Fähigkeit, die Zukunft, die sie sich wünschen, gestalten zu können.

Noch fehlt es ihnen an einer weltweiten Führung und Inspiration, um ihre Forderungen artikulieren und in vernünftiger und konstruktiver Weise kanalisieren zu können, damit der Umbruch mit einem Minimum an Konfrontationen und Leid vor sich gehen kann. Maitreya ist gekommen, um den ihm zustehenden Platz an der Spitze des großen Heeres einzunehmen und für die Rechtlosen zu sprechen und sie zu unterstützen. In seinem Aufruf wird sich ihr Ruf nach Hilfe und Gerechtigkeit widerspiegeln. Seine Ratschläge werden sich auf ihre Bedürfnisse beziehen.

Nun endlich wird der Menschheit langsam klar, dass ihre Zukunft nicht, wie vermutet und befürchtet, das trostlose Ende der Welt bedeutet. Ein neues Licht, Maitreyas Licht, hat ihnen wieder Hoffnung gemacht, sodass die Menschen das, was sie bisher trennte, im Geist der Zusammenarbeit und des gegenseitigen Vertrauens betrachten können.

Dieser neue Geist greift bereits um sich; und obwohl die zerstörerischen Kräfte der Erde jede Gelegenheit nutzen, um Chaos anzurichten, wurde schon ein großer Umschwung vollzogen und eine neue Höhe erreicht.

Es wird nicht lange dauern, bis die Sehnsucht der Menschen Resonanz findet, ihre Bedürfnisse ernst genommen und ihre tiefsten Wünsche artikuliert werden. Bald werden die Menschen weltweit erkennen, dass ihre Älteren Brüder und auch deren Oberhaupt in ihrer Mitte leben, dass niemand ihr Licht auszulöschen vermag, und dass trotz aller gegenteiligen Anzeichen die Epoche der Rechtschaffenheit bereits jetzt gestaltet wird.

Oktober 1989

Unendlichkeit als Ziel

Schon immer war es der Grundsatz der Geistigen Hierarchie, die Menschheit über alle Aspekte esoterischen Wissens zu informieren und auf dem Laufenden zu halten, soweit diese Öffnung und exoterische Erschließung gefahrlos war.

Das war über lange Zeiträume nur in einem begrenzten Ausmaß möglich. In den letzten hundert Jahren jedoch wurden mehr Informationen übermittelt und mehr Wissen erschlossen denn je zuvor in der Geschichte der Menschheit. Daran lässt sich ablesen, dass der Mensch zunehmend Verständnis für die subtilen inneren Gesetzmäßigkeiten entwickelt, die hinter dem äußeren Erscheinungsbild der Dinge und Ereignisse stehen, und spürbar das Bedürfnis hat, ganz bewusst an seiner eigenen Evolution und Entwicklung mitzuwirken.

Wir dürfen jetzt, wo wir an der Schwelle einer neuen Epoche stehen, darauf vertrauen, dass uns in einem nie da gewesenen Ausmaß bislang gehütete Lehren erschlossen werden, deren Verständnis und Verarbeitung noch mehr Licht auf die Geheimnisse des Universums und das Wesen der menschlichen Existenz werfen werden. Wir, die Hüter des Menschengeschlechts, freuen uns auf die Zeit, in der alles offenbart werden kann und Menschen und Meister offen und vertrauensvoll zusammenarbeiten, in der Gewissheit, dass bei dieser Kooperation niemand zu Schaden kommen kann.

Noch ist die Zeit nicht gekommen, aber die Vorbereitungen für eine engere Zusammenarbeit als je zuvor sind schon im Gang. Die erste Gruppe von Meistern, die ihren Platz in der Welt einnimmt, hat vor allem die Aufgabe, diese Zusammenarbeit anzuregen und Gruppen bewährter Jünger um sich zu versammeln, die die Lehren zuverlässig und unverfälscht weitergeben können.

Verschiedene Methoden werden bereits erprobt und Experimente durchgeführt; sie liefern uns die Informationen darüber, wie wir ohne Zeit- und Energieverlust vorgehen können. Da wir auf alle Veränderungen der Umstände flexibel reagieren, unternehmen wir keinen wichtigen Schritt ohne gründliche Vorbereitung und Planung. So war es immer.

Kaum jemand kann sich heute vorstellen, welche ungeheure Aufgabe auf die Meister zukommt, die als Erste in die Öffentlichkeit zurückkehren und mit den Menschen in enger Partnerschaft zusammenarbeiten. Jahrtausende lang galt ihre Aufmerksamkeit den höheren Lebensebenen und ihre Sorge vornehmlich den Bereichen des Bewusstseins. Doch jetzt müssen sie ihren Blick dem Alltagsleben zuwenden und eine Rolle übernehmen, der sie längst entwachsen waren. Dennoch kann sie nichts entmutigen oder ihr Engagement für diese Arbeit mindern; die Menschen können sicher sein, dass sie ihre Aufgabe von ganzem Herzen begrüßen und auf sich nehmen. Die Aufgabe besteht darin, die Menschen auf dem sicheren Weg, den sie selbst eingeschlagen haben, zum Gipfel des Berges zu führen und damit ihren Einsatz zu besiegeln.

Bald wird die erste Gruppe der Meister bekannt und ihre Namen den Jüngern in der Welt vertraut sein. Mit wachsender Zuversicht wird die Menschheit bei ihnen Rat suchen und sich ihrer Führung anvertrauen. So werden sie mithilfe der Menschen und durch sie große Veränderungen herbeiführen. Mit ihrer Inspiration wird man eine neue Ordnung schaffen, in der das Wissen und das Verständnis der Menschen bis zu den Sternen und darüber hinaus reichen wird und sie ihr Ziel allein im Unendlichen erblicken werden. So wird es sein.

November 1989

Sein Name ist Liebe

Immer deutlicher lässt sich erkennen, dass die Veränderungen in der Welt, die sich jetzt vor aller Augen abspielen, miteinander zusammenhängen und in Wechselwirkung stehen; das legt den richtigen Schluss nahe, dass sie eine gemeinsame Ursache haben.

Jeden Tag hört man von irgendeinem Ereignis, das auf die beginnende globale Umgestaltung hinweist, sei es im Bereich der Politik, Ökologie und Wissenschaft oder auf sozialem Gebiet. Noch nie in unserer Geschichte hat sich ein Wandel derart rasant vollzogen. Noch nie hat sich der Mensch bisher darüber Gedanken gemacht, welchen tieferen Sinn und welche Möglichkeiten solch ein weltweiter Wandel haben könnte.

Alles vollzieht sich nach Plan, und allmählich fangen die Menschen an zu begreifen, dass es einen Plan gibt, dass daher nichts zufällig geschieht, sondern dass dieser Plan sich unter Aufsicht und absichtsvoll entwickelt. Die Veränderungen sind so gewaltig, so weit verbreitet, so plötzlich und unerwartet, dass heute nur mehr wenige daran zweifeln können, dass eine unsichtbare Hand diese äußeren Veränderungen initiiert und lenkt.

Vielen fällt es allerdings schwer, zu akzeptieren, dass es die Hand des Christus ist. Das ist auch nicht anders zu erwarten, da der enge Horizont traditioneller Gläubigkeit sehr prägend ist. Aber es ist tatsächlich der Christus, der diese Veränderungen orchestriert, indem er den Menschen in unterschiedlicher Gestalt erscheint. Viele schaffen heute unter seiner Inspiration und Anleitung bereits die neuen Formen, in denen sich neues Leben entfalten kann. Andere wiederum hören seinen Ruf, ohne es zu wissen, und reagieren darauf, indem sie alles tun, um ihren Brüdern zu helfen. Es gibt bereits viele Menschen, die sich an seinen Werten orientieren; in jedem Land erheben sie sich und rufen nach Gerechtigkeit und Freiheit.

Die Energien des Christus haben in der Welt ein neues Klima der Hoffnung geschaffen. Unermüdlich arbeitet er daran, damit dieser Wandel zustande kommt und das Vertrauen im Herzen der Menschen zunimmt.

Sobald die Menschen den Christus in Person sehen, werden sie sehr schnell eine neue Einstellung zum Leben und seinen Problemen gewinnen. Sie werden begreifen, dass der Mensch sich seine Schwierigkeiten selbst schafft, dass sie ihm selbst und nicht einem lieblosen Gott oder sinnlosen Zufällen zuzuschreiben sind.

Ein neues Verantwortungsbewusstsein wird in den Menschen den Impuls wecken, zum größeren Wohle aller zu handeln. Kooperation, Fürsorglichkeit und gegenseitiges Vertrauen werden die gegenwärtige Ichbezogenheit bald ablösen und in der Evolution der Menschheit eine neue Phase einleiten.

Das neue Bewusstsein breitet sich unaufhaltsam aus. Wer genauer hinschaut, kann schon erkennen, dass die Menschheit erwachsen wird, ihre Situation erkennt und sich auf Wandel einstellt.

Nichts kann diesen Umschwung mehr aufhalten, wenn die Menschen sich unter Maitreyas Inspiration als Einheit erfahren. Ihr Abgrenzungsbedürfnis wird sich mit der Zeit legen, wenn sie die wirklich drängenden Aufgaben des Wiederaufbaus und der Hilfeleistung gemeinsam in Angriff nehmen. Der Tag, an dem alle den Christus sehen werden, rückt näher. Unter welchem Namen sie ihn erwarten, spielt keine Rolle; sein Name ist Liebe und als solcher hat er sich allen wahren Menschen tief im Herzen eingeprägt.

Dezember 1989

Schicksalstag

Der Wandel, der sich jetzt so rasch vollzieht, weist immer deutlicher darauf hin, dass das Schicksal der Welt von irgendeiner Kraft (oder von Kräften) gesteuert sein muss. Nur wenige glauben noch, dass die epochalen Umgestaltungen, der plötzliche Drang nach Freiheit und Mitbestimmung, wie wir ihn weltweit erleben, auf bloßem Zufall beruhen und keine tieferen Ursachen haben. Nur wenige bestreiten noch, dass allein schon das Tempo dieses gewaltigen Wandels einen anderen Schluss nahe legt und darauf hindeutet, dass Millionen Menschen allmählich erkennen, dass ihr Schicksalstag angebrochen ist, und dass von nun an die Macht beim Volk liegt und zu seinem Wohl ausgeübt werden muss.

Man kann heute allgemein eine neue Sensibilität für Energien feststellen, wobei es sich um neue und starke, wissenschaftlich gelenkte Energien handelt, in denen der Ursprung der äußeren Geschehnisse zu suchen ist. Jeder Veränderung geht immer und überall ein energetischer Stimulus voraus.

Woher stammen diese Energien, wer lenkt sie? Wer die Weisheitslehren studiert, weiß, dass hinter allen äußeren Ereignissen die Geistige Hierarchie der Meister unter der Leitung des Christus steht.

Diese Meister sind es, die in ihrer Weisheit die Geschicke der Welt lenken und die Energien und Kräfte steuern, auf die jeder Wandel zurückzuführen ist. Ihre Aufgabe ist es, die derzeit sich zuspitzende Weltlage genau zu beobachten und dafür zu sorgen, dass aus dem Chaos Harmonie und Gleichgewicht entstehen.

Über die Meister und ihre Arbeit wurde schon viel geschrieben, doch sehr vieles harrt noch der Aufklärung. Nicht alles, was geschrieben und gelehrt wurde, trägt das Gütesiegel der Wahrheit. Dennoch gibt es heute bereits sehr viele Menschen, die von der Existenz der Meister wissen, ihre Göttlichkeit anerkennen und von ihnen Führung und Beistand erwarten. Sie erbitten ihre Inspiration und schätzen ihren Rat.

Die Zeit rückt immer näher, wo die Meister persönlich in Erscheinung treten, die Wolke von Aberglauben und Zweifel zerstreuen und sich als normale, wenn auch göttliche und vollendete Menschen offenbaren werden.

Die Welt wartet auf den Christus, und bald werden die Hoffnungen zahlloser Menschen in Erfüllung gehen. Seine Mission hat schon begonnen; die immer schneller vor sich gehenden Veränderungen bezeugen seine Gegenwart. Die Zeichen sind für alle sichtbar, nicht nur für den genauen Beobachter, sondern auch für jene, die erst einen Donnerschlag hören müssen, bevor sie merken, dass ein Sturm aufkommt.

Bald werden die letzten Vorbereitungen für seine Ankunft getroffen sein, sodass man dann die äußeren Ereignisse abwarten kann, die seiner offiziellen Erklärung vorausgehen müssen. Würdenträger in aller Welt erwarten seinen Ruf, um dann offen zu bekennen, dass sie seinen Segen erfahren haben. Viele, die ihn bereits kennen, halten sich bereit, ihre Stimme zu erheben. Vertreter aller Nationen und Völker werden an die Öffentlichkeit treten und begeistert in den Chor der Lobgesänge einstimmen.

Maitreyas Aufgabe hat gerade erst begonnen, und schon jetzt befreien sich die Nationen aus dem Würgegriff der Vergangenheit. Wie wird es erst sein, wenn er für alle sichtbar vor der Welt steht und mit seiner Lehre und seinem Rat die Herzen und Gedanken aller beflügeln wird?

Januar/Februar 1990

An der Schwelle der Wiedergeburt

Immer deutlicher lässt sich erkennen, dass die Menschen eine neue Richtung eingeschlagen haben. Bis vor Kurzem noch sah es so aus, als steuerten sie auf selbstmörderischem Kurs direkt auf den verhängnisvollen Sprung in den Abgrund zu, der den Verbleib des Menschen auf diesem Planeten für immer beendet hätte.

Diese Gefahr ist nun vorüber. Die Völker müssen nicht mehr den Himmel nach feindlichen Raketen absuchen. Die Meere müssen nicht mehr als Versteck für kriegerische Unterseeboote dienen. Für immer vorbei – wüsste der Mensch es bloß – ist die Gefahr einer Massenvernichtung, der Ausrottung des ganzen Menschengeschlechts. Allerdings gibt es große und schwierige Probleme, die noch zu bewältigen sind, und noch immer leben die Menschen in der gewohnten Angst; doch allmählich kommen wieder Optimismus und Vertrauen auf und kündigen eine neue Epoche in der Geschichte des Menschen an.

Aber für viele hat sich wenig verändert. Verdammt zu Armut und Krankheit, Hunger, Unterdrückung und Elend, gehen die dramatischen Ereignisse einer sich wandelnden Welt spurlos an ihnen vorüber. Die Probleme des täglichen Überlebenskampfes sind für sie viel zu groß, als dass sie Interesse an globalen Fragen haben könnten. Jeder Tag bringt ihnen wieder nur Leid und Erschöpfung, Krankheit und Tod. So verbringen Millionen ihre Tage, nichts ahnend von den Veränderungen, die bereits weite Teile der Welt erfasst haben.

Doch so wird es nicht lange bleiben. Bald werden die neuen Energien auch die Herzen und Gedanken all jener erreichen, die bisher für ihre elektrisierende Wirkung unempfänglich waren, und aus ihrer Mitte wird sich der Ruf nach Taten erheben, die ihr Los erleichtern können. So wird es sein. So werden die Armen und Besitzlosen ihre Forderungen nach Gerechtigkeit, Menschenwürde und Freiheit geltend machen. Zu lange sind sie stumm geblieben. Zu lange haben die reichen Nationen weggeschaut. Jetzt endlich wird ihr Hilferuf gehört, ihre Not erkannt und überwunden werden.

Bald werden die Menschen die Gründe für die täglich vor sich gehenden Veränderungen begreifen. Sie werden erkennen, dass nichts zufällig geschieht, dass große Naturgesetze das Leben der Menschen bestimmen, dass nicht Gott, sondern die Gedanken und Taten von Menschen für das, was sie erleben, verantwortlich sind, und dass sie die Zügel mehr und mehr selbst in die Hand nehmen können. Niemand, keine Klasse, ist „zum Herrschen geboren". Nur wenn die Bedürfnisse und Rechte aller in gerechter Weise berücksichtigt werden, wird Harmonie herrschen.

Vieles, sehr vieles ist noch zu tun, und die Menschen spüren das bereits. Die neue Energie weckt in unzähligen Herzen wieder Hoffnung und Mut und bietet die Gewähr dafür, dass Strukturen gebildet und Verfassungen in Kraft treten werden, die die höchsten Ideale des Menschen verkörpern.

Hinter den Kulissen der Weltbühne wartet der Christus auf seinen Auftritt. Seine Energien sind bereits am Werk, sie bewirken tief greifende Umgestaltungen und schaffen ein Gleichgewicht, das sich alle Menschen ersehnen. Viele fühlen bereits seine Gegenwart, ob sie seinen Namen kennen oder nicht. Sie fühlen, wie neues Leben, neue Hoffnung einströmen, als sie schon fast aufgegeben hatten. Sie spüren auch ihre wachsende Kraft und Fähigkeit, ihre Zukunft selbst zu gestalten. Sobald sie ihn sehen und sprechen hören, wird nichts mehr das Crescendo des Wandels aufhalten können, der einsetzen wird, wenn der Christus den tiefsten Wünschen und Bedürfnissen der Menschen seine Stimme leiht. Erwartungsvoll steht die Welt an der Schwelle ihrer Wiedergeburt.

März 1990

Sie werden nicht enttäuscht sein

Mit jedem Tag werden sich mehr und mehr Menschen bewusst, dass ihnen und der ganzen Welt etwas neues, ganz Ungewöhnliches widerfährt. Sie spüren, dass sich Ereignisse ankündigen, die ihre Zukunft verändern und sie ins Ungewisse tragen werden. Dieses Vorgefühl erschreckt und begeistert zugleich. Sie spüren mit wachsendem Vertrauen, dass die Menschheit nicht verloren ist, sondern wider Erwarten und unerklärlicherweise das existenzbedrohende Feuer überstanden hat.

Sie spüren auch, wie in ihnen die Kraft wächst, ihr eigenes Leben zu verändern und ihr Schicksal in die Hand zu nehmen. Damit ist für immer die Zeit vorbei, wo Regierungen gegen den Willen des Volkes Macht ausüben und einer passiven Bevölkerung ihre unliebsamen Doktrinen aufzwingen konnten. Die Tage der Alleinherrscher sind gezählt, und einer nach dem anderen verlässt den Schauplatz seiner unrühmlichen Herrschaft. Die neuen Zeiten sind die Zeiten des Volkes, und aus diesen Reihen werden die neuen Wortführer kommen.

Hinter den Kulissen wartet der Christus. Schweigend, geduldig und unermüdlich schafft er die Voraussetzungen für seinen Auftritt vor den Augen der Menschen. Alles ist nun vorbereitet, nur die letzten Handgriffe bleiben ihm noch zu tun. Bald wird die Welt wissen, dass der Lehrer da ist, dass der Menschensohn zurückgekehrt ist, dass der Stellvertreter des Allerhöchsten sich wieder persönlich in den Dienst der Menschheit gestellt hat.

Sein Ruf wird um die Welt gehen und in den Menschen die besten Eigenschaften wecken, wenn sie darin ihren tiefen Wunsch nach Gerechtigkeit, Freiheit und Liebe wiedererkennen, sodass die Stimmen, die deren Durchsetzung verlangen, in jedem Land immer eindringlicher werden. So wird es sein. So wird er den Willen aller in den Brennpunkt rücken und Sprachrohr für Myriaden hoffnungsvoller Seelen sein.

Doch nicht nur seine Stimme wird man hören. In jedem Land der Welt warten Gruppen auf die Gelegenheit, das Wort zu ergreifen. Darauf vorbereitet und dafür geschult, halten sie sich auf Abruf bereit. Sie wissen, was diese Zeit erfordert und wie die Probleme, die heute die Menschheit bedrängen, zu lösen sind. Diese Schwierigkeiten werden eine nach der anderen bewältigt werden, und so kann ein neues Kapitel der menschlichen Evolution beginnen. Nicht mehr lange, und die Weisen werden vortreten und sich der Welt zur Verfügung stellen. Ihre Selbstlosigkeit wird sie den Völkern empfehlen und ihr Urteil das Vertrauen aller gewinnen.

Schöpft also aus all dem Mut und erkennt, dass neue und bessere Zeiten bevorstehen. Fasst euch ein Herz und seid gewiss, dass nichts mehr die Dynamik der Umwälzungen aufhalten kann, die jetzt die Welt erfasst hat.

Früher nahmen die Menschen in passiver Ergebenheit in ihr Schicksal alles hin. Heute beseelt ein neues Bewusstsein Herz und Verstand der Menschen und weckt in ihnen das angeborene Bedürfnis nach Gerechtigkeit und Freiheit. Sie werden nicht enttäuscht werden.

April 1990

Die Stunde hat geschlagen

Es vergeht kein Monat, ohne dass man von Neuem an die unwiderlegbare Tatsache erinnert wird, dass sich auf dem Planeten Erde etwas Außergewöhnliches abspielt, etwas Beispielloses in der Geschichte. Die Welt befindet sich heute auf einer „Achterbahn" des Wandels. Die Ereignisse überschlagen sich mit einer Geschwindigkeit, dass selbst dem erfahrensten Beobachter weder Zeit noch Gelegenheit bleibt, Bestandsaufnahme zu machen. Staunen, Verwirrung und Verwunderung sind normale, natürliche Reaktionen auf Umgestaltungen, wie wir sie heute haben.

Bei sehr schnellen Veränderungen reagiert der Mensch gewöhnlich mit Angst. Daher ist angesichts des Verfalls der altgewohnten, wenn auch eng gewordenen Grenzen kaum zu erwarten, dass sich der Mensch der Angst entziehen kann. Das Vertraute, sei es noch so beschwerlich, zieht man oft dem Neuen, dem Unerprobten vor.

Und dennoch spüren heute viele eine insgeheime Freude in sich aufsteigen, ein Vorgefühl kommender Wonnen und neuer Zuversicht, dass alles sich zum Guten wenden wird und die Zukunft für alle ein neues, besseres Leben bereithält.

Dass diese Hoffnung sich erfüllen wird, daran besteht kein Zweifel. Trotz all dem Chaos heute, trotz Leid und Qualen von Millionen zeichnet sich in der Welt schon deutlich die Tendenz ab, dass man die gegenseitige Abhängigkeit entdeckt, dass man Verantwortung für das gemeinsame Wohl übernehmen und entschlossen alles tun will, um dieses Ziel zu erreichen.

Wir von der „inneren Regierung" beobachten diese Entwicklung aus dem Hintergrund mit wachsender Befriedigung, denn dadurch findet der Mensch allmählich zu richtigem Handeln und wirklicher Übereinstimmung mit Gottes Plan. Wir wissen, dass viel zu tun bleibt. Wir wissen aber auch, dass es in der Welt eine Schar hervorragender Arbeiter gibt, deren Aufgabe es sein wird, den Weg in die neue Ordnung zu weisen. Mit dem für die Situation nötigen Geschick und Wissen ausgerüstet, werden diese Vorreiter völlig selbstlos und glücklich im Wunsch zu dienen das neue Territorium abstecken und die Pioniere auf Schritt und Tritt begleiten.

Rom, sagt man, wurde nicht an einem Tag erbaut; genauso wird das Neue Jerusalem nicht über Nacht entstehen. Immerhin, die ersten Schritte sind getan. Die neue Richtung wird immer klarer, und unzählige Männer und Frauen stehen für den Neuaufbau bereit.

In Kürze wird Maitreya persönlich das Tor zur neuen Zeit öffnen. Für jedermann sichtbar wird er antreten und sich auf sein rechtmäßiges Amt als Lehrer für dieses Zeitalter berufen und der Welt demonstrieren, dass er das Recht hat, den Weg zu weisen.

Dass er genau weiß, welch ungeheure Aufgabe vor ihm liegt, steht außer Frage. Nie zuvor hat sich ein Lehrer der Probleme der gesamten Menschheit auf einmal angenommen. Nur er allein ist dieser Mission gewachsen; von allen, die je diese Erde beehrt haben, ist keiner besser dafür gerüstet als er.

Zudem kommt er nicht allein. Auch seine Gruppe der Meister ist auf dem Weg. Viele wohnen inzwischen unter den Menschen – unerkannt noch, doch bereit, sich zu zeigen.

Bald wird die Welt sie erkennen und begrüßen und für die Neuordnung der Welt ihre Weisheit und Liebe erbitten. Die Stunde hat geschlagen.

Mai 1990

Schwarze und weiße Magie

Vor einigen Jahren deutete ich in diesen Artikeln an, dass es bald wunderbare neue Technologien geben wird, die die Lebensqualität aller Menschen steigern werden. Zu diesen Fortschritten, schrieb ich, werden auch viele neue Heilmethoden sowie die Ausrottung von Krankheiten gehören. Jetzt, wo das Ende des Jahrhunderts näher rückt, können wir die ersten Ansätze einer neuer Technologie sehen, die mit ihren vielfältigen Anwendungsmöglichkeiten die Lebensbedingungen auf der Erde revolutionieren wird.

Den Anfang hat man mit der sogenannten Gentechnik gemacht, deren Ergebnisse manche Menschen allerdings für erschreckend halten. Doch viele der jetzt durchgeführten Experimente liegen auf der richtigen Linie und lassen für die Zukunft Gutes erwarten. Vieles davon trägt bereits zum Wohl und Glück der Menschen bei und bereichert ihr Leben. Aber nicht alles, was in diesem Rahmen gemacht wird, darf man als harmlos betrachten, nicht alles geschieht wirklich zum Wohl der Menschheit. Viele geheime Versuche werden hinter verschlossenen Türen durchgeführt und tragen nicht im Geringsten zum besseren Verständnis der Natur oder der Lebensgesetze bei. Die Erforschung des Prozesses, in dem Leben Gestalt annimmt, erfordert größte Sorgfalt. Wenn man sich zu stark auf die stoffliche Form und die Mittel zu ihrer Manipulation konzentriert, kann das katastrophale Folgen haben. Vieles, was heute geschieht, gehört deshalb in den Bereich, den man schwarze Magie nennt.

Im Allgemeinen stellt man sich unter schwarzer Magie Rituale und Zeremonien vor, mit denen man sich dem Teufel und seinem ruchlosen Treiben verschreibt. Zwar werden viele derartige Rituale tatsächlich praktiziert, und sie sind auch viel weiter verbreitet, als den meisten wahrscheinlich bewusst ist, doch aus der Sicht der Meister ist die wirklich schwarze Magie falsch angewandte Magie, da sie sich ausschließlich auf die Manipulation der Materie beschränkt. Hier trennen sich die Wege der Weißen Loge von jenen, die sich der Form verschreiben.

Für den Meister besteht Magie aus der Organisation all jener Aspekte, die der Förderung des Bewusstseins und damit der Evolution dienen. Für einen Meister ist die Form nur ein Mittel, mit dessen Hilfe sich das Leben manifestieren kann; sie ist weder ein Prinzip an sich noch von großer Bedeutung. Daher beobachten sie mit Sorge, dass bei den jetzt weltweit in Krankenhäusern und Labors durchgeführten Experimenten eine rein materialistische Lebensauffassung tonangebend ist.

Die Individualität des Menschen ist unantastbar, und jede Vervollkommnung unterliegt den Gesetzen der Evolution und des Karmas. Kein Mensch gleicht dem anderen, das kann es nie geben; doch bald wird man Beweise vorbringen, dass der „perfekte" Mensch durch Genmanipulation machbar sei.

Hier allerdings wird Missbrauch mit den göttlichen Kräften des Menschen getrieben. Wenn man den Menschen wie eine Pflanze oder Getreidesorte behandelt, deren Perfektionierung technisch manipuliert werden kann, ignoriert man die dem Menschen angeborene Göttlichkeit und die geistige Basis des Lebens. Es ist bedauerlich, dass das neue lebensfördernde Wissen schon in seinen Anfängen korrumpiert wird – nicht unbedingt aus finanziellen Interessen, sondern infolge einer irrigen Vorstellung vom Sinn und Zweck des Lebens.

Sehr bald müssen Maßnahmen ergriffen werden, um den Fortschritt dieser materialistisch orientierten Naturwissenschaft zu bremsen und besser überwachen zu können, in welche Richtungen sich ehrgeizige Denker bewegen, und um künftigen Generationen eine Wissenschaft zu erhalten, die auf Leben und nicht allein auf Form gegründet ist.

Juni 1990

Eine Zeit zum Dienen

Seit vielen Jahren hat Maitreya sich bemüht, führende Persönlichkeiten in der Welt zu Entscheidungen zu bewegen, die künftige Weltkonflikte nicht nur unmöglich, sondern unvorstellbar werden lassen. Langsam aber sicher haben sich die Mächtigen zu Kompromisslösungen durchgerungen, die für die Zukunft der Menschheit Gutes erwarten lassen. Im Hintergrund, für die Öffentlichkeit nicht sichtbar, bahnt sich schon vieles an, was in Zukunft den Frieden in der Welt sichern und damit endlich die Sehnsucht aller Völker erfüllen wird.

Mit neuem Vertrauen können die Menschen jetzt die Aufgabe der politischen, wirtschaftlichen und sozialen Umgestaltung in Angriff nehmen, die für viele Jahre ihre besten Köpfe und Kräfte beanspruchen wird. Allzu lange hatten sie unter ständiger Kriegsgefahr zu leiden. Viel zu lange hat diese Bedrohung die Energien und finanziellen Mittel von großen wie kleinen Nationen fehlgeleitet. Jetzt können die Völker endlich wieder mit Hoffnung in die Zukunft schauen und zuversichtlich sein, dass alles sich zum Guten wendet und dass nie wieder die Blüte der Jugend sinnlos geopfert wird.

Maitreya hat gesagt, dass jeder wichtig ist, dass keiner zu jung oder zu schwach zum Dienst an der Welt ist. Wenn man das weiß, gibt es nur einen Weg, es ist der Weg, der über Dienst zu Gott führt. In der kommenden Zeit werden viele entdecken, dass dies der kürzeste Weg zu ihrer Quelle und auch der Sinn und Zweck ihrer Inkarnation ist.

Maitreya erwartet, dass sich alle an der Umgestaltung der Welt beteiligen, denn „nichts geschieht von selbst, der Mensch muss handeln und seinen Willen in die Tat umsetzen." Von der Bedrohung und Last des Krieges befreit, sollten jene, die bereit sind, der Welt zu dienen, jetzt antreten und gegen Unrecht, Armut und Leid kämpfen.

Rückblickend bietet die Geschichte immer das Bild folgerichtiger Veränderungen. Alles erscheint einem als unvermeidliche, allmähliche Entwicklung, von unsichtbarer Hand gelenkt. Doch in Wirklichkeit sind die Veränderungen häufig so schnell und plötzlich eingetreten, dass sie die Anpassungsfähigkeit des Menschen in Frage gestellt haben. Heute, in dieser bedeutsamen Phase ihrer langen Geschichte, erleben die Menschen nun ebenso plötzliche wie radikale Veränderungen, deren große Tragweite elektrisierend ist und Großes verspricht. Wie nie zuvor ist für jeden jetzt die Zeit gekommen, die Chance zum Dienst an der Welt auf seine Weise zu nutzen, um die Richtung des Wandels mit zu beeinflussen und die Entwicklung einer gerechten und stabilen Welt zu fördern.

Maitreya zeigt die Richtung, er weist den Weg, aber die Menschen müssen selbst ihre Zukunft planen und die Fundamente legen, auf denen sie in ihrer ganzen Schönheit erstehen kann. Wir, die Älteren Brüder, sind bereit, bei der Vorbereitung dieser Grundlagen zu assistieren und dafür zu sorgen, dass die Bedürfnisse aller erkannt und akzeptiert werden, damit das Gesetz der Brüderlichkeit allen Plänen zugrunde liegt.

Wenn wir öffentlich am Leben der Menschen teilnehmen, wird unsere Aufgabe eine zweifache sein: Wir wollen dazu inspirieren, dass die Veränderungen, die eine weitere Entfaltung des göttlichen Willens gewährleisten sollen, bereitwillig angenommen werden, und dass wir die Menschen zu den praktischen Schritten anleiten, durch die Gottes Plan Wirklichkeit werden kann. Wir sind hier, um zu dienen und, wenn ihr wollt, die Welt mit euch gemeinsam zu transformieren.

Juli/August 1990

Leben in Fülle

Von Zeit zu Zeit wird für viele ersichtlich, dass die Menschheit in eine historische Krise geraten ist. In solch einer Zeit befinden wir uns jetzt. Seit Menschengedenken wurde dies selten so deutlich wie heute. Die Zeichen des Umbruchs mehren sich und erzeugen eine Atmosphäre der Erwartung, eine ungeheure Spannung, die fast physisch greifbar ist. Überall tauchen neue Ideen auf, werden neue Modelle entworfen und andere, gesündere Lebensformen propagiert. All das lässt darauf schließen, dass der Mensch nun zu einem großen Schritt nach vorn bereit ist, weil seine Erkenntnisfähigkeit zugenommen hat. Der Mensch gewinnt täglich an Format.

Obgleich aller Anschein dagegen spricht und so viel Unerfreuliches und Grausames geschieht, schimmert allmählich doch die innere Göttlichkeit des Menschen durch und erfreut das Herz derer unter uns, die auf der inneren Seite des Lebens tätig sind.

Bald werden die Menschen sehen, dass eine andere Zeit anbricht, eine neue Epoche beginnt und ein entscheidender Bewusstseinswandel stattfindet.

Vieles deutet schon darauf hin, viele Zeichen bieten schon die Gewähr, dass der Mensch jetzt unmittelbar vor einem großen Abenteuer steht, das ihn zu Gottes Füßen bringen wird. Wenn die Menschen die Bedeutung dieser Zeit erfassen, werden sie Gott für die gebotene Chance und für seine Güte und Gnade danken, die er ihnen damit jetzt erweist. So wird es sein. Und so werden die Menschen erfahren, welche Rolle ihnen zugedacht ist in dem großen Plan, der bisher nur in der Gedankenwelt des alles überschauenden Logos bestand.

Sie werden auch erkennen, welche Verantwortung sie für die Umsetzung dieses Plans haben, und ihren ganzen Willen für seine Ausführung einsetzen. Sie werden erkennen, dass sie unsterbliche Wesen sind, und sich bemühen, eine Zivilisation zu schaffen, in der sich diese Göttlichkeit offenbaren kann.

Die Zeit für das Erscheinen der Meister, der Älteren Brüder des Menschengeschlechts, ist gekommen. Lange haben wir sehr zurückgezogen gelebt und auf den Tag unserer Rückkehr gewartet. Bald wird die Welt wissen, dass es uns gibt, dass wir alles wohlmeinend überwachen und damit das Überleben wie die Evolution der Menschheit sichern. Bald wird man unserem Rat folgen und aus unseren Erfahrungen Nutzen ziehen. Wir haben viel zu geben und werden mit Freuden unser Wissen einbringen und Beistand leisten. Wir werden den Menschen den Weg zu Gott zeigen, diesen uns wohlbekannten Pfad, und sie auf Schritt und Tritt begleiten. Wir werden sie zur Entwicklung einer neuen Kultur inspirieren, die den Menschen die Gaben Gottes bringen wird. So werden wir beim Aufbau einer neuen Zivilisation zusammenarbeiten. Und so werden wir gemeinsam dem Plan des Schöpfers dienen.

Die Menschen warten auf eine neue Manifestation des Göttlichen. Und das Göttliche wartet auf eine Einladung seitens der Menschen, unter ihnen zu erscheinen. Daher befinden sich die Menschen jetzt vor einem Neubeginn, einem neuen Erwachen; sie sind nun bereit, das Geschenk des Lebens in seiner ganzen Fülle aus dem Urquell allen Lebens anzunehmen.

September 1990

Fundamentalismus im Rückgang

Immer dann, wenn Menschen das Gefühl haben, dass ihnen ein gewaltiger Umbruch bevorsteht, neigen sie dazu, sich abzuschotten, sich auf ihre Traditionen zu besinnen und altvertraute Bindungen wieder aufzunehmen und zu festigen. Das ist auch heute so, denn auf jedem Gebiet, sei es Religion, Politik oder Ökonomie, spüren Menschen den Einfluss von Energien, die ihre bisherigen Ansichten und Vorurteile in Frage stellen und ihre lieb gewonnene Lebensweise bedrohen. Der Fundamentalismus hat auf all den drei genannten Gebieten den Höhepunkt seiner Macht erreicht, und daher wird sein Einfluss von nun an schwinden.

Das zeigt sich bereits an der Machteinbuße der kommunistischen Ideologie, besonders in Osteuropa und der UdSSR, an der allmählichen, weltweiten Erosion der klassischen kapitalistischen Theorie und Praxis sowie auf religiösem Gebiet an dem Autoritäts- und Prestigeverlust der römisch-katholischen Kirche wie auch protestantischer Zweige der Christenheit. Nur evangelikale Kirchen im Westen und einige Zweige des Islam im Osten besitzen für die breite Masse noch eine starke Anziehungskraft.

Diese Entwicklung in der Welt ist sehr zu begrüßen, denn sie ist ein sicheres Zeichen dafür, dass die dogmatische Denkweise der Vergangenheit allmählich nachlässt und eine Zeit mit neuen Formen anbricht.

Für eine gewisse Zeit noch wird der militante Fundamentalismus, besonders im Nahen Osten, die Entscheidungen der Regierungen beeinflussen. Doch allmählich wird sich eine eher pragmatische Form der Problembewältigung durchsetzen und der Einfluss der Mullahs zurückgehen.

Die Menschen werden Reformen fordern, die die Autorität des religiösen Kanons unaufhaltsam untergraben und die Macht des Klerus schwächen werden. Noch ist die Zeit dafür nicht reif, aber lange kann es nicht mehr dauern.

Dann werden wir miterleben, wie in jenen Ländern, die bislang noch in dogmatischen, zumeist realitätsfernen Ideologien befangen sind, der gesunde Menschenverstand erwacht und eine pragmatische und objektive Einstellung das Handeln bestimmt. Ein neuer Geist der Kompromissbereitschaft, der Unternehmungslust und des guten Willens wird die isolationistischen Tendenzen der Vergangenheit überwinden, und in den Annalen dieser alten Völker und Kulturen wird ein neues Kapitel beginnen.

Zurzeit scheint es, als wären ganze Nationen der Verblendung des „heiligen Krieges" erlegen, und viele Fraktionen befürworten und unterstützen solche Ideen. Doch die besonnenen Köpfe sind nicht ohne Rückhalt; die Realitäten einer modernen Welt mit ihren Wechselbeziehungen werden der Vernunft zum Durchbruch verhelfen und schließlich zum allgemeinen Frieden führen – ein Frieden in Würde für alle beteiligten Völker.

Oktober 1990

Handeln ist eine Notwendigkeit

Schon oft habe ich darüber gesprochen, dass es notwendig ist zu handeln, damit die Ideen der Menschen und ihr Traum von einem besseren Leben für alle Wirklichkeit werden. Wie Maitreya sagte: „Nichts geschieht von selbst; der Mensch muss handeln und seinen Willen in die Tat umsetzen."* Betrachten wir nun einmal die Probleme, die unsere größte Aufmerksamkeit erfordern, unter diesem Aspekt und versuchen wir, die Lösungsmöglichkeiten näher zu beleuchten.

Das wichtigste Problem, das wir zu lösen haben, ist die Herstellung eines gerechten und dauerhaften Friedens. Ohne Frieden kann es heutzutage für die Menschheit keine Zukunft geben. Zwar streben die Staaten dieses Ziel bereits langsam an, aber es müssen erst gewisse Grundvoraussetzungen erfüllt sein, bevor wirklicher Frieden gewährleistet ist.

Wahrer Frieden hängt vor allem von Vertrauen ab, das nur dann entstehen kann, wenn das Gesetz der Gerechtigkeit befolgt wird. Die große, national und international wachsende Kluft zwischen dem Lebensstil der Reichen und dem der Armen ist heute das größte Hindernis für den Frieden. Divergierende Ideologien tragen noch ihr Teil zur Spaltung bei, allerdings wird dieser Faktor bereits schwächer. Weitaus schwerwiegender sind die tief sitzende Selbstgefälligkeit und die Habgier der Industrienationen.

Frieden beruht auf Gleichgewicht, und dessen Fehlen bürgt für Konflikte und Kriege. Voraussetzung für ein Gleichgewicht ist die Anerkennung der Tatsache, dass alle Völker und Staaten voneinander abhängen und dass die Bedürfnisse aller befriedigt werden können, wenn gerecht geteilt wird. Solange das nicht erkannt wird und *zu entsprechendem Handeln führt,* wird die Welt instabil bleiben. Solange die halbe Welt Hunger leidet und jährlich Millionen verhungern, bleibt wahrer Frieden nur ein Traum.

Die gegenwärtige Krise im Nahen Osten hat den Industriegiganten vor Augen geführt, welch ein Wahnsinn es ist, an junge Nationen Waffen zu verkaufen. Der Irak ist nur eines von vielen Ländern, dessen Ehrgeiz durch solch zynische Geschäfte genährt wurde. Man darf nicht zulassen, dass sich die Firmen im Westen mithilfe der Aufrechterhaltung tyrannischer und reaktionärer Regime rund um die Welt bereichern können.

Die Ereignisse am Persischen Golf haben nun endlich die Notwendigkeit einer ganzheitlichen Lösung der Konflikte in dieser Region in den Brennpunkt gerückt. Eine Lösung in der gegenwärtigen Situation ist nicht möglich ohne eine arabisch-israelische Übereinkunft, die Beilegung der erbitterten Feindschaft, die seit der Gründung des Staates Israel gärt. Das palästinensische Volk muss und wird sein eigenes Land bekommen. Nichts anderes wird diesen so lange leidgeprüften Menschen gerecht werden können, und nichts anderes kann die immer wiederkehrenden Krisen beenden, die ständige Spannungen bedeuten und schon seit Langem den Weltfrieden bedrohen.

Die Ereignisse überstürzen sich. Wenn die Verantwortlichen diese zurzeit günstige Chance mit Weisheit und Umsicht nutzen und nicht ihre militärische Karte ausspielen, dann könnte die Welt es erleben, dass das Ende der Feindseligkeiten und des Krieges ebenso in Sichtweite ist wie eine gerechte Umverteilung der Ressourcen und neue, gesündere Beziehungen zwischen den Staaten.

Dafür hat Maitreya lange und hart gearbeitet; er hat die führenden Protagonisten in den unterschiedlichen Krisensituationen beraten, und versucht, ihnen seine Einsicht und seinen Weitblick zu vermitteln. Ihre Reaktion auf seine Bemühungen macht es ihm möglich, entsprechend früher vor die Weltöffentlichkeit zu treten.

November 1990

aus: Maitreyas Botschaft 31

Der Traum von der Brüderlichkeit

Bald wird es allen – mit Ausnahme derer, die nicht sehen wollen – klar werden, dass sich in den Beziehungen der Menschen ein tief greifender Wandel vollzogen hat. Aus allen Winkeln dieser Erde tauchen Anzeichen einer außergewöhnlichen Transformation auf, die sich im Denken und Handeln von Menschen und Nationen vollzogen hat. Jede Woche haben wir eine neue Situation, jeden Tag geschieht etwas, was den Wandel beweist. Kann das alles *bloßer Zufall* sein, lässt sich das alles wirklich nur darauf zurückführen?

Wer klarer sehen kann, für den zeichnet sich bei den ständigen Veränderungen ein Muster ab, die Logik eines Ablaufs, der im Einklang mit einem anvisierten Ziel steht, ein allmählicher Umschwung von Spaltung und Konfrontation zu sorgfältiger Analyse und weisem Kompromiss.

Das zunehmende Tempo des Wandels zeigt sich am deutlichsten auf dem Gebiet der Politik, wo jetzt völlig neue Verhältnisse herrschen. Vorbei sind die Tage, als die Menschen vor einem unabwendbaren Inferno zitterten, das die unrühmliche Herrschaft des Menschen beenden würde. Neue Horizonte eröffnen sich, neue Hoffnung und Versöhnung liegen in der Luft, und trotz heutiger Krisen und zeitweiliger Hindernisse scheint die Weiterentwicklung des Menschen nun gesichert. Man ist jetzt bereit einzusehen, dass gemeinsames Handeln notwendig und vorteilhaft ist. Vorsichtig testet man Schritt für Schritt die Möglichkeiten der Kooperation und findet Geschmack daran.

Damit nähern sich die Menschen dem Zeitpunkt, wo sie sich einstimmig zu dem Plan bekennen können, der sie in die Inkarnation bringt und ihnen die Möglichkeit gibt, der Vision ihres Schöpfers in Zeit und Raum zu dienen.

Seit Urzeiten haben Menschen von Brüderlichkeit geträumt. Dieser tiefe, beharrliche Wunsch liegt unzähligen Verirrungen und Gräueltaten der Vergangenheit zugrunde. Trotz aller Rückschläge und entmutigender Erfahrungen haben die Menschen dieses Ideal und die Hoffnung, dass es einmal in Erfüllung geht, nie aufgegeben. Jetzt beginnen sich endlich die ersten schwachen Konturen der nötigen äußeren Formen abzuzeichnen, und die Menschen lassen sich nun auf die nächste Phase des Abenteuers des Lebens ein.

Mit der Inspiration Maitreyas sowie seiner Gruppe von Meistern und unter ihrer Anleitung werden die Menschen immer mehr die Fähigkeit entwickeln, die richtigen Entscheidungen zu treffen und im Sinne des Plans richtig zu handeln. Dadurch wächst ganz natürlich auch das Gefühl der Brüderlichkeit, bis die Menschen erkennen, dass sie nur gemeinsam vorwärts kommen können.

Dem steht nichts als der politische Wille im Wege. Überall sind die Völker zu Veränderungen in ihrer Lebensweise bereit, damit die Zeit der Brüderlichkeit beginnen kann, und warten nur noch auf Maitreyas Rat und Beistand. Dann werden sie selbst für richtige Beziehungen untereinander sorgen und die Rolle der an der Führung der Welt Beteiligten akzeptieren.

In nicht mehr ferner Zukunft wird in den Herzen der Menschen wieder die Hoffnung erwachen, dass der Traum von der Brüderlichkeit doch keine Schimäre, keine vergebliche Sehnsucht, sondern Realität ist, die hier und jetzt Gültigkeit haben muss.

Dezember 1990

Die Dunkelheit vor Tagesanbruch

Die jüngsten Ereignisse im Nahen Osten und in anderen Regionen haben wieder einmal gezeigt, wie unsicher, welch eine zarte und schutzbedürftige Pflanze der Frieden noch ist. Nirgends, so scheint es, hat er wirklich Wurzeln geschlagen, und nirgendwo scheinen die Menschen sein beginnendes Wachstum sorgsam behütet zu haben. Die ermutigenden Aussichten des soeben vergangenen Jahres scheinen jetzt wieder gefährdet zu sein und in Chaos umzuschlagen. Wie ist ein solch dramatischer Umschwung zu erklären?

Wenn Menschen sich in einem derartigen Umbruch befinden, neigen sie dazu, alle Ereignisse als getrennte, zusammenhanglose Vorgänge zu sehen, die, außer Kontrolle geraten, um sich greifen und die eigene Existenz bedrohen. Doch die Wirklichkeit sieht anders aus.

Jede Veränderung kommt durch eine Reaktion auf Energien zustande, und heute muss sich der Mensch mehr denn je gewaltigen, neuen und ungewohnten Kräften, die auf ihn einstürmen, gewachsen zeigen. Dass ihm das einigermaßen gelingt, steht außer Zweifel. Allem Anschein zum Trotz ist der Mensch besser als je zuvor dafür gerüstet, diese Kräfte zu nutzen, doch bisher haben die ungewohnten Impulse ihn eher zu überstürzten oder ungeschickten Handlungen stimuliert, deren Folgen er nicht immer absehen kann. Die neuen Energien sind so mächtig und allgegenwärtig, dass eine Periode langsamer Anpassung zwangsläufig ist.

Wir erleben jetzt, wie weltweit wieder Hoffnung und Freiheitsbestrebungen aufleben und wie gleichzeitig das alte Ordnungssystem die letzten Anstrengungen macht, sich gegen den Lauf der Evolution zu behaupten. Die neue Zeit hat begonnen und lässt sich durch nichts mehr aufhalten, doch wie schnell diese Vorwärtsbewegung sein wird und wie mühelos oder wie schwierig sie vor sich geht, das bestimmt der Mensch selbst.

Neue Kräfte schließen sich zusammen, um einen verhängnisvollen Krieg abzuwenden. Kluge Menschen aus vielen Ländern erheben jetzt ihre Stimmen und fordern Verhandlungen, um diesen Irrsinn zu verhindern. Mit ihrer Hilfe lenkt Maitreya hinter den Kulissen die Vorgehensweise der Menschen; und mit seiner Inspiration werden die Nationen vom Rand des Abgrunds zurücktreten. So wird es sein. Und so werden die Menschen allmählich begreifen, dass Frieden heilig, Gerechtigkeit notwendig und Rechtsstaatlichkeit etwas Wunderbares ist.

Mit jedem Tag, der vorübergeht, rückt der Deklarationstag näher, an dem sich Maitreya der Welt zeigen wird. An diesem herrlichen Tag wird die von allen gemeinsam erlebte Freude das gegenwärtige, beklemmende und von Angst überschattete Bild verwandeln.

Die verwirrende und bedrohliche derzeitige Situation ist nur das Vorspiel zu einer neuen Ära friedfertiger und kooperativer Anstrengungen, um das Unrecht der Vergangenheit wiedergutzumachen, Gerechtigkeit zwischen den Völkern zu schaffen, alte Dispute zu beenden und das internationale Recht zu bestätigen.

Wenn die Menschen später auf diese Epoche zurückblicken, wird sie ihnen wie die finstere Nacht vor einem strahlenden Tagesanbruch erscheinen, und sie werden froh sein, diese ereignisreiche Zeit miterlebt zu haben.

Die Welt erwartet den Lehrer. Der Lehrer wartet auf den richtigen Zeitpunkt, um öffentlich lehren und der Welt dienen zu können.

Januar/Februar 1991

Die Stimme des Volkes verschafft sich Gehör

Fast ausnahmslos erleben die Länder der Welt jetzt etwas gänzlich Neues: Die breite Masse der Bevölkerung artikuliert sich. Die Zeiten schweigender Unterwerfung unter eine autokratische Herrschaft sind vorbei. Stattdessen geht das Volk überall auf die Straßen, verkündet seinen Willen und fordert seine demokratischen Rechte ein.

Manchen steigt die Begeisterung und der Jubel zu Kopf und verführt sie zu Übertreibungen und verfrühten Erwartungen, die zum Scheitern verurteilt sind. Doch weltweit ist eine Bewegung in Gang gekommen, die Veränderungen verspricht. Überall zeigt sich, dass die Menschen aus ihrem uralten Schlaf erwachen und ihre Zukunft selbst in die Hand nehmen.

Während wir uns als stille Beobachter im Hintergrund halten, ringen die Nationen mühsam um ein neues Konzept für die Welt: die eine, unteilbare Menschheit. Seit Langem haben wir auf diese Errungenschaft hingearbeitet und lange versucht, die Menschen zu dieser großherzigen Erkenntnis zu inspirieren. Überall begreifen sie nun endlich den Sinn ihrer Existenz und spüren, wie notwendig Gerechtigkeit und Partizipation sind. Nur wenige würden das noch bestreiten; nur über die Art der Umsetzung gibt es unterschiedliche Vorstellungen.

Wenn Maitreya öffentlich vor der Welt erscheint, wird der Prozess der Selbstentdeckung und des Selbstentfaltung einen starken Impuls erfahren. Unter seiner Führung werden viele Millionen bisher Entrechteter ihre Selbstachtung zurückgewinnen; sie werden ihr Leben und ihre Gesellschaft selbst organisieren und damit ihre Bestimmung erfüllen. Eine neue, sozial bewusste Menschheit wird mit der Zeit ihre Stimme und ihre Rolle wieder finden. Von Maitreya und der Gruppe seiner Meister inspiriert und bestärkt werden sie gemeinsam die Strukturen des neuen Zeitalters schaffen.

Die Zwistigkeiten der Vergangenheit werden für immer vorbei sein; nie mehr wird es Misstrauen und Wettbewerb geben, die heute die Welt so sehr spalten.

In Erwartung seiner Ankunft bereiten sich inzwischen viele darauf vor, aktiv zu werden. Sie wissen, dass eine große Aufgabe auf sie zukommt, denn die bestehenden Spaltungen sind tief und ihre Wurzeln reichen bis in die ferne Vergangenheit zurück.

Diese Spaltung ist heute nirgends so augenfällig wie im Nahen Osten. In der gegenwärtigen Krise spitzt sich die verzweifelte Lage der Menschheit dramatisch zu: In einem unnötigen Krieg wird das Blut vieler Völker vergossen und ihr Hab und Gut zerstört. Die Anführer haben das Volk getäuscht und dazu verleitet, einem Trugbild zu folgen. Wenn die Bestialitäten aufhören, wird das Volk sich daran erinnern.

Beide Seiten erwartet nach dieser nutzlosen, blutigen Schlacht ein schmerzliches Erbe. Wenn die Menschen die Kosten errechnen und dem gegenüberstellen, was erreicht wurde, dann wird ihnen langsam das Ausmaß dieses Wahnsinns klar werden. Wenn Stolz und Ehrgeiz die Weisheit der Menschen ausschalten, dann ist die Zeit für einen Wandel gekommen.

Der Wiederaufbau wird keine leichte Aufgabe sein; viele Ursachen der Spannungen sind noch nicht ausgeräumt. Vor allem Israel und die Palästinenser müssen eine gerechte Lösung für ihre Probleme finden, sonst ist kein dauerhafter Frieden möglich. Das darf nicht länger hinausgeschoben werden.

März 1991

Maitreyas Lehre

In relativ kurzer Zeit werden viele Menschen überzeugende Beweise für Maitreyas Anwesenheit in der Welt entdecken. Die dafür notwendigen Maßnahmen sind bereits im Gang. Damit ist noch nicht der Deklarationstag gemeint, dieser beglückende Tag, an dem die ganze Welt seinen Ruf hören wird, aber sie sind ein Schritt der Annäherung an dieses ersehnte Ziel.

Bereits jetzt sind sich viele auf die eine oder andere Weise bewusst, dass sein Advent unmittelbar bevorsteht, und je nach Herkunft und Tradition deuten sie das als Warnsignal für ein Jüngstes Gericht und großes Leid oder als die ersehnte und willkommene Manifestation der Liebe Gottes.

Für Kenner der esoterischen Überlieferung und ihrer Lehren ist Maitreyas Ankunft die natürliche Folge seiner eigenen, festen Absicht, so bald wie möglich dem zyklischen Gesetz entsprechend zurückzukehren. Nachdem er seinen Platz in der Menschheit bereits eingenommen hat, erwartet er nun eine Einladung, seinen Plan, zu helfen und zu lehren, auszuführen. Die Menschen werden ihn weder als Richter noch als Erlöser erleben, sondern als Freund und Lehrer, auf den sie sich verlassen können.

Gewiss, seine Lehre wird die Menschen zur Erlösung führen, womit sie ihr Erdenschicksal erfüllt haben werden, doch Erlösung steht, wie sie begreifen werden, erst am Ende ihrer eigenen inneren Reise zur Vollkommenheit und kann ihnen von keinem Erlöser, so groß er auch sein mag, verliehen werden.

Seine Lehre wird ihnen helfen, ihr Selbst zu erkennen und sie Schritt um Schritt zur vollkommenen Erkenntnis ihres Einsseins mit dieser Quelle führen. So werden die Menschen lernen, sich als die göttlichen Wesen zu verstehen, die sie selbst sind, und diese Errungenschaft wird beiden, Gott und Mensch, zur Ehre gereichen.

In seinen Unterweisungen, die bereits begonnen haben, wird er ihnen die Wirkungsweise der Gesetze, die alles Leben regieren, verständlich machen und sie darüber aufklären, zu welchem Ziel der Mensch auf der Erde ist. Er wird zeigen, wie jede Aktion eine Reaktion nach sich zieht, und wie sie sich daher ihre Lebensumstände selbst schaffen. Dies wird ihnen begreiflich machen, wie wichtig Unvoreingenommenheit und Arglosigkeit in jeder Situation und jeder Beziehung ist.

Seine Lehre wird die Menschen von der Furcht vor dem Tod befreien; schon seine bloße Gegenwart wird die Gewähr für Unsterblichkeit sein. Seine Worte werden auch die Angst besiegen, die unterschwellig das Leben der meisten Menschen bestimmt und ihnen jede Freude und Spontaneität verdirbt.

Seine Erfahrung wird sie auf ihrem Weg durch das Labyrinth ihrer Evolutionsreise leiten und, wenn sie seinen Fußspuren folgen können, für einen gefahrlosen Durchgang sorgen. Als Freund und Wegbegleiter, als Lehrer und Mentor wird dieser Älteste Bruder der Menschheit seine Aufgabe erfüllen.

Durch seine Anwesenheit und sein Vorbild werden die Menschen mit der Zeit die Natur Gottes verstehen und inspiriert sein, dieser Göttlichkeit nachzueifern. Auf diese Weise werden sie allmählich die Schönheit dieser göttlichen Natur sichtbar machen und in ihrem eigenen Umfeld deren Spiegelbild erschaffen. So wird eine gesegnete und leuchtende Zivilisation heranreifen, die die Liebe und die Weisheit ausstrahlt, die sein Merkmal sind. Er wird seine und ihre Errungenschaften betrachten und zufrieden sein. So wird es sein.

April 1991

Der Nahe Osten

Die jüngsten Ereignisse im Nahen Osten haben die Aufmerksamkeit der Welt erneut auf diese leidgeprüfte Region gelenkt. Unhaltbar ist die Annahme geworden, dass sich all die Probleme dort von selbst lösen oder verschwinden könnten, wenn man sie nur sich selbst überlässt; oder dass Konflikt und Spaltung endemisch und, solange man sie dort eindämmen könne, nicht weiter von Bedeutung wären, und dass für diesen historisch und strategisch wichtigen Teil der Welt gar nichts getan werden könne.

Der Stil und der technische Fortschritt der modernen Kriegführung haben diese Denkweise verändert und führen zu einer Neubewertung der Rolle, die die Vereinten Nationen auf diesem Schauplatz spielen könnten. Erstmals wird die Möglichkeit einer atomfreien Zone für den Nahen Osten ernsthaft in Erwägung gezogen. Ebenso wird zum ersten Mal einer endgültigen und fairen Lösung des israelisch-palästinensischen Konflikts von vielen Seiten höchste Bedeutung beigemessen, wobei die Stimmen jener, die demokratische Reformen fordern, immer dringlicher werden.

Das bedeutet für die Staatengemeinschaft eine Herausforderung und eine Gelegenheit, diese zahlreichen Probleme mit Energie und Weisheit anzugehen. Vorbei sind die Tage, an denen ein *Laisser-faire* ausreichte, um die vielen widerstreitenden und um Vorherrschaft kämpfenden Parteien und Interessen unter Kontrolle zu halten. Die internationale Gemeinschaft muss für die Erhaltung des Friedens und für den Wohlstand in dieser Region die Verantwortung übernehmen, sie muss ihre neu gefundene Autorität dafür einsetzen, die Vertreter der verschiedenen Völker an den Verhandlungstisch zu bringen, und sie muss schließlich dafür sorgen, dass die in ernsten Verhandlungen durch Kompromisse erreichten Beschlüsse durchgesetzt werden.

Nur so können faire und dauerhafte Lösungen gefunden und wirklicher Frieden geschaffen werden. Die Zeit ist reif für eine solche Aktion. Es ist an der Zeit, die dunklen Wolken für immer aufzulösen, die seit vielen Jahren den Weltfrieden bedrohen und die heute im wahrsten Sinne des Wortes die Sonne verdunkeln.

Vereinbarungen dieser Art zu erreichen und in die Tat umzusetzen, wird nicht leicht sein; einfache Lösungen liegen nicht auf der Hand.

Vieles wird davon abhängen, ob die verschiedenen Kontrahenten bereit sind, die Zukunftsaussichten der Region *ohne* eine grundlegend neue Vorgehensweise realistisch zu sehen. Sollten sie sich weigern, die Probleme mit Weisheit und mit gutem Willen anzugehen, stünde ihnen eine sehr bittere Zukunft bevor.

Die Zeit ist nicht mehr fern, da vermutlich weisere Denker als diejenigen, die jetzt mit der Situation ringen, ihren Rat anbieten werden. Die lang zurückgehaltene Hand der Hierarchie bietet sich möglicherweise schon bald öffentlich zur Hilfe an. Bei diesem Gedanken können wir vielleicht etwas hoffnungsvoller in die Zukunft dieses lange und schwer geprüften Teils der Welt blicken und ein neues Licht erkennen, das die dunklen Wolken des Hasses und des Krieges vertreibt.

In den vergangenen Wochen ist der Meister Jesus Soldaten beider Krieg führenden Seiten in einer Vision erschienen, und beide behaupten, diese Erscheinung segne ihre Seite. Bald wird Maitreya vielen persönlich erscheinen und seinen Beistand anbieten. Falls man seinem Rat folgt, wird die Welt wieder zu Vernunft und Sicherheit zurückfinden, und dann wird sich im Nahen Osten beweisen, dass Brüderlichkeit zwischen jenen, die jetzt noch gespalten und einander entfremdet sind, sowohl möglich als auch ein rechtmäßiger Zustand ist.

Mai 1991

Die Ankunft des Großen Herrn

Für manche Menschen löst Maitreyas Eintritt in unser Leben nichts als Angst aus, sie fürchten Katastrophen und den drohenden Untergang. Sie sehen in ihm den Erzfeind, den Antichrist und erzittern bei seinem Namen. Ihr Verständnis der heiligen Schriften ist so verdreht, dass sie in dem Repräsentanten Gottes die Verkörperung des Bösen sehen. Vor langer Zeit war es schon einmal so, als Jesus in Palästina sein einfaches Gesetz der Liebe lehrte. Viele seiner damaligen Gegner sind heute diejenigen, die sein Erscheinen fürchten. Sie erkennen den Tonfall der Liebe wieder, sind aber so stark von Angst und Missverständnissen geprägt, dass sie entschlossen sind, ihn als falsch zurückzuweisen.

Wenn Maitreya seine Anwesenheit und seine Aufgabe bekannt gibt, werden sie zu ihrem Erstaunen feststellen, dass er ihnen nicht böse gesonnen ist. Im Gegenteil, sie werden entdecken, dass seine Liebe zu ihnen, die ihn fürchten und sich gegen ihn stellen, nicht geringer ist als die zu den Scharen von Menschen, die ihn von Herzen willkommen heißen. Sie werden zudem erleben, wie sich ihre Furcht und Panik allmählich beruhigen, bis auch sie zunehmend seine Göttlichkeit erkennen können.

Alle ihre Zweifel und Ängste werden sich nach und nach in Bewunderung und schließlich in Vertrauen verwandeln, sodass sie mit großem Interesse seinen Rat suchen werden. So wird es sein. Manche Widerstandsnester werden sich vielleicht noch länger halten, doch mit der Zeit werden alle – bis auf einige bigotte Frömmler – ihn als Lehrer und Freund anerkennen.

Sobald sie das tun, werden sie in ihm einen Berater und Begleiter finden, der ihnen hilft, ihren eigenen göttlichen Ursprung und Wesenskern zu verstehen. Er wird sie von der Angst befreien, die sie jetzt blind macht, und ihnen helfen, die Wirklichkeit des Seins ohne einengende Dogmen und Doktrinen in ihrer ganzen Fülle zu erleben. Es sind viele, die die Ankunft des Herrn der Liebe fürchten, doch ihre persönliche Erfahrung dieser Liebe wird sie befreien.

Innerhalb von einigen Wochen werden viele den Großen Herrn selbst hören und sehen. Sie werden ihn erkennen und anerkennen und in ihr Herz schließen. Die Nachricht von ihren Begegnungen wird um die Welt gehen und den Menschen das Wunder in ihrer Mitte bewusst machen. Er wird ihnen seine Vorschläge und Ansichten in ihrer jeweils eigenen Sprache erläutern und sie um ihre Mitarbeit und Hilfe bitten. Auf diese Weise wird Maitreya persönlich ein neues Klima der Hoffnung und Erwartung schaffen. Dies wird auf direktem Wege zum Tag der Erklärung führen und zum Beginn seiner öffentlichen Mission.

Er wird versuchen, die Angst derer zu besänftigen, die in ihm den Anwalt des Bösen, Satans Spießgesellen sehen. Er wird ihnen beistehen und sie heilen und auch sie für seine Reihen gewinnen. Er wird ihnen den Meister Jesus und andere Meister vorstellen und damit alle Zweifel, die ihre Verwirrung schuf, zerstreuen. So wird es sein, und so wird der Herr der Liebe allmählich alle Söhne Gottes in seine göttliche Obhut nehmen und seine Aufgabe erfüllen.

Juni 1991

Maitreyas Licht

Der Tag rückt immer näher, an dem viele Menschen mit Sicherheit wissen werden, dass es Maitreya gibt, dass er physisch greifbar und erkennbar ist und darauf wartet, anerkannt zu werden. Da sich die Gesetze, denen seine Ankunft unterliegt, rasch erfüllen, wird ihm ein offenerer Kontakt mit der Menschheit möglich. Für eine kleine Weile muss er sein Licht noch verborgen halten und erscheint solange nur einigen wenigen Auserkorenen.

Bald werden ihn viele direkt, in sichtbarer, physischer Gestalt erleben und hören, wie er sie zur Zusammenarbeit und Mithilfe aufruft. In dieser Weise wird der Tag, an dem er sich der Welt öffentlich zu erkennen gibt, vorbereitet.

Wenn dieser segensreiche Tag kommt, wird die Menschenwelt erfahren, dass Gott seinen Stellvertreter gesandt hat, dass der Lehrer unter uns und die Zeit der Unwissenheit zu Ende ist.

Von da an wird – falls die Menschen auf seine Worte hören – ein neuer Geist der Hoffnung alle Völker beflügeln und zu einer Epoche des Friedens und Wohlergehens führen, wie sich das heute nur wenige vorstellen können.

Für immer wird der alte Hass vorbei sein, der seit uralten Zeiten das Leben auf diesem Planeten vergiftet hat. Nichtjuden und Juden, Moslems und Hindus werden eine gemeinsame Basis im Menschsein finden, und unter der Wärme von Maitreyas Licht werden die uralten Antagonismen dahinschmelzen.

Nur kurze Zeit werden die Menschen noch warten müssen, bis sie den Lehrer sehen können, und wenn es soweit ist, werden sie die Gründe für ihre Existenz, den Sinn ihres Lebens verstehen können.

Sie werden wieder Vertrauen in das Leben haben und in ihrem jeweiligen Umfeld Strukturen einer neuen und besseren Zivilisation aufbauen, deren Leitgedanken Gerechtigkeit und Teilen, Harmonie und Liebe sein werden.

Hoffnungsvoll und nicht länger verzweifelt werden sie der Zukunft entgegensehen. Sie werden die Himmel für zukünftige Reiserouten vermessen und Unendlichkeit als ein Konzept der Schönheit und Verheißung begrüßen. Sie werden das Leben und alles Lebendige lieben und sich wieder in Gottes Plan einfügen. So wird es sein, und damit wird der Große Herr seine Mission erfüllen: die Rettung der Menschheit und die Wiedereinsetzung des göttlichen Willens.

Natürlich wird nicht alles, was zu diesem großen Fortschritt gehört, über Nacht geschehen. Viele Fesseln schränken noch das Bewusstsein des Menschen ein, noch gibt es tiefe Abgründe der Ignoranz und des Aberglaubens, die seine Denkfähigkeit beeinträchtigen. Trotz alledem wird bald ein Anfang gemacht, damit das Licht der Erkenntnis die vielen Probleme, die die Welt bedrängen, erhellen kann, und mit Toleranz und Vertrauen wird vieles rasch zu erreichen sein.

Maitreya kommt nicht allein; er steht an der Spitze seiner Gruppe der Meister. Auch sie werden gemeinsam mit ihren Eingeweihten die Menschheit bei der Hand nehmen und in die neue Zeit begleiten und damit ihre Mission erfüllen.

Ihre Erfahrung wird die Menschen leiten und deren Evolution beschleunigen; gemeinsam mit ihnen werden sie die neuen Lebensformen und Institutionen schaffen und dadurch ihre Erfahrung des Göttlichen beweisen. So wird es sein, und so wird die alte Vision von der menschlichen Vervollkommnung allmählich Wirklichkeit werden.

Juli/August 1991

Aufruf zum Dienst

Wenn der Ruf zum Dienst erklingt, obliegt es jedem ernsthaften Jünger, diese Gelegenheit mit beiden Händen zu ergreifen. Selten wird dieser Ruf wiederholt, die Meister verschwenden ihre Zeit nicht. „Viele sind berufen, aber nur wenige sind auserwählt" soll heißen: „Viele werden aufgerufen, aber nur wenige reagieren darauf."

Diese Aussage betrifft den großen Dienst; nur diese Auserwählten begreifen, dass es ein Segen ist, dem Plan zu dienen. Dienst ist die heilige Pflicht, die es dem Jünger ermöglicht, seinen Aufenthalt auf dieser Erde um viele Leben zu verkürzen. Das wissen viele und doch scheuen sie schon vor der leichtesten Aufgabe zurück. Viele vergessen das Versprechen, das sie vor langer Zeit gegeben haben, und gehen über ihr inneres Unbehagen achtlos hinweg. Nicht ohne Grund schütteln die Meister traurig den Kopf und begeben sich von Neuem auf die Suche unter den wartenden Lichtern.

Nicht alle, die dienen, sind sich dessen bewusst. Ihre Reaktion auf den Ruf der Seele oder der Meister ist so instinktiv, dass sie sich kühn hineinstürzen, ohne lange darüber nachzudenken. Sie sind so wenig auf sich bezogen, dass die Bedürfnisse der Welt ihr einziges Anliegen sind. Sie dienen mit jedem Atemzug, aber gemessen an dem, was diese Zeit braucht, sind es tatsächlich nur wenige. Wir auf der inneren Seite halten nach jenen Ausschau, die etwas über den Plan wissen und vernünftige Prioritäten setzen. Wir suchen die, deren Eifer groß ist und deren Herz in Liebe und Opferbereitschaft glüht. Solche tapferen Leute begrüßen wir in unserer Mitte und bieten ihnen mit Freuden ein Betätigungsfeld an. Dann ziehen wir uns zurück und schauen zu. Und immer wieder geraten die ersten Gehversuche bald ins Stocken. Nur allzu oft schlägt ihre frohe Erwartung in Langeweile und in Zweifel um, die hochgesteckten Ziele schwinden und lösen sich auf.

Mangelndes Vertrauen spielt eine große Rolle bei diesem traurigen Geschehen. Ohne Vertrauen lässt sich nichts von Dauer schaffen, und aus Mangel an dieser einen Qualität haben schon viele aussichtsreiche Jünger versagt. Nicht umsonst haben die Lehren zu allen Zeiten betont, wie notwendig Vertrauen ist, und es als das Kernstück des Dienstes bezeichnet.

Gewiss bedeutet Vertrauen nicht blindes Annehmen und blinden Glauben. Im Gegenteil, wirkliches Vertrauen und echter Glaube erwachsen nur dort, wo die Intuition, die Stimme der Seele, ein inneres Wissen anspricht und ungeachtet aller Widerreden das Herz euch sagt: das ist wahr. Sobald dieser Augenblick kommt, haltet an dieser neu gefundenen Wahrheit fest und „steht zu ihr".

Wenn euch die Stimmen des Neides und Zweifels überfallen, haltet gelassen an eurer Aufgabe fest. Denkt daran, dass eure Gedanken euch gehören und niemand das Recht hat, euch vorzuschreiben, was ihr denken sollt.

Bemüht euch um einen weisen Rhythmus und macht es dadurch möglich, dass euer Dienst sich ganz natürlich ausweiten kann. Vermeidet es, nur dann und wann zu dienen, denn dabei geht jeder Schwung verloren. Vergesst nicht, dass ihr hier seid, um dem Plan zu dienen. Denn das ist, wenn ihr es nur erkennen würdet, der Wunsch eurer Seele. Sobald ihr mit der Seele Kontakt aufnehmt, beginnt die Objektivierung der Erfahrung. Die Seele hat keine Präferenzen, keine Wünsche; sie bleibt nur mit dem in Verbindung, was ihrem Ziel entspricht, und das ist, dem Plan der Evolution in höchstmöglichem Maß zu dienen.

Die Zeit wird kommen, wo unter dem Einfluss der Meister ein Studien- und Erfahrungsgebiet angeboten wird, mit dessen Hilfe diejenigen, die jetzt an der Schwelle stehen, in das Reich des Lichts und des Wissens eintreten und sich als das erkennen werden, was sie sind. Viele erwarten den Anbruch einer neuen Epoche, mit deren Manifestation sich die Strukturen dieser Zeit von Grund auf verändern werden. Dienen und Wachsen, Dienen und Wachsen sollten der Grundton eures Lebens sein.

September 1991

Echte und falsche Christuserscheinungen

Von Zeit zu Zeit kann es geschehen, dass ein Meister die Aufgabe auf sich nimmt, eine große Anzahl von Menschen zu inspirieren, die, streng genommen, nicht direkt zu seiner Gruppe gehören. Das wird häufig dann gemacht, wenn sich die Gelegenheit abzeichnet, dass seine Gedanken und Pläne damit in einem größeren Kreis Anerkennung und Widerhall finden könnten.

Heute beteiligen sich mehrere Meister an dem Versuch, konstruktiv auf viele, die nicht ganz auf diesen Stimulus vorbereitet sind, Einfluss zu nehmen. Die Risiken sind nahe liegend: Überstimulierung, negative Reaktion, wahnhafte Missverständnisse, all das ist möglich. Und doch kann mit einer sorgfältig ausgewählten Gruppe vieles erreicht werden, wenn diese Menschen hohe Ziele und vernünftige Prioritäten haben.

Zurzeit gibt es beispielsweise viele Menschen guten Willens, die sich selbst für den Christus, für Maitreya oder den Messias halten und auf den Ruf der Menschheit warten, sich öffentlich zu zeigen. Dass es sie gibt, deutet darauf hin, dass die Menschheit bereit ist, den Christus zu sehen, dass die Botschaft von seiner Ankunft bereits Anerkennung findet und dass die Zeit für seine Wiederkehr naht. Als Antwort auf den ungewöhnlichen Stimulus reagiert ihr Herz noch vor dem Verstand, und sie fühlen sich berufen und ausersehen, die Aufgabe des Erlösers zu übernehmen.

Dass sie dazu unmöglich imstande wären, ist weniger wichtig. Ohnehin glauben ihnen nur wenige. Und doch sind sie für viele ein Signal dafür, dass die Zeit reif ist für das Auftreten des Lehrers, und auf diese Weise tragen sie dazu bei, ein Klima der Hoffnung und Erwartung zu verbreiten. Ob bekannt oder nicht, sie halten in der Öffentlichkeit die Vorstellung von der Wiederkehr des Christus aufrecht und unterstützen damit alle, die mit ihm zusammenarbeiten.

Natürlich genießen die Vertreter der Medien diese Erscheinungen ganz besonders. Ungestraft und völlig unverbindlich können sie unbesorgt über diese „Boten Gottes" schreiben, im sicheren Bewusstsein, dass niemand sie ernst nimmt, beleidigt oder entsetzt ist und sich niemand bedroht oder verraten fühlt.

Doch angesichts der Gegenwart Maitreyas wissen die gleichen Journalisten nicht, was sie denken oder tun sollen. Gegen all ihr professionelles Wissen werden sie sich mehr und mehr der Wahrheit bewusst, dass der Christus tatsächlich in der Welt ist und hinter den Kulissen an den Veränderungen arbeitet, die jeden Beobachter täglich verblüffen. Sie verübeln ihm seine scheinbare Unzugänglichkeit und verstehen nicht im Geringsten die Gesetze, nach denen sich sein Erscheinen unter den Menschen richtet. Sie begreifen nicht die Rolle, die *ihnen* dabei zukommt, und warten etwas ratlos auf Geschehnisse, auf die sie reagieren könnten.

Bald werden die Ereignisse die Medien zum Handeln aktivieren. Bald werden Reporter aus der ganzen Welt in jene Städte strömen, wo viele den Christus gesehen haben. Dort werden sie den „Beweis" finden, den sie suchen, und aufgrund ihrer Recherchen allen Menschen die Anwesenheit des Christus bekannt geben.

Oktober 1991

Der Druck steigt

Viele machen inzwischen die Erfahrung, dass die Welt „sich schneller dreht". Ereignisse folgen in einem solchen Tempo aufeinander, dass nur wenige die Zusammenhänge sehen und begreifen können. Dem normalen Bürger geht die Fähigkeit ab, sich einen Überblick zu verschaffen, um die Bedeutung gewisser zentraler Ereignisse erfassen zu können und mit der Welt im Ganzen in Verbindung zu bringen. Außerdem fehlt es vielen an einem Gespür für die Unvermeidlichkeit dieser Vorgänge, sie sind nur bestürzt und wie betäubt, weil sie ihnen völlig willkürlich erscheinen. Hilflos sehen sie zu, während das Drama der Weltveränderung sie überwältigt und mit Furcht erfüllt.

Nicht ohne Grund hat man diese Phase „Endzeit" genannt; für viele bedeutet sie das Ende all dessen, was ihnen lieb und teuer ist. Sie ist aber auch die Zeit des Wandels, das Ende all dessen, was dem weiteren Fortschritt der menschlichen Spezies im Wege steht.

Maitreya hat gesagt: „Mein Kommen bedeutet Wandel, aber auch Kummer über den Verlust der alten Strukturen. Jedoch, meine Freunde, die alten Flaschen müssen zerbrochen werden – der neue Wein verdient bessere."* Wir erleben jetzt die Zerstörung all dessen, was den Fortschritt des Menschen hemmt, sein Verständnis einschränkt und ihn davon abhält, seine angeborene Göttlichkeit zu manifestieren. Wir beobachten, wie sich neue Gedanken- und Empfindungsmuster herausbilden, wie eine neue Wahrnehmung entsteht, und daraus werden sich die neuen Lebensformen, die relevanten Strukturen entwickeln, mit denen sich die Hoffnungen und hohen Ziele der Menschen besser verwirklichen lassen. Dieser Prozess ist jetzt im Gang. Der Druck steigt. Daher die Hektik.

Wir sind im Hintergrund tätig. Voller Liebe senden wir die Kräfte, die alte, ausgediente Formen zerstören. In Liebe sehen wir zu, wie die totalitäre Habgier zusammenbricht. Mit Sorgfalt und Liebe kontrollieren wir den Druck, der die Welt zerstören könnte.

Immer wieder erhöhen wir die Spannung und beobachten, wie die Menschen auf die höhere Frequenz ansprechen. Soweit wie möglich setzen wir die Kräfte frei, die die Herzen und Köpfe derer, die der Welt dienen, wohltuend beeinflussen, und steigern damit ihre Arbeitsfähigkeit. So wird eine Welt aufgebaut, die den neuen menschlichen Bedürfnissen besser gerecht wird.

Die nächsten Jahre sind entscheidend für die weitere Entwicklung dieser Welt. Vieles hängt davon ab, ob die Menschheit auf die Inspiration und Anleitung des Christus richtig reagiert. Wenn der Mensch will, kann die Umformung der bestehenden Strukturen zügig und unter minimalem Druck erfolgen; wenn er die Notwendigkeit des Wandels bereitwillig akzeptiert, wird das möglich sein. Allerdings sehen nicht alle Menschen die Welt im gleichen Licht, und manche werden die nötigen Veränderungen für Rückschritte halten, gegen die man sich entschieden wehren muss. Wer aber entscheidet dann?

Der Mensch muss selbst über das Tempo und den Umfang der Veränderungen entscheiden. Auf diese Weise wird der freie Wille nicht angetastet. Allmählich werden die Menschen die Unvermeidlichkeit eines radikalen Wandels einsehen, und dass er, umso erfreulicher sein wird, je früher er eintritt.

November 1991

aus: Maitreyas Botschaft 82

Wandel verursacht Probleme

Nicht selten spielen sich die Ereignisse in einem so rasanten und unerbittlichen Tempo ab, dass die davon Betroffenen dem nicht mehr standhalten können; sie reagieren mit Abwehr und verlieren bald das Interesse daran.

Diese Entwicklung ist heute in vielen Teilen Osteuropas zu beobachten, wo noch vor einigen Monaten der Ruf nach Veränderungen besonders laut war. Angesichts der ständigen, emotional aufgeheizten öffentlichen Debatten werden viele Menschen lustlos und müde; auf den anfänglich großen Enthusiasmus und die vielen Erwartungen folgen Enttäuschung und Apathie.

Von der „Politik" erwarten sie sich nichts mehr, die tägliche Sorge um Essen und Arbeit sind dringendere Probleme. Die Begeisterung, die Hoffnung auf einen Neubeginn weicht einem tiefen und gefährlichen Überdruss, und die Menschen suchen sich Rat und Führung bei Demagogen und Abenteurern. Das kostbare Recht – das Recht, zu wählen – wird bereitwillig aufgegeben, alte Verhaltensmuster leben wieder auf, und viele beschleicht ein Gefühl der Verzweiflung.

Und doch ist keineswegs alles nur düster und hoffnungslos. Die Menschen zeigen jetzt zunehmend Verständnis für die geistige Basis des Lebens und wenden sich daher unweigerlich auch wieder der Religion zu, in der Hoffnung, dort eine verlässlichere Quelle der Inspiration und Orientierung zu finden. In ganz Osteuropa gewinnen die Kirchen an Autorität und Einfluss; die Leute wechseln die Gefolgschaft und kehren zu den alten Wegweisern zurück.

Nicht alles, was sie in den Kirchen finden, wird ihren geistigen Bedürfnissen tatsächlich gerecht; aber mit jedem Tag wächst die Erkenntnis, dass sich das Göttliche in allen manifestiert und im Leben aller Menschen – hier und jetzt – zum Ausdruck kommen muss.

Dass dazu der Aufbau neuer und besserer Institutionen auf politischer wie auf wirtschaftlicher Ebene nötig sein wird, ist bisher erst wenigen bewusst, aber die Zeit wird bald kommen, wo man auch diese Logik verstehen wird.

Dann werden politische und religiöse Kreise sich zusammenschließen und mit vereinten Kräften ein gemeinsames Ziel verfolgen: den Neuaufbau ihrer Länder nach wirklich geistigen Richtlinien.

Es gibt bereits Anzeichen, dass die gegenwärtige Enttäuschung und Unzufriedenheit nur von relativ kurzer Dauer sein werden, dass die Menschen bald ihre Hoffnung auf eine glückliche und gerechte Welt wiederfinden und sich diesmal auf breiterer Front als bisher allen menschlichen Bedürfnissen auf der inneren wie auf der materiellen Ebene zuwenden werden.

Dann werden wir erleben, wie sich in Osteuropa eine sehr alte Sehnsucht nach einer Gesellschaft erfüllt, die auf geistigen Wahrheiten beruht: Gemeinschaft der Menschen, Gerechtigkeit und Freiheit, die richtige Beziehung des Menschen zu Gott. Die tiefe Religiosität in dieser Region, die lange unterdrückt wurde und nun wieder erwacht, wird angesichts erneuter Hoffnung und im Verständnis der Aufgabe, vor der die Menschheit steht, wiederaufblühen. Zu dieser Aufgabe werden die Menschen in Osteuropa ihren tatkräftigen und einzigartigen Beitrag leisten.

Dezember 1991

Ende eines dunklen Kapitels

Die Weltereignisse bewegen sich auf einen Höhepunkt zu. Bald werden die Völker aller Länder erkennen, dass sie sich an einem kritischen Wendepunkt in der Evolution des Planeten befinden und gemeinsam Geschichte machen. Für manche ist das Absterben des Althergebrachten mit Schmerzen und Ängsten verbunden. Das lässt sich nicht vermeiden, da die überholten Formen in einem gewaltsamen Chaos zusammenfallen. Bei diesem Reifeprozess des Neuen gibt es noch viel Blutvergießen.

Doch wer genauer hinschaut, kann erkennen, dass auf dem Erdball ganz außergewöhnliche Transformationen vor sich gehen, die ein gutes Omen für die Zukunft sind. Da viele dieser Veränderungen zum Guten sich nicht angekündigt hatten, haben sie, ohne in der Menschheit großes Aufsehen zu erregen begonnen und bereits still und leise hilfreiche Aufräumungsarbeiten in Gang gesetzt. So schaffen die Menschen selbst die neuen Strukturen, deren Entwicklung zurzeit zwar noch mühsam und stockend verläuft, aber schon bald eine Geschwindigkeit annehmen wird, die jede Vorstellung übersteigt.

Sobald die Veränderungen ihren Höhepunkt erreicht haben, wird Maitreya persönlich und für alle sichtbar sein Amt antreten und die Menschen bei ihren Überlegungen beraten. Damit wird die künftige Richtung sichergestellt und schmerzvolles Experimentieren vermieden.

Sein vorrangiges Anliegen ist das Wohl der Armen und Mittellosen. Die Hälfte der Weltbevölkerung fällt in diese Kategorie, und das stellt den guten Willen der Menschen vor eine enorme Herausforderung. Maitreya beabsichtigt, diesen guten Willen zu wecken und zu mobilisieren und damit diese Ungerechtigkeit für immer auszuräumen. Dass dies nicht leicht sein wird, das weiß er bereits; die Habsucht und Selbstsucht der Menschen sind hartnäckig und tief verwurzelt. Aber mit der Zeit werden die Menschen einsehen, dass es im eigenen Interesse liegt, die Ressourcen der Welt miteinander zu teilen, da nichts anderes sie vor der Katastrophe retten kann. Wenn sie diese Notwendigkeit bereitwillig anerkennen, dann werden die Pläne für das Teilen den Nationen vorgelegt. Damit wird ein dunkles Kapitel in der Geschichte des Planeten für immer zu Ende gehen und die Menschheit ihren Weg nach oben fortsetzen können.

Immer dann, wenn der Aufschrei der Verzweiflung überhandnimmt, reagieren dem Gesetz entsprechend die Mächte des Lichts, die Älteren Brüder der Menschheit darauf. Aus allen Winkeln des Planeten steigt heute dieser Schmerzensschrei aus Abermillionen Herzen auf und lässt die Meister mit ihrem Meister Maitreya, dem Herrn der Liebe, zu Hilfe eilen.

Hinter den äußeren Ereignissen, hinter den Transformationen ist ihre unsichtbare Hand am Werk. Ihre Energien machen Mut und Weitblick möglich und bewirken im Lauf der Zeit eine alles umfassende Synthese. Die gegenwärtige Unordnung und Zwietracht wird einer neuen Harmonie zwischen den Nationen weichen – ein Spiegelbild der inneren Harmonie, die in den Menschen aufgrund der Anwesenheit Maitreyas überall zunimmt. Bald werden sie selbst erkennen, dass die Zukunft, wenn sie auf seinen Ruf hören, hell und freundlich sein wird, und dass er hier ist, um zu bleiben und um sie, sofern sie es wollen, auf dem Weg zu begleiten, der sie unmittelbar zur Quelle allen Lebens führt.

Januar/Februar 1992

Eine neue Welt im Werden

Viele werden sich erinnern, wie sich die Welt noch vor wenigen Jahren auf die atomare Vernichtung gefasst machte. Nur wenige hatten damit gerechnet, dass die Menschheit den Krieg der Worte, den „Kalten Krieg", überleben würde. Die meisten hatten einen schicksalhaften „Countdown" erwartet und sich mit dem Untergang abgefunden.

Doch die jüngsten Ereignisse haben diesen Fatalismus verwandelt und der verzweifelten Menschheit neue Hoffnung gegeben. Zwischen den Staaten werden nach und nach Brücken aufgebaut und die Schranken werden täglich weniger. Bald wird eine neue Morgendämmerung die Probleme des Menschen in hellerem Licht erscheinen lassen und den Weg zu ihrer Lösung weisen.

Da vor allem die nukleare Bedrohung zurückgegangen ist, atmet die Menschheit wieder dankbar auf. Es entsteht eine Atmosphäre des Vertrauens, in der sich die Angst vor diesem geballten Grauen allmählich verliert.

Doch viele Nationen, große wie kleine, haben auf die Atomwaffen in der Hoffnung vertraut, im Kampf um Macht und Einfluss ihren Feinden oder Rivalen besser standhalten zu können. Das wirft viele Probleme auf, denn nur wenige bekennen sich zum Besitz der Bombe, und die meisten zögern, auf ihren potenziellen Einsatz zu verzichten. Trotz alledem werden von den Großmächten sehr wichtige Schritte in Form von Rückzugs- und Abrüstungsverträgen eingeleitet, und das ist ein gutes Omen für eine weltweite Reduzierung der Waffen.

Bisher hat die Konfrontation zwischen den Vereinigten Staaten und der Sowjetunion zwangsläufig auch das Denken und Handeln der gesamten Welt beeinflusst, und das auf jedem Gebiet, in der Politik, der Wirtschaft und im militärischen Bereich. Die neue Beziehung, die sich zwischen den ehemaligen Feinden anbahnt, bedeutet einen Wendepunkt im Weltgeschehen.

Endlich kann man die Probleme, die Beachtung verlangen, ernsthaft angehen, ohne sie im Kontext eines „Kalten Krieges" gewichten zu müssen.

Endlich können die Schwellenländer wachsen, ohne sich notgedrungen der einen oder anderen Ideologie unterordnen zu müssen, um Unterstützung zu bekommen. Die scharfen ideologischen Abgrenzungen verlieren an Inhalt, sodass allmählich eine neue Freiheit und Beweglichkeit spürbar wird.

Jetzt hängt viel von der Fähigkeit der Führungskräfte ab, die Dynamik aufrechtzuerhalten und die Bedingungen zu schaffen, die einen dauerhaften Frieden sichern können. Bis jetzt hat man der Verteilung der Ressourcen im globalen Umfang noch keine Aufmerksamkeit geschenkt, doch dies bleibt das Hauptproblem, das es zu lösen gilt. Solange das nicht erreicht ist, kann es auf der Welt keinen wirklichen Frieden geben.

Dennoch beginnt sich ein neuer Kooperationsgeist und gegenseitiges Vertrauen durchzusetzen, und allein damit wurde bereits eine große Hürde genommen.

Auch wenn in der Welt noch sehr viel Verwirrung herrscht und eine potenzielle Gefahr weiter besteht, können die Völker jetzt doch zum ersten Mal seit einem halben Jahrhundert mit wachsendem Vertrauen nach vorn schauen und eine neue Welt im Werden erleben.

März 1992

Die Schatzbringer

Es wird nicht mehr lange dauern, bis die Meister ihre Anwesenheit in der Welt bekannt geben werden. Mit ihrem Oberhaupt Maitreya haben auch sie auf die Gelegenheit gewartet, an die Öffentlichkeit gehen zu können und ihre Plätze unter den Menschen einzunehmen. Seit Langem wussten sie, dass dieser Tag kommen würde, und haben sich lange auf ihre mühsame Aufgabe vorbereitet. Obgleich ihre Evolution und ihre Intelligenz vollendet sind, ist die Aufgabe, zu der sie berufen sind, nicht leicht. Sie haben sich nicht grundlos darin geschult, auf den inneren und den äußeren Ebenen zu arbeiten, denn diese simultane Vorgehensweise ist für die Verlagerung ihres Dienstes in die Außenwelt entscheidend.

Wir wissen, dass unsere Rückkehr das Los der Menschen verändern wird. Wir wissen, dass unsere Erfahrung und Weisheit den Menschen sehr nützlich sein werden. Wir sind uns der ungeheuren Größe der Probleme, die auf eine Lösung warten, durchaus bewusst. Das entmutigt uns jedoch nicht, sondern wir gehen mit Freuden auf den neuen Tag zu. Doch wir wissen, dass dazu auch die Kooperation und das Vertrauen der Menschen notwendig sind. Wir wissen, dass wir dem Gesetz entsprechend nicht allein handeln dürfen. Daher wird eine neue und engere Verbindung zwischen den Menschen und uns auf der Tagesordnung stehen, und auf diese Weise werden wir eine Leiter für den Aufstieg bilden, mit deren Hilfe viele, die nach und nach dazu bereit sind, zur gegebenen Zeit in unsere Reihen aufsteigen können. So wird es sein.

Nicht jeder, der von unserer Existenz weiß, erwartet, dass unsere Ankunft unmittelbar bevorsteht. In den Herzen der Gelehrten herrschen eher Vorsicht und Zweifel, die sie gegenüber der Wahrheit blind machen. Doch bald werden auch sie sich wie die ganze Welt freuen, dass die Meister zurückgekehrt sind, dass die Mentoren mitten unter den Menschen leben, dass die Älteren Brüder wieder hier auf der Erde sind. Gemeinsam werden wir die neuen Lebensformen und Institutionen schaffen, damit sich das in allen Menschen vorhandene göttliche Potenzial besser entfalten kann. Gemeinsam werden wir Ordnung bringen in das herrschende Chaos und die Zerstörung bewältigen, die gegenwärtig so viel Angst auslöst. Wir werden auch gemeinsam dem Sinn des Lebens nachgehen und neue Fähigkeiten und Erkenntnisse erschließen. Eine neue, von uns inspirierte Wissenschaft wird der neuen Zivilisation Glanz und den Menschen das Aussehen von Göttern verleihen. Auf diese Weise werden die Menschen ihr Geburtsrecht antreten und die Wege Gottes verstehen.

Wenn ihr uns seht, dann denkt daran, dass auch wir einmal Menschen waren wie ihr. Denkt auch daran, dass wir ein Spiegel eurer Zukunft sind und euch den Weg in diese Zukunft zeigen können. Wir kommen, um die Menschheit zu lehren, zu inspirieren und aus der Dunkelheit ins Licht zu führen. Wir haben bereits etwas von diesem Licht erlebt und kennen seine Strahlkraft sehr gut. Wir bieten euch, der Menschheit, an, unseren Schatz mit uns zu teilen.

April 1992

Die Zukunftsverheißung

Ab und an wird als Reaktion auf die Not der Menschen das Tor geöffnet, das die Hierarchie von der Menschheit trennt, um je nach Situation in größerem oder kleinerem Umfang einige Lehren und Informationen zu veröffentlichen, die für alle, die in der Lage sind, sie zu nutzen, hilfreich sind. In dieser Situation befinden wir uns heute. Für diejenigen, die „Augen haben, zu sehen, und Ohren, zu hören", sind unter anderem auch diese Artikel ein Weg, um neue Informationen zu übermitteln, an die alten Wahrheiten zu erinnern und die ewigen Werte, auf denen die menschliche Evolution beruht, neu zu beleuchten.

Es ist im Laufe der Jahre immer mein Bestreben gewesen, den Lesern dieser Zeitschrift eine Vorstellung von dem Leben, das vor uns liegt, zu vermitteln, sie zu einer heiteren und positiven Haltung gegenüber der Zukunft zu inspirieren und ihnen das notwendige Wissen mitzugeben, um mit den täglichen Problemen auf ihrem weiteren Weg richtig umgehen zu können. Aus meiner günstigen Ausgangsposition, was Erfahrung und Einblick anbelangt, habe ich versucht, mich als „Beobachterposten" einzubringen, um vor kommenden Gefahren zu warnen und euch, die Leser, in die Lage zu versetzen, mit Mut und Überzeugung dem großen Plan entsprechend zu handeln.

Viele Leser lassen erkennen, dass diese Aufgabe nicht vergeblich war; viele haben meine Worte als Inspiration und auch als Orientierung empfunden. Viele warten begeistert auf ihren monatlichen Wahrheitstropfen. Andere sind zurückhaltender und innerlich distanzierter, wenn sie die Artikel lesen, und wieder andere sind eher ratlos und wissen nicht, was sie denken sollen.

In den letzten Artikeln habe ich mich auf die Rückkehr von Maitreya und von uns, seinen Jüngern, konzentriert. Sie ist das zentrale Ereignis dieser Zeit und beispiellos in der langen Menschheitsgeschichte. Diese Entwicklung erreicht nun ihren Höhepunkt. Maitreya erscheint jetzt häufig vor vielen hundert Menschen, um sie über seine Anwesenheit zu informieren und ihre Hilfe zu erbitten. Bald werden diese Auftritte den Medien zu Ohren kommen und sie zu Nachforschungen anregen. Diese Recherchen werden die Anwesenheit eines außergewöhnlichen Mannes enthüllen, der über ungewöhnliche Kräfte verfügt und ungewöhnliche Antworten auf die Probleme und Nöte der Menschen hat.

Wir stehen an der Schwelle einer neuen Epoche. Die meisten Menschen spüren heute den Wind des Wandels, der über die Erde fegt, und verstehen das als Signal der neuen Zeit. Mitten im Chaos und im Zusammenbruch der alten Sicherheiten und Strukturen kann man spüren, wie eine neue Welt ihre Geburt ankündigt. Eine bessere Welt. Eine Welt, die sicherer, vernünftiger und fairer ist.

Meine Aufgabe ist es gewesen, euch immer wieder diese Hoffnungen und Pläne anzubieten, euch zu Mitarbeit und aktivem Dienst anzuregen, eure Schritte zu lenken, wenn ihr in Gefahr seid, zu stolpern, und in euch die Erkenntnis zu wecken, dass ihr nicht verlassen und allein seid.

Ich bin glücklich, diesen Dienst erweisen zu können; ich begrüße diese Möglichkeit, eure Last zu erleichtern und euch die goldenen Zukunftsaussichten vor Augen zu halten.

Mai 1992

Das feurige Licht

Jedes Mal, wenn ein neues Licht in die Welt kommt, hat das weitreichende Folgen, auch wenn diese nicht immer sofort erkennbar sind. Dieses Licht erzeugt in subtiler Weise auf allen Ebenen neue Verbindungen, die sogar die Beschaffenheit der Materie grundlegend beeinflussen.

Weil diese feurigen Kräfte jetzt Raum und Sein der Erde durchdringen, gehen in der Natur und in der Menschenwelt heute tief greifende Veränderungen vor sich.

Nie zuvor war dieser Planet in einem solchen Tempo einem derartigen Stimulus ausgesetzt. Nie zuvor wurde in so kurzer Zeit so viel erreicht. Die Menschen würden staunen, wenn sie über das Ausmaß der jetzigen und künftigen Veränderungen Bescheid wüssten, die das feurige Licht in ihrer Welt ausgelöst hat.

Dass diese Veränderungen zum Guten sind und sein werden, darauf müssen die Menschen in diesem Stadium zunächst einmal vertrauen. Denn nur ein höheres Bewusstsein kann derzeit ihren Wert für die Welt ermessen. Aber viele dieser segensreichen Veränderungen sind offenkundig und bereits für viele Menschen aus allen Gesellschaftsschichten deutlich zu erkennen. Jeder Tag bringt neue Beweise für diese Transformation, die sich stetig und rapide über den Erdball ausbreitet.

Viele haben sich gefragt: woher kommt dieser Wandel? Was geht hier vor, dass so vieles erneuert wird? In welche Richtung steuern wir so plötzlich und so ungestüm? Da sie jedoch unfähig sind, das ganze Bild zu sehen, haben viele Angst; sie nehmen nur Teilbereiche wahr und haben die Orientierung verloren. Könnten die Menschen die Gesamtsituation überblicken, sähen sie eine Welt in den Wehen einer Neugeburt mit ihrer bittersüßen Mischung aus Freude und Schmerz.

Sie würden geduldig und voller Hoffnung auf die Entstehung der neuen Formen warten, welche die Zivilisation der neuen Epoche auszeichnen werden. Vor allem aber würden sie sich an der Entwicklung dieser Strukturen beteiligen, mit deren Hilfe ihre eigenen Wünsche eingebracht und umgesetzt werden.

Alle, die wissen, dass Maitreya unter uns ist, können sich von einem stillen Glück tragen lassen. Angesichts aller Umwälzungen und trotz der scheinbaren Rückschritte erwärmt der Gedanke an seine Präsenz und Kraft und seine bevorstehende Rückkehr ihnen das Herz und gibt ihnen das Vertrauen, die Zuversicht, die innere Gewissheit, dass sich bei allem Aufruhr doch alles zum Guten wendet.

Viele wollen noch nicht akzeptieren, dass die gegenwärtigen Veränderungen andere als rein materielle Ursachen haben, auch wenn sie zugeben müssen, dass deren Ausmaß und Geschwindigkeit bis heute beispiellos sind. Bald werden sie selbst erkennen, dass ein neues Licht und ein neuer Lichtbringer unsere Welt erhellen und dass nichts, was nennenswert ist, zufällig geschieht oder dem „Gesetz der politisch-ökonomischen Dynamik" zuzuschreiben ist.

Bald wird die ganze Welt die Präsenz des Avatars erkennen und wissen, dass der Bote des göttlichen Willens und der göttlichen Liebe, der Anwalt für Frieden und Gerechtigkeit, „der Lehrers der Engel und der Menschen" hier ist.

Juni 1992

Die Stimme des Volkes

Schon bald wird ein weiteres Zeichen die Welt auf Maitreyas Präsenz hinweisen und ihre Erwartungen bestätigen. Die Nachricht von einem erstaunlichen weltweiten Phänomen wird die schlafenden Skeptiker wecken und ihnen das Wunder in ihrer Mitte bewusst machen. Mit der Zeit wird es selbst voreingenommenen und zynischen Medien schwerfallen, die Erfahrung von Tausenden von Menschen, dass „die Zeit der Wunder" kein Ende nimmt, noch zu bestreiten. Nichts kann diese Entwicklung aufhalten, denn der Same ist bereits gesät.

Ohne Zweifel treten wir in eine neue Phase der Wiederkehr des Christus, die viele Menschen davon überzeugen wird, dass die Zeit nicht mehr fern ist, in der er sich wieder für jeden erkennbar unter seinen Brüdern und Schwestern befindet.

Unterdessen werden alle, die von ihrer Intuition geleitet an seine Rückkehr glauben, erfahren, wie ihr Vertrauen bestärkt und bestätigt wird und ihre Hoffnungen und hohen Ziele wieder Auftrieb erhalten.

Es gibt viele Wege der Welt zu dienen, doch derzeit hat nur einer Priorität: der Christus braucht eure bereitwillige Hilfe. Berichtet der Welt von seiner Anwesenheit und seiner bevorstehenden Rückkehr in die Öffentlichkeit, denn damit helft ihr ihm mehr als ihr euch vorstellen könnt. Baut gemeinsam an der Gedankenform dieses Ereignisses und erzeugt dadurch ein Klima der Hoffnung. Dies kann ihm mehr als alles andere eine reibungslose Wiederkehr in diese verstörte und chaotische Welt ermöglichen.

Wo immer sich heute Menschen treffen, drehen sich die Gedanken um die Zukunft. Ob sie ihnen, je nach Naturell, düster oder strahlend erscheint, sie spüren, dass die Zukunft plötzlich über sie hereinbricht und dass sie keine Fortsetzung der ihnen vertrauten Vergangenheit und Gegenwart ist, sondern, was immer auch geschieht, gänzlich anders sein wird.

Die gewaltigen Ereignisse, die sich nun schon tagtäglich auf der ganzen Welt abspielen, wecken in den Menschen die Erkenntnis, dass sie den Todeskampf einer sterbenden Kultur miterleben und damit das Entstehen einer neuen.

Wie diese neue Kultur aussehen könnte, ist noch weitgehend unklar und unbestimmt, doch ein Faktor hat sich der Öffentlichkeit wie den

Medien bereits eingeprägt: die wachsende Kraft der Stimme des Volkes und die zunehmende Entschlossenheit, dieser Stimme Gehör zu verschaffen. *Dies ist das wichtigste politische Geschehen unserer Zeit.* In der ganzen Welt nehmen die Völker in ihren Ländern ihr Schicksal selbst in die Hand und fordern ihre Rechte ein. Der innere Ruf nach Freiheit, ein Merkmal ihrer Göttlichkeit, eint Menschen aller Rassen und Religionen, wird zu einem Crescendo anschwellen und überall Widerhall finden, bis auch die letzten Festungen der Tyrannei zusammenbrechen und die Menschen ihr Geburtsrecht geltend machen. Das ist die Zukunft, auf die alle Menschen warten.

Juli/August 1992

Wachstum des Bewusstseins

In der ganzen Welt wächst die Einsicht, dass die Menschheit einen grundlegenden Bewusstseinswandel erlebt. Das zeigt sich in vielerlei Hinsicht, nicht zuletzt auch in den Bemühungen, das Wesen des Bewusstseins zu erforschen, den Zusammenhang zwischen Bewusstsein, Verstand und Gehirn zu untersuchen und herauszufinden, welche Auswirkung diese drei im Einzelnen oder gemeinsam auf die Materie und die Natur haben könnten.

Die alten, mechanistischen Vorstellungen von der Natur und den in ihr wirksamen Kräften lösen sich jetzt auf, und es zeichnet sich ein neues Verständnis für die Einheit ab, die jeder Manifestation des Lebens zugrunde liegt. Die Vorstellung, dass alles Energie ist, und dass Energie und Materie lediglich verschiedene Zustände einer Realität sind und von Gedanken beeinflusst werden können, wird zunehmend und weitgehend anerkannt und verändert die Ansichten der Menschen über das Leben. Dieser Aufklärungsprozess setzt sich sehr schnell fort, sodass man bald die Methoden und Technologien entdecken wird, die diesen Zusammenhang beweisen können. Das ist von enormer Bedeutung für die künftige Entwicklung der Menschheit.

Mit dem Beginn des neuen Zeitalters wird ein neuer Drang nach Erkenntnis spürbar, ein Bedürfnis, die äußeren und die subjektiven Welten zu erforschen und die Beziehung zwischen diesen beiden Aspekten der Schöpfung zu verstehen. Viele Wissenschaftler forschen weltweit gezielt in dieser Richtung, weil es sie dazu drängt, ihre intuitive Erkenntnis, dass alles miteinander in Verbindung steht, zu beweisen. Die Annahme eines überpersönlichen Selbst oder einer Seele greift allmählich um sich und wird in den Vorstellungen der Menschen von der Realität eine neue Synthese bewirken.

Mit der Zeit wird das Verbindende all dieser Forschungen in der Erkenntnis bestehen, dass das Bewusstsein ein Attribut der Seele ist, dass der Verstand und das Gehirn Leitsysteme oder Träger für die Manifestation der Seele sind, und dass es in den Verbindungen zwischen diesen keine Unterbrechungen oder Trennlinien gibt.

Bisher betrachtete man das Nervensystem als Bahn für elektrische Signale, die vom Gehirn ausgehen; das Gehirn als Kommandozentrale, das mit Hilfe dieses komplizierten Systems die mentalen, emotionalen und physischen Handlungen und Reflexe steuert, mit denen wir unser Lebendigsein erkennen und zeigen.

Bis zu einem gewissen Grade stimmt das natürlich auch. Tatsächlich koordiniert und organisiert der komplizierte Computer des physischen Gehirns eine Vielfalt an Informationen und Impulsen, die ununterbrochen durch diesen sensiblen Apparat strömen. Doch wenn das Verständnis für das Wesen und den Ursprung des Bewusstseins zunimmt, wird sich ein wahrheitsgemäßeres Bild ergeben, sodass man Status und Funktion des Gehirns als Brennpunkt für die unendlich vielfältigen Impulse höherer Prinzipien begreifen wird.

Viele jedoch setzen Mensch und Denken gleich. Mit dieser Identifikation sehen sie sich als mentales Wesen, das zum Denken und zum Handeln fähig, vollkommen autonom und unabhängig ist, und dessen Existenz allein auf der Fähigkeit zu denken und zu messen beruht. Aber auch das ist nur ein Schatten der wirklichen Beziehung zwischen Mensch und Denkvermögen.

Das Denkvermögen ist ein Instrument, ein Körper, der je nach Person mehr oder weniger empfänglich ist und mit dem die mentalen Ebenen kontaktiert und erkannt werden können. Die Ebene des Denkvermögens – der „Gedankengürtel" – ist grenzenlos und dient als Leitsystem für jede mentale Erfahrung.

Wenn die Menschen diesen Zusammenhang erkennen, werden sie begreifen, dass Telepathie die natürliche Folge ist, und dann wird eine Epoche der Kommunikation und der Verständigungsbereitschaft beginnen.

Das Nervensystem wird man als Bindeglied zwischen der Seele und ihren Trägern verstehen lernen, mit dessen Hilfe die Seele in ihrer jeweiligen Inkarnation ihr Spiegelbild ergreift und sich in ihm manifestiert.

So dehnt sich das Bewusstsein, das Wesen der Seele, aus und wächst. Es lässt sein Licht auf allen Ebenen leuchten und macht dem Menschen seine Bestimmung als Sohn Gottes bewusst.

September 1992

Der Plan gelingt

Mit größtem Interesse beobachtet die Hierarchie die Ereignisse, die sich jetzt auf der Welt abspielen. Es geschieht so Vieles und so Unterschiedliches, dass nur ein geübtes Auge und ein kenntnisreicher Beobachter die Zusammenhänge und damit deren zugrunde liegende Logik und Unvermeidbarkeit erkennen können. Da die Menschheit diesen größeren Weitblick nicht besitzt, ist sie bestenfalls verwundert und schlimmstenfalls verängstigt und verstört. Obwohl alles auf Wohlstand und Frieden hinzudeuten schien, sieht die Zukunft jetzt wieder düster aus: wirtschaftliches Elend und zunehmende ethnische Konflikte tragen tagtäglich zu einer leidvollen Fortsetzung von Hunger und Ungerechtigkeit bei. Was ist nur schief gegangen? fragen viele, wenn ihr Vertrauen und ihr Mut wieder einmal durch die Ereignisse erschüttert werden. Wann fängt die neue Zeit denn an, die uns versprochen wurde?

Dies ist eine Zeit des Übergangs und damit ist sie unweigerlich auch sehr schwierig. Alles, was wir jetzt erleben, ist auf den Einfluss großer Energien und Kräfte zurückzuführen, die auf die Menschheit einstürmen und verschiedene Reaktionen auslösen. Diese sind leider nicht einheitlich und homogen, sondern von individuellen und nationalen Sonderinteressen, Ambitionen und Wünschen geprägt. Daher die vielen nationalistischen Bewegungen und ethnischen Forderungen, die jetzt aufkommen.

Aus unserer Sicht sind diese Forderungen eine legitime, aber verzerrte Reaktion auf die Energien, die den Wunsch nach Freiheit erzeugen und die jetzt die ganze Welt erfassen – man applaudiert ihnen, wenn sie ein repressives politisches Regime stürzen, verurteilt sie aber, und das mit Recht, wenn sie zu Brudermord, Grausamkeiten und Krieg anstiften.

Es herrscht die Ansicht, dass die „innere Regierung" des Planeten, die Hierarchie, alle Ereignisse, ob große oder kleine, unter Kontrolle hat. Das ist keineswegs der Fall. Und das wird auch ohne Verletzung des freien Willens des Menschen nie sein können. Die Aufgabe der Hierarchie ist es, den Plan Gottes durch „das Zentrum, das wir Menschheit nennen", auszuführen. Das darf aber immer nur unter uneingeschränkter Achtung des göttlichen freien Willens des Menschen geschehen. *Wartet daher nicht Tag für Tag oder Jahr für Jahr auf eine perfekte*

Erfüllung des Plans. Das Langzeitziel ist gesichert, daran besteht kein Zweifel. Der Mensch allein diktiert die Wechselfälle und damit den Verlauf des Pfads.

Bald werdet ihr sehen, dass die Spannungen nachlassen, die heute die Welt beherrschen. Die Ereignisse steuern auf eine Krise zu, die diese ungleichen Kräfte auflösen und vernünftigere Ansichten zu Wort kommen lassen wird. Die wirtschaftliche Notwendigkeit zwingt nun auch die reichsten Nationen, globaler und mehr im Einklang mit den Gruppenbedürfnissen zu denken. Bald wird die durch Habgier verursachte Notlage ein nochmaliges Überdenken ökonomischer Theorie und Praxis erzwingen und den Weg in eine gerechtere Welt bereiten. Dieser Tag steht noch nicht unmittelbar bevor, ist aber auch nicht mehr allzu weit entfernt. Fürchtet euch nicht, der Plan ist nicht fehlgeschlagen. Der Plan gelingt tatsächlich.

Oktober 1992

Warten auf das Neue

Die Welt wartet. Nicht mit angehaltenem Atem, aber mit dem zunehmenden Gefühl, dass die Ereignisse zu einer Krise führen, deren Ausgang unklar ist. Niemand weiß, wie sich die Dinge entwickeln werden. Die Fachleute, Politiker wie Ökonomen, treiben hilflos in den kontroversen Strömungen und können nicht planen, da sie notgedrungen Richtungen einschlagen müssen, die widersprüchlich sind. Täglich treten neue Probleme auf, die auch den guten Willen der wirklichen Kenner auf die Probe stellen, während hinter den Kulissen die rücksichtslose Habgier der Spekulanten ganze Nationen in die Knie zwingt.

Immer dann, wenn es zu einer solchen Situation kommt, wächst die Angst der Menschen; aus Angst wird Wut, und sie schlagen zu. Das zeigt sich heute in vielen Regionen der Welt. Die zunehmende Intoleranz gegenüber Flüchtlingen und Fremden, sobald der Lebensstandard sinkt und die Sicherheit bedroht ist, entstellt den demokratischen Prozess. Politische Extremisten, die nur auf ihr Stichwort warten, nutzen die Stunde, um in altbewährter Manier gedankenlose Jugendliche für sich zu gewinnen.

Nichts kann dieses Abgleiten ins Chaos aufhalten, solange die Kräfte des Marktes mit ihrem gnadenlosen Zugriff die Menschen erdrücken. Nichts kann diese Zivilisation retten, solange sie sich auf Wettbewerb und Habgier stützt. Die alte Ordnung stirbt – nein, sie ist schon tot. Die Kommerzialisierung, eine andere Bezeichnung für den Mammon, hat sich des Rechts bemächtigt und ist weltweit zur Staatsreligion geworden.

Wären die Menschen in diesem Mahlstrom auf sich allein angewiesen, dann wäre ihr Los beklagenswert und ihr Schicksal wirklich traurig. Sie könnten sich Nirgendwohin könnten um Beistand wenden, niemanden um Hilfe bitten. Kräfte, die ihre Kontrollmöglichkeit weit übersteigen, trieben sie unbarmherzig in den Krieg, und FINIS stünde groß über des Menschen Leben auf der Erde.

Doch der Mensch ist nicht und war niemals allein, sondern gestützt von seinen Älteren Brüdern macht er seine Reise unter ihrer Aufsicht und Anleitung – nicht allein, sondern in der schützenden Begleitung derer, die den Weg bereits zuvor gegangen sind und ihn gut kennen.

In diesen Sturm begibt sich die Gruppe der Älteren Brüder hinein. Einer nach dem anderen nehmen sie ihren Platz in eurer Mitte ein und sind, wenn man sie ruft, bereit, ihren Rat und ihre Hilfe anzubieten. Seit Jahrhunderten warten sie auf diese Gelegenheit, unmittelbar in der Welt der Menschen zu wirken. Nun kommen sie und bringen Weisheit und Liebe als Geschenke mit. Unter ihrem Oberhaupt Maitreya werden sie die Menschen vom Abgrund der Selbstzerstörung zurückholen und ein neues Kapitel in der Geschichte der Menschheit aufschlagen. Aus den Ruinen des Alten wird unter der Inspiration Maitreyas und seiner Gruppe eine neue Zivilisation von Menschenhand gebaut. Fürchtet euch nicht, denn der Ausgang ist bereits bekannt. Die Menschheit wird diese Krisenzeit überstehen und eine neue und bessere Beziehung zu sich, ihrem Planeten und ihrem Ursprung entwickeln. Maitreya ist gekommen, um alle Dinge neu zu machen. Wissentlich oder nicht, die Welt wartet auf das Neue.

November 1992

Wir erwarten den Ruf

Wir beobachten und warten. Trotz aller gegenteiligen Anzeichen wissen wir, dass unser Plan gelingt. Die Zeit unserer Arbeit in der Öffentlichkeit naht und wird die Hoffnungen und die Sehnsucht der Menschen nach Rat und Beistand erfüllen. Seit Langem haben wir auf diese Stunde gewartet. Seit Langem haben wir uns auf die bevorstehenden Aufgaben vorbereitet, wenn die Menschen uns als diejenigen erkennen werden, die wir sind – als eure Älteren Brüder. Unser Ziel ist es, *gemeinsam* mit euch eine neue Zivilisation aufzubauen und damit aus zwei Zentren eines zu machen. Wir kehren mit hohen Erwartungen in eure Welt zurück und möchten den Menschen in der Stunde ihrer Not zu Diensten sein. Erlaubt uns, euch zu lehren, wie ihr eure Bestimmung erfüllen und euch den Reihen der Vollendeten anschließen könnt. Beeilt euch, uns zu begrüßen und in eurem Leben willkommen zu heißen, denn wir brauchen eure freiwillige Mitarbeit, um euch wirklich beistehen zu können. Bisher arbeiten wir noch im Hintergrund und warten auf den Tag unserer offiziellen Ankunft.

Unterdessen wird Schritt für Schritt eine neue Welt aufgebaut. Die Geburtswehen dieser neuen Welt können alle sehen, doch nur ein geschultes Auge kann das Muster erkennen, nach dem sie langsam Gestalt annimmt.

Wir erleben jetzt, wie alles, was das Sichtbarwerden des Göttlichen im Menschen verhindert, zerstört wird. Freiheit und Gerechtigkeit sind göttlich; daher kommt auch weltweit der neue Impuls, Millionen von Menschen aus der Knechtschaft der Vergangenheit zu befreien. Auch wenn die ersten, dringenden Schritte schmerzvoll sind, wissen die Menschen in ihrem Herzen, dass die Zeit des Wandels bevorsteht. Zu lange haben Menschen andere Menschen ausgebeutet. Zu lange haben die Reichen ihren Reichtum auf Kosten derer vermehrt, denen alles genommen wird. Allmählich taucht in den Überlegungen des Menschen ein neuer Realismus auf, wenn sie die Auswüchse und Fehler der vergangenen Jahre überdenken.

Angesichts dieser Entwicklung sammeln wir unsere Kräfte und rüsten uns zum Kampf gegen Armut und Habgier. Auf unserem Banner stehen Freiheit, Gerechtigkeit und Liebe. An diesen drei Prinzipien machen wir die Zukunft dieser Erde fest.

Wenn ihr uns seht, werdet ihr wissen, dass eine Neubelebung bevorsteht, denn wir bringen unsere Erfahrung und unsere Weisheit mit und legen sie euch zu Füßen. Nehmt sie an und macht sie euch zu eigen. Wir werden euch dabei helfen, sie in euch aufzunehmen und sie anzuwenden.

Viele wundern sich zurzeit, wie Konflikte so plötzlich ausbrechen und den sanften Veränderungsprozess, den man sich wünscht, zum Stillstand bringen können. Daran sind viele Faktoren beteiligt, aber neue, befreiende Energien zwingen die Menschen zu handeln – und das nicht immer zu einer Zeit unserer Wahl. Aktion folgt auf Aktion, sodass sich eine Eigendynamik entwickelt, die häufig nichts mehr aufhalten kann. Unsere Aufgabe ist es, diese Energien und Kräfte so auszubalancieren, dass nur minimaler Schaden daraus erwächst.

Wenn der Ruf nach unserer Rückkehr ertönt, dann werden die Menschen unseren Rat suchen und die Veränderungen im Lichte einer höheren Weisheit vornehmen. Wir erwarten unsere Aufgabe mit Freuden.

Dezember 1992

Der ans Tor pocht

Im Leben jeder Nation kommt eine Zeit, in der eine Phase der Seelen-Erforschung stattfinden muss; dann müssen die in der Verfassung – schriftlich oder ungeschrieben – verankerten Ideale im Licht des bisher Erreichten erneut betrachtet und die Fortschritte bewertet werden. Wenn das offen und ehrlich geschieht, kann ein neuer und nüchterner Realismus die derzeitige Manier des Eigenlobs, überwinden, die von den Regierenden vieler Staaten in der Hoffnung praktiziert wird, ihre schwindende Herrschaft über das Leben ihrer Völker aufrechtzuerhalten. Ihre Zeit ist bald vorbei.

Ereignisse in naher Zukunft werden die Regierungsmacht neu verteilen und das Volk emanzipieren. Die Scheindemokratie von heute wird einer echten Partizipation weichen, und damit kann ein neues Kapitel in der langen Suche des Menschen nach Gerechtigkeit und Frieden aufgeschlagen werden.

Während diese Worte geschrieben werden, wird bereits ein Plan in Gang gebracht, der diesen Prozess beschleunigen und den Millionen gepeinigter Herzen wieder Freude bringen wird. Geduldig warten sie, die Armen ohne Hoffnung – wie Viehherden zusammengetrieben auf verdorrtem Land in unbarmherziger Wüste, obdachlos und ohne Arbeit in den stolzen Städten der Welt oder das felsige Gelände der Hochplateaus bebauend. Sie alle erwarten ihre Befreiung, die nun ans Tor pocht.

Bald werden sie ihren Befreier sehen. Viele sind ihm bereits begegnet und ihr Leben wird davon bestimmt, sein Gesicht wiederzusehen. Auf den Schlachtfeldern – eine Schande für diese Zeit – erscheint er allen mit gleicher Barmherzigkeit. Bald werden die vielen Wunder, die er vollbracht hat, ihm weltweit die Herzen der Menschen öffnen. Wenn nach und nach die Heilquellen entdeckt werden, kann eine gründliche Reinigung der Tempel der Menschen beginnen.

Die Geschichte lehrt, dass nichts zweimal auf die gleiche Weise geschieht. Zeit und Evolution sorgen dafür, dass immer wieder Neues geschieht. Wer einen Retter im herkömmlichen Sinn erwartet, der wartet vergeblich. Neue Zeiten erfordern neue Methoden, und neue Probleme neue Lösungen.

Daher widmet sich Maitreya mit der gegenwärtigen Situation, den Problemen, die alle Menschen bedrängen: Hunger und Konflikte; das

Gleichgewicht auf dem Planeten; Teilen und Gerechtigkeit; Wege zu Frieden oder Krieg. Dass er kommt, um den Menschen zu helfen, steht außer Zweifel, doch vor allem kommt er, um zu lehren. Hört daher auf seine Lehren, denn darin geht es um die Essenz des Lebens, und mit ihrer Hilfe und Inspiration könnt auch ihr die Sterne erreichen.

Wenn man euch fragt: „Was wird die Zukunft bringen?", berichtet Folgendes: Ein strahlender Stern hat seinen rechtmäßigen Platz am Firmament verlassen, um sich unter die Menschen zu begeben und ihnen Gaben zu bringen, die man auf dieser Erde bisher nicht kannte. Dieser Gesegnete mit dem Namen Maitreya wird die Menschen lehren, was aus ihnen noch werden kann. Er wird ihnen den verborgenen Eingang zum Herzen Gottes zeigen und sie hineinführen. Er wird mit Menschen und Engeln leben und sie einander näher bringen. Mit seinem Beispiel und seinen Lehren wird er den Weg zur Selbsterlösung zeigen. Er wird die Welt erneuern und sie verjüngen. Horcht auf sein Pochen.

Januar/Februar 1993

Das Ende des Hungers

Der Hunger ist heute ein viel beachtetes Thema. Viele Institutionen und Organisationen befassen sich weltweit ausschließlich mit diesem Problem. Warum, könnte man sich fragen, ist das so? Warum verdient ein einzelner, wenn auch wichtiger Faktor im menschlichen Zusammenleben so viel Beachtung, warum liefert er so viel Grund zur Sorge, löst solche Kontroversen aus und inspiriert zu solch hingebungsvollem Einsatz unter persönlichen Opfern?

Menschen wissen aus eigener Erfahrung, dass Hunger als Dauerzustand widernatürlich ist und unser Menschsein verletzt. Man weiß, dass seit Anbeginn des Lebens auf dem Planeten Erde alle Kreaturen essen müssen, um ihren Hunger zu stillen und ihren physischen Körper am Leben zu erhalten.

Jahrtausendelang hat ein Großteil der Menschheit infolge klimatischer Veränderungen mit den Tieren ums Überleben gekämpft. Sie haben den Hunger in einem Ausmaß kennengelernt, das mit dem heutigen nicht zu vergleichen ist. Technik, Wissenschaft und schnelle Kommunikationswege haben es jedoch möglich gemacht, dass die Mehrzahl der Menschen in unserer Zeit nicht mehr hungern und verhungern muss.

Es stellt sich daher die Frage: Warum gibt es in einer so überreichen Welt überhaupt Hunger in diesem Ausmaß? Warum müssen bei einem für alle mehr als reichlichen Nahrungsangebot immer noch Millionen Hunger leiden und dem Göttlichen im Menschen Schande bereiten?

Aufgrund welchen Gesetzes nehmen sich Menschen das Recht, darüber zu bestimmen, wer leben darf und wer sterben muss? In welchem Abgrund von Selbstgefälligkeit werden solche Urteile gefällt?

Mit welchen Initiativen und mit welchen neu zu entdeckenden Werten könnte der Mensch dieser grausamen Entwicklung Einhalt gebieten?

Bald werden bestimmte Ereignisse die Menschen dazu zwingen, den Sinn ihres Lebens neu zu überdenken und die Gemeinsamkeit ihres Erbes anzuerkennen. Bald wird eine ganz neue Nivellierung den Reichen und den Armen ihre naturgegebene Brüderlichkeit begreiflich machen. Bald wird der große Lehrer persönlich seine Solidarität mit jeder Gemeinschaft und jedem Menschen beweisen, und dann wird man, in dem Bestreben, es ihm gleichzutun, die heutigen Spaltungen auflösen.

Seid euch bewusst, was diese Zeit bedeutet: Sie ist der Anfang vom Ende des Alten und die Geburtsstunde des Neuen.

Heute ringen die Regierenden mit Situationen, die sich ihrer Kontrolle entziehen. Kräfte, von denen sie nichts verstehen, treiben sie zu planlosen und oftmals hysterischen Reaktionen. Von ihrem eigenen Dogma verleitet, flüchten sie von einem Chaos in das nächste.

Unterdessen warten wir geduldig. Wir kennen den Ausgang des heutigen menschlichen Dilemmas und wir helfen, soweit es das karmische Gesetz zulässt. Wir wissen auch, dass der Mensch sich *aus freiem Willen* für den Weg zu künftiger Herrlichkeit entscheiden muss: für den Weg der Brüderlichkeit und Liebe, für Gerechtigkeit und Teilen.

Wir stehen den Menschen in ihrer Not bei. Wir sind bemüht, zu lehren und ihnen zu dienen. Handeln aber muss der Mensch selbst und im Schmelztiegel der Erfahrung seine Göttlichkeit erproben.

Die Zeichen sind für jeden sichtbar – die Zeichen einer neuen Zeit, in der es Hunger nicht mehr geben wird.

März 1993

Die Lehrer sind bereit

Ohne Zweifel treiben die Ereignisse einem Höhepunkt zu. Täglich hören wir in den Nachrichten, dass die Kriminalität – Gewalt, Mord, Folter und Vergewaltigung – steigt. Furcht ergreift die Älteren und nimmt der Jugend den Mut; in den Städten, wo die Drogenkönige herrschen, schwindet die Hoffnung. Ein tiefes Unbehagen breitet sich in den westlichen Ländern aus, große wie kleine Korruptionsfälle sind an der Tagesordnung.

Unter dem Druck der Marktkräfte sind die Regierungen in einen harten Konkurrenzkampf miteinander getreten und opfern dabei das Auskommen und das Wohlergehen ihrer Bevölkerung. Um wirtschaftlicher Effizienz willen werden Gesundheitsfürsorge und Bildung, einst Wahrzeichen eines zivilisierten Lebensstils, der Raubgier preisgegeben. Entwurzelt und ohne Hoffnung blicken Millionen Menschen verzweifelt in die Zukunft.

Von der „Logik des Marktes" verblendet, vollziehen die Ideologen ihr unseliges Ritual auf dem Rücken der seit jeher leidenden Armen. Dabei übersehen sie die unvermeidlichen Folgen ihres Wahns: den Kollaps der Strukturen, die sie eigentlich beherrschen wollen. Was immer sie tun, welchen Weg sie auch einschlagen, sie müssen erfahren, wie das Gesetz gegen sie arbeitet; Ursache und Wirkung sind unaufhebbar.

Bald wird man die Überreste dieser Zivilisation als das sehen, was sie sind – die armseligen Trümmer des Unrechts und der Habgier. Bald werden die Menschen selbst die Macht übernehmen und sich auf ihre Rechte als Bürger der Welt und als Kinder Gottes berufen.

Die zentrale Krankheit des heute gültigen Systems besteht in Selbstsucht, Selbstgefälligkeit und Angst. Wo diese drei herrschen, nehmen Ausgrenzung und Ausbeutung, die Handlanger erbarmungsloser Habgier, zwangsläufig überhand.

Nur ein gründliches Nachdenken über Sinn und Zweck des Lebens kann die Menschen noch vor dem Abgrund bewahren. Nur mit einer neuen, realistischen Einstellung wird man den Schlüssel zu diesen Rätseln finden können. Wenn die bisherigen Tempel der Menschen, die Börsen der Welt, ins Wanken geraten und zusammenbrechen, wird sich der Schlüssel drehen und eine neue Schönheit enthüllen, die nach Entfaltung drängt.

Dann werden die Menschen erkennen, dass sie Brüder sind und im Dunkeln nach dem gleichen Leitstern suchen. Sie werden entdecken, dass der einzige Weg nach vorn nur ein gemeinsamer sein kann: Kooperation zum allgemeinen Wohl. Sie werden wieder verstehen, warum sie auf der Erde sind, und auf jede erdenkliche Weise versuchen, ihr Verständnis für den Plan in die Tat umzusetzen. So wird es sein.

So werden die Menschen den Rat ihrer Älteren Brüder befolgen und erkennen, dass sie bei allen Wechselfällen des Lebens niemals allein waren. Schon immer waren diese klugen und erfahrenen Ratgeber, die den Weg weisen, hinter den Kulissen präsent und, wenn man sie rief, jederzeit bereit, mit dem Licht ihrer Erkenntnis die Probleme des Menschen genauer zu beleuchten und seinen Weg zu erhellen. Nun scheint dieses Licht so hell wie nie zuvor und nicht mehr nur von fern. Es dient dem Menschen in seinen Qualen jetzt als Leuchtturm und zieht alle an, die bereit sind, das Los der Menschheit zu erleichtern. Der Aufruf zum Dienst ist erklungen, die Lehrer sind bereit. Wacht auf, wacht auf!

April 1993

Eine Zukunft in Frieden und Gerechtigkeit

Selten zuvor schien die Welt vor so vielen Problemen zu stehen. Auf dem gesamten Erdball sind in fast jedem Land Kräfte am Werk, die jede Balance und Sicherheit stören. Chaos und Zerstörung verbreiten in zunehmendem Maße Schrecken. Millionen leiden unter zutiefst entwürdigender Not und Armut, und ganze Länder krümmen sich unter den Schmerzen des Wandels.

Mitten in diesen Hexenkessel ist der Christus gekommen. Ob man es sich eingesteht oder nicht, so ist doch hinter diesem äußerlichen Aufruhr seine Hand zu erkennen, die die Kräfte zum Guten lenkt und stärkt und ihnen damit den endgültigen Sieg sichert. Wenn es auch kaum so scheinen mag, wird aus diesen sich bekämpfenden Kräften eine neue Ordnung geschaffen – eine neue Lebendigkeit aus der Asche der vergehenden Formen.

Angesichts der weltweiten Ausbreitung der Kommerzialisierung, die wie ein Krebsgeschwür die Lebensadern der menschlichen Beziehungen, der Wirtschaft und des Staates vergiftet, erkennen jetzt doch mehr und mehr Menschen die Gefahr und suchen neue Formen des menschlichen und wirtschaftlichen Umgangs miteinander.

Während rücksichtslose und ehrgeizige Menschen in ihren eigenen Ländern verheerenden Schaden anrichten und die Flamme des Hasses schüren, die seit Langem in den Herzen ihrer Völker schlummert, setzt sich im Forum der Nationen eine neue Bereitschaft durch, den Opfern zu helfen und sich der Aggression zu widersetzen.

Die Hand des Christus lässt das Steuer niemals los. Nur die Erfüllung des Gesetzes schränkt seinen Spielraum ein. Seine Kräfte sind allzeit präsent und zum Einsatz bereit, wenn eine zu schwere Last die Menschheit zu vernichten droht.

Schöpft also wieder Mut, da ihr nun wisst, dass diese Zeit des Feuers und der Furcht ein Ende nehmen wird; das lange Leiden der Menschen wird bald vorüber sein. Habt Mut, denn ihr wisst, dass der Mensch nicht allein ist, dass seine Älteren Brüder jede dieser schmerzlichen, aber vorübergehenden Phasen kennen und überwachen.

Bereitet euch darauf vor, in die Zukunft zu blicken und sie zu gestalten. Stellt sie euch so vor, dass sie euren höchsten Ansprüchen genügt. Lernt, in dem heutigen Chaos gelassen zu sein, und tragt nicht mit eigenen Ängsten zu der eindringenden Finsternis bei. Der Tag der Freude ist näher, als ihr vielleicht denkt; und mit der Zeit wird auch der Hass vergehen.

Stellt euch darauf ein, dass dieser neue Tag bald kommen wird. Lasst jeden Funken eurer Sehnsucht noch stärker leuchten. Ein neues Licht, das Licht der Welt, ist jetzt wieder unter euch. Offenbart das zunehmende Licht, das jetzt in jedes fühlende Wesen eindringt, und bringt die alten Unausgewogenheiten wieder ins Lot.

Wir beobachten und warten und sind bei euch. Jeder Tag rückt unsere Anwesenheit näher in euer Blickfeld. Wenn ihr uns seht, dann werdet ihr wissen, dass die Zeit der Zusammenarbeit zum Schutz der Menschheit gekommen ist: Die „Kräfte des Marktes" dürfen den aufsteigenden Weg des Menschen nicht länger zerstören. Der grausame Ehrgeiz darf das Leben der Völker nicht noch länger beherrschen. Nie wieder darf es sein, dass Millionen inmitten des Reichtums verhungern. Nie mehr darf die Zukunft der Jugend über ihre Köpfe hinweg verkauft werden. Eine Zukunft in Frieden und Gerechtigkeit winkt. Nehmt sie an, nehmt sie wirklich an.

Mai 1993

Der Mantel der Macht

Viele Menschen befürchten heute, dass eine Eskalation der Kämpfe im früheren Jugoslawien unvermeidlich zu einem dritten und katastrophalen, weltweiten Konflikt führen werde. Der Balkan und nicht mehr der Nahe Osten gilt nun als Auftakt zum Armageddon in den Augen derer, die ihre Schriften falsch auslegen und derartige Erwartungen in der Welt verbreiten. Wenn sie erkennen könnten, dass sie die Kräfte, die jetzt auf dem gesamten Erdball wirksam sind, völlig missverstehen, dann könnten sie sich selbst und jenen, die auf sie hören, viel Kummer und Sorgen ersparen.

Die Angst vor einer solchen Möglichkeit ist in vielen Ländern – besonders in den USA – der Grund für die gegenwärtige Tatenlosigkeit, wie immer sie auch rationalisiert wird. Diese Angst lähmt die Entschlussfähigkeit und führt zu Verwirrung und Zweifel.

Was jetzt notwendig ist, das ist eine klare und energische Führung. Die Vollversammlung der Vereinten Nationen, die noch zögert und zudem gespalten ist, sollte die Sorge aller Völker um die Opfer des Brudermords laut und deutlich formulieren und die wirtschaftlichen und militärischen Maßnahmen genehmigen, die dem ein Ende setzen können. Durch weitere Verzögerungen ist nichts zu gewinnen. Mit Sanktionen allein wird man keine Entscheidung erzwingen und die Eigendynamik des Gemetzels nicht aufhalten können; man sollte Streitkräfte aufstellen, die der Aufgabe gewachsen sind, und sie auf den Einsatz vorbereiten. Nur so werden die machthungrigen Führer endlich dem Morden Einhalt gebieten. Und nur so werden deren Gesinnungsgenossen rund um die Welt, die die Sehnsüchte ihrer Völker missbrauchen, eine Denkpause einlegen.

Bald werden die Staaten begreifen, wie notwendig gemeinsames Handeln ist, um die vielen Probleme zu lösen, die tagtäglich die Welt bedrängen. Auch wenn es in jüngster Vergangenheit noch ziemlich unwahrscheinlich erschien, sind es gerade diese gemeinsamen Probleme und Ängste, die die Völker zum gegenseitigen Schutz zusammenrücken lassen. Die Kräfte, die verirrten Gruppen und Individuen jetzt zugänglich sind, sind so gefährlich, dass nur eine konzertierte Aktion der Völker sie in Schach halten kann.

Die Vereinten Nationen finden allmählich – langsam, zögernd und doch Schritt für Schritt – zu ihrer Verantwortung und zeigen sich endlich mutig im Mantel der Macht. Sie sind der Repräsentant der höchsten Hoffnungen der Menschen auf Gerechtigkeit und Frieden, und sie müssen bereit sein, zu handeln, damit der Fortbestand der Menschheit gesichert ist. Dies und nur dies allein wird eine Zukunft ohne die Bedrohung durch Bruderkriege gewährleisten. Krieg muss heute für illegal erklärt werden, und die Anstifter müssen sich vor dem Gesetz verantworten. Die Nationen müssen bereit sein, das Gesetz zu erzwingen und den Preis des Handelns auf sich zu nehmen. Bis echter und dauerhafter Frieden gesichert ist, bleibt der Welt nichts anderes übrig, als auf solche Ordnungsmaßnahmen zurückzugreifen.

Mittlerweile ist in all dem Chaos auch sehr viel Gutes zu entdecken. Auf allen Gebieten sind weitgreifende Veränderungen erkennbar, und allmählich bahnt sich bei den Regierenden und den Völkern eine neue realistische Einstellung an. Die alten, beharrlichen Verblendungen verlieren allmählich an Zugkraft, und ein besseres Verständnis für die eigentlichen Ziele bestimmt bereits den Umgang mit den drängenden Problemen unserer Zeit. Dass diese Probleme gelöst werden, steht außer Zweifel.

Juni 1993

Am Scheideweg

Mit jedem Tag wird den Menschen bewusst, dass die gegenwärtigen politischen, wirtschaftlichen und gesellschaftlichen Systeme nicht länger tragbar sind und durch andere ersetzt werden müssen. Es erhebt sich die Frage: in welche Richtung soll man gehen? Wie lassen sich die bestehenden Strukturen abändern oder transformieren, ohne in ein völliges Chaos zu geraten? Besorgt um die Zukunft und unfähig, klar zu sehen, stehen die Menschen am Scheideweg und warten auf Rat und Unterstützung.

Dabei dürfen sie sicher sein, dass sie nach dieser Führung nicht weit suchen müssen. Schon seit ewigen Zeiten sind die Ratgeber immer präsent und, wenn man sie ruft, bereit, die Früchte ihrer Erfahrung und Weisheit zur Verfügung zu stellen. Heute leben diese Berater mitten unter den Menschen, um sie über die Wege der neuen Zeit aufklären zu können. Eine neue Ordnung erwartet die Menschensöhne.

Sicher ist, dass die alten Strukturen verschwinden müssen; sie haben schon lange ausgedient und blockieren jeden weiteren Fortschritt der Menschheit. Diese überholten Institutionen bergen auch viele Gefahren in sich, und sie zu ignorieren geschieht auf eigene Gefahr. Wenn die Menschen das einsehen, werden sie die Gelegenheit ergreifen, ihre Welt nach solchen Richtlinien wie Vernunft und Mitgefühl umzugestalten. Allmählich wird man begreifen, dass die Welt des Menschen eine Einheit ist und die Natur Nahrung für alle bereithält, und dass das Teilen der einzige Weg ist, um Gerechtigkeit und Frieden zu gewährleisten. Mit der Erkenntnis dieser Wahrheiten wird die Menschheit alle Bemühungen und Ressourcen dafür einsetzen, neue Strukturen und Formen zu schaffen, die es den Menschen ermöglichen, ein erfüllteres Leben zu führen. So wird es sein.

Zu diesem Zweck werden wir, die Ratgeber der Menschheit, unsere Präsenz bekannt geben und helfen, soweit es das Gesetz erlaubt. Damit werden wir unsere mühsam gewonnenen Erfahrungen in den Dienst der Menschheit stellen. Auf diese Weise wird eine neue Ära beginnen, eine Ära der engen Zusammenarbeit zwischen den Lehrern und der Welt des Menschen. Damit wird sich auch die menschliche Evolution beschleunigen, so dass sich immer mehr Menschen in unseren Reihen einfinden werden.

Unsere Vorbereitungen sind beendet, unsere Pläne gut ausgearbeitet. Wir warten nur auf unsere Anerkennung und eine Einladung, in aller Öffentlichkeit am Leben der Menschen teilzunehmen.

Die Aufgaben, die vor der Menschheit liegen, sind wahrhaftig groß. Sie werden eine vollkommene Zusammenarbeit zwischen allen erfordern. Unsere Hilfe und unsere Empfehlungen werden die Last erleichtern und die Menschen auf sichere und erprobte Pfade lenken. Viele warten voller Hoffnung auf unsere Ankunft; diese Hoffnung wird nicht unerfüllt bleiben. Unser Handeln ist von Dienst und Liebe bestimmt. In dem Bestreben, es uns gleichzutun, werden auch die Menschen die Liebe offenbaren, die in jedem Herzen schlummert, und, wenn sie sich bereitwillig für die Bedürfnisse aller einsetzen, die Göttlichkeit ausstrahlen, die allem zugrunde liegt. So wird es sein. So werden die Menschen sich erfolgreich weiterentwickeln und Gottes Wege begreifen.

Juli/August 1993

Das neue Leben

Es ist nicht das erste Mal, dass die Welt von detonierenden Bomben erschüttert wird. Wenn alte und korrupte Regime wanken und zerfallen, machen sich die Unruhestifter ans Werk und verbreiten Anarchie und Terror in einem vergeblichen Versuch, den Prozess des Wandels aufzuhalten.

Länder, die lange in einem Sumpf der Korruption und Misswirtschaft versunken waren, erfahren jetzt zunehmend das reinigende Feuer der neuen Energien, die heute die Welt durchdringen. Nichts kann diesem Wandlungs- und Erneuerungsprozess entrinnen. Nichts kann diesem Feuer eines neuen Lebens widerstehen, das in jeder Schicht hervorbricht.

Als Vorbereitung auf diesen Wandel muss sich zur Verdichtung eine innere Spannung aufbauen. Diese Spannung wächst überall auf dem Planeten, da die alten Energien und Kräfte vor den neuen zurückweichen. Die jüngsten Ereignisse sind nur das Vorspiel für einen weltweiten Prozess, mit dem die wirklichen Bedürfnisse des Volkes die Oberhand gewinnen werden über die Despoten und die Korruption der Vergangenheit. Autobomben und Terror werden nicht den Sieg davontragen. Die Menschen haben Freiheit und Gerechtigkeit gewittert, und nichts kann ihren Willen mehr vereiteln.

Dieselben Energien üben ihren magischen Einfluss genauso in den Religionen aus wie anderswo. Der in allen religiösen Gemeinschaften zunehmende Einfluss extremistischer Intoleranz und Selbstgerechtigkeit ist lediglich Vorbote einer neuen Toleranz und Weitsicht. Die alte Ordnung in Kirchen, Tempeln und im Staate zeigt Risse und bricht zusammen und wird bald abgelöst werden. Wenn Maitreya und die anderen Meister sich der Welt präsentieren, wird sich diese Entwicklung beschleunigen und die alten, trennenden Dogmen zunichte machen. Die Kräfte der Erneuerung suchen nach neuen und feineren Formen; das neue Leben bricht sich in jeder Richtung Bahn.

Zweifellos erreichen die Kräfte des Chaos jetzt den Höhepunkt ihrer Macht. Dieser Anstieg aber ist befristet, da die Kräfte der Erneuerung mit ihrem wohltuenden Einfluss stärker sind. Neue Energien inspirieren zu neuen Ideen und Idealen, und damit werden auch die Richtlinien für die Lebensweise des Menschen neu definiert. Haltet Ausschau nach den Anzeichen der neuen Ordnung: Toleranz und guter Wille; Demokratie, Gerechtigkeit und Teilen; Kooperation und Interdependenz. Dies sind die Zeichen der neuen Zeit, in der die Menschen sich stolz und frei bewegen werden.

In Kürze wird sich die Wahrheit dieser Worte bestätigen, denn die Ereignisse bewegen sich auf ihren unvermeidlichen Höhepunkt zu. Selbst die Engel werden still und flüstern in Erwartung jener Zeit. Wenn der Große Herr sich von Angesicht zeigt, werden die Menschen wissen, dass die Zeit des Wandels gekommen ist: die Zeit der Wiedergutmachung, der Heilung alter Wunden, die Zeit, Vergangenes zu korrigieren und die Lampe der Zukunft anzuzünden, die Zeit, dem Übel die Tür zu verschließen, die Strukturen zu berichtigen und zu klären, mutig das Neue willkommen zu heißen und ungewohnte Wege einzuschlagen. Dann wissen sie, dass es kein Zurück mehr vor der Zukunft gibt – vor einer Zukunft, die den Menschen die Bedeutung ihrer Existenz und das Wesen und die Absicht Gottes enthüllen wird. Dann wissen sie, dass die Zeit für die Neugestaltung der Welt gekommen ist.

September 1993

Neuer Realismus

Vielen Menschen kommt allmählich die Erkenntnis, dass von jetzt an das Leben anders aussehen muss als alles, was man bisher kannte. Sie spüren, dass die menschliche Situation sich zuspitzt und sich eine neue Richtung abzeichnet; sie sind der Vergangenheit müde und bereit, neue Wege zu gehen. Die äußeren Ereignisse bestätigen die Richtigkeit dieser Empfindung: Täglich schicken die Medien ihre Neuigkeiten um die Welt, berichten über neueste Erfindungen und medizinische Erkenntnisse, über einen unerwarteten Kompromiss und Begegnungen zwischen Menschen, die sich lange fremd waren. Eine neue Hoffnung zeichnet sich trotz aller Ängste und Zweifel ab. Die Menschen wissen, dass nichts ewig dauert – weder lähmende Wünsche und Ängste noch der Reichtum des Füllhorns.

Der kürzliche Durchbruch in den Nahostverhandlungen, die seit Jahren aufgrund der unfruchtbaren Konfrontation von Misstrauen und Hass aussichtslos erschienen, weist auf einen neuen Realismus hin, der jetzt in internationalen Angelegenheiten aufkommt. Befreit von den Fesseln der Dogmen und Ideologien können die Menschen Vereinbarungen treffen, die man bislang für unmöglich gehalten hat. Schon diese Begriffe verlieren zusehends an Bedeutung, da die Ereignisse das Gegenteil beweisen.

Nichts dergleichen geschieht zufällig. Jeder Manifestation liegen viel Arbeit und lange, sorgfältige Planung zugrunde. Die Menschen täuschen sich, wenn sie die Menschheit für den einzigen Initiator des Wandels halten. Seit unzähligen Jahrhunderten sind die Menschen einem Pfad gefolgt, der von anderen für sie angelegt und beaufsichtigt wurde: Wir, die Hüter des Pfades, bieten den Menschen diesen Weg an und bemühen uns, sie sicher durch dessen viele Gefahren zu geleiten.

Eine dieser Gefahren kommt bald auf die Menschheit zu: Die Börsen der Welt, die Spielsalons der Habgierigen und Nichtstuer, stehen vor dem Zusammenbruch und dem Ende ihrer Macht. Kein Land hat heutzutage sein Schicksal wirklich selbst in der Hand; unbemerkte Kauf- und Verkaufsgebote gebieten über Stärke oder Schwäche stolzer und mächtiger Nationen. Jeder ist bedroht in diesem Kasinospiel.

Wie sollen die Menschen angesichts solcher Abweichungen von der Norm mit den damit verbundenen Problemen umgehen? Sind sie den vielen Veränderungen, die kommen müssen, überhaupt gewachsen?

Sie brauchen nicht zu fürchten, dass sie keinen Beistand haben. Wir, die Älteren Brüder der Menschheit, haben alle Möglichkeiten vorausgesehen und kennen die Antworten auf ihre Notlage. Seid versichert, dass wir euch helfen werden, dass euch auf Anfrage unser Rat zur Verfügung steht. Wir wissen, was die Menschheit wirklich braucht, aber die Menschen müssen sich aus freiem Willen selbst entscheiden und für unseren Rat bereit sein.

Wenn die Menschen die richtige Wahl für eine gerechte Aufteilung der Ressourcen treffen, dann haben wir auch die Hände frei, um ihnen noch mehr zu helfen. Unsere Erfahrung und unser Wissen werden frei zur Verfügung stehen und unsere Weisheit und Liebe allen zu Diensten sein. Voll Vertrauen warten wir darauf, dass sich die Menschen an uns wenden. Dann werden wir in aller Öffentlichkeit als getreue Brüder und Freunde an eurem Leben teilnehmen. Euer und unser Lehrer Maitreya, der Große Herr, steht im Hintergrund bereit, mit seiner Mission zu beginnen. Auf euren Ruf hin werden wir kommen.

Oktober 1993

Die neue und gesegnete Zeit

Jede Generation steht vor Problemen, die ihrer Fähigkeit, sie lösen und bewältigen zu können, durchaus entsprechen. Das Gesetz der Wiedergeburt sorgt dafür, dass jede sich neu inkarnierende Gruppe den Anforderungen der Zeit gewachsen ist. Heute sind Menschen inkarniert, die für die Lösung der vielen Probleme, mit denen die Menschheit zurzeit ringt, bestens gerüstet sind.

Es besteht kein Grund zur Verzweiflung. Allerdings sind die bevorstehenden Aufgaben immens – es geht um nichts Geringeres als die vollständige Umwandlung jedes Lebensaspektes auf dem Planeten Erde; aber Schritt für Schritt und mit zunehmender Dynamik werden diejenigen – das sei euch versichert – sich dieser Aufgabe kühlen Kopfes und mit ganzem Herzen annehmen, die genug Einsicht, Energie und Willen haben, um sie lösen zu können.

So kann sich der Plan entfalten, so wachsen Menschen, wenn sie ihren Part in der Zielsetzung unseres Logos erkennen und danach handeln. So ist es immer gewesen und so wird es auch weiterhin bis zur Vollendung des Plans bleiben.

Von jetzt an jedoch werden die Menschen diese Aufgaben nicht allein – oder zumindest nur scheinbar allein – in Angriff nehmen, sondern gemeinsam mit denjenigen, die ihr Ziel schon erreicht haben: die Älteren Brüder des Menschen, seine Lehrer und Freunde. Wir sind bereit für die kommenden Aufgaben, wir kennen das Ergebnis und wissen, dass es gut sein wird.

Wir wissen auch, dass in dem Wirbelsturm, der jetzt die Welt erfasst, in der Menschheit dennoch ein Gefühl für Ordnung wächst, die, wenn gewünscht, auch geschaffen werden kann; und wir wissen um die wachsende Erkenntnis, dass sich der Weg nach vorn zeigen wird und der sichere Hafen erreicht werden kann, wenn die Menschen nur mutig zu ihrem inneren Verständnis stehen. Überall spüren das die Menschen bereits, schauen aber noch zu ihren Führern auf und warten auf das Startsignal.

Heute allerdings fehlt es, wie man feststellen muss, an wirklicher Führung. Mit wenigen Ausnahmen schlagen die Vertreter des Volkes auf verlorenem Posten alte Schlachten und kämpfen machtlos und verzweifelt gegen den Lauf der Geschichte, gegen die Kräfte der neuen Zeit an.

Die Menschen erwarten ein Signal aus höherer Quelle. Sie erkennen bewusst oder unbewusst, dass diese Zeiten nicht alltäglich sind, sondern von höchster Bedeutung, äußerster Spannung und voller unbegrenzter Möglichkeiten. Sie wenden sich wieder ihren alten Wahrheiten zu, den überholten Schriften und Ritualen der Vergangenheit, doch seltsam unbefriedigt ahnen sie und warten darauf, dass sich ihnen etwas Neues offenbart.

Diese neue Offenbarung wird sich dem suchenden Menschenherzen erschließen; die einfache Erkenntnis der Brüderlichkeit wird den bereitgehaltenen Kelch füllen. Millionen Menschen sind offen für diese segensreiche Erfahrung und wenden ihren Blick erwartungsvoll und mit neuer Hoffnung nach oben.

Sie warten nicht umsonst. Ihre Hoffnung ist nicht sinnlos. Maitreya ist gekommen, um sein Versprechen einzulösen und die Menschen wieder miteinander und mit Gott zu vereinen. Er ist gekommen, „um alle Dinge neu zu machen", um den Kelch des Menschen mit dem Nektar der Liebe zu füllen und die Menschen sicher in die neue und gesegnete Zeit zu führen.

November 1993

Die vorherbestimmte Stunde

Mit dem Nahen der vorherbestimmten Stunde erwartet die Menschheit den Boten. Schon leuchten weltweit Signale auf, die ankündigen, dass der Erwartete bereits unter uns ist. Der lang ersehnte, undenkbare Traum wird Wirklichkeit. Plötzlich ergreift eine neue Welle der Erwartung die Herzen vieler Menschen und lenkt ihre Gedanken auf das zentrale Ereignis unserer Zeit.

In der ganzen Welt haben die Zeichen ihr Werk vollbracht. Immer mehr Menschen erfassen ihre Bedeutung und sind dankbar für den Trost, den sie dadurch finden. Eine neue Freude bewegt die Herzen aller, die die Wahrheit kennen: Sie wissen, dass der Bote bereit ist, im hellen Licht des Tages zu erscheinen und nur auf den Ruf wartet, seine Mission zu beginnen. Bald wird dieser Ruf ertönen und ein neues Zeitalter anbrechen.

Bisher haben nur sehr feinfühlige Menschen seine Gegenwart gespürt, aber bald werden auch Millionen ihre Erfahrung ernst nehmen, dass der Menschensohn zurückgekommen, dass der Herr der Liebe wieder hier ist. In Scharen werden sie in ihre Gotteshäuser strömen, um Gott zu danken. So wird es sein, und damit wird der erste Teil des Plans erfüllt werden.

Neuigkeiten verbreiten sich rasch – oder sollten es zumindest, wenn sie die Herzen der Menschen beglücken können. Doch lange Zeit haben viele das, was ihnen Mut machen könnte, von sich gewiesen. In geistiger Blindheit oder aus Angst vor Enttäuschung haben sie nicht wahrgenommen, was vor ihren Augen vor sich ging: dass sich die Welt verändert, dass das Unmögliche Wirklichkeit wurde und die Furcht vor Vernichtung aus ihren Gedanken verschwunden ist.

Nun werden viele auf die Wunder aufmerksam, die in der Welt geschehen, und denken darüber nach, wie sie ihren Mitmenschen helfen können. Eine Flut von weiteren Wundern wird die Menschen in Erstaunen versetzen und ihre Annahme, dass der Große Herr unter uns ist, bestätigen. Die Ängstlichen werden lernen und begreifen, dass die „Endzeit" nicht das Ende aller Zeiten, sondern ein Punkt in der kosmischen Geschichte der Erde ist. Eine neue Offenheit und Toleranz macht sich bemerkbar, und damit wird ein helleres Kapitel für den Menschen aufgeschlagen.

Seid bereit für das Neue. Lehnt das Ungewohnte nicht ab. Große Wunder werden ihren Segen über die Menschen ergießen. Verstockte und Engstirnige werden sich noch eine Zeit lang fürchten, aber der Hass wird im Glanz von Maitreyas Liebe allmählich dahinschmelzen.

Habt keine Angst um die Zukunft der Erde. Wenn die heutige Ignoranz überwunden ist, wird man anders und besser haushalten und damit anhaltend stabilere Zustände schaffen. Einfachere und echtere Freuden werden die Herzen der Menschen berühren und die gegenwärtige Unbehaglichkeit vertreiben. Die Menschen werden sich als Geschwister erkennen, gerecht untereinander teilen und damit ihr ganzes Leben verändern. So wird es sein, und auf diese Weise werden die Menschen die Geheimnisse des Universums erfahren und, nach den Sternen greifend, ihr Geburtsrecht als Söhne Gottes in Anspruch nehmen.

Dezember 1993

Der Weg zur Göttlichkeit

Die Welt wird nun sehr bald erkennen, dass das lange Warten vorbei ist, dass der Menschensohn sein Versprechen gehalten hat und dass eine neue Ära angebrochen ist. Wenn die Menschen ihn sehen, werden sie die Gründe für seine Rückkehr und die Notwendigkeit der Zusammenarbeit verstehen, weil er ihnen die großen Anforderungen der Zeit erläutern und sie bitten wird, an der Erneuerung des Planeten mitzuwirken. Es ist sehr viel zu tun, da der ganzen Welt eine Umgestaltung bevorsteht. Viele Hände werden gebraucht, weil der Wandel alle Menschen betrifft. Wenn Maitreya öffentlich den Schauplatz des modernen Lebens betritt, wird er ein Heer von willigen Helfern an seine Seite bitten. und mit ihnen die Wiederherstellung des Planeten vornehmen und beaufsichtigen.

Die Zeit ist nur noch kurz, bis man Maitreyas Gesicht sehen, seine Präsenz begreifen und seinen Rat suchen wird. Er wird sich mit der ganzen Skala unserer unerträglichen heutigen Zustände befassen und den Weg zu ihrer Verbesserung und Heilung aufzeigen.

Er wird seine Stimme für alle diejenigen erheben, die am meisten leiden: die Krummen und die Lahmen, die Ausgestoßenen, die Armen – für alle, die stumm und unnötig leiden. Er wird allen Mut machen, die sich danach sehnen, ihren Brüdern helfen zu können, und einen neuen Feldzug – im Zeichen des Dienstes an der Welt – in Bewegung setzen. So wird es sein. So wird Maitreya dazu inspirieren, dass sich Menschen als Pioniere des Planeten zusammentun, deren Aufgabe es sein wird, den schwer geprüften Bedürftigen der Welt Hilfe zu bringen. Ein umfassendes Hilfsprogramm, das alles Bisherige in den Schatten stellt, wird das Leben derer, die in größter Not sind, in Kürze wieder lebenswert machen.

An allen Fronten wird jedes Hindernis, dass sich dem Fortschritt entgegenstellt, eines nach dem anderen in Angriff genommen: die Habgier und die Selbstsucht, die heute so weit verbreitet sind, werden einem größeren Gemeinsinn weichen; die Grundbedürfnisse aller werden Vorrang haben; der Schutz von Natur und Umwelt wird in die Verfassung aufgenommen, universal anerkannt werden und zum umsichtigen Wirtschaften mit den Gaben der Natur führen; Reisen in andere Länder werden weltweit enorm zunehmen und die Isolation und die

Vorurteile abbauen, die Millionen Menschen heute die Sicht verstellen und sie in Unwissenheit halten; die Anfälligkeit für den Einfluss alter Ideologien wird allmählich nachlassen und neuer Toleranz und neuem Vertrauen Platz machen.

So wird eine andere Atmosphäre entstehen, in der die großartigsten Veränderungen in einem Geist des guten Willens möglich werden. Das allgemeine Wohl wird anstelle von Egoismus der Maßstab des Handelns sein, so dass die Völker der Erde sich in zunehmender Harmonie in ein neues Zeitalter hineinbewegen können. So wird es sein, und so werden sich die Menschen unter der Führung Maitreyas und seiner Gruppe wieder auf dem rechten Weg, dem Pfad zur Göttlichkeit befinden.

Januar/Februar 1994

Das schlummernde Feuer

Bald wird die Welt zu der Erkenntnis gelangen, dass das neue Zeitalter begonnen hat. Überall mehren sich die Anzeichen dafür, dass sich im menschlichen Bewusstsein eine völlig neue Lebensweise abzuzeichnen beginnt. Einfühlsame Zeitgenossen begreifen immer mehr, was es heißt, Mensch zu sein, und wie man das im täglichen Leben manifestieren kann.

Täglich dringen neue Vorstellungen in den Gedankengürtel ein und werden überall von feinfühligen Menschen aufgegriffen. Unablässig wächst ein neues Bewusstsein für die tieferen Bedürfnisse der Menschheit, die an der Schwelle eines neuen kosmischen Zyklus steht.

Vor allen Dingen begreifen die Menschen ihre Einheit, ihre wechselseitige Beziehung, dass sie einander brauchen; und so bewegt sich die Menschheit mit kleinen, schmerzhaften Schritten auf die Manifestation dieser Erkenntnis zu. Trotz aller Unstimmigkeiten und Konflikte blüht auch die Erkenntnis auf, dass jeder sich in jedem wieder erkennen kann. Niemals war die Welt so bereit, sich zu wandeln; niemals ist die Übermittlung von Gottes Plan so erfolgreich aufgenommen worden.

So könnt ihr damit rechnen, dass ein neues Gefühl der Dringlichkeit diejenigen erfasst, deren Aufgabe es ist, die neuen Ideen zu formulieren, den neuen Konzepten Form zu verleihen und die Herausforderungen und den Lohn der neuen Zeit allen zu verdeutlichen.

Maitreya wartet auf die kosmische Gelegenheit, sich der Welt zu präsentieren. Er sucht den günstigsten Zyklus für seine Pläne aus und schart ein Heer von Helfern um sich. So sammelt der Große Herr seine Kämpfer für die Schlacht gegen die Tyrannei der Vergangenheit. Aus allen Winkeln der Welt sammeln sich die Getreuen und sind bereit, ihre Liebe und ihre Kraft seinem Kommando zu unterstellen. Nie zuvor hat eine derart feurige und talentierte Armee dem Planeten Erde so viel Ehre gemacht. Noch nie haben so viele Menschen auf den Aufruf zum Dienst und zur Mithilfe reagiert. Niemals zuvor sind die Notwendigkeit ihres Einsatzes und der Preis für den Sieg so groß gewesen.

Viele harren erwartungsvoll darauf, das Antlitz Maitreyas zu sehen und seine Stimme und seine Lehren zu hören. Viele Tausende in der ganzen Welt haben ihn, bewusst oder unbewusst, bereits gesehen, seinen Ruf vernommen oder die Wärme seiner Liebe empfunden. Täglich ergießt sich diese Liebe über die ganze Erde, entzündet dort dieselbe Liebe, die die wahre Natur des Menschen ist, und lässt alle, die darauf reagieren und danach handeln können, ihrer würdig werden.

So handelt der Große Herr. So entfacht er das Feuer, das sich noch schlummernd in den Herzen aller Menschen befindet.

März 1994

Eine Welt im Wandel

Immer dann, wenn bedrohlich groß am Horizont Veränderungen auftauchen, verfällt die Menschheit in zwei Reaktionsweisen: entweder Angst oder hoffnungsfrohe Begeisterung. Geprägt von vielen Faktoren – von Alter, Bildung, sozialem Status und persönlicher Verfassung – verläuft die menschliche Reaktion auf Veränderungen vornehmlich in diesen beiden Bahnen. Veränderung um ihrer selbst willen ist für manche das reinste Lebenselixier, anderen dagegen jagt sie große Angst ein.

Heute kann man überall beide Reaktionen auf eine Welt im Wandel beobachten. Millionen fühlen und fürchten das Ende all dessen kommen, was ihnen lieb ist. Aber Millionen warten auch voll Hoffnung auf die Möglichkeit zu einem neuen Leben und voller Ungeduld auf neue Freiheiten in einer gerechteren Welt. Der Wandel als Vorläufer des Neuen pocht heftig an alle Türen und fordert, dass jeder sich bereithält für den Aufbau und die Erfahrung einer neuen Welt, einer besseren Ordnung als jene, die dem Menschen derzeit Schande macht. Jeder reagiert auf den Ruf in seiner Weise: mit Widerwillen und Angst, seinen Stand, Besitz und Stolz zu verlieren, oder mit Beifall und Hoffnung auf ein Ende der alten Hemmnisse und Unterschieden.

Maitreya ist bereit, öffentlich anzutreten. Allein schon sein Erscheinen wird eine Lawine von Veränderungen in Bewegung setzen, die mit zunehmender Dynamik die Landschaft des modernen Lebens verwandeln wird. Für allezeit werden die Ungerechtigkeiten der Vergangenheit vorbei sein: Millionen Menschen, mittellos und ohne Halt, verhungern in einer Welt der Fülle; gebildete und stolze Menschen betteln in den großen Städten der Welt um ein paar Pfennige, Scharen gequälter, verkrüppelter Menschen lässt man auf den Straßen sterben, die einmal Freund und Feind sich teilten.

Viele kämpfen für die Freiheit, aber verweigern sie anderen, weil sie vergessen haben, dass Freiheit ebenso wie Gerechtigkeit unteilbar sind. Viele suchen nach Lösungen für ihre ganz persönlichen Bedürfnisse und vergessen, dass allein durch gegenseitige Abhängigkeit der Bedarf aller befriedigt werden kann. Maitreyas Ruf wird den Menschen im Ohr bleiben: Teilt und rettet die Welt. Arbeitet zusammen und erlebt, was echte Freiheit ist. „Nimm deines Bruders Hand und erkenne dich in ihm!" So wird es sein. So wird der Große Herr zu den Veränderungen inspirieren, die so dringlich sind – in einer Welt, die in Todesängsten aufstöhnt zwischen dem Alten und dem Neuen.

Wenn die Menschen die Notwendigkeit des Wandels begreifen, werden sie mit Freuden hinnehmen, was sie heute fürchten; Verständnis und Mut gehen Hand in Hand. Eine neu entdeckte Toleranz wird das alte Misstrauen auflösen, alte Schuld wird vergeben, und das allmählich erkennbare Licht der Weisheit wird das Denken und Handeln der Menschen beflügeln. Sobald die Menschen ihr Einssein begreifen und entsprechend handeln, wird alles möglich. Dann werden die Gedanken und die Taten der Menschen dem Plan des Schöpfers Glanz verleihen.

April 1994

Reflexionen des Göttlichen

Bald wird vor der Welt ein Mann von einzigartigem, vollendetem Format erscheinen, und wer ihm begegnet, dem wird seine Weisheit und Fähigkeit zu lieben auffallen. Maitreya wartet auf die günstigste Stunde und zählt die Tage, bis er im Rahmen des Gesetzes die Menschheit mit seiner Präsenz und seiner Mission vertraut machen kann. Bald wird sich die Nachricht um den Erdball verbreiten, dass des Menschen Sohn zurückgekehrt, dass der, der den Weg weist, hier ist, dass der älteste Bruder des Menschen sein Versprechen wahrhaftig gehalten hat und sich in Kürze zeigen wird. Dieser segensreiche Tag rückt nun rasch näher, und nichts kann diese Entwicklung aufhalten.

Wenn die Menschen, und jeder ist damit gemeint, die innere Botschaft des Christus hören, dann ist es an ihnen, zu begreifen, dass von nun an nichts mehr sein kann wie bisher. Nie wieder werden die alten Ungerechtigkeiten das Sagen haben. Niemals mehr wird eine Nation straflos über die andere herfallen können. Nie mehr werden die alten Ängste den Menschen beherrschen und ihm sein Geburtsrecht, den Frieden, rauben können.

Viele Menschen werden mit Maitreyas Forderungen – Gerechtigkeit, Teilen und Freiheit für alle – nicht einverstanden sein. Viele werden mit einer solch radikalen Reform das Ende ihrer Privilegien und Macht kommen sehen. Das wird auch geschehen, denn die Ungerechtigkeiten der Vergangenheit müssen auch mit ihr untergehen — die Zukunft hält für alle Menschen mit rechten und gerechten Beziehungen größere Freuden bereit.

Ich wünsche euch, dass dann, wenn ihr den Ruf nach einem neuen Anfang hört, ihr euch zur Vorhut jener zählen könnt, die für den Wandel einstehen; dass ihr euch glücklich schätzten könnt, eure Ansprüche an das Leben einzuschränken, damit auch andere leben können. Nur so kann die Welt erlöst werden und sich von Neuem am Plan orientieren.

Niemand sollte für die nächste Zukunft den totalen Einbruch befürchten: Mit den nötigen Veränderungen werden nur minimale Störungen einhergehen, wenn die bestehende Ordnung Schritt für Schritt und behutsam umgestaltet wird. Noch nie war die Notwendigkeit eines Wandels so dringend und so offenkundig. Nie zuvor war dem Menschen die Gefahr der Untätigkeit so bewusst, und noch nie war er wie jetzt bereit, sein Herz für die Notlage seiner Brüder und für die Zukunft seines Planeten zu öffnen.

Auch Maitreya ist darauf vorbereitet, auf dem Weg in die Zukunft voranzugehen. Er ist sich der enormen Aufgaben, die vor uns liegen, sehr wohl bewusst, doch unerschrocken vertraut er dem Menschen, dass dieser seine Aufgabe erfüllen wird. Er weiß, dass unter seiner Führung und Lenkung das Beste, was die Menschheit zu bieten hat, freigesetzt wird und – indem er diese Aspiration nährt – die göttliche Natur, die das Geburtsrecht aller Menschen ist, in ihnen wecken wird. So wird es sein. So wird der Große Herr, der Lehrer und Erlöser mit seiner Mission beginnen. So wird auch die Menschheit Frieden und Gerechtigkeit, Freiheit und Liebe kennenlernen und sich als Reflexion des Göttlichen erleben.

Mai 1994

Die Ära des Lichts

Seit jeher hat der Mensch immer das Licht gesucht, von dem er spürt, dass es ihm in seiner Unwissenheit und Furcht beisteht. Wenn er sich von einer finsteren und gewaltigen Katastrophe bedroht sieht, sei sie real oder eingebildet, dann wendet er sich instinktiv nach innen, ruft das Licht seiner Seele an und sucht dessen Führung. Das ist ganz natürlich, denn tief in seinem Inneren ist jeder Mensch, ob Mann, Frau oder Kind, sich bewusst, eine Seele zu sein. Und mit dem Fortschreiten auf dem Pfad der Evolution vertieft sich diese Gewissheit; die bewusste Verbindung zwischen der Seele und ihrer Reflexion erstarkt, und der Zugang zum Licht der Seele wird müheloser und immer vertrauter. So nimmt das Licht der Erkenntnis zu.

Die Menschheit steht nun an der Schwelle einer Epoche, in der dieses Licht des Bewusstseins sich zusehends manifestieren wird und als wachsende Erkenntnis der Bedeutung und des Zwecks des Lebens auf dem Planeten Erde auf jedem Gebiet menschlichen Bemühens zum Ausdruck kommen kann. Viele Menschen erleben jetzt deutlich einen Stimulus, der immer stärker wird und sie dem Verständnis ihrer selbst und ihrer Umwelt näherbringt.

Viele werden sich einer neu entdeckten Freiheit in nicht irdischen Regionen bewusst und experimentieren in bislang unbekannten Bereichen. Ohne Schulung sind diese Bemühungen nicht ganz ungefährlich, doch langsam und sicher wird sich der interessierten Öffentlichkeit das Wesen der Realität enthüllen, die neuen Entdeckungen werden integriert, und damit wird eine kontinuierliche und umfassende Weiterentwicklung möglich.

Wir, die wir von der inneren Seite des Lebens her beobachten, sind durch die deutliche Reaktion auf unsere Arbeit ermutigt. Unsere Aufgabe war es, die Menschen sicher durch die besonders schwierige Übergangszeit zu führen und ihnen beim Beseitigen der Hürden beizustehen, die jede weitere Stufe mit sich bringt, und sie so darauf vorzubereiten, unsere Mitarbeiter zu werden.

Allem Anschein zum Trotz: Obwohl Gerechtigkeit vielerorts eine Farce ist und trotz all der anhaltenden Gräuel und rohen Gewalt hat der Mensch auf seinem Weg schon wirklich Fortschritte gemacht. Mit unserem Advent wird sich die Dynamik dieses Fortschritts noch um ein

Tausendfaches verstärken, und mit wachsendem Erstaunen wird der Mensch es lernen, im Licht seiner Seele kreativ zu werden. So wird es sein. So werden die Menschen das erreichen, was ihnen bestimmt ist – Partnerschaft mit dem Göttlichen – und sich damit auch ihre Sehnsucht nach dem Licht erfüllen, die Sehnsucht nach ungehindertem Ausdruck ihrer Seelennatur.

Was immer den vollkommenen Ausdruck ihrer wahren Natur behindert, wird allmählich abfallen und überwunden werden. Der Schlüssel zu derartigem Fortschritt liegt in richtigen Beziehungen, und das wird dem forschenden Geist des Menschen ganz allmählich bewusst. Viele sehen jetzt deutlich den Pfad, der allein weiterführt. Sie sind die Vorhut, sie werden den anderen den Weg weisen und die Einführung der Ära des Lichts ankündigen.

Juni 1994

Maitreyas Stimme

Mit jedem Tag, der vorübergeht, rückt das Erscheinen des Großen Herrn in der Welt näher. Sehr bald wird die Menschheit wissen, dass mitten unter ihnen ein Mann mit höchst ungewöhnlichen Eigenschaften lebt: Er besitzt eine Fähigkeit zum Dienst, deren Tragweite einzig dem Gesetz des Karmas unterliegt, und eine Kenntnis dieses Gesetzes, die selbst unter seinesgleichen einzigartig ist; eine Weisheit, die auf der Erfahrung von Jahrtausenden beruht; eine aus der Tiefe dieser Erfahrung gewonnene Erkenntnis der Absicht, die Gottes Plan zugrunde liegt; eine Fähigkeit, mit einfachen Worten die Herzen der Menschen anzusprechen; ein Bewusstsein dafür, was Menschen brauchen und wie man die Erfüllung dieser Bedürfnisse sichern kann; eine Anteilnahme, eine Liebe, die allen gilt und die so grenzenlos und unermesslich ist, dass sie jegliche menschliche Vorstellungskraft weit übersteigt. Ein Held, ein Titan lebt mitten unter den Menschen, und bald schon werden sie sich seiner Gegenwart bewusst werden.

Bald, sehr bald, will sich Maitreya an einen großen Teil der Weltbevölkerung wenden und sie mit seinen Hoffnungen und Plänen vertraut machen, um ihnen seine Vorstellungen von einer besseren Welt für alle zu vermitteln. Von dieser Zeit an wird die Entwicklung zügig weitergehen und ihn mit wachsender Dynamik ins Rampenlicht der Welt rükken. So wird der Menschensohn sein Versprechen, zurückzukehren, erfüllen, und die Menschen werden erkennen, dass die Zeit ihrer Befreiung bevorsteht.

Während Maitreya auf die Einladung wartet, sich der Öffentlichkeit zu zeigen und persönlich zu den Menschen zu sprechen, verbringt er die Zeit mit Sicherheit nicht tatenlos. Die Veränderungen, die seine Gegenwart bereits bewirkt hat, sind gewaltig und tief greifend, und auch während diese Worte geschrieben und gelesen werden, darf man mit weiteren, grundlegenden Veränderungen rechnen.

An den einfühlsamen Äußerungen einiger führender Politiker lässt sich erkennen, dass sich in der Menschheit eine neue Stimme zu Wort meldet. Diese Stimme wird immer häufiger die wichtigsten Aufgaben unserer Zeit beim Namen nennen: Frieden, Toleranz, Vergebung vergangener Fehler, Zusammenarbeit und Teilen zum Wohl aller. Diese Stimme entspringt in den Herzen und Köpfen all jener, die ihre Mitmenschen lieben, und verdichtet sich zur unerschütterlichen Forderung nach einer Rekonstruktion und Erneuerung der Welt. Diese Stimme ist die Stimme der neuen Epoche. Es ist die Stimme Maitreyas.

Stimmt in diesen Ruf nach Frieden und Gerechtigkeit, der immer lauter wird, ein und werdet euch klar über euren Platz in der Geschichte. Eine neue Welt wird jetzt geschaffen, und das erfordert die Beteiligung aller: denn jeder kann zu diesem großen Unternehmen beitragen; niemand sollte sich zu jung oder zu alt fühlen, um seine Wünsche, seine Sehnsucht laut zu äußern.

Bald wird Maitreya persönlich diese Forderung nach einem neuen Lebensstil in den Brennpunkt rücken und mit seiner Einsicht und Erfahrung den Ruf der Menschen nach Gerechtigkeit und Frieden untermauern. Bald werden die Unzulänglichkeiten und Widersprüche des derzeitigen Systems die Nationen zu einem neuen Realismus zwingen. Unter diesem klaren Licht wird die neue Ära geboren: Die angespannte und leidvolle Situation so vieler Menschen wird einer neuen Hoffnung und einem tatkräftigen Engagement für die Erneuerung der Welt weichen.

Juli/August 1994

Auf neue Weise dienen

Da der Menschheit nur wenig Zeit bleibt, bis sie den Christus sehen wird, erscheint es vernünftig, die möglichen Auswirkungen dieses bedeutsamen Ereignisses etwas näher zu betrachten. Zunächst einmal wird den Menschen bewusst werden, dass sie sich in einer Situation befinden, die ihnen völlig unbekannt und fremd ist. Niemand wird je in seinem Leben etwas Ähnliches erlebt haben; niemand wird je derartige Gedanken vernommen haben, wie sie an jenem Tag von den Medien ausgestrahlt werden. Nie haben die Menschen erlebt, dass jemand an ihre Göttlichkeit appellierte, die ihrem Leben hier auf Erden eine tiefere Bedeutung gibt. In diesem Augenblick wird jeder feierlich und für sich allein das Ziel und die Bedeutung seines Lebens begreifen und wieder die Gnade der Kindheit, die reine, selbstlose Aspiration erfahren. In diesen kostbaren Minuten werden die Menschen die Freude, wirklich am Leben beteiligt zu sein, von Neuem kennenlernen und sich einander verbunden fühlen, wie in der Erinnerung an eine ferne Zeit.

Plötzlich werden die Menschen erkennen, dass ihr bisheriges Leben eine oberflächliche Angelegenheit war, wobei es den meisten an allem fehlte, was das Leben liebenswert macht: Brüderlichkeit und Gerechtigkeit, schöpferische Kraft und Liebe. Viele Menschen werden zum ersten Mal wissen, dass sie in der großen Ordnung der Dinge zählen und wichtig sind. Ihre gegenwärtige Hoffnungslosigkeit wird einem ungewohnten Gefühl der Selbstachtung weichen; Drogen jeder Art werden den Menschen nichts mehr bedeuten. Dankbar und voller Sehnsucht nach dem Guten werden den Menschen still die Tränen fließen.

Von dieser Zeit an wird ein neuer Geist, ein Geist des Heiligen auf der Erde herrschen; eine Zeit lang werden die Menschen wie auf Zehenspitzen gehen. Doch schon bald werden sie erkennen, dass die Veränderungen, die die Welt braucht, unermesslich groß und vielfältig sind und viel Geduld und Hingabe, Vorstellungskraft und Vertrauen erfordern. Binnen Kurzem werden sich die Leute überall an die Arbeit machen und sich der Umgestaltung, der Erneuerung der Welt widmen. Beistand für die Armen und Hungernden zu leisten, wird hierbei den Ehrenplatz einnehmen, und so wird für immer eine Blasphemie in der Menschheit beendet werden: Millionen werden zum ersten Mal das stille Glück erfüllter Bedürfnisse erfahren – nie mehr werden die Hungernden als Schandfleck auf den Bildschirmen der Überflussgesellschaft erscheinen; nicht länger werden Menschen zusehen, wie ihre Brüder vor ihren Augen sterben. Damit wird ein dunkles Kapitel der Menschheitsgeschichte zu Ende gehen.

Gewaltige, nie da gewesene Veränderungen werden die Gedanken und Herzen der Menschen beschäftigen; nur das wirklich Gute aus der Vergangenheit wird dem Ansturm des Neuen standhalten. Täglich wird man die Veränderungen aufzeichnen, damit die Menschen sie vergleichen und bewundern können; eine neue Welt wird im hellen Tageslicht erbaut werden. Alle werden auf ihre Weise daran teilnehmen, jeder wird seine Vorstellungen einbringen und seinen Beitrag für das Ganze leisten.

Für viele Menschen wird die tatsächliche Gegenwart des Christus zu einem Problem werden: Ihre lang gehegten Überzeugungen werden bis ins Innerste erschüttert. Eine Periode der Selbstprüfung wird für sie unvermeidlich sein, wenn sie die Bedeutung der neuen göttlichen Ordnung verstehen wollen; alte Glaubenssätze zu überwinden, ist ein mühsamer und schmerzlicher Prozess. Doch Millionen Menschen werden frohen Herzens zustimmen und beglückt den Lehrer in ihrer Mitte annehmen. Mit der Zeit werden nur wenige sich der allgemeinen Erkenntnis widersetzen, dass der Christus in der Person Maitreyas wieder auf der Erde lebt.

Die relativ wenigen, die dieser Zeit den Weg gebahnt haben, werden ein anderes Arbeitsfeld vorfinden: eine große und weitreichende erzieherische Aufgabe. Von allen Seiten werden Fragen kommen; ein längst verspürter Wissensdrang wird wie ein aufgestauter Fluss über die Ufer treten und Dämme brechen. Viele werden die Hintergründe und die Vorgeschichte dieses Ereignisses erfahren wollen; für andere wird die unmittelbare Zukunft die Hauptsorge sein. Andere wiederum werden unbedingt jede Erklärung analysieren und hinterfragen wollen und am Ende unzufrieden sein mit allem, was nicht ihren eigenen Vorstellungen entspricht. Überzeugungsarbeit und Taktgefühl muss die Devise sein, um nicht den Vorwurf bornierten Eifers und Hochmuts auf sich zu ziehen.

Gemeinschaften, die für eine große Verbreitung der gewünschten Lehren sorgen, werden weltweit eine große Rolle spielen. Viele Unterweisungen werden noch kommen, doch vieles ruht bereits, verschlossen noch und ungelesen, in den Händen der Menschen. Macht es euch daher, so der Rat, zur Gewohnheit, viel zu lesen, damit ihr die Sucher auf dem Wege informieren und anleiten könnt. Ein systematisches Studium der Lehren und ernsthafte Versuche, nach den Prinzipien Maitreyas zu leben, werden die für die Lehrerrolle nötige Ausgewogenheit und Autorität verleihen. Jeder kann, so gerüstet, diese Gelegenheit aufgreifen und aufs Neue dienen. Ergreift sie, so der Rat, ohne Zögern und mit bescheidenem Stolz.

September 1994

Beispiellose Ereignisse

Mit jedem Tag, der vorübergeht, rückt der Augenblick näher, wo Maitreyas Gegenwart für alle erkennbar wird. Schon bald wird die wartende Welt unmissverständlich wissen, dass der Meister der Meister, das Licht und die Hoffnung der Welt, jetzt aufs Neue unter den Menschen lebt. Nur wenig Zeit trennt uns noch von diesem Höhepunkt lang vorbereiteter Pläne.

Zu diesen Plänen gehörte die Reorganisation der Gruppe der Meister, deren Oberhaupt Maitreya ist, um sie auch darauf vorzubereiten, ihre Arbeit mit den Menschen unter sichtbarer Demonstration ihres Wissens und ihrer Kraft wieder aufzunehmen. Um sie für ihre Aufgabe zu rüsten, bedurfte es einer speziellen und umfangreichen Schulung. Bald werden die Auswirkungen dieser Bemühungen die Menschen auf die neue Wirklichkeit in ihrem Leben aufmerksam machen und die neue Richtung weisen für den Weg, der vor ihnen liegt. Jeder Meister hat seine Besonderheit, aber jeder orientiert sich an dem Plan zur Entfaltung aller Faktoren, die die geistige Essenz des Menschen ausmachen. Jeder wird als Einzelner und als Mitglied einer Gruppe das in allen schlummernde geistige Potenzial stimulieren und wachrufen. So wird es sein. So werden die Älteren Brüder des Menschen ihre innere Verbundenheit und ihre Anteilnahme, ihre Liebe und ihre Kenntnis des Plans beweisen.

Wir kommen in eine Periode tief greifenden Wandels. Nicht alle werden die Richtung, die der Wandel nehmen muss, willkommen heißen. Und doch verlangen die drängenden Notwendigkeiten der Zeit die Preisgabe alter Privilegien und Machtpositionen sowie die freudige Zustimmung, überholte Formen zu erneuern, um sie besser auf die wirklichen Bedürfnisse des Menschen abzustimmen.

Maitreyas Ziel wird es sein, diese Bedürfnisse verständlich darzustellen und im Einzelnen zu beschreiben. Er wird aufzeigen, dass es ohne Gerechtigkeit für alle keine wirkliche Hoffnung für den Menschen gibt, denn ohne Gerechtigkeit bleibt Frieden nur ein Traum. Er wird auf das Urbedürfnis des Menschen nach Arbeit hinweisen und auf die Selbstachtung, die daraus erwächst. Er wird die Aufmerksamkeit der Menschen auf die besonderen Bedürfnisse der Jugend lenken, um damit das in ihnen schlummernde Streben nach Höherem, und ihre Bereitschaft, der Welt zu dienen, zu fördern. Er wird die Rolle der Frau betonen und ihr legitimes Bedürfnis nach Emanzipation, Bildung und Respekt. Er wird zeigen, dass in den kommenden Jahren ein Heer von Helfern notwendig sein wird, um wenigstens die Grundbedürfnisse einer Welt zu befriedigen, die nach Nahrung, Arbeit und Wissen dürstet und ihre Menschlichkeit und ihren Wunsch nach Verbesserung beweisen will.

Maitreya wartet in seinem Zentrum auf den Augenblick, wo er, im Rahmen des Gesetzes, die Weltbühne betreten und für alle Menschen sprechen kann. In jenem Zentrum werden jetzt die Vorbereitungen für dieses nahe Ereignis getroffen. Es gibt nur wenige, deren Vorstellungskraft groß genug ist, um die Bedeutung und das Ausmaß der Ereignisse in dieser Zeit zu erfassen; diese Ereignisse sind beispiellos in der Geschichte der Welt.

Oktober 1994

Die Türen stehen offen

Viele Menschen rechnen heute mit Maitreyas Kommen und schreiben ihm die Attribute Gottes zu. Wahr ist, dass viele göttliche Eigenschaften ihm ein Leichtes sind, aber Maitreyas Hauptanliegen ist die Welt der Menschen. Es gibt nichts was den Großen Herrn und die Menschensöhne trennt. Wenn die Menschen dies mit der Zeit erkennen, werden auch sie sich als Söhne Gottes begreifen.

Inzwischen gehen die Vorbereitungen für sein öffentliches Erscheinen weiter. Um ihn sammeln sich nun jene, deren Aufgabe es sein wird, seine Lehren in alle Winde zu verbreiten. Ihre eigene, langjährige Erfahrung als Lehrer qualifiziert diese erleuchteten Menschen für eine solche heilige Aufgabe. Diese großen Lehrer werden die ganze Welt bereisen und allen, die nach der Wahrheit suchen, das Licht der Ideen Maitreyas bringen. Und viele andere werden folgen, bis dieser Ring des Lichts die Erde umschließt. So wird es sein. So arbeitet der Große Herr, um das Licht der Vernunft und Liebe in die Köpfe und Herzen der Menschen zu tragen.

Langsam aber sicher kommt Bewegung in die menschlichen Verhältnisse. Allmählich und in immer größerer Zahl werden sich die Menschen der Gefahren ihrer gegenwärtigen Lebensweise bewusst, sie begreifen die Notwendigkeit der Veränderung und wählen sich als Führer jene aus, die sich für diesen Wandel einsetzen. Wenn Maitreya sich der Welt zu erkennen gibt, werden sich viele weitere Führungskräfte zur Verfügung stellen und sich den Aufgaben des Wiederaufbaus widmen – zur Rettung und Regeneration dieser Erde.

Mit jedem Tag, der vergeht, rückt die Zeit für den endgültigen Ansturm auf die Festungen des Mammons näher. Diese Bastionen des Bösen sind bereits unterminiert, ihre Garnisonen in Auflösung, ihre Anführer jeglicher Hoffnung auf die Zukunft beraubt. In kurzer Zeit werden sie unter der überzeugenden Kraft des Christus fallen und ihren uralten Bann über die Menschen für immer verlieren. Auf diese Weise wird sich die wirtschaftliche Situation der Menschheit wandeln. Gegenseitige Abhängigkeit und die Gemeinschaft der Menschen werden jegliche Absonderungstendenz und Habgier ablösen. Durch die neuen Energien des Wassermanns, die Maitreya lenkt, werden die sich entfaltenden Menschensöhne in Brüderlichkeit vereint.

So wird es sein. So wird das Licht der Welt sein Licht aussenden und mit dieser Illumination von neuem den Funken des Göttlichen in den Herzen aller Menschen entzünden. Dieses Licht wird für jeden zugänglich und verfügbar sein. Jeder kann auf seine Weise daran teilhaben. Lasst euch durch nichts den Zugang zu dem Licht der Liebe, der Erkenntnis und der Wahrheit verbieten oder versperren und tretet in wachsendem Vertrauen euer göttliches Erbe an. Die Türen stehen offen.

November 1994

Er wartet auf eure Anerkennung

Bildlich gesprochen könnte man sagen, dass die Welt jetzt den Atem anhält. Bewusst oder unbewusst warten viele Millionen auf die Ankunft des Christus, unter welchem Namen oder in welcher Form auch immer. Die Welt befindet sich in einem angespannten Zustand der Erwartung, es ist ein Warten auf Befreiung – oder noch mehr Chaos. Viele begreifen, dass die Methoden der Vergangenheit nicht länger vorherrschen und das Leben der Menschen bestimmen dürfen; zu viele leiden unter den alten Systemen und hoffen auf die Zukunft, um das gegenwärtige Unrecht wiedergutzumachen.

Hinter den Kulissen wartet Maitreya auf seinen Einsatz, bereit, mit seinen ungewöhnlichen Kenntnissen die Überlegungen der Menschen zu befruchten. Bald wird die Welt ohne jeden Zweifel wissen, dass der Avatar für das anbrechende Zeitalter bereits unter uns lebt und darauf wartet, der Menschheit zu helfen und sie auf ihrer weiteren Reise zur Vervollkommnung zu führen. Bald wird die Welt sich des Mysteriums in ihrer Mitte bewusst werden und für – oder auch gegen – diese einzigartige Offenbarung des göttlichen Plans Stellung nehmen.

Wenn die Menschen Maitreya sehen, werden sie wissen, dass die Zeit zu wählen gekommen ist: entweder mit ihm vorwärts zu gehen in eine beglückend viel versprechende Zukunft – oder aber unterzugehen. Wenn die Menschen die Folgen ihres Handelns, ihrer Wahl, abwägen, dann werden sie sich mit Sicherheit für die Erhaltung ihrer Art entscheiden, für die Einführung des Gesetzes der Liebe, für die Weiterentwicklung aller Menschen jetzt und in der Zukunft. Mit einer Klarheit, die Maitreyas einzigartiger Status noch geschärft hat, werden sie erkennen, dass die Wege der Vergangenheit aufgegeben werden müssen, dass sie keinen Wert mehr haben, weil sie die Menschen bloß daran hindern, ihr göttliches Potenzial unter Beweis zu stellen.

Sehr bald wird jetzt ein äußerst ungewöhnliches Ereignis die Welt erkennen lassen, dass die Meister tatsächlich existieren, dass ihre Liebe und ihre Anteilnahme an der Menschheit beständig und grenzenlos sind, und dass die Lehrer aus derselben geistigen Quelle stammen und nichts sie voneinander, noch von der Menschheit trennt.

Von dieser Zeit an werden sich die Menschen eigenhändig um die Belange kümmern, die Maitreya so sehr am Herzen liegen: das Teilen der Ressourcen, Gerechtigkeit und Freiheit für alle. Auf diesem Wege wird die Veränderung des Lebens auf dem Planeten Erde mit voller Teilnahme und Zustimmung der Mehrheit der Menschen Gestalt annehmen. Nichts, was geschieht, wird den freien Willen der Menschen verletzen. Jeder Schritt auf dem Weg wird vom Menschen selbst beschlossen. So, und nur so können Menschen und Meister, ihre Älteren Brüder, zum Wohle aller zusammenarbeiten.

Maitreya ist bereit, sich der Welt zu zeigen. Die Menschen suchen nach Beweisen seiner Existenz – sie werden zahllos sein. Maitreya wartet auf eure Anerkennung.

Dezember 1994

Die Menschheit muss sich entscheiden

Mit gedämpfter Stimme und angehaltenem Atem erwarten die Menschen den Christus. Kaum jemand weiß, dass sich Millionen, bewusst oder unbewusst, von seiner Gegenwart gesegnet fühlen und darauf hoffen, ihn bald zu sehen. Diese Erwartungen werden sich reichlich erfüllen. Maitreya plant, schon bald seine Rückkehr in das Alltagsleben der Menschen bekannt zu geben; viele werden ihn dann erstmals sehen und hören können. Damit beginnt die letzte Phase seiner Wiederkehr, die von da an nichts mehr aufhalten kann. Niemand wird fortan seine Gegenwart leugnen können. So wird der, auf den alle warten, die Weltbühne betreten und den Menschen seine Pläne und Vorhaben zur eingehenden Prüfung und Erörterung unterbreiten. Im Licht der Wahrheit seiner Erkenntnisse müssen die Menschen ihre Wahl treffen.

Die Kernfrage ist unmissverständlich: den Wettlauf in die Zerstörung durch Wettbewerb und Habgier fortzusetzen und damit alles empfindungsfähige Leben auf der Erde auszulöschen; oder das Festhalten an der Vergangenheit aufzugeben und, verlässlicherem und weiserem Rat gehorchend, neu zu beginnen.

Dass die Menschen sich für das Leben und weiteren Fortschritt entscheiden, hoffen und erwarten wir sehnlichst. Dass ihnen der Irrsinn ihrer gegenwärtigen Lebensweise bewusst wird, wünschen wir uns von ganzem Herzen. Unsere Aufgabe ist es nur, Rat zu geben und Wege zu weisen; die Wahl der Richtung jedoch fällt allein der Menschheit zu.

Viele meinen vielleicht, dass diese Wahl einfach sei, aber diese Vorstellung könnte sich durchaus auch als falsch erweisen: Die Menschen fürchten Veränderungen mehr als alles andere und bereiten sich unnötige Schmerzen im Versuch, sie zu vermeiden. Nichtsdestotrotz werden die harten Anforderungen der heutigen Zeit ihre Aufmerksamkeit auf die neuen Prioritäten lenken und unzählige Herzen zum Handeln anspornen. Bald schon wird die überwältigende Mehrheit der Menschen begreifen, dass eine drastische Transformation und das Ende der veralteten Institutionen unserer Tage unumgänglich sind.

Die Menschen werden wieder freier atmen können und voller Freude und Hoffnung inspiriert sein, mit neuen Formen und Strukturen zu experimentieren, sodass aus dem gegenwärtigen Chaos eine neue Harmonie erstehen kann. So wird es sein. So wird das Alte einem besseren,

gesünderen Rhythmus weichen, der in den Menschen die innere Göttlichkeit wachruft.

Bald wird das lange Warten vorbei sein, der Große Herr wird der
Welt sein Gesicht zeigen, und damit kann eine neue, göttlich gefügte
Gesellschaftsordnung beginnen. Seid daher guten Mutes und schließt
euch den Reihen derer an, die sich erkennbar und auch unerkannt schon
heute dem Dienst an ihren Brüdern und Schwestern auf der ganzen
Welt widmen. Ergreift diese Gelegenheit, die Herausforderungen dieser Zeit anzugehen, setzt eure Wünsche in die Tat um, und helft der
leidenden Menschheit, ihre Fehler zu berichtigen und die Neue Ära des
Friedens und der Gerechtigkeit zu gestalten.

Januar/Februar 1995

Vorbedingungen für den Wandel

In Kürze werden die Menschen erkennen, dass sich die Welt unwiederbringlich zum Guten verändert hat. Trotz der vielen tragischen Kriege und des Leids von Millionen Menschen macht sich in der Tagespolitik ein neuer Realitätssinn bemerkbar, der in Entspannung, Kompromiss und Zusammenarbeit in bisher unbekanntem Ausmaß mündet. Trotz der kriegslüsternen Haltung einiger törichter Abenteurer bewegen sich die Nationen insgesamt vorsichtig, aber entschieden auf befriedigendere Beziehungen zu. Ein neues, ungewohntes Vertrauen entsteht, wenn die Völker und ihre Regierungen sich ihrer grundsätzlichen, gegenseitigen Abhängigkeit bewusst werden. Dennoch steht uns noch ein langer Weg und viel Arbeit bevor, bis aus diesem Vertrauen ein wahrer, dauerhafter Frieden werden kann.

Währenddessen muss all das Priorität erhalten, was diesen Prozess fördert. Über allem steht das Prinzip des Teilens und die Umverteilung der Ressourcen der Erde. Das ist eine zwingende Notwendigkeit, die bei allen, die sich mit dem Wohlergehen der Welt befassen, an erster Stelle stehen muss. Ohne Teilen kann man nicht viel erreichen. Ohne Teilen werden die Menschen keinen Frieden erleben. Wenn dieses Prinzip sich durchsetzt, werden die Menschen den einzig möglichen und wichtigsten Schritt zu Brüderlichkeit und richtigen Beziehungen getan haben.

Fest steht, dass die Menschen das Prinzip des Teilens akzeptieren werden; ungewiss ist noch, mit welchen Mitteln und welcher Geschwindigkeit sie dieses grundlegende Gesetz in die Praxis umsetzen werden. Um den Menschen zu helfen, dieser drängenden Aufgabe gerecht zu werden, sind Maitreya und seine Gruppe in das Alltagsleben der Menschen zurückgekehrt. Ihr Rat wird der Menschheit, wenn sie ihn befolgt, den sichersten Pfad zu Gerechtigkeit und Frieden weisen. Ihre Gegenwart wird die schlummernden Wünsche von Millionen aktivieren und sie zum Handeln inspirieren und damit den Gang der Geschichte verändern.

Viele warten nun darauf, den Großen Herrn zu sehen. Sie sind ungeduldig und beunruhigt über die Verzögerungen, weil sie nichts über die vielen Faktoren wissen, die seine Rückkehr beeinflussen. Maitreya muss sicherstellen, dass der freie Wille der Menschen nicht verletzt wird, dass die Kräfte des Kosmos für und nicht gegen seine Wiederkehr agieren, dass die Bereitschaft der Menschen, seinen Rat anzunehmen, ihre höchste Intensität erreicht.

Das ökonomische Gefüge dieser sterbenden Gesellschaftsordnung muss noch etwas brüchiger werden, damit die Menschen wieder zur Besinnung kommen und ein Herz für die Not ihrer Brüder haben.

Dann wird Maitreya vor die Menschheit treten und ihr Lösungswege für die vielen, sie heute belastenden Probleme vorschlagen. Er wird die Einladung, sich mit einer Rede an Millionen Menschen zu wenden, annehmen und auf die Gefahren der Untätigkeit hinweisen sowie die Möglichkeiten und Vorbedingungen des Wandels aufzeigen. Diese Zeit wird bald kommen; sehr, sehr bald.

März 1995

Die elfte Stunde

Wann immer die Menschheit in Schwierigkeiten ist, neigt sie wahlweise zu zwei Verhaltensweisen: Entweder werden alle Vorzeichen für Probleme ignoriert und man macht so weiter wie bisher, im blinden Vertrauen darauf, dass es schon gut gehen wird; oder man macht einen jähen und unüberlegten Sprung in die entgegengesetzte Richtung. Seit einiger Zeit haben sich die Menschen für Ersteres entschieden, trotz aller Anzeichen einer Gefahr.

Sie haben vor dem offenkundigen Niedergang ihrer Institutionen und dem Missbrauch der Ressourcen die Augen verschlossen, die Warnungen von Experten vor den drastischen Folgen ignoriert und schludern so weiter und setzen dabei das Leben und Wohlergehen der Menschheit als Ganzes aufs Spiel.

Allmählich jedoch ist vielen zu Bewusstsein gekommen, dass es für die Zukunft tatsächlich trübe aussieht, dass die Menschheit keinen Sonderschutz genießt und dass ohne eine deutliche Neuorientierung die menschliche Spezies dem Untergang geweiht ist. Mehr und mehr werden sich die Bewohner dieser bedrohten Welt jetzt über ihre Situation klar.

Nun, zur elften Stunde, fangen die Menschen an, die vielfältigen anstehenden Probleme in Angriff zu nehmen. Endlich nehmen Regierungen die Warnungen vor einem Kollaps des Planeten, die sie so lange ignoriert haben, ernst. Endlich sehen sie die Gefahren durch Bevölkerungszunahme und gleichzeitigen Rückgang der Ressourcen. Und endlich erkennen sie die internationalen Verflechtungen der vielen Probleme und die Notwendigkeit gemeinschaftlichen Handelns, um sie zu lösen.

Die jüngsten Bemühungen haben auch ein neues Verständnis für die Dringlichkeit dieser Aufgaben bewiesen, das für den Planeten und seine Menschen Gutes erwarten lässt.

Aufgrund dieser positiven Umstände kann der Christus allmählich an die Öffentlichkeit treten. Hinter den Kulissen hat er schon lange auf den neuen, besseren Weg hingewiesen. Jetzt kann er sich für alle sichtbar mit seiner Stimme den immer lautstärker erhobenen Forderungen nach Neuorientierung anschließen. Mit seinem Stimulus werden die Menschen voller Tatkraft die Bedingungen schaffen, unter denen es möglich ist, in Frieden leben. So kann dieser bedrohte Planet transformiert werden und der Aufstieg des Menschen beginnen.

Bald wird Maitreya den sicheren Beweis seiner Gegenwart erbringen und zu einer konzertierten Anstrengung zur Rettung dieser Welt aufrufen. In allen großen Fernsehsendern wird man seine Worte vernehmen. Seine Botschaft des Friedens durch Teilen wird alle anspornen, deren Herzen rein sind, und die bestehenden Institutionen zum Wandel herausfordern. Eine nach der anderen werden die brüchigen Strukturen von heute angesichts der Logik der Bedürfnisse der Menschen und des gesunden Menschenverstands in sich zusammenfallen. Die Habsucht und die Korruption der Vergangenheit werden dem frischen Wind des erkennbar Guten weichen müssen, und in zunehmender Zahl werden sich die Menschen um den Boten des Neuen scharen, den Vorboten einer segensreichen Zeit.

Bald wird sich die Welt ihrer Zwangslage bewusst werden und sich ratsuchend an Maitreya wenden. Sein weiser Rat wird ihnen nicht verwehrt werden.

April 1995

Eine neue Erde

Ob die Menschen es wollen oder nicht, die Institutionen der Welt verändern sich. Tag für Tag laufen die Nachrichten über diese Veränderungen in Blitzgeschwindigkeit um den Globus und bereiten in gleichem Maße Freude wie Kummer und Verzweiflung. Noch nie zuvor in der Geschichte dieser Erde waren die Menschen sich der Bewegung des Wandels so sehr bewusst und so sehr von der Entwicklung gefangen genommen. Noch nie zuvor war die Menschheit so sehr auf sich selbst und ihre Probleme und Ängste konzentriert. Das Tempo der Veränderungen wird sich in Kürze so beschleunigen, dass nur noch sehr unsensible Zeitgenossen es nicht zu spüren meinen. Die Massenkommunikationsmittel haben Zeit und Raum aufgehoben und stellen sicher, dass alle an der Transformation der Welt teilhaben können. Mit der Zeit werden die Menschen die Gründe für diesen Wandel verstehen, sie werden ihn begrüßen und bereitwillig unter persönlichem Einsatz an seiner Realisierung mitarbeiten.

Mittlerweile können es viele kaum noch ertragen, wie schleppend die Veränderungen vor sich gehen. In einem Kreislauf von Armut und Krankheit gefangen, machen Millionen die leidvolle Erfahrung, dass sich ihre Situation nur unwesentlich verbessert hat und schauen bitter und desillusioniert in die Zukunft. Ohne jede Hoffnung ersinnen sie verzweifelte Strategien, um ihr Schicksal zu lindern. Sie träumen von Revolution und Rache; nur die alltägliche Aufgabe, den nächsten Tag zu überleben, hält im Moment noch die Versuche, ihr Los zu verbessern, in Schach. So leiden Millionen völlig grundlos und warten auf einen Gesinnungswandel von Menschen und Ländern in weiter Ferne.

Es wird ihnen bald zu Bewusstsein kommen, dass ihre Notlage nicht diesen schmerzhaften Verlauf nehmen muss, dass sehr viele von ihrem Leid und Kummer gar nichts wissen, dass die Nahrung für alle da ist und für alle ausreicht und dass man sie nur miteinander teilen muss, um das zu beweisen.

Dann wird die Forderung nach Gerechtigkeit um die Welt gehen. Die zentrale Stimme dieser Forderung wird die Maitreyas sein; er wird auf eine schnelle Transformation all dessen drängen, was der wahren Bestimmung des Menschen entgegensteht. Der Große Herr wird zu einer neuen Gesellschaftsordnung aufrufen: die Entwicklung einer Lebensweise, die die Menschensöhne vereint statt voneinander trennt; die Formulierung von Gesetzen, die Gerechtigkeit und Freiheit für alle garantieren; die Neuverteilung der Ressourcen, um den Bedarf aller zu decken; ein besseres Haushalten mit den Ressourcen, damit diese Bedürfnisse auch nachhaltig erfüllt werden können.

So wird eine neue Erde gestaltet. So werden die Menschen die Freude richtiger mitmenschlicher Beziehungen kennenlernen, die innere Erfüllung durch Dienst und eine naturgemäßere Orientierung an den Absichten der Seele.

Bald wird Maitreya seine Stimme erheben und die Weltdiener aufrufen, sich zu versammeln. Bald wird seine Stimme alle jene aktivieren, in deren Herzen die Flamme der Liebe glüht; die nur darauf warten, dass er die Glut in ihnen entfacht und erhält, und die sich in ihren höchsten Ambitionen zu wahrem Feuereifer inspirieren lassen.

Bald, nun sehr bald, wird der Herr und Avatar der Liebe sich der Welt offenbaren. Seid diejenigen, die als Erste auf seinen Ruf antworten.

Mai 1995

Das Dilemma der Wahl

Niemals zuvor in der Weltgeschichte hing so viel von den Entscheidungen ab, die jetzt, hinter verschlossenen Türen, in den Machtzentren des Planeten gefällt werden. Nun endlich haben die politischen und wirtschaftlichen Realitäten der gegenwärtigen Weltkrise die Verantwortlichen überzeugt, dass sie diese Probleme angehen müssen. Auf ihren Erwägungen ruht das zukünftige Wohlergehen der Welt.

Bisher haben die Nationen der „Ersten Welt" ihre bevorzugte Stellung im Weltgeschehen für selbstverständlich gehalten und eine Wirtschaftsmacht zu ihrem eigenen Vorteil organisiert. Zum ersten Mal lenken sie nun ihre Aufmerksamkeit auf die entbehrungsvolle Situation der „Dritten Welt" und suchen nach beidseitig vorteilhaften Lösungen für die vielen Probleme, die die Stabilität der Welt bedrohen.

Die Reichen schenken dem Hilfeschrei aus den ärmeren Nationen endlich Gehör und zeigen sich nun bereit, das Unvermeidliche in Betracht zu ziehen: die Notwendigkeit zu teilen. Das zeugt bereits von einem entscheidenden Gesinnungswandel und lässt für die Zukunft Gutes erwarten.

Ob sich diese Erwägungen schon in konkreten Aktionen und Vorschlägen niederschlagen oder nicht, so hat sich doch zumindest die Tür zur Realität und zum gesunden Menschenverstand aufgetan und einen, wenn auch flüchtigen und unvollkommenen Einblick in das Mögliche vermittelt. Dies wird im Lauf der Zeit zu einer positiven Reaktion auf Maitreyas Empfehlungen führen; die Menschen müssen die notwendigen Veränderungen freiwillig und von ganzem Herzen akzeptieren, anders geht es nicht.

Dass sie sie akzeptieren werden, steht außer Zweifel: Die Alternative, über die nachzudenken zu schrecklich wäre, würde den Aufenthalt des Menschen auf diesem Planeten für immer beenden. Die Geschichte lehrt uns, dass der Mensch in seiner grenzenlosen Anpassungsfähigkeit viele Krisen und Gefahren überlebt hat – immer hat ihn sein Instinkt zur Erhaltung der Art, wenn auch. in allerletzter Minute, vor dem Untergang bewahrt.

An der Schwelle eines neuen Zeitalters steht der Mensch nun erneut vor dem Dilemma der Wahl.

Wenn der Mensch in vergangenen Krisenzeiten Hilfe von seinen Älteren Brüdern erhielt, geschah das meist hinter den Kulissen. Heute ist die Lage anders, denn dieses Mal werden die Brüder im Blickpunkt der Öffentlichkeit stehen und der Welt ihre Ratschläge und Einsichten präsentieren. So wird den Menschen bei ihrer Wahl und ihren Entscheidungen geholfen; so werden sie den kürzesten Weg zur Wahrheit einschlagen.

Unter der Anleitung von Maitreya und seiner Gruppe werden die Menschen den schlimmsten Auswüchsen in dieser gespaltenen Welt ein rasches Ende bereiten: Massenarmut und Hungertod werden verschwinden und mit der Zeit in Vergessenheit geraten; alte Wunden werden geheilt und frühere Fehler vergeben.

So werden die Menschensöhne ihre Reise in die Göttlichkeit wieder aufnehmen. Unter der Führung Maitreyas und seiner Brüder werden sie den Sinn und das Ziel ihres Lebens kennenlernen, sich für die Umsetzung des göttlichen Plans engagieren und einander als heilige Söhne Gottes erkennen. So wird es sein; und so wird die Aufgabe des Großen Herrn erfüllt. Der Ablauf seiner Rückkehr ist zeitlich genau abgestimmt. Die Welt wird ihn in Kürze sehen.

Juni 1995

Der Plan nimmt Gestalt an

Wir nähern uns einer Zeit großer Veränderungen in der Welt: Schon bald wird eine Transformation aller Strukturen einsetzen, die mit der Auflösung der Börsen in ihrer jetzigen Form beginnt. Dadurch wird der Druck, den Währungsspekulationen gegenwärtig auf die Regierungen ausüben, nachlassen, sodass ein faires und gerechtes Handelssystem entwickelt werden kann. Kurzfristige Maßnahmen müssen der Erkenntnis Rechnung tragen, dass die ärmeren Länder speziell und dringend der Hilfe bedürfen. Insbesondere müssen die Probleme Hunger und Krankheit ohne Verzögerung in Angriff genommen werden. Neue Methoden der Verteilung von Ressourcen, die auf Teilen beruhen und auf tatsächlichen Bedürfnissen, werden das gegenwärtig chaotische Verfahren, das die Welt spaltet, verdrängen. Anstatt blind den Marktkräften zu gehorchen, deren kurzsichtige Regie heute so viel Elend verursacht, wird man vorurteilsfrei und gerecht auf die Bedürfnisse aller Rücksicht nehmen.

Sehr bald wird man die ersten Schritte einleiten. Wenn auf Maitreyas Ruf hin die Völker der Welt Gerechtigkeit und Frieden einfordern, werden die Mauern der Ignoranz und Habsucht, die die Nationen jetzt voneinander trennen, in sich zusammenfallen. Mit einer Stimme werden sich die Menschen erheben und die althergebrachten Bastionen der Privilegierten und Mächtigen erschüttern und zu Staub werden lassen. So wird es sein. Aus der stickigen Enge der Vergangenheit wird eine neue Denkweise hervorgehen.

Wenn die Zeit kommt, werden sich auch die Meister mit ihrer Stimme dem Ruf nach Freiheit und Gerechtigkeit anschließen. Da das bisher gesetzmäßig auferlegte Stillschweigen Meister und Menschen nicht mehr trennt, werden sie gemeinsam die weite See der neuen Zeit ausloten und einen Entwurf für den Wandel erarbeiten, der für alle annehmbar ist. Konsens wird der Leitgedanke sein, unter dem die Menschheit jeden Schritt des Weges selbst veranlassen und beschließen wird.

Auf diese Weise werden die neuen Strukturen geschmiedet und Experimente jeder Art durchgeführt. Mit frischen, neuen Ansätzen für jegliches Problem wird eine Fülle von Ideen entstehen, die, wenn man sie umsetzt, das Gesicht der Erde verändern werden.

Ein sofortiger und totaler Wandel ist weder möglich noch wünschenswert; die Menschen sind noch zu stark und zu tief in ihrem alten

Denken verwurzelt. Ein friedliche und schrittweise Transformation wird zu den gewünschten Ergebnissen führen: die Emanzipation des Menschen von den Fesseln der Vergangenheit; der Beginn einer Ära, in der Frieden ebenso herrscht wie Gerechtigkeit und freudiges und bereitwilliges Teilen an der Tagesordnung sind.

Dann werden die Menschen die Wahrheit erkennen, die so lange von selbstsüchtiger Habgier verdeckt war: dass die Menschensöhne eins sind; dass unser aller Vater sich um das Wohlergehen aller kümmert und ihre angemessene Versorgung vorgesehen hat; dass das dem Menschen innewohnende Gute die Nebel der Ignoranz und Torheit immer wieder durchdringt.

So im Geiste gestärkt und ermutigt werden die Menschen erneut die lange Reise zur Vollkommenheit antreten und können sich nun der kontinuierlichen Hilfe und Führung ihrer Älteren Brüder sicher sein. Wir heißen diese Gelegenheit, dem sich entfaltenden Plan zu dienen, willkommen.

Juli/August 1995

Maitreyas Rat

Viele Menschen auf der ganzen Welt warten jetzt auf Maitreya. Sie kennen und erwarten ihn unter vielen Namen und bald werden sie ihn sehen. Wenn dieser große Tag kommt, werden sich alle ihre Hoffnungen auf ein für die Menschen besseres Leben erfüllen. Dieser geheiligte Tag liegt unmittelbar vor uns.

Doch es gibt auch viele, die von seinem Kommen nichts wissen und die dieser Gedanke befremdet und wenig überzeugt, sowie viele andere, die ihn erst in sehr ferner Zukunft erwarten und der Vorstellung von einem früheren Zeitpunkt mit Misstrauen begegnen. Bei ihnen löst seine Ankunft in der Welt nur Zweifel und Besorgnis aus.

Nach und nach werden sie jedoch verstehen, dass ihre Ängste grundlos sind, dass Maitreyas Advent ihnen nur Gutes bringt, und dass allein schon seine Anwesenheit für ihr zukünftiges Glück und die Sicherheit dieser Welt bürgt.

Für viele wird er die Antwort auf ihre Hoffnungen und Träume sein. Andere dagegen werden noch nicht bereit sein für die Veränderungen, für die er eintritt, und achtlos weitermachen wie gewohnt wird.

Dass diese Veränderungen einschneidend sein werden, dessen können wir gewiss sein. Dass sie ein gewisses Maß an Opferbereitschaft verlangen, trifft ganz sicher zu. Dass sie eine Herausforderung an die Großherzigkeit der Menschen sind, steht außer Zweifel. Der Rat Maitreyas gilt nichts Geringerem als der vollständigen Wiederherstellung des menschlichen Lebens auf der Erde.

Er wird der Welt ein gewaltiges Transformationsprogramm vorschlagen, das Schritt für Schritt zu einer fundamentalen Umgestaltung der politischen, ökonomischen und sozialen Strukturen führen wird, mit denen die Menschen ihre Beziehungen und Interaktionen gestalten.

Zum gegenwärtigen Zeitpunkt schrecken die Menschen vor einem derart weitreichenden Wandel vielleicht noch zurück, doch aufgrund der inspirierenden Ideen und Empfehlungen des Christus und angesichts der Gefahr eines wirtschaftlichen Chaos werden viele begreifen, wie notwendig ein neuer Ansatz und wie dringlich die Lösung der bedrückenden Probleme in unserer Welt sind.

Ignoriert man diese Probleme, werden sie weiter gären und sich überall auf der Welt in tragischen Ereignissen entladen. Für Millionen von Menschen wären Schmerz und Leid die unvermeidlichen Folgen unserer gegenwärtigen Versäumnisse. So wird Maitreya sprechen. So wird er auf die Notwendigkeit des Wandels hinweisen.

Wenn die Menschen das begreifen, werden sie die überholten heutigen Systeme bereitwillig durch geeignetere ersetzen: Man wird nach dem Prinzip des Teilens handeln, Gerechtigkeit herstellen und damit Frieden auf der Erde schaffen.

Diese Grundsätze werden die Welt transformieren. Wenn sie in die Praxis umgesetzt werden, führen sie zu richtigen mitmenschlichen Beziehungen und fördern damit den Plan Gottes. Der Große Herr hält sich bereit, seine Mission anzutreten. Die Welt wartet auf seinen Rat.

September 1995

Die Jünger und der Plan

Irgendwann kommt im Leben jeder Nation eine Zeit, da sich ihre Seele bemerkbar macht. Das geschieht in Zyklen immer dann, wenn die Eingeweihten und Jünger einer Nation auf den Impuls der Seele reagieren. Ihre Aufgabe ist es, die tiefere Absicht der Seele ihres Landes zu manifestieren, damit diese mit ihrer Qualität der Menschheit dient. Jede Nation spielt eine größere oder kleinere Rolle in dem harmonischen internationalen Austausch, der, in seiner höchsten Form die Menschheit auf ihrem Evolutionsweg weiterbringt.

So ist es auch heute, da die Welt zum Wandel bereit ist. Auch wenn es kaum den Anschein hat, so folgen doch Jünger in jeder Nation dem inneren Ruf und bereiten sich auf eine größere Aufgabe vor. Diese größere Aufgabe kommt jetzt in vollem Maße auf sie zu. Maitreyas Stimme wird ihnen wie das Echo ihrer tiefsten Wünsche erscheinen und sie daher umgehend motivieren, die Welt zu verändern.

In jedem Lebensbereich wird Maitreyas Hand zu spüren sein. Wenn die Menschen seinen Rat suchen, wird er mit vollen Händen geben; wo immer seine Unterstützung helfen kann, wird sie nicht ausbleiben.

Mehr und mehr wird den Menschen bewusst, dass Veränderungen unumgänglich sind. Sie spüren, dass die alte Ordnung ausgedient hat, und warten nur auf ein Zeichen, das ihnen den richtigen Weg weist. Wenn sich Maitreya der Welt offenbart, wird er das Augenmerk der Menschen auf das Wesentliche lenken: Teilen, Gerechtigkeit und Frieden, da es sonst für die Menschen keine Zukunft geben kann.

Dann werden die Jünger in den Nationen zeigen, welches Potenzial in ihnen steckt, und mit nahezu glühender Begeisterung an die Öffentlichkeit treten. Mit Klarsicht und Altruismus werden sie den Nationen ihre Vorstellungen darlegen. Gemeinsam mit Maitreya werden sie sich für einen Wandel einsetzen und aufzeigen, wie dieser am besten zu bewältigen sein wird. Sie werden sich um ihn versammeln und dazu beitragen, dass die Menschen seinen Rat und seine Führung annehmen können. Man wird sie in einflussreiche Positionen wählen und ihnen Vertrauensposten übertragen, in denen sie den Willen des Volkes ausführen werden.

So wird es sein. So wird die alte Ordnung sich auflösen und vergehen, weil Herz und Verstand der Menschen mehr Klarheit über Gottes

Willen für die Menschheit gewonnen haben. Gerechtigkeit und Teilen, mitmenschliche Beziehungen und Frieden – dies sind die ewigen Gesetzmäßigkeiten, die göttlichen Eigenschaften, ohne die auf lange Sicht kein Fortschritt möglich ist.

Der Mensch steht nun an der Schwelle zu dieser Entdeckung und sieht mit leuchtenden Augen eine neue Zukunft vor sich. Wenn er in diese Zukunft eintritt und sie gestaltet, wird der Mensch sich und seinen Brüdern eine lange verborgene und uneingestandene Göttlichkeit offenbaren, die aber dennoch immer ungebrochen und ewig gültig war.

Oktober 1995

Die Zeit der Wunder nimmt kein Ende

Zusehends wird den Menschen bewusst, dass die „Zeit der Wunder" nicht der Vergangenheit angehört, sondern dass die Wunder weltweit zunehmen. Die jüngsten Zeugnisse haben die selbstzufriedene Gewissheit von Millionen tief erschüttert. Das außerordentlich große Interesse der Medien garantiert nun ein weltweites Publikum auch für kommende wundersame Ereignisse, die Gläubige wie Skeptiker noch mehr in Staunen versetzen werden. Hiermit hat sich die Tür geöffnet, durch die Maitreya eintreten und als die treibende Kraft hinter den Wundern anerkannt werden kann.

Damit wurde ein zweifacher Zugang zu den Herzen und Köpfen der Menschen angelegt: Moderne Kommunikationsmittel gewährleisten, dass die Gedanken und Worte, die Ideen und Hoffnungen Maitreyas Millionen von Menschen bei sich zu Hause erreichen; gleichzeitig werden die wundersamen Manifestationen weltweit die Aufmerksamkeit unzähliger weiterer Millionen auf sich ziehen. Schon jetzt wird der Name Maitreya mit jüngsten Ereignissen in vielen Tempeln in Ost und West in Verbindung gebracht.

Sehr bald werden die Menschen also mit der Nachricht rechnen können, dass der von allen erwartete Lehrer tatsächlich unter uns ist, dass er lebt und sich mit seiner lebensnahen Lehre für eine höhere Lebensqualität aller Menschen einsetzen will. Bald werden die Menschen erkennen, dass die lange Zeit des Wartens ein Ende hat, dass die Welt auf ein Ereignis vorbereitet wurde, das größer ist als der Mensch sich vorstellen kann, – ein Ereignis, das alles Bisherige in der langen Geschichte der Erde in den Schatten stellt.

Niemals zuvor in der bislang *bekannten* Menschheitsgeschichte haben die Meister für alle erkennbar unter den Menschen gelebt. Zum ersten Mal seit Tausenden von Jahren führen sie jetzt offiziell ihre zahllosen Aufgaben und Hilfsdienste aus. So wird eine neue Verbindung zwischen der Welt der Menschen und der ihrer Älteren Brüder geschmiedet. Die Menschen werden sich die Eigenschaften dieser vollendeten Lehrer zum Vorbild nehmen, und so wird mit deren Inspiration und Beispiel die Evolution der Menschheit rapide Fortschritte machen. So wird es sein. So werden die Hüter ihr Wissen und ihre Erfahrung zum Wohle aller einsetzen.

Alle, die sich in der Arbeit für die Wiederkehr engagiert haben, sollten sich angesichts der weltweiten Wunder der letzten Zeit ermutigt fühlen, weil sie das Zeichen sind, dass Maitreya sich in Kürze den Menschen zeigen wird. Alle, die daran mitgearbeitet haben, dass sich die Kenntnis seiner Gegenwart verbreitet, werden erfahren, dass ihre Bemühungen nicht umsonst waren, dass die Welt ihren Einsatz brauchte und dass sie dem Ruf ihres Herzens folgend ihr Bestes gaben. Sie werden ebenso erfahren, dass Maitreyas Dank und Liebe sie ihr Leben lang begleiten werden.

Die immer zahlreicheren Wunder werden weiterhin Erstaunen auslösen; die sogenannten Wissenschaftler und Experten stehen auf verlorenem Posten, wenn sie weiterhin in Abrede stellen wollen, was für alle offensichtlich ist. Wenn sich die Menschen der Hoffnung bewusst werden, die diese Manifestationen in sich tragen, werden sie sie mit den klugen Worten Maitreyas in Verbindung bringen und sich seiner Führung anvertrauen

November 1995

Der Tag der Befreiung

Mit jedem Monat, der vorübergeht, kommt die Welt dem Tag der Befreiung näher. Millionen Menschen erwarten diesen Tag mit Sehnsucht und Hoffnung. Sie suchen nach Zeichen, um diese Hoffnung lebendig zu halten, und finden sie auch in zunehmender Zahl. Überall spüren die Menschen, dass die alte Zeit vorbei ist und etwas seltsam Neues in der Welt geschieht. Die alte Ordnung ist auf dem Rückzug und hinterlässt ihre Trümmer, das Strandgut dieser Zeit – Leid und Kummer, Spaltung und Konflikte.

In diese Arena kommt der Christus. Was, fragen wir uns, wird er zuerst in Angriff nehmen? Maitreyas erste Aufgabe wird sicher darin bestehen, das Vertrauen der Menschen zu gewinnen und ihnen seine Empfehlungen, sein Wissen, seine Umsicht und Weisheit glaubhaft zu vermitteln. Das ist keine einfache Aufgabe, denn es gibt viele, die sich seinen Ansichten widersetzen werden, weil ihnen seine bloße Gegenwart ein Gräuel ist, und die vergeblich darauf hoffen, dass er den Mut verlieren und dorthin zurückkehren möge, von wo er kam.

Andere werden sich nicht festlegen und abwarten, bis die allgemeine Stimmung deutlich zu Maitreyas Gunsten umgeschlagen ist. Dann werden sie sich der wachsenden Schar derer anschließen, die nach Veränderungen rufen, die in dem, was Maitreya sagt, die authentische Stimme der Wahrheit erkennen und ihn als ihren Fürsprecher und Führer, als göttlichen Inspirator und Freund betrachten.

So wird es sein. So werden die Menschen begreifen, dass sie einen Führer gefunden haben, der ihr Vertrauen verdient und der sie lehren wird, ihre Welt zu erneuern, ihre Brüder in Liebe zu umarmen und sich als die Götter zu erkennen, die sie in Wahrheit sind.

Nach und nach wird der Widerstand gegen den Christus und seine Ideen weniger werden und schließlich auch ein Ende finden. Selbst die Unversöhnlichsten werden sehen, dass Maitreyas Liebe und Weisheit göttliche Gaben für die Welt sind, dass seine Ankunft unter uns der größte Segen ist und dass die Menschheit ohne diesen Segen ganz sicher untergehen würde.

Von allen Gruppen haben die religiösen Gemeinschaften die schwerste Aufgabe vor sich – die Aufgabe der Aussöhnung. Sie sind so tief in ihren uralten Dogmen verwurzelt, in ihren ausgrenzenden Doktrinen, die gedankenlos übernommen und rein mechanisch weitervermittelt werden, dass es für sie ein harter und bitterer Kampf sein wird, diese Halbwahrheiten abzustreifen und sich dem Neuen anzuschließen. Trotzdem werden auch diese aufrichtigen, aber kurzsichtigen Eiferer mit der Zeit herausfinden, dass die Lehren des Christus kaum etwas an sich haben, das ihnen Angst machen könnte. Einer nach dem anderen werden sie sich, wenn auch mitunter zögernd, dem Licht der neuen Ordnung stellen.

In diesem neuen Licht werden die Menschen sich selbst finden. In seinem Leuchten werden sie ihren eigenen Widerschein und ihre Göttlichkeit erkennen. So werden die Menschensöhne in die Fußstapfen der Söhne Gottes treten. So werden die Unwissenden weise, die Wilden und Gewalttätigen zahm und die Leidenden wie neu geboren glücklich und wieder Hoffnung haben. So, ja so soll es sein.

Dezember 1995

Die Meister auf dem Weg ins Menschenreich

Immer dann, wenn die Menschen in Angst geraten, suchen sie bei Gott oder den Engeln Hilfe und Zuversicht. Auch heute ist das so, denn die Krise, in der sich die Menschheit befindet, verschärft sich. Von allen Seiten ertönt der Hilferuf und findet bei den Repräsentanten Gottes Resonanz. Wir, die Architekten der neuen Zeit wissen, dass alle Menschen tief im Herzen fest an höhere Hilfe und Führung glauben, und diese zu geben ist uns eine Freude und immerwährende Verpflichtung. Langsam aber sicher wird sich der Mensch der unsichtbaren Kräfte bewusst, die ihn umgeben und die immer bereit sind, ihm beizustehen und zu helfen. Dass der Mensch verkennt, wer diese Kräfte sind, ist nicht wichtig: Meister oder Engel? Nur wenige kennen die Wahrheit.

Wenn wir, die Bruderschaft, den Menschen als Engel erscheinen, tun wir es dem Gesetz des Wiedererkennens gemäß. Auf diese Weise erfahren die Menschen, dass sie nicht allein sind. Wenn eine höhere Entwicklungsstufe es zulässt, brauchen wir uns nicht zu tarnen und zeigen uns in unserer wahren Gestalt. So kommt es, dass manche Engel sehen, während andere die Bruderschaft erkennen.

Mehr als je zuvor machen unsere Beziehungen zu den Menschen im täglichen Leben rasche Fortschritte. Wann immer die Umstände es erlauben, bieten wir unsere Hilfe an und machen unsere Anwesenheit bekannt. Auf diese Weise wird den Menschen bewusst, dass die Zeit aller Zeiten naht, dass der Große Herr bei uns ist und die Isolation des Menschen ein Ende gefunden hat.

Ob die Menschen uns als Engel oder Menschen sehen, sie wissen jedenfalls, dass ihnen immer geholfen werden kann. Sie müssen nur darum bitten. Dass die erbetene Hilfe nicht unbedingt ihren Wünschen entspricht, ist eine Lektion, die sie lernen müssen. Wir arbeiten immer im Rahmen des Gesetzes und des großen Plans und richten unsere Hilfsmaßnahmen daran aus.

Es gibt zwar Myriaden von Engeln, aber sie haben noch keine Berührung mit dem Leben der Menschen. Doch es wird eine Zeit kommen, wo diese unsichtbaren Kräfte den Menschen ihre Heilkraft und ihr Wissen anbieten und das Reich des Menschen gefahrlos betreten können. Bis dahin werden wir, die Lehrer, die Älteren Brüder der Menschen die Kluft zwischen den beiden Reichen überbrücken. So können wir diese

Zusammenführung von Menschen und Engeln gut beaufsichtigen. Wir sind die „Mittelsmänner", die bereitwilligen Helfer sowohl der Menschen als auch der Deva-Kräfte, wir sind die allzeit gegenwärtigen Verwalter von Gottes Plan und Absicht, die Schmerzlinderer und die Repräsentanten göttlicher Liebe.

Bald werden unzählige Menschen uns sehen und erkennen, wer wir sind. Wir sind eure Brüder, die euch vorausgegangen sind, wir wollen euch bereitwillige Führer und Helfer sein, wir sind eure höheren Vermittler, eure Mentoren und Lehrer, eure Musen und Inspiratoren, eure treuen Diener und euch ewig Liebenden. Wir folgen eurem Ruf nach Beistand und sind auf dem Weg in euer Reich.

Januar/Februar 1996

Alles wird gut

Bald wird die ganze Welt voller Freude sein. Sehr bald wird die Welt ihn, auf den alle warten, zu Gesicht bekommen. Sehr bald wird sie erkennen, dass der große Lehrer tatsächlich mitten unter den Menschen lebt, um das Zeitalter des Friedens einzuleiten.

Natürlich werden die Menschen darauf sehr unterschiedlich reagieren, aber eines ist sicher: ignorieren wird man ihn nicht können. Seine geistige Potenz und die Relevanz seiner Ideen für die Zukunft des Menschengeschlechts sind so überzeugend, dass man überall mehr über ihn und seine Pläne und Absichten erfahren will. So wird der Große Herr sich den Menschen offenbaren und ihren Bitten folgen.

Glücklicherweise kann nichts den Triumph seines Vorhabens verhindern, da seine Anliegen auch die Anliegen der Menschen sind. Wenn die Menschen das begreifen, werden sie sich an seiner Seite sammeln und die Veränderungen einfordern, für die er eintritt. Sie werden die Vorkämpfer der Wahrheit sein und den maroden Kern der alten Ordnung ins Visier nehmen. Viele werden in dem großen Lehrer den Retter des Alten sehen; andere werden den Vertreter des Neuen in ihm erkennen. Was auch ihr Standpunkt sein mag, sie werden sein Banner hochhalten: Wahrheit und Brüderlichkeit, Gerechtigkeit und Frieden.

Aus kleinen Anfängen wird eine Flut von Forderungen werden, deren Drängen nach Veränderungen bald die ganze Welt bewegen wird. So wird es sein. So wird der Menschensohn zu seinem Volk zurückkehren und das Leben der Menschen erneuern.

Macht euch bereit, den Herrn der Liebe zu sehen. Macht euch bereit, an seiner Seite zu arbeiten. Seid bereit, mit seiner Bruderschaft zusammenzuarbeiten, denn auch die Meister gehen jetzt auf die Menschen zu. Bald werden die Menschen wissen, dass sie nicht allein sind, dass der Pfad in die Zukunft aus poliertem Stein besteht, von den Spuren jener geheiligt, die ihn bereits zuvor gegangen sind und diesen Weg gut kennen.

Ernste Probleme werden seine ganze Aufmerksamkeit verlangen; die Situation der Menschheit birgt zurzeit viele Gefahren. Maitreya kennt das Gesetz und kommt als Anwalt und Berater, im sicheren Bewusstsein, nicht gegen den freien Willen der Menschen zu verstoßen.

Seid offen für seine Anwaltschaft und erfüllt eure Aufgabe. Tretet unmissverständlich für Gerechtigkeit und Frieden ein. Macht euren Standpunkt deutlich und zieht damit seine Energie an. Seid willkommen auf dem Fest; seid willkommen in eurer Zukunft.

Viele werden verwirrt sein und Freund und Feind nicht unterscheiden können. Verblendet von alten Dogmen irren sie hilflos im Dunkeln. Doch bald wird die alte Dunkelheit dem Licht weichen, in Scharen werden sie dies Licht aufnehmen und seinem Ruf folgen. So wird es sein. So wird der Große Herr die Menschen Schritt um Schritt begleiten und seinen Erfolg besiegeln.

Nah, sehr nah ist schon die Zeit, wo er sich der Öffentlichkeit zeigen wird. Nie, niemals zuvor gab es eine solche Zeit. Habt Mut und wisst, dass alles gut sein wird, alles in allem wird gut.

März 1996

Das Reich der Wahrheit

Mit tiefer Freude betrachten wir, die Älteren Brüder der Menschheit, die Ereignisse, die sich nun entfalten. Niemals zuvor, in keiner der unzähligen Krisen, die die Menschheit im Laufe ihrer langen Geschichte heimgesucht haben, stand die Zukunft des Menschengeschlechts so sehr in Frage, wie es in jüngster Vergangenheit der Fall war. Dieses Jahrhundert zeichnet sich dadurch aus, dass in ihm die für den Planeten lebensbedrohenden, großen Konflikte ausgefochten und entschieden wurden. Dass die Kräfte des Lichts am Ende siegreich waren, ist für die Menschheit ein unermesslich großer Segen.

Vor diesem Hintergrund wollen wir nun die Situation betrachten, die heute auf der Erde herrscht. Eine neue Atmosphäre des Vertrauens bahnt sich, wenn auch noch vorsichtig, unter den Staaten an; die Drohung eines globalen Krieges geht zurück. Ein Geist der Zusammenarbeit macht sich, wenn auch erst im Anfangsstadium, in den Köpfen vieler Weltführer bemerkbar.

Noch wüten vielerorts Kriege und fordern ihren Tribut an menschlichem Elend, aber die Nationen beginnen mehr und mehr zu akzeptieren, dass sie gemeinsam die Verantwortung für deren Ursache und deren Beendigung tragen. Man kann wohl sagen, dass die Völker der Erde jetzt langsam erwachsen werden.

Es ist heute Mode, dem Leben gegenüber die Haltung des „zynischen Beobachters" einzunehmen. Wichtig sei, so meint man, sich nicht einzulassen, sondern das vorüberziehende Panorama der Ereignisse lediglich zu registrieren und angesichts auch des größten Leids sich nicht erschüttern zu lassen. Diese Einstellung schmälert den Wert der Inkarnation und versagt dem Beobachter die Freude des Handelns.

Große Ereignisse bahnen sich an, mit deren Eintritt die Menschen vor eine entscheidende Wahl gestellt werden. Ein jeder tut gut daran, genau zu erwägen, was diese Wahl bedeutet, und sie im Herzen zu entscheiden. Nicht länger mehr dürfen die Menschen abseits stehen und die Ereignisse ihrem meist tragischen Verlauf überlassen. Nun ist an der Zeit, voller Stolz für Einheit und Leben, für gesunden Menschenverstand und Frieden einzutreten. Maitreya ist bereits unterwegs und wird von euch eine Entscheidung, eine Antwort auf seine Bitte fordern.

Wisst, dass ihr gerade wegen dieser Zeit hier seid und zweifelt nicht an der Macht eurer heutigen Entscheidung. Lasst jeden wissen, dass ihr Gerechtigkeit und Frieden wählt, und schließt euch den Reihen jener an, auf die Maitreya sich verlassen kann.

Viele spüren jetzt, dass sich etwas Bedeutsames anbahnt. Sie wissen nicht, was das ist, und fürchten häufig schon dessen Vorzeichen. Sie reagieren auf die Energien Maitreyas, selbst wenn sie seinen Namen nicht kennen. Bald, sehr bald werden sie ihn nun sehen. Jeder Mensch kann und muss seine Wahl treffen: entweder zweifeln und ablehnen und endlos leiden oder die Zukunft gestalten und das Reich der Wahrheit betreten.

April 1996

Der Mensch vor einer entscheidenden Wahl

In der Geschichte der Menschen, Nationen und Rassen kommt eine Zeit, in der sie sich wieder neu an der Wirklichkeit, dem Urgrund ihres Lebens orientieren und darüber klar werden müssen, worin der Sinn ihres Daseins besteht und wie sie ihm besser gerecht werden können.

Heute steht die Menschheit, die derzeit fünfte Menschenrasse in der Geschichte, mit allen ihren Nationen an einem solchen Punkt. Bald werden die Menschen auf der ganzen Welt gebeten, die Folgen ihres Handelns ernsthaft abzuwägen. Auf ihrer Entscheidung beruht die Zukunft dieser Welt.

Sehr bald wird nun Maitreya die Nationen vor eine folgenreiche Wahl stellen: Wollen sie in der heutigen, furchtbaren und selbstzerstörerischen Weise weitermachen und alle zusammen untergehen oder ihm auf dem Weg zu einer einfacheren, vernünftigeren und ungefährlicheren Lebensweise folgen, die eine glücklichere Zukunft für alle Völker der Erde garantiert, damit der Mensch wieder Anschluss an sein Bestimmung als heranwachsender Sohn Gottes finden kann.

Sobald die Menschen verstehen, worum es bei der ihnen bevorstehenden Wahl geht – Glück oder Auslöschung – werden sie bei ihrer Entscheidung wohl kaum zögern. Um ihnen bei dieser Aufgabe behilflich zu sein, wird Maitreya die heutigen Probleme analysieren und in aller Klarheit aufzeigen, welche Folgen die unterschiedlichen Vorgehensweisen haben werden. Mit seinem Weitblick und seiner in Jahrtausenden gewachsener Erfahrung wird er die Menschen an ihr göttliches Erbe erinnern und ihnen den Weg weisen, damit sie ihr Erbe antreten können. So wird es sein. So wird der „Lehrer von Menschen und Engeln" seine Mission beginnen, und dann werden die Menschensöhne ihre Reise wieder aufnehmen, um Söhne Gottes zu werden.

Da sie unter dem erbarmungslosen Druck der Kräfte des Marktes an allen Fronten in Bedrängnis geraten, beginnen die Menschen auch das Gegenmittel zu entdecken: ein tieferes Verständnis für das Mysterium und die Schönheit allen Lebens. Von der sich rasant ausbreitenden Kommerzialisierung überrollt und an den Rand gedrängt, wenden sich die Menschen dem nährenden Feuer ihres inneren Lebens zu und finden darin Trost. Die Myriaden von Wundern in Ost und West erinnern sie an die unsichtbare Gegenwart des Göttlichen im Leben und machen ihnen Hoffnung auf eine für sie bessere Zukunft.

Hoffnungsvoll erwarten sie den Lehrer. Bewusst oder unbewusst haben sie ihn herbeigerufen. Maitreya ist bereit, an die Öffentlichkeit zu treten und mit seinem Appell an die Menschen zu beginnen: „Begreift, dass ihr eins seid, und tretet euer Geburtsrecht an." „Teilt und erfahrt auf diese Weise Gerechtigkeit und Frieden." „Lernt zu lieben und Vertrauen zu haben und erkennt die Schönheit des Lebens." „Seht in allen Menschen eure Brüder und werdet die Götter, die ihr seid."

So wird der Große Herr sprechen. So wird er die Herzen der Menschen wachrütteln und ihnen die Erfordernisse der Zeit bewusst machen. Die Zeit der Entscheidung, die wichtigste Zeit aller Zeiten kommt jetzt auf die Menschheit zu. Überlegt es euch gut, seid klug und wählt „eine Zukunft, die in Licht getaucht sein wird".

Mai 1995

Willkommen auf dem Fest

In den letzten Jahren ist ein neues Phänomen aufgetreten: Die Menschen haben begonnen, von den Regierungen ihr Recht auf Freiheit und Selbstbestimmung einzufordern. Es hat auch früher schon sporadisch einige Versuche gegeben, diese gottgegebenen Rechte zu sichern, und die Revolutionen der Geschichte zeugen von der ewigen Sehnsucht der Menschen, ihr göttliches Erbe als freie Söhne Gottes anzutreten. Heute jedoch breitet sich ein neuer und unbändiger Freiheitsdrang in der Welt aus: Millionen fordern das Grundrecht ein, über ihr Leben und ihre Entwicklung selbst bestimmen zu können.

Die Regierenden müssen nun diesem Wunsch Rechnung tragen und ihre Politik dieser Forderung anpassen. Kaum jemand wird den legitimen Ruf nach Gerechtigkeit und Freiheit, der aus den Herzen der bedrängten Menschheit aufsteigt, noch ungestraft ignorieren können.

Selbstverständlich stehen hinter diesem Ruf nach Freiheit Maitreya und seine Gruppe. Lange schon bemühten sie sich, die Menschen zu diesem Wunsch zu stimulieren und ihnen die Notwendigkeit individueller Freiheit bewusst zu machen, ohne die auch die größten Errungenschaften nichtig sind. Langsam aber sicher haben die Menschen auf diesen höheren Ruf reagiert und sind nun fast einstimmig bereit, ihre Forderungen geltend zu machen und ihr Geburtsrecht als heranwachsende Söhne Gottes einzulösen.

Bald wird dieser Aufschrei das Gewissen der Welt wachrütteln und damit wird ein neues Kapitel der Menschheitsentwicklung aufschlagen. Maitreya wird dafür eintreten – und Millionen werden ihm darin folgen –, dass jetzt die Zeit gekommen ist, das Recht aller Menschen auf eine faire und gerechte Teilhabe am Weltgeschehen anzuerkennen; das Recht auf ein Maß an Freiheit, das einer natürlichen Gerechtigkeit entspricht; und das Recht auf gesetzliche Maßnahmen, die die Rechte aller auf das für das tägliche Leben Notwendige sichern.

Dass es auch Widerstand gegen diesen Ruf nach Gerechtigkeit und Freiheit geben wird, ist unvermeidlich; viele wissen diese Gaben nur für sich selbst zu schätzen. Und dennoch wird die schlichte Wahrheit dieser fundamentalen Bedürfnisse der Welt allmählich zu Bewusstsein kommen, und dann werden die Menschen dankbar bei Maitreya Rat und Hilfe suchen. So wird es sein; so wird der große Menschensohn aufs Neue die Menschensöhne führen. Sie werden ihren Bund mit dem Evolutionsplan erneuern und wieder mit dem Aufstieg zum Höchsten beginnen.

Die Zeit ist nun gekommen, wo alle einen klaren Standpunkt beziehen müssen: für oder gegen allen zukünftigen Fortschritt auf der Erde – das ist die Frage, der sich jeder Einzelne stellen muss. Die Zukunft ruft, sie bietet euch Freiheit und Gerechtigkeit und heißt euch auf dem Fest willkommen.

Juni 1996

Eine immerwährende Entscheidung

Die Zeit für die große Entscheidung der Menschheit rückt nun näher. Gespannt erwarten selbst die großen Lehrer diesen entscheidenden Augenblick. Doch nur wenigen in der Weltbevölkerung ist bewusst, welche Bedeutung dieser Zeit und dieser Wahl zukommt, vor der die Menschen stehen: sich kopfüber und achtlos ins Unheil zu stürzen oder das Leben, und zwar für alle Menschen, neu zu ordnen und durch Gerechtigkeit und Freiheit zu heiligen.

Diese natürlich immer bestehende Entscheidung ist heute aktueller denn je. Noch nie zuvor hing so viel von der richtigen Wahl des Menschen ab, da er heute über eine Waffe von unkontrollierbarer Zerstörungskraft verfügt. Daher sind Gelassenheit und sorgfältiges Nachdenken äußerst wichtig.

Um den Menschen die Konsequenzen ihres Handelns zu vermitteln, steht Maitreya bereit, die öffentliche Bühne zu betreten. Mit seiner überzeugenden Weisheit wird er dem Ruf nach Vernunft und Frieden Auftrieb geben. Er wird inspirieren und lehren. In wachsender Zahl werden sich die Menschen an seiner Vorgehensweise orientieren und ihm nacheifern; mit der Zeit wird die ganze Welt seinem weisen Rat folgen und den Menschen ihr angestammtes Recht, den Frieden, wiedergeben. So wird es sein. So wird Maitreya sein Versprechen und seine Pflichten gegenüber der Menschheit erfüllen.

Mit Ungeduld erwarten viele diese Zeit, wissen aber wenig über die vielen, kosmischen und anderweitigen Faktoren, die Maitreya, um das Gesetz zu erfüllen, ausbalancieren muss. Es darf nichts geschehen, was den freien Willen der Menschen beeinträchtigen könnte; allein das Gesetz und sein Verständnis für die Zeitumstände können Maitreya in seiner Entscheidung für den Zeitpunkt seines öffentlichen Auftretens beeinflussen. Eines Faktors kann man indes sicher sein: Maitreya wird nicht den geringsten Aufschub dulden und jeden Augenblick nutzen, der ihm den Beginn seiner öffentlichen Mission im Dienst der Menschheit erlaubt. Er allein bestimmt diesen Zeitpunkt. Wartet und vertraut seinem Urteil.

Dieses Urteil beruht auf einem Wissen, das den Menschen unbekannt ist. Nur ein kosmisch umfassendes Verständnis erlaubt eine korrekte Einschätzung der Lage. Und doch muss selbst Maitreya schwerwiegende Entscheidungen anhand von wenig konkreten – und sich ständig verändernden – Vorgaben treffen. Es ist nur eine dünne Linie, die das Notwendige vom Möglichen trennt.

Vertraut daher der Tatkraft des Herrn der Liebe. Reibt euch nicht an der scheinbaren Verzögerung seiner Rückkehr – im allumfassenden Jetzt gibt es keine Verspätung.

Bald wird der große Menschensohn seinen rechtmäßigen Platz als Lehrer der Menschheit einnehmen. Frohgemut und bereitwillig wird die Mehrheit der Menschen seinem Rat folgen und sich seine Lehren zu Herzen nehmen. Dankbar werden sie Schritt für Schritt die Strukturen der Zukunft aufbauen, und mit der Zeit werden die alten Fehler immer schneller abgelegt und vergeben und vergessen sein. So wird es sein. So wird der Große Herr und Führer der Menschen seine Bestimmung erfüllen und so wird die Menschheit wirkliche Freude erleben.

Juli/August 1996

Das Ende der Zwietracht

Jahrelang haben viele auf ein Zeichen für die nahende Rückkehr des Christus gewartet. Derartige Zeichen sind tatsächlich in vielen Gegenden der Welt aufgetaucht, doch die Zweifler zweifeln noch immer. Es scheint, dass die Skepsis der ungläubigen Thomasse der Welt erst dann erschüttert werden kann, wenn sie den Christus mit eigenen Augen sehen.

Bald werden sie keinen Grund mehr zum Zweifeln haben und schwerlich noch Erklärungen für die Unzahl von geheimnisvollen Dingen finden können, die sich mitten unter ihnen abspielen.

Bald wird der Menschensohn sich und seine Absichten der Welt offenbaren. Die Nachricht von seiner Ankunft wird um die Welt gehen und in kurzer Zeit dazu führen, dass er weithin erkannt und angenommen wird.

Die Notwendigkeit des Wandels ist nicht mehr zu übersehen, wohin die Menschen jetzt auch blicken. Die alte Ordnung geht unter; instabil und unsicher geworden, zerfällt das Alte. Überall sind Ausgrenzung und Wettbewerb an der Tagesordnung. Die Tore stehen also weit offen für die Ankunft des Lehrers.

Sehr bald wird sich die Welt nun der Tatsache bewusst werden, dass ein Lehrer von unermesslichem Format sich der Angelegenheiten der Menschen annehmen will, dass er der Welt mit seiner Anwesenheit Ehre erweist und nur auf die Zustimmung der Menschheit wartet, um mit seiner Mission, die auch Aufklärung und Beistand bedeutet, zu beginnen.

Von da an wird der Veränderungsprozess in Gang kommen und die ganze Welt transformieren. Alle Spaltungstendenzen und alle Gewalt, die wir heute erleben, werden nach und nach verschwinden. Mehr und mehr werden die Wege des Friedens ihre Anziehungskraft auf die Menschen ausüben und damit eine ganz neue Stabilität ermöglichen.

Frieden beruht auf menschlichen richtigen Beziehungen, die sich wiederum auf Gerechtigkeit gründen. Gerechtigkeit wird herrschen, wenn für die elementaren Bedürfnisse aller gesorgt ist. Das Prinzip des Teilens ist der Schlüssel zu dieser göttlichen Harmonie und für die Menschensöhne der einzige Weg in die Zukunft.

Mit diesen Worten wird Maitreya sich an die Menschen wenden. Dann werden sie die Bedeutung und die Notwendigkeit des Teilens begreifen, die Fehler der Vergangenheit allmählich einsehen und sie unter seiner weisen Führung wiedergutmachen.

Rasch rückt die Zeit näher, wo Maitreya der Welt seine Ideen unterbreiten und mit seiner öffentlichen Mission beginnen kann. Von da an wird sich in der Welt ein neuer und gesunder Rhythmus durchsetzen. So wird es sein. So wird der „Menschenfischer" zum Menschenlehrer. So werden die großen Lehrer unter seiner Führung den Menschen die alten Bündnisse erneuern und ihrer Reise zur Vollkommenheit neuen Auftrieb und eine neue Richtung geben.

Macht euch bereit, den Lehrer zu erkennen und willkommen zu heißen. Fürchtet die Zukunft nicht. Alles wird wirklich gut werden.

September 1996

Zusammenarbeit als Leitgedanke

Während wir uns nun dem Ende des Jahrhunderts nähern, sehen viele diesem Ereignis voller Besorgnis und Unruhe entgegen. Sie spüren die Veränderungen, die solche Wendepunkte traditionsgemäß begleiten, und denken mit Furcht und Schrecken an die Zukunft.

Das allerdings ist wirklich kurzsichtig gedacht. Dass es Veränderung gibt und geben wird, ist natürlich wahr – gewaltige Kräfte machen ihren Einfluss auf jeder Ebene und in jedem Bereich geltend; aber das alles vernichtende Chaos, das heute immer wieder befürchtet wird, ist ohne jeden Bezug zu den kommenden Transformationen.

Schritt für Schritt werden die neuen Strukturen sorgfältig aufgebaut und Zustimmung finden, bis sie mit der Zeit weltweit den Charakter der Gesellschaften verändern werden. Nur auf diesem Wege kann man dem zerfallenden Gefüge der Vergangenheit neue Strukturen geben. Wenn die Menschen die Logik der neuen Vorgehensweisen sehen und ihren Segen erleben, wird sich die Dynamik des Wandels steigern, bis allseits ein Crescendo erreicht wird und eine neue Welt geboren ist. So wird es sein. So wird die Aussicht auf das Neue die Trägheit des Alten überwinden.

Um dies zu ermöglichen, haben wir, eure Älteren Brüder, die Entscheidung getroffen, öffentlich unter den Menschen zu arbeiten. Dieser Prozess ist bereits voll im Gang, denn unsere Bruderschaft arbeitet nun schon seit vielen Jahren unter euch. Bald werdet ihr die Ergebnisse unserer Arbeit sehen, da wir unsere Jünger auf den Dienst vorbereiten. Bald werden sie an die Öffentlichkeit treten und die neuen Konzepte für das Leben und den Frieden auf dem Planeten vorlegen.

Der Leitgedanke ist Zusammenarbeit. Der heute propagierte freie, ungezügelte Wettbewerb kann nur in der Vernichtung enden. Darum wird man überall die Flagge der Zusammenarbeit hochhalten, die die Menschen zur gemeinsamen Arbeit am Wiederaufbau unserer Welt inspirieren wird. Die Probleme der Menschen sind nur kooperativ zu lösen, so vielfältig und komplex wie sie sind; nur Zusammenarbeit kann die alten und noch empfindlichen Wunden heilen, die Menschen sich gegenseitig zugefügt haben; Kooperation ist der alleinige Garant für eine gesunde und friedliche Zukunft, die allen gerecht wird.

Bald wird sich Maitreya mit seiner Stimme dem Ruf nach Veränderungen anschließen. Bald wird die Welt erkennen, dass die neue Zeit angebrochen ist: die Zeit des Teilens, der Gerechtigkeit, des Friedens. Bald werden Maitreyas Worte weltweit Anklang finden: „Teilt und erfahrt, was Harmonie bedeutet"; „teilt und erkennt den Sinn des Lebens"; „teilt und sichert die Zukunft für alle." Darüber wird er sprechen, das wird sein Aufruf sein.

Kooperiert miteinander und überprüft die Wahrheit seiner Botschaft. Arbeitet zusammen zum Segen aller und erkennt die Strahlkraft seiner Liebe.

Oktober 1996

Der Tag aller Tage

Entschlossen und kontinuierlich, wenn auch noch langsam, nimmt die Menschheit nun ihre Probleme in Angriff. Schon lässt sich in vielen Bereichen ein deutlicher Trend zum Besseren erkennen: die zunehmende Erkenntnis, dass die heutigen industriellen Verfahren umweltschädlich sind; die neue Einsicht, dass zur Lösung dieser globalen Probleme Zusammenarbeit notwendig ist; die stillschweigende, auf gesundem Menschenverstand und gegenseitigem Vertrauen beruhende Übereinstimmung, dass die Lösung von Konflikten nicht mehr wie früher Krieg sein kann, sondern einer umsichtigen Überwachung bedarf und, falls notwendig, gemeinsames Handeln der friedlichen Nationen der Welt erfordert.

Es gibt viel Grund zur Hoffnung, da sich die Menschen der Gefahren bewusst werden, die diese Generation bedrohen, und nach Wegen suchen, um ihre Krise zu beenden.

Maitreya ist bereit anzutreten und sich mit seiner Stimme der zunehmenden Forderung nach einem anderen Wertesystem für das Zusammenleben der Menschen anzuschließen. Er kennt bereits die neuen Tendenzen in der Denkweise der Menschen und versucht, ihre praktische Umsetzung auf jedem Gebiet zu fördern. So geht er vor. Deshalb wirkt er mit seiner Energie und seinen Ideen auf die zunehmende Zahl derer ein, die sowohl die Gefahren begreifen als auch die Verheißungen dieser Zeit erkennen. Da das inzwischen nicht mehr nur einige wenige sind, wird sich ihr Einfluss in immer größer werdenden Kreisen bemerkbar machen und ihre Stimme Gehör finden. So wird es sein. So wird die Zerstörung, die Menschen und Nationen heute anrichten, einem umsichtigen und pfleglichen Haushalten weichen, das der Erde gilt.

Unterdessen erwartet Maitreya den Tag aller Tage. Er kennt bereits die Zeit, wenn auch nicht den Tag seines ersten Auftritts vor den Menschen. Die Vorbereitungen, um einem größtmöglichen Publikum seine Worte und seinen Rat zugänglich zu machen, sind jetzt schon im Gang. Nichts wird dem Zufall überlassen. Millionen werden ihn sehen und selbst urteilen können. Nur die Hartherzigsten werden sich von seinem Mitgefühl und seinem Verständnis nicht berühren lassen. Nur wer wirklich niederträchtig ist, wird seine Zuwendung und Liebe zurückweisen und sich abwenden. Nie werden die Menschen bessere und wahrere

Worte gehört haben, die so einfach formuliert und so tief empfunden sind. So wird sich der Herr der Liebe der Welt vorstellen, und die Menschen werden Hilfe erfahren und darauf reagieren.

Von dieser Zeit an werden die Männer der Tat, die hinter den Kulissen warten, an die Öffentlichkeit treten und sich der Angelegenheiten der Menschen annehmen. Sie werden nicht allein stehen, sondern als Sprachrohr von Millionen die Forderungen aller Menschen guten Willens verkünden: nach Gerechtigkeit, nach Teilen, nach Frieden und richtigen menschlichen Beziehungen.

So wird es sein. Auf diese Weise wird für Maitreyas Erklärung vor der Weltöffentlichkeit alles vorbereitet. Dann kann dieser große Lehrer, dieser Titan, dieser Bote der Schätze Gottes mit seiner Mission beginnen.

November 1996

Die Meister nehmen ihre Plätze ein

Die Vorhut der Meister bereitet sich nun in ihren jeweiligen Wohnorten und Arbeitsbereichen darauf vor, in Kürze offiziell die Weltarena zu betreten. Die Zeit ist gekommen, wo sie sich als anerkannte Mitarbeiter der Menschen beweisen müssen. Sie wissen auch, dass ihre Aufgabe keine einfache ist. Jeder Meister ist ein Mensch, der aber dem menschlichen Bewusstseinszustand mit seinen Grenzen und Illusionen seit Langem schon entwachsen ist. Sie kennen das Leid sehr gut, das diese Grenzen und Illusionen den Menschen bereiten, und versuchen deren Los auf jede erdenkliche Weise zu lindern – auch sie haben einst als einfache Menschen bei ihrer lange währenden Wanderung auf dem Pfad genau die gleichen Qualen erlebt und erlitten.

Jetzt aber müssen sie mit den Menschen als Gleichgestellte arbeiten und mit ihnen gemeinsam die unzähligen Probleme bewältigen, die das Leben der Menschen belasten. Dabei müssen sie immer berücksichtigen, dass der freie Wille des Menschen nicht verletzt werden darf: Sie werden jeden Vorschlag, den die Menschheit selbst vorbringt, unterstützen und mit ihrer Energie und Einsicht segnen. Sie sind von der Herausforderung dieses Unternehmens erfüllt und von seinem erfolgreichen Ausgang überzeugt.

Wenn die Menschen ihre Älteren Brüder sehen, haben sie zugleich auch vor Augen, was ihr Geburtsrecht, ihr göttliches Erbe ist. Jeder Mensch ist ein werdender Meister. Alles, was wir haben oder wissen, wird eines Tages jeder erreichen; wir sind euch vorausgegangen, sonst aber euch gleich.

Deshalb können wir euch ein Licht sein und den Weg weisen, um zu viele falsche Schritte oder Umwege zu verhüten.

Die Zeit ist nun gekommen, wo Menschen und Meister einander begegnen und mit ihrer gemeinsamen Aufgabe beginnen können – die Verwandlung und Rehabilitierung der Welt.

Ob es den Menschen bewusst ist oder nicht, wir, eure Älteren Brüder, waren euch schon lange zu Diensten. Im vielfarbigen Gewebe menschlicher Erfahrung gibt es kaum etwas, das nicht schon die Zuwendung unserer Bruderschaft erfuhr. In der langen Geschichte menschlicher Entdeckungen und Errungenschaften findet sich kaum etwas, das nicht unserer Inspiration und Führung zu verdanken wäre. So versuchten wir zu lehren und zu schützen bis zu der Zeit, wo der Mensch auf dem Pfad allein weiterwandern kann.

Von nun an werden wir offiziell in eurer Mitte arbeiten, um gemeinsam mit euch eine neue Zivilisation aufzubauen und euch unsere lange Erfahrung zugutekommen zu lassen. Mit dieser, mit unserer gemeinsamen Vorgehensweise kann viel Zeit gewonnen und viel Leid vermieden werden.

Zuerst werdet ihr unseren Meister sehen, Maitreya, den Großen Herrn. Dann werden wir selbst uns, einer nach dem anderen, zeigen, bis die komplette Vorhut mit Namen bekannt ist. Sobald die Umstände es erlauben, werden nach und nach weitere unserer Brüder hinzukommen, um sich am Rettungswerk – Heilung eines Planeten und Wiedereinführung des großen Plans – zu beteiligen.

Dezember 1996

Das Ende des Jahrhunderts

Vielen Menschen wird zunehmend bewusst, wie schnell wir uns nun dem Ende des Jahrhunderts nähern. In einer Situation wie dieser hält man auch nach Zeichen und Symbolen, Warnungen und Offenbarungen Ausschau. Die Medien sind in ihrem Element, sie kombinieren Wahrheit mit Phantasie, Fakten mit Fiktionen und Hoffnung mit Furcht. Maitreya wartet hinter den Kulissen darauf, sich öffentlich präsentieren zu können, der Spekulation ein Ende zu bereiten und den Glauben der Menschen an ihre Göttlichkeit und ihren eigenen Wert wieder zu stärken.

Allseits deuten unübersehbare und unmissverständliche Zeichen darauf hin, dass die „Zeit der Wunder" kein Ende nimmt. Kaum jemand wird die Überfülle der Zeichen noch leugnen können, die sich tagaus, tagein ereignen und, wenn auch mitunter indirekt, auf das Wunder in unserer Mitte hinweisen. Bald wird die Welt wissen, dass der Menschensohn tatsächlich unter uns lebt, dass die lange Wartezeit vorüber ist und dass der Lehrer bereit ist, öffentlich seine Mission anzutreten, und dass sich den Menschen ein neuer Weg in die ihnen bestimmte Zukunft eröffnet. Nur wenig Zeit wird noch vergehen, bis die Menschen die Gegenwart des Lehrers erkennen. Ihre Aufgabe ist es, zu prüfen, welche Bedeutung er für ihr Leben hat, und sich seinem Vorhaben anzuschließen.

Dass man sich auf die Menschheit verlassen kann, daran besteht kein Zweifel. Auch wenn alles dagegen zu sprechen scheint, die Menschen sind bereit – sehnsüchtig bereit – für den Wandel, sie sind bereit, Brüderlichkeit und Gerechtigkeit wieder als realistische Werte anzuerkennen, und halten Harmonie und Frieden für unbedingt erforderlich. So werden die Menschen auf Maitreyas Ruf nach diesen uralten Sinnbildern reagieren und sie in die Praxis übertragen.

Nichts wird den Fortschritt in die Zukunft, den Aufbau richtiger Beziehungen zwischen den Völkern aller Nationen dann noch aufhalten können. Dann wird sich ein Plan entfalten, der – gewagt und doch einfach, komplex und doch klar, uralt und doch glanzvoll modern – die Menschen wieder auf ihren vorherbestimmten Weg zur Vollkommenheit führt.

Viele derer, die diesen Pfad bereits zurückgelegt haben, sind jetzt unter euch und bereit, euch im Rahmen des Gesetzes zu assistieren und zu begleiten. Wir kennen eure Probleme und Ängste gut und möchten trösten und inspirieren. Wenn die Menschen uns sehen, werden sie diejenigen erblicken, die wie sie jede Qual und Pein, Erniedrigung und Freude kennen gelernt haben, doch alle immer wiederkehrenden Hindernisse auf dem Pfad überwinden konnten und somit die Garanten dafür sind, dass auch die Menschen Erfolg haben werden.

Schenkt uns euer Vertrauen und erlaubt uns, euch zu helfen und euch zu begleiten. Lernt von uns die Wege Gottes, die die Wege des Menschen werden können. Wir sind eure Brüder; älter, weiser, aber ansonsten euch gleich.

Wir sind zu euch gekommen als Brüder und Freunde; begreift uns so und lasst uns gemeinsam in die goldene Zukunft aufbrechen und sie gemeinsam gestalten.

Januar/Februar 1997

Das Ende der Konflikte

Jeder Mensch hat den Wunsch, in Frieden zu leben. Dass dies Millionen nicht vergönnt ist, ist eine Schande für die heutige Zivilisation. Was ist es aber, das die Verwirklichung der tiefsten Wünsche und Hoffnungen der Menschen verhindert?

Sicherlich sind viele Faktoren daran beteiligt, dass es Ländern und Kommunen nicht gelingt, einträchtig zusammenzuleben: Armut mitten im Überfluss ist sicher eine der Hauptursachen für die Spaltung der Menschen; aber auch uralte Hassgefühle und Vorurteile, deren Ursprünge sich oft im Dunkel der Erinnerungen einer weit zurückliegenden Vergangenheit verlieren, haben einen immensen Einfluss auf die Lebens- und Handlungsweisen vieler Menschen. Unter der Oberfläche des modernen Lebens sind alte Rassen- und Stammesfehden noch immer am Werk.

Einflussreiche politische und wirtschaftliche Kräfte, die inzwischen global agieren, verdecken und verschlimmern noch die Spannungen zwischen Ost und West, Nord und Süd, in denen eine jahrhundertelang bestehende Rassenkonfrontation zum Ausdruck kommt.

Wo heute die Bedingungen für eine solche Katastrophe gegeben sind, schlagen die Spannungen in unverhohlene Feindschaft und Kriege um. Politische Abenteurer nutzen in ihrer Machtgier die berechtigte Hoffnung der Menschen auf Freiheit und kulturelle Identität zynisch aus. Horrende Summen werden sinnlos für Waffenkäufe verschwendet, und die darauf folgenden Kriege fordern ihren unvermeidlichen Blutzoll. Das geschieht heute in Afrika und Südamerika und geschah bis vor kurzem auf dem Balkan. In der von den serbischen Führern angezettelten Vergewaltigung Bosniens und Kroatiens spiegelt sich der latente Hass wider, der in dieser turbulenten Gegend so grausam an die Oberfläche kam.

Die Konflikte im Nahen Osten und in Irland zeigen einen weiteren Aspekt dieses alten Problems auf: Seit Anbeginn der Zeit sät religiöse Intoleranz Chaos.

Unterdessen wartet Maitreya auf seine Gelegenheit, den Wandel zu beschleunigen. Die Energie des Gleichgewichts, die der Geist des Friedens durch ihn fokussiert, bringt bereits die destruktiven Kräfte ans Tageslicht. Hier können sie aufgelöst werden und verlieren so ihre uralte Macht über die Menschen.

Langsam aber sicher, trotz aller scheinbaren Gegenbeweise, tritt eine Wende ein. Unter dem großen Gesetz von Aktion und Reaktion reinigen diese mächtigen kosmischen Kräfte die Herzen und Köpfe der Menschen. Es entwickelt sich eine neue Ordnung, in der Harmonie herrschen wird. *In gleichem Verhältnis zur gegenwärtigen Disharmonie wird dann Frieden sein.*

Seid bereit den Großen Herrn zu sehen, denn die Zeit seiner Ankunft ist nahe. Folgt eilends seinem Ruf, ihm bei seiner Aufgabe zu helfen und dem Hass und der Intoleranz der Menschen ein Ende zu setzen.

März 1997

Die Anerkennung Maitreyas

Sehr bald wird die Welt den Lehrer sehen. Es stellt sich die Frage: werden die Menschen ihn erkennen? Der großen Mehrheit wird dies wohl nicht schwerfallen: In der Tat tritt selten ein Mensch von seinem Rang, der so offenkundig die Liebe, die Weisheit, die Absicht und die Gnade Gottes bezeugt und ausstrahlt, öffentlich in unser Leben. Millionen werden darauf reagieren und ihm zur Seite eilen, willens, die Pläne umzusetzen, die nach seinem Rat für die Regeneration des Lebens auf der Erde unerlässlich sind. Viele werden keinen Aufschub dulden und sich umgehend in Gruppen und Verbänden formieren, durch die sich die vielfältigen Probleme, die den Menschen heute belasten, und die notwendigen Veränderungen in Angriff nehmen lassen. Wie von einer höheren Eingebung angetrieben – und das wird es auch sein – werden Millionen von Menschen mit der Aufgabe der Transformation beginnen, in der Gewissheit, auf die Erfüllung von Gottes Plan für die Erde hinzuarbeiten. So wird es sein. Und so werden die Menschen anfangen, sich richtig, das heißt als Brüder zu sehen, die zum Wohle aller zusammenarbeiten.

Doch nicht alle Menschen werden in Maitreya denjenigen sehen, der von allen Völkern erwartet wird. Da viele noch in den alten heiligen Schriften der Welt befangen sind, wie bruchstückhaft und durch die Zeit entstellt diese auch sind, werden sie sich zunächst von dieser jüngsten Manifestation des kontinuierlichen göttlichen Plans abwenden. Sie werden sich schwer tun, Maitreyas einfachen und praktischen Ansatz mit ihren mystischen Erwartungen und Dogmen zu vereinbaren. Seid daher nicht überrascht, wenn sie ärgerlich und ängstlich mit Ablehnung reagieren. So war es auch zu Zeiten Jesu. Und ebenso, als der Buddha seine Arbeit aufnahm. So erfuhr auch Krishna Ablehnung und Verdammung. So war es immer, wenn sich das Neue dem Alten präsentierte.

Habt daher keine Angst, wenn „Geistliche" ihre Stimmen gegen den Großen Herrn erheben, ihn Antichrist und Erzbetrüger nennen, denn sie wissen wenig von den Gesetzen, die ihren Glaubensbekenntnissen zugrunde liegen, und handeln und reden daher aus Unkenntnis und Angst. Auch sie werden auf diese Weise geprüft.

Die Menschen, auf die er zählen kann, kennt Maitreya bereits. Ihre Zahl und ihre Überzeugung sind der Aufgabe angemessen. In ihnen scheint das Licht der Erkenntnis und der Hoffnung, und das Feuer in ihren Herzen gibt die Gewähr für den Erfolg.

Bald wird Maitreya die Menschen an seine Seite rufen und ihnen anbieten, sie in eine neue und bessere Welt zu führen. Bald werden die Menschen aufgerufen, den Lehrer in ihrer Mitte anzuerkennen und sich für die Wahrheit einzusetzen – die Wahrheit, die Maitreya uns demonstrieren will, ist, dass Gott an den menschlichen Problemen immer Anteil nimmt. Das ist das Motiv, das ihn an der Spitze seiner illustren Gruppe zu uns geführt hat.

April 1997

Den Wandel meistern

Wenn Maitreya vor die Welt tritt, beginnt für die Menschen eine intensive Phase der Selbstprüfung und Reflexion. Es steht natürlich zu erwarten, dass das für viele eine schmerzhafte und sogar traumatische Zeit sein wird. Da heute noch Millionen in der Lebensweise und den Ideen der Vergangenheit befangen sind und sich vor einer unbekannten, fremden Zukunft fürchten, werden sich die Menschen von der neuen Situation, die dann herrschen wird, erst ein Bild machen müssen.

Die Notwendigkeit eines radikalen Wandels wird Staatsmänner und Politiker zusehends beschäftigen – erpicht darauf, mitzureden und der Zeit ihren Stempel aufzudrücken. So weitreichend die Veränderungen auch sein müssen, man wird doch erkennen, dass sie sich in einem Tempo vollziehen müssen, das der Anpassungsfähigkeit der Menschen gerecht wird. Wenn man im Übereifer die Transformation zu beschleunigen versucht, ist niemandem und nichts geholfen. Die neuen Grundlagen müssen radikal doch logisch und sehr sorgfältig Schritt für Schritt geschaffen werden. Nur auf solchen Grundfesten kann die zukünftige Stabilität der Gesellschaft als gesichert gelten.

Wenn Maitreya erstmals seine Pläne und Hoffnungen für eine Rehabilitation der Welt kundgibt, wird seine Energie der Liebe – das Schwert der Unterscheidung – die jetzt bestehenden Konflikte deutlicher machen. Die Menschen werden Stellung beziehen: für oder gegen die neuen Prinzipien, die er ihnen zu einer grundlegenden Verbesserung der Verhältnisse vorstellen wird. So wird es sein. So wird eine Phase der Uneinigkeit und der Unzufriedenheit der Annahme des Neuen vorausgehen. Nach und nach jedoch wird selbst der letzte Hitzkopf die Notwendigkeit eines Umbaus der Welt akzeptieren und sich ebenso dieser Aufgabe widmen.

Es wird eine Zeit anbrechen, wie man sie auf Erden bislang noch nicht erlebt hat. Auf allen Seiten und auf jeder Ebene werden die Veränderungen ihren logischen Verlauf nehmen und die hohen Ziele aller gesetzlich und prinzipiell und strukturell festgeschrieben werden. So werden die Menschen ihr Schicksal wieder selbst in die Hand nehmen und sich für alle Zeiten vom Abgrund abwenden. Natürlich werden nicht alle Menschen die Zukunft mit gleichem Vergnügen betrachten. Die Ewiggestrigen sind in allen Bereichen zahlreich vertreten und müssen mit Geduld und gutem Zureden für die Sache gewonnen werden. Mit der Zeit werden sogar jene, die besonders ablehnend sind, ihre Unnachgiebigkeit aufgeben und sich zum allgemeinen Wohl auch an die Arbeit begeben.

Ein einfacheres und besseres Leben erwartet die Erbauer der neuen Zeit. Dies ist die Zeit der Prüfung und der Wahl. Wenn die Menschen das erkennen, werden sie sich um Maitreya scharen und bereitwillig bei ihm Rat und Hilfe suchen, froh darüber, nützlich sein und seine Ziele bestätigen zu können.

Mai 1997

Synthese

Wohin man heute auch blickt, die Zeichen des Wandels treten immer offener zutage. Nirgendwo, so scheint es, sind die neuen Energien folgenlos oder unbemerkt geblieben. Die heftigen und heute weit verbreiteten Umwälzungen und Turbulenzen zeugen von ihrer Wirkung. Auf diese Weise verrichten die Feuer der Läuterung ihre heilsame Aufgabe. Alles wird erneuert und von uraltem Unrecht befreit. Viele verstehen diese Zeichen des Wandels und ihre Bedeutung falsch, sie sehen nur den Zusammenbruch des Vertrauten und den Verlust von Leitbildern, auf die sie sich verlassen konnten. Deshalb fürchten sie für die Zukunft und trauern der Vergangenheit nach.

Von nun an wird sich den Menschen eine neue Perspektive eröffnen: Ein Gespür für Ordnung wird zunehmend die menschlichen Angelegenheiten prägen und schließlich zu einer Synthese führen. So wird es sein. So werden die Menschen das Wesen des Neuen erfassen und danach streben, ihm konkrete Form geben.

Häufig versuchen die Menschen, Andersgesinnten ihre eigenen Ordnungsvorstellungen überzustülpen. So schüren Ideologien Hass und Ausgrenzung und stürzen die Menschen ins Chaos. Doch mangels breiter Unterstützung werden sich diese instabilen Strukturen zwangsläufig auflösen; Dogmen und Doktrinen können das Leben der Menschen nicht in alle Ewigkeit beherrschen.

Die Qualität der Synthese wird mehr und mehr das Denken der Menschen beschäftigen. Zunehmend werden sie deren wahre Bedeutung entdecken: Sie beruht auf der Begegnung von Verstand und Herz, auf der Gleichheit der Absichten und der gemeinsamen Erfahrung, miteinander und mit der Quelle von allem verbunden zu sein.

So werden die Menschen das Geheimnis des Lebens und der Liebe erfahren und damit zu Göttern werden.

Wenn Maitreya vor der Welt erscheint, wird er die Menschen ermutigen, das Wesen dieser Beziehungen zu erforschen und danach zu trachten, ihnen mit dem Aufbau neuer Institutionen Ausdruck zu verleihen. Nur dann können diese Strukturen die Bedürfnisse aller verkörpern, nur so kann die neue Kultur den Geist der Einschließlichkeit fördern.

Der Mensch muss lernen in Harmonie und gegenseitiger Achtung zu leben. Der Geist des guten Willens muss Denken und Handeln durchziehen und für alle Zeit dem Wettstreit ein Ende setzen, von dem die Menschen sich heute quälen lassen. Nur so kann die zugrunde liegende Synthese ihre ureigene, einzigartige Frucht hervorbringen.

Bald werden die Menschen die Worte Maitreyas hören und aufgefordert sein, darauf zu reagieren. Sie sehnen sich danach, dass man sie bittet, ihr Bestes zu geben, und tun sie es, dann machen sie es gut. So wird es sein. Maitreya wird den elementaren Wunsch der Menschen nach Brüderlichkeit beschwören und ihm mit dem Umbau der Welt Form und Fokus geben.

Juni 1997

Die Zukunft ist gesichert

Konditioniert durch religiöse Dogmen, erwarten Millionen zur Jahrtausendwende eine Zeit katastrophaler Umwälzungen – manche glauben gar, das Ende der Welt sei dann gekommen. Obwohl tatsächlich viel vernichtet wird, weil der Mensch das natürliche Gleichgewicht der Natur stört, werden sich die Erwartungen jener, die die Schriften mit Furcht und Bangen zu Rate ziehen, nicht erfüllen. Am Ende wird auch die derzeit herrschende Verwirrung abflauen.

Neue Energien erzeugen neue Möglichkeiten, und die Welt bekommt sie heute im Überfluss. Die gegenwärtige Disharmonie wird bald einem stabilen Gleichgewicht weichen, das die Welt auf ihre weitere Entwicklung vorbereitet.

Wenn die Verhältnisse sich wieder etwas stabilisiert haben, werden die Menschen ihren wahren inneren Zustand besser einschätzen können. Es ist alles nicht so trostlos und gottverlassen, wie viele heute meinen. Natürlich gibt es viele dunkle Ecken, und Hass und Ausgrenzung regieren noch das Leben zahlloser Bevölkerungsteile. Jedoch, aus unserem Blickwinkel betrachtet, wird das Licht um jene immer stärker, die es danach drängt, ihr wahres Potenzial zu entfalten.

Auf sie richten wir unser Licht, um sie in ihren Bemühungen zu stimulieren und zu bestärken. Unterdessen erhellt Maitreya mit seinem mächtigen Strahl die Herzen von Millionen und bewegt sie zum Guten.

Aus diesem Grunde kann uns das Chaos, das die Zukunft der Menschheit zu bedrohen scheint, nicht entmutigen. Nicht alles ist gut im Haus des Menschen, aber wohin unser Blick auch schweift, sehen wir deutliche Zeichen der Erholung.

So erwarten wir heiter den Tag, an dem wir uns wieder offen unter den Menschen bewegen können. Diese Zeit ist nun fast gekommen. Wir horchen auf den Ruf. Dann werden wir mit unserer äonenlangen Erfahrung die Menschen gern beraten und lehren. Nichts von dem, was wir zu geben haben, wird zurückgehalten, soweit es gefahrlos weitergegeben werden kann. Die Menschen selbst diktieren uns das Tempo und das Maß unserer Reaktion.

Wenn Maitreya vor der Welt erscheint, wird sich eine neue Situation entwickeln: die alten unumstößlichen Gewissheiten werden sich in den Wogen der Hoffnung auf das Neue sehr schnell auflösen. Ein Gefühl für das Abenteuer des Lebens wird die Jungen begeistern und sie darauf vorbereiten, dem Leben zu dienen. So wird Maitreya, wenn er sich unter die Menschen begibt, zur Schaffung einer neuen Seinsordnung inspirieren. Des Menschen lang gehegter Traum von Brüderlichkeit wird nach und nach Wirklichkeit werden, und beflügelt und beseelt von dieser Erfahrung werden die Menschen sogar ihre eigenen, höchsten Erwartungen übertreffen. Habt daher keine Angst, denn die Zukunft ist gesichert. Der Weg zurück zur Quelle ist sorgfältig vorgezeichnet. Wir sind die Garanten für dessen Existenz.

Juli/August 1997

Eine Zeit wie keine andere

In normalen Zeiten kann man davon ausgehen, dass Veränderungen, wenn überhaupt, nur langsam vor sich gehen. Die Menschheit braucht viel Zeit, um alle die ihr unterbreiteten Veränderungsmöglichkeiten zu bedenken, abzuschätzen und darauf zu reagieren. So war es bisher, und so wird es auch, glauben wir, in Zukunft sein.

Doch welchen Maßstab man auch anlegt, dies sind keine gewöhnlichen Zeiten. Denn heute entwickeln die Veränderungen eine solche Geschwindigkeit, dass es die Möglichkeiten vieler Menschen, darauf reagieren und dies begreifen zu können, übersteigt. Ohne Ruder, ohne Kompass treiben sie im Sturm und versuchen nur noch, sich an alte Gewissheiten zu klammern, die sie aber, so traurig das ist, jetzt völlig im Stich lassen.

Für viele ist dies eine Zeit großer Verwirrung und Angst. Kaum etwas kann, so scheint es, ihnen die Befürchtung nehmen, dass uns das lang erwartete Armageddon bald bevorsteht, dass die Menschheit dem Untergang geweiht ist, dass die Jahrtausendwende vom Ende allen Lebens, wie wir es bisher kannten, kündet, und dass wir uns auf die Endzeit vorbereiten müssen. Da heute sehr viele Leute das so sehen, obliegt es jenen, die anderer Ansicht sind, ihre Stimme gegen diese destruktiven Gedankenformen zu erheben und den Menschen wieder Hoffnung auf ein besseres Leben für alle zu machen.

Ohne Frage, ein besseres Leben ist dem Menschen bestimmt. Maitreya und seine Gruppe haben versprochen, die Weiterentwicklung des Menschen auf jede erdenkliche Weise zu unterstützen; alles, was im Rahmen des Gesetzes möglich ist, wird zur Verfügung gestellt – die Menschen können sich gar nicht vorstellen, welche Kostbarkeiten für sie bereitliegen.

Früher, als manche vielleicht meinen, wird der Große Herr vor der Welt erscheinen; er wird sich anbieten, allen zu dienen und eine neue Ordnung zu schaffen, in der jeder seinen Wert kennen und unter Beweis stellen wird, wo jeder in seinem Bruder sich selbst sehen wird und jeder für einen wahren und dauernden Frieden arbeiten will.

So wird es sein, und so wird eine neue und mitreißende Lebenslust den Zynismus und das Misstrauen von heute ablösen. Habt keine Angst, die Erde ist nicht zum Untergang verdammt und wird nicht im Chaos versinken. Im Gegenteil, für die Regeneration der Erde und ihrer Natur-reiche liegen die Pläne bereits vor.

Bald werden die Menschen wissen, dass dies eine Zeit ist wie keine andere zuvor. Niemals in der langen Geschichte des Menschen bot sich ihm die Gelegenheit zu solch raschem Fortschritt wie heute. Nehmt also diese besondere Zeit als das, was sie wirklich ist, als göttlichen Segen, und geht unerschrocken auf die Zukunft zu. Schöpft Mut aus diesen Worten eines Bruders, der den Plan kennt, und der ruhig wartet, dass die Menschen ihn mit eigenen Händen in die Tat umsetzen. Euer Älterer Bruder weiß, dass der Mensch triumphieren wird.

September 1997

Ein Land trauert

Wenn ein Land einen wichtigen Repräsentanten verliert, ist das für die Menschen im Allgemeinen ein schwerer Schock. So ist es auch derzeit in Großbritannien. Der Tod von Prinzessin Diana, der „Prinzessin des Volkes" hat die Herzen von Millionen bewegt, und in beispielloser Weise hat diese „Macht des Volkes" das Ausmaß und den Charakter der Trauer geprägt. Dass die Bevölkerung sie geliebt hat, ist offensichtlich und über jeden Zweifel erhaben. Dass Diana diese Liebe auch erwidert und versucht hat, den Menschen zu dienen, hat bei Millionen wieder Hoffnungen geweckt und damit bewiesen, dass sie für die Botschaft Maitreyas – des Herrn der Liebe – bereit sind. Es waren Dianas Liebe, ihre Zuwendung und ihr Mitgefühl, mit der sie die Herzen erobert hat.

Freilich sind Nationen komplexe Gebilde, und ihr jeweiliger Charakter wird durch das Zusammenspiel vieler verschiedener Stränge geprägt. Großbritannien allerdings ist heute eine Nation, deren Seele sich schon zu offenbaren beginnt, und was die Welt hier jetzt erlebt, ist wirklich die Liebe der Seele Großbritanniens. Es ist auch kein Zufall, dass Maitreya, die Verkörperung der Liebe, in der Hauptstadt dieses Landes residiert.

Wenn Maitreya offiziell vor die Welt tritt, wird er die Liebesqualität der Menschen in allen Ländern in ähnlicher Weise stimulieren und damit einen Kraftwirbel der Liebe erzeugen, dessen Strahlkraft das Leben der Menschen verwandeln wird. Auf diesem Wege, das heißt durch den Menschen selbst, wird der Große Herr seine Arbeit bewerkstelligen und seine Mission erfüllen, indem er dem Göttlichen wieder an seinem angestammten Platz in den Herzen der Menschen verhilft.

Von nun an wird auf der ganzen Welt eine neue Stimmung herrschen. Die großen Ideale der Toleranz und des Teilens, der Gerechtigkeit und der Brüderlichkeit werden sich mit ihrer Botschaft den Herzen und Köpfen der Menschen überall tief einprägen, und in dieser Atmosphäre einer gespannten Hoffnung wird Maitreya erscheinen.

Die Zeit der Wiederkehr ist nun gekommen. Nichts kann jetzt das offizielle Erscheinen des Großen Herrn noch verzögern. In absehbarer Zeit wird die Welt wissen, dass Hilfe bereitsteht, dass die Probleme, die vielen heute Sorge bereiten, lösbar und vorübergehend sind, und dass die Lösung – bisher noch unversucht – in den Händen der Menschen liegt. So wird es sein. Also wird Maitreya die Bedürfnisse aller Menschen ernst nehmen und sie darin unterstützen, ihr Schicksal selbst zu gestalten, ihre tiefste Sehnsucht nach Gerechtigkeit und Frieden erfüllt zu sehen, ihr innerstes, göttliches Wesen zu offenbaren und ihre Bereitschaft zu beweisen, sich seiner Führung anzuvertrauen und eine Welt zu schaffen, in der nicht länger Ausgrenzung herrscht und die Völker der Erde entzweit. Der Herr der Liebe tritt auf den Plan. Die Ankunft des Christus, des Ältesten der großen Familie der Brüder, steht jetzt unmittelbar bevor.

Oktober 1997

Der Mensch hat die Wahl

In diesen Zeiten auf der Welt zu sein, ist von besonderer Bedeutung, denn heute hat jeder die Möglichkeit, dem Plan und dem Planeten zu dienen wie nie zuvor. Niemand sollte sich von dieser einzigartigen Gelegenheit ausgeschlossen fühlen, wie einfach oder beschränkt die Lebensumstände auch sein mögen – der Planet gehört allen und der Plan schließt jeden mit ein.

Immer häufiger löst das bedenkliche, durch menschlichen Missbrauch entstandene Ungleichgewicht der Erde Alarm aus, doch die Menschen ignorieren ihn und schaden sich damit selbst. Selbst der Atem, den der Mensch zum Leben braucht, ist in Gefahr, die verpestete Luft richtet das Leben vieler Millionen Menschen zugrunde.

In dieser Krisenzeit ist Maitreya gekommen. Er kennt die Gefahren besser als jeder Mensch. Was kann er tun, wie kann er den Menschen helfen, sich vor weiterem Leid zu bewahren und den Planeten wieder stark und gesund zu machen?

Das karmische Gesetz bestimmt Art und Umfang der Hilfe, die er geben kann. Rat und Beistand wird den Menschen jederzeit auf ihre Bitte hin gewährt, doch müssen sie bereit sein, die gegenwärtigen Lebensweisen zu ändern, um die Zukunft des Planeten und die Zukunft ihrer Kinder zu sichern. Die Rohstoffe der Erde sind endlich, wenn wir aber gut haushalten und teilen, reichen sie, um die Bedürfnisse aller zu erfüllen.

Die Menschen müssen daher ihre Bedürfnisse neu definieren und ein neues Bewusstsein für den Sinn und Zweck ihres Lebens entwickeln. Das wird dann sein, wenn das Teilen, zumindest im Ansatz, den destruktiven Konkurrenzkampf abgelöst und die Menschen vor dem Abgrund bewahrt hat. Die Menschen haben die Wahl: zu teilen und zu wachsen – oder mit dem tödlichen Wettbewerb weiterzumachen und gemeinsam zu sterben.

Dass die Menschen den Weg des Lebens wählen werden, steht außer Frage – die Herzen der Menschen erweisen sich bei genauerer Prüfung immer als zuverlässig.

So werden die Menschen für die nächste Phase des Plans vorbereitet: die Herstellung richtiger menschlicher Beziehungen, die Verkörperung der Liebesqualität Gottes durch die Menschen.

Viele zweifeln heute, dass dieses Ideal angesichts der allgemein herrschenden Selbstsucht und Habgier jemals erfüllt werden könnte. Und doch wissen wir, dass im Herzen aller Menschen die Sehnsucht nach Gerechtigkeit und Brüderlichkeit brennt, die gleiche Hoffnung auf ein Ende der Angst, die auch aller Selbstsucht und Gier zugrunde liegt.

Wir, eure Älteren Brüder, kannten einmal die gleiche Gier, wir hatten die gleichen egoistischen Wünsche, die gleiche Angst. Dass wir sie überwunden haben, ist die Garantie, dass alle Menschen in der Lage sind, es ebenso zu tun. Wir zweifeln nicht daran. Wir *wissen*, dass der Mensch sich der Prüfung stellen – und triumphieren wird.

November 1997

Die Zeit ist gekommen

Die Welt muss jetzt nicht mehr länger auf das öffentliche Auftreten Maitreyas warten. Bald wird der Große Herr vor den Völkern erscheinen, sich als Älterer Bruder vorstellen und seine Hoffnungen und Pläne bekannt geben. Natürlich wird er vor allem von der Notwendigkeit des Teilens sprechen und dies als Schlüssel für jede Weiterentwicklung der Menschheit bezeichnen. Er wird auch aufzeigen, dass das Teilen der Ressourcen die einfachste der vielen erforderlichen Veränderungen ist, damit die Menschheit der Katastrophe entgehen kann. Wenn die Menschen teilen, wird er sagen, werden sie ihr Vertrauen in das Leben wiedergewinnen.

Bald, sehr bald, werden die Medien die Nachricht verbreiten, dass sich eine neue Stimme zu Wort meldet, die den Menschen neue Perspektiven eröffnet, die mit ungewohntem Mitgefühl am Leid der Millionen Anteil nimmt und die Liebe im Herzen der Menschen weckt. So wird es sein. So wird Maitreya das Gewissen der Völker wachrütteln, und so werden die Menschen sich der Chance bewusst werden, dem Plan und ihrer eigentlichen Bestimmung dienen zu können.

Wenn Maitreya an die Öffentlichkeit tritt, wird er die Probleme zur Sprache bringen, die heute besonders auf der Menschheit lasten: das Elend der Hungrigen – die bittere Armut, die das Leben für Millionen zur Hölle macht; die vielen bekannten und unbekannten Kriege, die heute wüten; das unüberschaubare Heer der abgeschobenen und abgeschriebenen Flüchtlinge; die aus Gewissensgründen Inhaftierten, deren Stimme im Schmerz verstummt. Maitreya wird zu mehr Verantwortungsbewusstsein für die Gesundheit des Planeten aufrufen und Folgendes vorschlagen: eine nachhaltige und gerechte Wirtschaft zu entwickeln, im Hinblick auf zukünftige Generationen mit den Ressourcen hauszuhalten und die Umwelt zu reinigen – Luft, Boden und Wasser –, von der alles Leben abhängt. Diese Themen wird Maitreya ansprechen und dafür Lösungsvorschläge anbieten.

Nun muss Maitreya, der den meisten bislang noch unbekannt ist, die Weltbühne betreten und allen seine Ideen präsentieren. Viele werden erkennen, wie normal und gerecht seine Ansichten sind, andere jedoch werden ihm bedauerlicherweise Einmischung in die Angelegenheiten der Menschen vorwerfen und seinen Ausschluss fordern. So wird das Schwert der Unterscheidung die Menschen vor die Wahl stellen: entweder weiterhin dem Weg nach unten zu folgen, der unaufhaltsam ins Elend führt, oder die Missstände der Vergangenheit zu beheben und ihr Geburtsrecht anzutreten.

Maitreya wird alle aufrufen, sich seinem Heer von Helfern anzuschließen – um die Umwelt zu reinigen und ihre Erhaltung zu sichern; um die Völker zum Handeln in ihrem eigenen Interesse zu motivieren und um den Planeten von Umweltgiften zu befreien und Harmonie zwischen den Nationen zu schaffen. Es ist keine geringfügige Aufgabe, die er vor sich hat, aber er ist darauf vorbereitet, das Übel unserer Tage zu bekämpfen – und zu besiegen.

Dezember 1997

Der Mensch vor der Entscheidung

Wenn der Mensch sein wahres Wesen erkennt, wird auf der Erde ein grundlegender Wandel eintreten. Dieses Ereignis ist nicht so fern, wie manche möglicherweise meinen. Schon heute können wir, eure Älteren Brüder, an manchen Zeichen erkennen, dass viele diese Segen bringende Wahrheit für sich entdecken. Der Magnet der Evolution, Gottes geistiger Motor, zieht viele an und hinauf, die jetzt zu dieser Offenbarung bereit sind. Viele stehen am Portal und sind bereit, sich als Götter zu erfahren. Bald werden so viele das Tor durchschritten haben, dass die Göttlichkeit des Menschen zu einer allgemein anerkannten Tatsache werden wird. So wird es sein, und so werden die Menschen auch ihr Einssein erkennen.

Um diesen Prozess zu fördern, sind Maitreya und seine Jünger bereit, vor die Öffentlichkeit zu treten und mit ihren Gaben, ihrer Liebe und Erfahrung die Menschen in ihrer Arbeit zu unterstützen. Ohne ihre Anwesenheit käme der Fortschritt des Menschen nur sehr langsam voran, er wäre sogar aufs Höchste gefährdet.

Bewusst oder unbewusst warten die Menschen darauf, dass Maitreya in der Welt erscheint. Ebenso wartet Maitreya auf diesen Augenblick, wo alle sein Gesicht sehen werden, seine Worte bei den Menschen Anklang finden und seine Liebe die Herzen all jener ergreifen wird, die offen sind und ihre Mitmenschen lieben. Die jüngsten Ereignisse hatten zu der Hoffnung ermutigt, dass er mit seinem Schritt an die Öffentlichkeit noch vor dem Jahresende beginnen könnte, aber, soweit es uns betrifft, werden Pläne gemacht – und verworfen – wie es die Umstände diktieren, und kein Datum steht unwiderruflich fest. Im Grunde genommen ist es nun soweit, und daher können die Menschen jetzt jederzeit damit rechnen, den Großen Herrn zu sehen.

An diesem Tag, der nun bald kommt, werden viele erfahren, wie außergewöhnlich Maitreyas Liebe, wie tief sein Wissen um die Lage der Menschheit ist, und wie die praktischen Schritte aussehen, die er zur Lösung der Probleme empfehlen wird. Ihre Aufgabe wird es sein, abzuwägen, zu urteilen und sich zu entscheiden: Freiheit und Gerechtigkeit für alle und das Ende menschlichen Elends oder der Mensch erniedrigt und geschlagen – das Ende für seinen Verbleib auf der Erde.

Maitreya weiß, dass die Menschen sich richtig entscheiden, dass er nicht umsonst gekommen ist. Er weiß, hell im Herzen der Menschen brennt die Aspiration und die Sehnsucht nach Brüderlichkeit und Gerechtigkeit, nach richtigen Beziehungen und nach Vertrauen. Maitreyas Führung und Liebe sind die Schlüssel, mit denen die Herzen der Menschen geöffnet werden.

Leser dieser Seiten wissen, was sie erwartet, und wie sie darauf reagieren sollen. Ergreift die Gelegenheit, euren Brüdern und Schwestern auf der ganzen Welt dienen zu können, indem ihr ihnen diese frohe Nachricht bringt.

Macht ihnen bewusst, welch unschätzbare Erfahrung und Entscheidung bald auf sie zukommen. Ermutigt sie zur Hoffnung und Erwartung einer besseren, glücklicheren Zukunft und öffnet damit ihre Herzen für Maitreyas Liebe.

Januar/Februar 1998

Saat der Weisheit

Niemals zuvor in der Geschichte der Welt hing so viel von der Entschlusskraft und der Wahl des Menschen ab. Der Mensch ist jetzt Herr über sein Schicksal. Er ist der Kindheit entwachsen und nun endlich zu vernünftigem Denken und Handeln fähig. Sehr bald werden seine Einsicht und sein gesunder Menschenverstand gründlich auf die Probe gestellt.

Nach langer Zeit der Abhängigkeit übernimmt er selbst das Ruder und steuert sein Leben in den Sieg oder den Untergang. Dies ist in jeder Hinsicht ein Wendepunkt in der Geschichte. Wie wird der Mensch sich wohl entscheiden? Die Wahl ist eindeutig: Wenn er versagt, wird die Zukunft düster sein.

Die Menschen müssen endlich begreifen, dass sie eins sind, dass sie in ihrer unendlichen Vielfältigkeit Brüder sind und dass jedem das zusteht, was zum Leben nötig ist. Diese einfache Erkenntnis muss jedes Herz erreichen, damit die Zukunft aller sicher ist.

Weil er den Menschen helfen will, dies zu erkennen, hat Maitreya alles daran gesetzt, möglichst bald zu erscheinen. Er weiß, dass seine Lehren vielen widerstreben werden, und dass viele persönliche Interessen ihre Bejahung verhindern. Er weiß aber auch, dass sich die Menschen im Grunde nach Gerechtigkeit und Frieden sehnen und nur eine kleine Minderheit von anderen Dingen träumt und nicht zu gewinnen ist. Seine Aufgabe ist nicht einfach, aber sein Tun ist auch nicht vergeblich.

Schon zeigt sich, dass die Menschen sich der drohenden Gefahr bewusst werden; langsam aber sicher werden die Lektionen des Lebens gelernt. Viele lehnen, wenn auch nur in Gedanken, den rauen und grausamen Konkurrenzkampf ab, der heute alles bestimmt. Sie suchen nach anderen und besseren Wegen, wie sie ihren Lebensunterhalt verdienen und miteinander auskommen können. So findet Maitreya einen fruchtbaren Boden vor, den er pflügen und besäen kann.

Die Samen der Weisheit und der Wahrheit, die er säen wird, werden in den Menschen ein tieferes Verständnis aufkeimen lassen, wodurch sie ihre Zwangslage deutlich erkennen und begreifen werden, dass die Zeit zur Heilung unseres kranken Planeten wirklich drängt.

Alle, die davon angesprochen fühlen, werden sich unter seinem Banner versammeln und es sich zur Aufgabe machen, zu unterrichten und zu handeln. So wird es sein, und so werden die Menschen die Wunden der Vergangenheit selbst heilen und ihr Geburtsrecht als freie Mittler des Göttlichen antreten. Die alten Sicherheiten werden vergehen und ebenso die alten Abhängigkeiten. Mit einer erfrischend neuen und gesünderen Einstellung wird man auf unabhängiges Denken und praktische Erwägungen setzen und die heute geltenden Doktrinen aufgeben.

Mit neuer Klarheit und neuen Einsichten wird man die derzeitige Unkenntnis anderer Bewusstseins- und Lebensdimensionen überwinden. Der Mensch wird sich aus dem Bann des Materialismus befreien und einen Realitätssinn entwickeln, der alles umfasst und die Formen der neuen Zivilisation prägen wird. So wird es sein.

März 1998

Der Bauplan des Göttlichen

Wir, die Älteren Brüder des Menschengeschlechts, stehen bereit, unsere uralten Refugien zu verlassen und in die Welt zu gehen. Eine größere Vorhut hat schon den Weg bereitet. Ihre Anwesenheit ist zwar nur wenigen bekannt, hat aber bereits eine Bresche in die Mauer aus Ignoranz und Aberglauben geschlagen, die nach wie vor sehr viele Menschen gefangen hält. Ihre Jünger, Männer und Frauen von großem Format in vielen Ländern der Welt, geben tagtäglich die Essenz ihrer Lehren weiter. Auf diese Weise werden die Menschen auf die kommenden historisch bedeutsamen Tage vorbereitet.

Wenn die Zeit reif ist, werden diese Jünger, die für die Aufgaben der Zukunft geschult wurden, in den Vordergrund treten und aufgrund ihres unverkennbaren Wissens und ihrer Integrität in einflussreiche und verantwortliche Positionen gewählt werden. So wird es sein. So werden also die Meister effektiv, doch gemäß dem Gesetz, durch ihre Repräsentanten in der Welt wirken. Der Zeitpunkt dafür rückt immer näher.

Diesen tätigen Jüngern – Männer und Frauen unterschiedlicher Nationalität und Herkunft – ist gemeinsam: eine große Liebe für ihre Brüder und Schwestern, wo immer diese sich befinden; sie sind selbstlos um das Wohlergehen aller besorgt und nachweislich fähig, ihren Willen und ihre Ziele in die Tat umzusetzen. Sie werden die Veränderungen in Gang bringen, die mit zunehmender Dynamik die Grundlagen für die Strukturen der neuen Epoche schaffen werden.

Hinter den Kulissen werden die Meister ihre stimulierende Lehrtätigkeit fortsetzen, bis ein gewaltiges Netzwerk geschulter und inspirierter Jünger entstanden ist, die sich alle der Aufgabe widmen, die Lebensweise und die Ideen der Menschen zum Besseren zu transformieren. So werden die Menschen allmählich eine neue Welt erschaffen, und wir, eure Älteren Brüder und Mentoren, unterstützen euch dabei. Auf diese Weise können der Wiederaufbau und die Hilfsaktionen dem Gesetz entsprechend bewältigt werden.

Viele erwarten die kommende Zeit mit Angst, weil sie sich der weitreichenden Veränderungen bewusst sind, die stattfinden müssen, damit die Menschen ihr unberechenbares Verhalten aufgeben und keinen Schaden mehr anrichten. Doch wenn sich die Erkenntnis, dass Veränderungen notwendig sind, allmählich durchsetzt, wird sich die Mehrheit auch für deren Realisierung einsetzen.

Wenn Maitreya sich der Welt präsentiert, wird das Signal zum Beginn dieses Werks gegeben. Jeder wird seinen Teil dazu beitragen, ob klein, ob groß, und alle werden wissen, dass ihr persönlicher Einsatz für das Ganze lebenswichtig ist. So werden die Menschen für das Wohlergehen aller zusammenarbeiten und im Herzen des anderen wieder finden.

So werden die Menschen lernen zu lieben und die Freude der Brüderlichkeit und Gerechtigkeit kennenlernen. So werden sie in jeder Hinsicht den Bauplan des Göttlichen offenbaren.

April 1998

Eine einzigartige Zeit

Für viele Menschen weisen heute alle Zeichen darauf hin, dass die Welt Hals über Kopf in den Untergang steuert. Auf allen Seiten sehen sie ihre Vorbilder stürzen, ihre Hoffnungen schwinden, ihre Zukunft in Gefahr. Unfähig, dem Ansturm des Neuen zu widerstehen, schauen sie sich verloren und verwirrt nach Beistand um. Nur wenig deutet ihrer Meinung nach darauf hin, dass aus der gegenwärtigen Dynamik des Wandels noch Gutes erwachsen könnte, oder dass sie auch nur hoffen könnten, davon zu profitieren. Befangen in ihrer Angst, erscheint ihnen die Zukunft wirklich düster.

Wenn sie nur wüssten, wie unrecht sie haben, wie fern der Wahrheit ihre Zukunftsvorstellungen sind.

Könnten sie nur das Wunder erahnen, das vor ihnen liegt, würde sich ihre Furcht in freudige Erwartung verwandeln und ihr Herz vor Begeisterung glühen, weil ihre Sehnsüchte sich erfüllt haben.

Die Möglichkeiten, die sich dem Menschen bieten, sind so wunderbar, dass sie seine ganze Aufmerksamkeit verdienen; es ist eine einzigartige Zeit der Bewusstseinserweiterung des Menschen: eine Zeit wie keine andere in der Geschichte der Welt. Warum sollten sich die Menschen bei solchen Aussichten fürchten?

Sobald Maitreya und seine Gruppe antreten, werden die Menschen wissen, dass ihre Ängste unbegründet sind, dass die Menschensöhne nur Gutes erwartet und die Gegenwart der Söhne Gottes ihnen Mut und Vertrauen gibt. So wird es sein, und so wird den Menschen allmählich bewusst, welche Möglichkeiten zu wachsen und sich zu entfalten ihnen die Zukunft bietet: das heißt, die ihnen vorbestimmte Rolle als Hüter und Ernährer der niedrigeren Naturreiche zu übernehmen, die Kräfte des Universums zu meistern und sie zum Wohle aller zu nutzen.

Nur der Mensch selbst kann den Menschen davon abhalten, sein Schicksal zu erfüllen.

Wenn die Menschen bereit sind, das Prinzip des Teilens zu befolgen, wird alles möglich. Die sich daraus ergebenden Beziehungen, die auf Vertrauen und Achtung beruhen, setzen gewaltige Energien frei, die gezielt und kontrolliert die Welt verändern werden. Nichts wird dann die Entwicklung und den Fortschritt des Menschen aufhalten können. Nichts wird den feurigen Geist des erwachten Menschen dann noch entmutigen können. Der Mensch wird sich auf sein Geburtsrecht berufen und ein Gott werden.

Die Anwesenheit der Söhne Gottes ist die Gewähr, dass der Mensch sein Geburtsrecht antreten und seinen Platz neben seinen Älteren Brüdern einnehmen kann: Er wird sich um die kümmern, die nach ihm kommen, und sie trösten, unterweisen und beraten, ihnen Neues enthüllen und sie inspiricren.

Der Mensch steht an der Schwelle zu großen Dingen. Nichts kann ihn davon abbringen oder ihm eine Grenze setzen, wenn er dem Beispiel der Brüder folgt – und dies auch wirklich will.

Mai 1998

Der Empfang Maitreyas

Maitreya weiß, dass er von den Menschen nicht überall in gleicher Weise empfangen wird, wenn er die Weltbühne betritt. Viele sehen diesem Augenblick in freudiger Erwartung entgegen und betrachten ihn als den Beginn der neuen Zeit, die den Menschensöhnen bestimmt ist.

Andere jedoch, die nur wenig von der Bedeutung und der Vorgeschichte seiner Ankunft verstehen, werden ihn misstrauisch beäugen und seine Referenzen in Zweifel ziehen, weil sie sich ängstlich an die Warnungen in den heiligen Schriften halten, die sie häufig falsch auslegen.

Andere wiederum werden ihn zunächst aus einiger Entfernung beobachten und auf ein Signal derer warten, die ihnen vertrauenswürdig erscheinen.

So wird sich die Menschheit entweder auf die eine oder die andere Seite schlagen: Die einen werden ihn mit offenen Armen als Lehrer willkommen heißen und sich bereitwillig an seinen Prinzipien und Vorschlägen orientieren; die anderen werden ihn als die Verkörperung des Bösen und all dessen betrachten, dem sie misstrauen.

So wird das Schwert der Unterscheidung sein Werk verrichten und klären, wer für Freiheit und Gerechtigkeit einsteht und guten Willen und Liebe praktiziert. Es wird aber auch aufdecken, wer sich durch Argwohn und Furcht, Vorurteil und Hass die Erkenntnis verbaut, dass Maitreyas Botschaft des Mitgefühls und der Liebe der Wahrheit entspricht. So also wird es sein; und so werden die Menschen als die Wächter ihrer Zukunft geprüft.

Sobald sich der erste Schock über Maitreyas Darlegungen gelegt hat, werden die Menschen erkennen, dass bei allem, was ihnen rätselhaft und neu erscheint, doch vieles sich als logisch, praktisch, selbstverständlich und wahr erweist: Uralte, von ihm benannte Wahrheiten wecken die Erinnerung an alte Gewissheiten und lassen den Glauben an das Leben wieder erstarken. Die innere Sehnsucht, die der menschlichen Evolution zugrunde liegt, wird sich wieder als segensreiche Kraft erweisen und den Menschen bewusst machen, dass sie dienen können wie niemals zuvor, dass sie wieder Hoffnung und neue Ziele haben und die äußeren Strukturen der neuen Zivilisation schaffen können. So wird es sein.

Seht dieser Zeit, die nun greifbar nahe ist, mit Freude entgegen. Maitreya steht an der Schwelle, bereit für seinen Auftritt, bereit, den Kampf gegen Separatismus und Habgier zu stellen. Sammelt euch und folgt seinem Ruf nach Gerechtigkeit und Freiheit, nach Versöhnung und Frieden und setzt euch mit allem, was ihr habt, für die Menschheit ein. Dies ist eine Zeit wie keine je zuvor. Dies ist auch eine Zeit, die sich niemals wiederholen wird. Schaut tief in eure Herzen und trefft eure Wahl: eine Zukunft voller Licht und voller Liebe – oder der Verlust all dessen, was euch bestimmt ist.

Maitreya weiß, dass die Zeit für einen Wandel reif ist. Er weiß, die Menschheit ist bereit für diese Prüfung. Er ist bereit, öffentlich mit seiner Mission zu beginnen.

Juni 1998

Das kommende Jahrhundert

Wenn die Menschen sich auf eine große Krise zubewegen, zeigt ihre Reaktionsweise zwei Varianten: entweder verfallen sie in Apathie und erwarten schicksalsergeben das Unvermeidliche oder sie stürzen sich in unüberlegte Aktivitäten und stürmen ohne Sinn und Verstand in alle Richtungen. Heute, in dieser Zeit des Wandels, herrscht die letztgenannte Reaktion vor. Überall verhalten sich die Menschen so, als gäbe es keine Zukunft mehr, als seien ihnen jeglicher Sinn und jegliche Werte abhandengekommen. Die Habgier hat sich ihrer Herzen und Sinne bemächtigt, und wie in einem Traum laufen sie wilden Blickes auf den Abgrund zu.

So verhalten sich die Menschen auch im Hinblick auf das nächste Jahrhundert: Viele sind voller Angst, die meisten voller Zweifel. Sie wissen gar nicht, wie sehr sie noch staunen werden angesichts des Wunderbaren, das sie erwartet. Sie ahnen nicht einmal, welche Wunder sie eines Tages eigenhändig vollbringen werden. Unwissend und ängstlich greifen sie blindlings nach allem, was ihnen in die gierigen Hände fällt, und meinen, das könne ihnen Sicherheit und Schutz vor künftigen Verlusten geben.

Wenngleich diese Haltung weit verbreitet ist, wächst doch auch die Zahl derer, die eine ganz andere Sichtweise entwickeln, die den alten Traum von Harmonie tatsächlich für möglich halten, und die sowohl der Apathie als auch dem Chaos widerstehen. Bislang sind sie noch in der Minderheit, aber schon bald werden die Kräfte des Chaos sich ihrer Vision von Gerechtigkeit und Frieden beugen müssen; ihre furchtlose Haltung dem Leben gegenüber und ihre schöpferische Aktivität wird eine andere Welt erschaffen. Diese Männer und Frauen guten Willens werden die alten Konzepte, die auf Spaltung und Kampf beruhen, anfechten und die Welt Schritt für Schritt neu aufbauen. So wird es sein. Diese tapfere und beherzte Gruppe ist jedoch nicht allein, sie wird mit dem Beistand von Maitreya und seinen Brüdern an Kraft und Einfluss gewinnen und von den Massen, die ihr folgen, angefeuert und ermutigt werden.

In kurzer Zeit wird man die entscheidenden Maßnahmen zur Lösung der vielen Probleme treffen, die die Menschheit heute bedrängen: der Hunger und die bedrückende Armut sowie die Verweigerung der

Grundrechte; der zerstörerische Wettbewerb zwischen den Nationen und die Umweltzerstörung; der ethnische Fanatismus und das Heer von Flüchtlingen, das daraus resultiert; und vor allem, die Geißel des Krieges.

Wenn den Menschen klar wird, dass sich diese Probleme lösen lassen, ist deren Ende absehbar. Sie werden entschlossen ein Problem nach dem anderen angehen und dabei besser verstehen, was zu tun ist und dass die Zeit drängt.

Maitreya und seine Gruppe von Meistern, deren Zahl stetig zunimmt, werden den Weg weisen und auf die Möglichkeiten und Tücken aufmerksam machen, ermutigen und inspirieren. Doch die Menschen werden das Rahmenwerk der neuen Welt selbst errichten, weil einerseits die Not sie treibt und andererseits die Sehnsucht nach Gerechtigkeit und Frieden, nach einem Leben, in dem die Brüderlichkeit und das göttliche Gesetz regieren.

Juli/August 1998

Die Welt ist heute eins

Maitreya ist für seinen öffentlichen Auftritt bereit. Die letzten Ergebnisse in den „Spielpalästen" des Ostens wie des Westens nähren die Hoffnung, dass er nun bald auf die Menschheit zugehen kann. Die westliche Wirtschaft kann sich vor der ansteckenden Krankheit, die den Osten in die Knie zwang, nicht mehr lange schützen. Die Welt ist heute eins, und langsam und schmerzhaft werden sich die Nationen dieser Tatsache bewusst.

Diese Worte sollen jedoch keinen Zweifel daran lassen, dass die westlichen Großmächte alles daran setzen werden, ihr eigenes Überleben, koste es was es wolle, zu sichern. Das Eigeninteresse wird – wie immer – die Tageslosung sein, sodass sich auch der leiseste Hauch von Altruismus im Umgang mit der Weltkrise noch verflüchtigen wird. Indes, die Weltwirtschaft ist heute so sehr vernetzt, und die gegenseitigen Investitionen in der Industrie und den Finanzsystemen sind so komplex, dass diese empfindlichen Strukturen bald in sich zusammenbrechen werden und dadurch die Welt für das Neue bereit sein wird.

Maitreya wird den Nationen Mut zu einem neuen Ansatz machen und sie ermahnen, endlich zu akzeptieren, dass allein das Teilen ihre Probleme lösen wird und dass ohne Teilen und Gerechtigkeit Frieden unerreichbar bleibt.

Die Herrschaft der Freibeuter, die ungenierte Missachtung der Rechte anderer, muss ein für allemal aufhören. Die Ausbeutung von Millionen Menschen darf nicht länger die Quelle des Reichtums der Konzerne sein und als Norm gelten.

Wenn Maitreya das Wort ergreift, wird er die Aufmerksamkeit auf diese Grundübel der heutigen Gesellschaft lenken und zum Wandel aufrufen. Der Zusammenbruch der Aktienmärkte wird den Menschen bewusst machen, dass Spekulation eine Krankheit ist, die den Lebensnerv der Menschheit trifft.

So wird Maitreya zu einer zentralen Figur in der nun vor uns liegenden Zeit werden. Mit ihm werden die Menschen einen Ideenstifter, einen Sprecher der Unterdrückten haben und sich des neuen Lichts bewusst werden, das Maitreya ihnen mit seinen Lehren bringt – das Licht der Weisheit und der Wahrheit.

Vielleicht werden die Menschen zunächst die Wirksamkeit von Maitreyas Plänen anzweifeln, aber mit der Zeit werden sie erkennen, dass man Armut und Leid – worunter die halbe Welt leidet – auf keinem anderen Wege lindern kann. Mit der Abwärtsspirale der Aktienmärkte kündigt sich das Ende einer Ära zügelloser Gier an, und ein neuer Realitätssinn wird das heutige Chaos ablösen. Überall werden sich Männer und Frauen um Maitreya scharen, von Hoffnung beflügelt wie nie zuvor und tiefbeglückt über die Gelegenheit, einer so ehrenvollen Sache dienen zu können: nichts Geringerem als der Neuerschaffung dieser Welt.

Bald wird der Ruf ertönen: Teilt und rettet die Welt! Gerechtigkeit allein wird uns den Frieden bringen! Alle Menschen sind Brüder!

September 1998

Die Wiederherstellung des Plans

Erstmals in der jüngeren Geschichte beginnt die Menschheit ein Gefühl für ihre gegenseitige Abhängigkeit zu entwickeln. Viele Jahrhunderte lang brachten Kriege und Raubzüge zwischen den Nationen unsagbares Elend und Verzweiflung mit sich. Obwohl sich die Gewalt auch heute noch in vielen Nischen halten kann, haben die Völker insgesamt dieser unheiligen Praxis abgeschworen – zumindest in der Theorie. Die letzten zwei großen Weltbrände haben die Menschheit geläutert und eine andere Einstellung zum Leben geweckt.

Dadurch wurde auch möglich, dass der Weltlehrer offiziell in die Welt zurückkehren kann; doch diesmal nicht allein, sondern zusammen mit seinen Jüngern, den älteren Mitgliedern der Geistigen Hierarchie, der er vorsteht. Das Reich Gottes wird so zum ersten Mal offen unter den Menschen Gestalt annehmen. Es tritt wieder ein Zustand ein, wie er in alten atlantischen Zeiten, vor etwa hunderttausend Jahren herrschte. Damals bewegten sich die Meister mitten unter den Menschen, bekannt für das, was sie sind: die Hüter und Lehrer des Menschengeschlechts.

Wenn wir jetzt in das Wassermann-Zeitalter eintreten, eröffnet die Spirale der Geschichte eine neue Wachstumsmöglichkeit für die Menschheit und den Plan. Die Gegenwart der Meister wird als ein Magnet wirken, der aktiviert und Millionen zum Handeln stimuliert, um das Gleichgewicht der Welt wiederherzustellen. Auf diese Weise werden die Menschen die Beziehung zu ihren Mentoren und Älteren Brüdern wieder aufnehmen und sich in schnellem Tempo weiter und höher entwickeln. Die Zeit für diese glückliche und heilige Wiedervereinigung ist jetzt gekommen.

Hinter den Kulissen haben sich die Meister sehr intensiv auf diese Zeit vorbereitet und begrüßen die Gelegenheit, der Welt auf eine direktere Weise dienen zu können; auch sie haben sich nach einem engeren Kontakt mit ihren jüngeren Brüdern gesehnt. Von jetzt an wird dieser Kontakt zunehmen und damit auch eine Zeit gegenseitiger Abhängigkeit beginnen, in der die Menschheit die Verantwortung für die Förderung des Plans selbst übernimmt.

Wir nähern uns einer Zeit der Transformation, die ihrem Umfang nach höchst außergewöhnlich ist. Bald, sehr bald schon, wird es der Welt bewusst werden, dass der wirtschaftliche Zusammenbruch eine

Tatsache ist. Die Finanzstrukturen von heute werden sich als die schändlichen Mechanismen herausstellen, die sie sind: Sie verurteilen Millionen zu Armut, Hunger und Mangel, während andere „ihren Wohlstand vor den Armen zur Schau stellen".

Bald wird Maitreya nach vorn treten und seine Stimme erheben. Und seine Leitsätze werden sich schnell einprägen: „Nur durch Teilen rettet ihr die Welt." „Macht Teilen und Gerechtigkeit zu eurem Wahlspruch und lernt so wahren Frieden kennen." „Vertraut auf das Teilen und verwandelt das Leben auf der Erde. Es gibt keinen anderen Weg."

So wird Maitreya alle dazu motivieren und inspirieren, ein neues Lebensgefühl zu entdecken, und damit werden die Menschen von selbst ihr Herz für die Möglichkeit des Neuen öffnen und den Plan auf Erden wiederherstellen.

Oktober 1998

Das neue Zeitalter ist angebrochen

Schon seit vielen Jahren spricht man ganz selbstverständlich über das neue Zeitalter und seine mögliche Bedeutung für die Zukunft der Menschheit. Aber nur wenige erkennen oder verstehen, dass der Wechsel in ein neues Zeitalter astronomisch bedingt und daher zwangsläufig ist. Seit mehr als zweitausend Jahren wurde das Leben auf der Erde von einer großen kosmischen Energie geprägt, die von dem Sternbild der Fische auf uns einströmte. Doch ihre Auswirkung auf uns wird jetzt zusehends schwächer, da unsere Sonne sich aus dem Einflussbereich der Fische in den des Wassermanns bewegt.

Die neuen Energien des Wassermanns, die täglich stärker werden, machen sich bereits geltend und bilden die Ursache für den Wandel, der sich jetzt in globaler Größenordnung auf allen Gebieten vollzieht. In diesen Veränderungen muss und wird sich das Wesensmerkmal der Wassermann-Energien, das Prinzip der Synthese, widerspiegeln.

Die Energien der Synthese haben die Aufgabe, die vielen verschiedenen Stränge unseres facettenreichen Lebens zu vereinen und zu verschmelzen und damit zu bewirken, dass die Menschheit sich ihrer Einheit und ihrer Rolle im großen Plan bewusst wird und die Fähigkeit entwickelt, diesen Plan auf der physischen Ebene in Form von richtigen Beziehungen zu realisieren.

Die ersten Schritte werden bereits damit getan, dass die Nationen mit den Problemen zugrunde gehender Wirtschaftsstrukturen und sich wandelnder politischer Zugehörigkeiten ringen. Die ersten Zeichen eines neuen globalen Bewusstseins zeigen sich daran, dass die Menschen aufgrund ihrer Umweltprobleme die Notwendigkeit der Zusammenarbeit erkennen. Das ist ein gutes Omen für die Zukunft und die richtige Reaktion auf eine der ganzen Menschheit drohenden Gefahr. Denn sollte der Schaden, der dem natürlichen Gleichgewicht des Planeten bis jetzt angetan wird, nicht schnell behoben werden, wird sich die Lebenserwartung der Menschen dramatisch verringern. Niemand, ob reich oder arm, ist gegen den schleichenden Zusammenbruch des menschlichen Immunsystems gefeit. Die Menschen spielen damit auf eigene Gefahr.

Obgleich diese und andere Probleme ernst und schwer zu bewältigen sind, werden bereits große Fortschritte erzielt. Weltweit haben viele Gruppen es sich zur Aufgabe gemacht, die Behörden in jedem Land auf diese Gefahren aufmerksam zu machen.

Damit besteht die berechtigte Hoffnung, dass die Nationen aus dieser Zeit der Prüfung gestärkt hervorgehen werden und wieder auf die Zukunft und den Segen der Zusammenarbeit und der gegenseitigen Hilfe vertrauen.

Auf diese Weise führen die Energien des Wassermanns die Menschen zueinander: Sie knüpfen das Netz der Zusammenarbeit und Verständigung und schmieden, wenngleich ganz langsam und allmählich, die Kräfte, die unter der heute bestehenden Ordnung noch unvereinbar sind, zu einem synthetischen Ganzen zusammen.

Das neue Zeitalter ist wahrhaftig angebrochen. Mit der bevorstehenden Ankunft Maitreyas und seiner Gruppe wird es feierlich eröffnet sein.

November 1998

Auftakt zum Wandel

In der ganzen Welt wächst heute das Gefühl, dass ein Wandel bevorsteht. Der Zusammenbruch wichtiger Währungen und Finanzinstitutionen hat das Gefüge der Weltwirtschaft erschüttert und dazu geführt, dass man nun bemüht ist, das marode Gebäude der globalen ökonomischen Strukturen zu stützen und womöglich auszubessern. Diese Bemühungen in letzter Minute werden jedoch keinen Erfolg haben. Sie können den endgültigen Kollaps eines Systems, das für die überwältigende Mehrheit der Menschen nicht mehr tragbar oder nutzbringend ist, lediglich für kurze Zeit hinauszögern. Während die Jahrtausendwende rasch näher rückt, verlieren die alten, überholten Strukturen ihre Stabilität und ihren Zusammenhalt, und das bereitet den Boden für die Entwicklung jener Formen, die dem neuen Zeitalter angemessen sind.

Diese neuen Formen müssen von den Idealen und größten Hoffnungen *aller* Menschen auf eine gerechtere Welt geprägt sein – eine Welt, die nicht mehr gespalten ist und in Reiche und Arme, Mächtige und Schwache aufgeteilt wird. Vor allem aber müssen sie die Idee der Synthese, die innere, geistige Intention der neuen Seinsordnung des Wassermanns einbringen.

Wenn Maitreya vor die Öffentlichkeit tritt, wird er die Grundlagen für diese neuen Wege des Zusammenlebens schaffen: Er wird das Einssein der Menschen hervorheben und die Notwendigkeit von Teilen, Gerechtigkeit und Freiheit als einzige Garanten für den Frieden; er wird alle Menschen auffordern, das Unrecht der Vergangenheit zu vergeben und zu vergessen; er wird sie aufrufen, zum Wohle aller zusammenzuarbeiten.

Auf diese Weise wird der Große Herr allen, die bereit sind, die Reise in die Zukunft anzutreten, den Weg nach vorn weisen. Er wird die Schritte aufzeigen, die zu tun oder zu unterlassen sind, damit die Menschheit überleben und sich entfalten kann.

Es bedarf wohl keiner besonderen Phantasie, sich vorzustellen, welche nachhaltige Wirkung Maitreyas Worte und Anwesenheit haben werden. Nie zuvor in der Geschichte der Menschheit hat ein Mann von solchem Format und solcher Vollkommenheit sich angeboten, der Welt mit seinen herausragenden Kenntnissen und Fähigkeiten zu Diensten zu sein. Mit ihm sind auch seine Jünger, ebenfalls vollendete Meister, bereit und willens, mit den Rettungsarbeiten zu beginnen und Beistand zu leisten.

Auch wenn es nicht den Anschein hat, die Welt verändert sich zum Guten; der gegenwärtige Zusammenbruch der Strukturen ist nur der unabdingbare Auftakt zu einem bitter nötigen Realitätssinn, damit der Mensch seine Werte korrigieren und seinem Leben einen neuen Inhalt geben kann. Maitreya und seine Gruppe sind hier, um diesen Prozess zu stimulieren, um in jeder Lage behilflich zu sein und sich als die Älteren Brüder zu betätigen, die sie sind. Bald wird man sie als Ratgeber und Hüter der Wahrheit kennenlernen, als die Mentoren all derer, die lernen möchten, wie menschlich richtige Beziehungen entstehen, und die bereit sind, sich für ihre Brüder und Schwestern überall auf der Welt einzusetzen. Es sind sehr viele und sie sind bereits bekannt. Schließt euch ihrer wachsenden Schar an und zeigt *jetzt*, dass ihr zu seinen Leuten gehört.

Dezember 1998

Das Gemeinwohl

Je näher die Jahrtausendwende rückt, desto mehr zeigt es sich, dass die Menschheit beginnt, neue Wertvorstellungen zu entwickeln. Millionen, die früher fast wie Sklaven lebten, sind nicht mehr bereit, ihr Schicksal einfach hinzunehmen; sie erheben sich gegen ihre Unterdrücker und fordern ein besseres Leben.

Anderswo bemüht man sich wieder um Ehrlichkeit und Rechtsverbindlichkeit, man stellt die Korruption und das *Laisser-faire* der jüngsten Vergangenheit in Frage und verurteilt sie. Mit einem neuen Verantwortungsgefühl für andere regt sich das Gewissen vieler Menschen, sodass sie ihren Brüdern und Schwestern weltweit helfen wollen. Woher kommt diese reinigende Kraft, diese wohltuende Barmherzigkeit?

Seit vielen Jahren schon lenkt Maitreya die Energie des Geists des Friedens und des Gleichgewichts in die Welt. Dieser große kosmische Avatar verwandelt vor unseren Augen das ganze menschliche Lebensgefüge. Unter seinem segensreichen Einfluss wird das, was vorher störte und zerstörte, nun harmlos und gutartig, und das, was entzweite und spaltete, will nun vereinen. Im Gleichklang und im Gleichgewicht der Gegensätze erlegt das Gesetz von Aktion und Reaktion der Welt seinen heilsamen Rhythmus auf und schafft wieder Harmonie.

Wenn Maitreya öffentlich tätig ist, werden die Menschen die Funktionsweise dieses großen Gesetzes klarer erkennen.

Währenddessen fällt die alte Ordnung, von ihren eigenen Extremen in die Enge getrieben, in sich zusammen. Die Menschen erleben nun den Zusammenbruch eines Imperiums der Habgier, der Tyrannei der Marktkräfte, der ungebremsten Freibeuterei. Von nun an wird man sich am Wohlergehen aller orientieren. Was im Dienste des Gemeinwohls steht und dieses schützt, wird gedeihen; was dagegen arbeitet, wird vergehen. Auf diese Weise werden die neuen Strukturen und Institutionen die Bedürfnisse aller Menschen befriedigen.

Bald kommt die Zeit, wo das allgemeine Wohl der Maßstab ist, nach dem man jede Aktion beurteilen wird. Auf diese Weise wird die Integrität des Neuen bewahrt.

Die Menschen rufen nach Veränderungen und fürchten sich davor, dass sie eintreten; daran zeigt sich, wie sehr ihre Vorstellungen von den etablierten Institutionen und Medien beeinflusst sind. Wenn Maitreya demnächst an die Öffentlichkeit tritt, werden die Menschen verstehen, dass die Veränderungen, für die er eintritt, der Verbesserung der Lage aller Menschen dienen, und dass keine Gesellschaftsgruppe die Zukunft fürchten muss. So wird der Große Herr daran arbeiten, die Kräfte zum Guten zu vereinen und den latenten guten Willen in allen zu wecken.

Bald wird Maitreya mit seiner Mission beginnen und in vielen Rundfunk- und Fernsehsendungen auftreten. Auf diese Weise wird er das Interesse und die Aufmerksamkeit der Massen gewinnen, die ihn daraufhin auffordern werden, dass er sich der Öffentlichkeit vorstellt.

So wird der Lehrer sein Versprechen erfüllen und zu den Menschen zurückkehren, um sie in ein neues und höheres Licht der Erkenntnis zu führen. So wird es sein, und so werden sich die Menschen wieder auf die Reise zu den Sternen begeben.

Januar/Februar 1999

Inklusivität ist das Leitwort

Was den internationalen Finanzkollaps angeht, herrscht derzeit Stille vor dem Sturm. Die Volkswirtschaften einiger Länder, die vor dem Abgrund stehen, wurden bislang von internationalen Banken und Institutionen mehr oder weniger gestützt. Diese Bemühungen, einen totalen Zusammenbruch des gegenwärtigen Wirtschaftssystems zu verhindern, sind zum Scheitern verurteilt und werden sich nicht lange aufrechterhalten lassen.

Wegen der enormen Unterschiede in der Wirtschaftskraft sind die Spannungen zwischen den Nationen so groß, dass eine wirkliche Stabilität unmöglich ist. Angesichts dessen kann es nur noch eine Frage der Zeit sein, bevor das ganze wacklige Gebäude jämmerlich zusammenbricht.

Das wird das Signal sein und auch die Chance für eine vollständige Neubewertung der wirtschaftlichen Prioritäten in der Welt. Alle Völker haben die gleichen Bedürfnisse: adäquate Nahrung, Wohnung, Bildung und medizinische Grundversorgung sind die grundlegenden Voraussetzungen, ohne die Menschen ihr Potenzial weder voll entfalten noch der Gesellschaft zugute kommen lassen können. Millionen von Menschen werden diese Grundrechte heute verweigert.

Wenn Maitreya erscheint, wird es seine oberste Priorität sein, sich dieses fundamentalen Problems anzunehmen und deutlich zu machen, wie einfach es ist, den *Status quo* zu ändern, wenn die Menschen sich als Brüder betrachten. Er wird dafür eintreten, das Lebensnotwendige gerechter aufzuteilen, da dieses die Vorbedingung für eine stabile Weltgesellschaft und damit von größter Dringlichkeit ist. So wird er die Menschen zueinander bringen und sie zur Transformation verpflichten. Wenn die Menschen diese Notwendigkeit und die sich damit bietenden Möglichkeiten erkennen, werden sie Maitreyas Empfehlungen bereitwillig folgen und die erforderlichen Veränderungen vornehmen. So werden die Menschen selbst das Fundament für eine neue Welt legen. Voller Erwartung werden sie bei Maitreya und seiner Gruppe von Meistern Rat suchen, um Fehler zu vermeiden, die ihre Bemühungen zunichtemachen könnten. Dieser Rat wird ihnen großzügig gewährt und sie in sichere und einladende Häfen lotsen.

Maitreya wird ausschließlich für das eintreten, was den Bedürfnissen aller dient. Seine Inklusivität, sein Grundsatz, alle einzubeziehen, wird den Charakter und die Struktur aller Transformationen prägen. So werden die Menschen lernen, das Leben von einer höheren Warte aus zu betrachten – die Realität einer Welt ohne Ausgrenzung und egoistische Habgier, ohne machtversessene Herrschaft über Schwache und Arme; allmählich werden sie darin übereinstimmen, dass eine Welt ohne Krieg und Mangel, ohne Konkurrenz und ohne die sinnlosen Opfer einer Mehrheit zugunsten einiger weniger tatsächlich möglich ist.

So wird es sein. So wird Maitreya dazu inspirieren, eine neue und bessere Welt aufzubauen. So wird er an das allen Menschen angeborene Gute appellieren und ihnen zeigen, wie sie ihrer göttlichen Bestimmung als Söhne Gottes gerecht werden können.

März 1999

Das Zeitalter der Barbarei ist zu Ende

Es wird eine Zeit kommen, wo die Menschen auf die heutige Epoche als ein „Zeitalter der Barbarei" zurückblicken werden. Die gegenwärtig in den letzten Zügen liegende Zivilisation ist dem möglichen Ideal so fern, dass die Menschen sich später fragen werden, wie und wie lange wir das aushalten konnten.

Dieser bedauerlichen Situation liegen viele Faktoren zugrunde: Der seit Langem währende, allmähliche Niedergang der mitmenschlichen Beziehungen spiegelt sich in der gleichzeitig zunehmenden technischen Raffinesse des Waffenarsenals wider. Mit seinen heute phänomenalen Möglichkeiten, über Kontinente hinweg zu töten, besiegelt der Mensch seinen Weg in die Selbstzerstörung. Der Krieg ist klinisch und unpersönlich geworden: Der Krieger muss nicht mehr den Ausdruck des Schreckens im Angesicht seines Opfers sehen.

Angesichts dieser Situation nimmt es wenig Wunder, dass die wachsende Entfremdung der Menschen von ihren Lebensquellen sich auch in den politischen und wirtschaftlichen Institutionen widerspiegelt. Die Kommerzialisierung ist eine schleichende und häufig unsichtbare Bedrohung, die inzwischen das Leben und Schicksal unzähliger Millionen bestimmt und die gottgegebene Individualität des Menschen auf eine Ziffer reduziert. Die Menschen sind statistische Daten ohne tieferen Sinn oder Bedürfnisse geworden – Figuren auf dem Schachbrett der Marktkräfte und Unternehmensprofite.

Die trostlose Wüste, die wir als moderne Welt bezeichnen, nimmt den Menschen das, was sie zu Menschen macht: glücklich zu sein, schöpferisch Erfüllung zu erleben, immer bereit, einander zu helfen, und frei zu sein. Der tödliche Wettbewerb zersetzt den menschlichen Geist und ist jetzt zum Richter über den „Lebenskampf" geworden. Das Leben, das große Abenteuer, wurde korrumpiert und gegen einen qualvollen und unfairen Kampf ums bloße Überleben eingetauscht.

Sicher herrschen diese unerträglichen Zustände nicht überall, doch für zahllose Menschen sind sie die alltägliche Realität und werden sich, solange die Menschheit nicht eine andere Richtung einschlägt, nur noch weiter verschlimmern.

Wenn Maitreya die Weltbühne betritt, wird er den Menschen zeigen, dass diese von Leid und Kampf geprägte Lebensweise nichts Unabänderliches und nicht ihre einzige Option ist, dass ihnen ein anderer Weg zusteht, wenn sie es wollen.

Er wird zeigen, dass sich die Menschen bereits jetzt, inmitten des Chaos und der wachsenden Habgier, gegen die Zerstörung des heiligen Lebensgefüges wehren; dass große neue Kräfte einen neuen Anfang bewirken; dass sich aus dem Aufruhr von heute eine neue Qualität entwickelt, mit deren Hilfe der Mensch allmählich auf einer höheren Stufe seine angeborene Fähigkeit beweisen kann, den Herausforderungen seiner Zeit gewachsen zu sein und seine Probleme zu überwinden.

Maitreya wird die Menschen an ihre eigene hohe Herkunft und Bestimmung erinnern und sie zu einer neuen Lebensweise inspirieren: ein Leben in Eintracht und richtigen Beziehungen, das nicht mehr auf Krieg oder Wettbewerb, sondern auf vollkommener Zusammenarbeit und gegenseitiger Achtung beruht. So wird es sein.

April 1999

Alle Dinge neu

Viele Jahrhunderte lang haben die Menschen auf das gewartet, was sich nun ereignet. Ob es ihnen bewusst war oder nicht, sie haben gespürt, dass eine Erneuerung unseres Planeten möglich ist, und auf einen Lehrer oder Erlöser gehofft, der ihnen den Weg in diese Richtung weisen kann. Auch wenn ihre Glaubenssätze und ihre Taten dem widersprachen, haben die Menschen immer gewusst, dass die Evolution nach Plan verläuft, dass nichts ihren Lauf aufhalten kann, und dass sie sich allein aus Unwissenheit und Nachlässigkeit von dem entfernt haben, was sie vor Langem in früheren Leben erkannt haben.

Die Erwartung, die heute weltweit auflebt, kündigt die Ankunft des Lehrers an, wenngleich er auch in unerwarteter und ungewöhnlicher Form und Gestalt erscheint. Für viele bedeutet das die Erfüllung ihrer hoch geschätzten Lehren und Prophezeiungen, für andere ist es die Antwort auf ihre Gebete um Hilfe und Beistand.

Der Menschheit als Ganzes bietet sich damit die Möglichkeit, ihre Auffassung vom Sinn des Lebens grundlegend zu ändern, und die Gelegenheit, mit ihren individuellen Begabungen und Kräften an der Transformation dieser Welt mitzuwirken. Das ist keine kleine Aufgabe, und sie kann nur mit gemeinsamem Engagement und Geschick und vor allem nur mit dem guten Willen aller Menschen gelöst werden. Sie müssen weder allein noch ohne Anleitung handeln. Bei allem, was die Menschen in Angriff nehmen, können sie damit rechnen, dass sie Hilfe und Ermutigung von ihren Älteren Brüdern erhalten, die den Weg schon vor ihnen gegangen sind und von den Menschen als Meister bezeichnet werden. Wir sind bereit, jedes Vorhaben, das der Menschheit zugute kommt und sie eint, zu inspirieren und zu unterstützen. Fürchtet daher nicht die Ungeheuerlichkeit der Aufgabe, denn es wird euch bei allem geholfen.

Es gibt vieles, was die Menschen noch nicht selbst zustande bringen können, weil ihnen nicht nur das nötige Rüstzeug sondern auch die Einsicht in die Notwendigkeit fehlt. Diese Arbeiten werden wir für euch ausführen, soweit es das Gesetz erlaubt. Auf diese Weise werden wir euch Schritt für Schritt auf dem Weg zur Vollendung begleiten und euch viele Härten und Fehlstarts ersparen.

Maitreya, unser Meister, erfüllt heute viele Aufgaben, die nur er als Mittler göttlicher Intervention bewältigen kann. Auf diese Weise führt er den Tag, an dem ihn alle sehen können, schneller herbei. Dieser Tag rückt immer näher und wird das Zeichen dafür sein, dass das neue Zeitalter beginnt, dass die neue Lebendigkeit, die er verkörpert, sich allgemein verbreitet, und dass die Menschheit selbst dazu fähig ist, die Missstände in der Welt zu beseitigen, und nur Mut und Vertrauen in die eigene Göttlichkeit braucht, um alle Dinge neu zu machen.

Mai 1999

Die Verbindlichkeit des Gesetzes

Die Menschheit hat fast immer die Verbindlichkeit des göttlichen Gesetzes abgelehnt und musste daher eine Serie von Katastrophen erleben, die sie dann als höhere Gewalt, als das „Werk Gottes" interpretiert hat. Diese „Werke der Menschen" haben wenig Ähnlichkeit mit dem für diese Erde vorgesehenen Evolutionsplan. Sobald die Menschen das erkennen, werden sie in einer gemeinsamen Anstrengung ihr Denken und ihr Handeln dementsprechend ändern und damit die „Verbindlichkeit des Gesetzes" wieder anerkennen. Allmählich wird das Gesetz dem Leben seinen Rhythmus vorgeben, sodass eine neue Harmonie und ein größeres Gleichgewicht entstehen können.

Um diesen Prozess zu unterstützen, steht ein mächtiger Avatar hinter Maitreya. Der Geist des Friedens und des Gleichgewichts durchdringt – unter dem Gesetz von Aktion und Reaktion – mit seiner kosmischen Präsenz das Chaos dieser Welt. Auch wenn die Menschen diese gewaltige transformierende Kraft bisher noch kaum wahrgenommen haben, ergießen sich die Energien des Gleichgewichts über die ganze Erde. Aus diesem Grunde können sich die Menschen auf eine außergewöhnliche Epoche der Ruhe freuen, die sich von der heutigen Hektik deutlich unterscheiden wird.

In dieser beispiellosen Zeit des Friedens und der Ruhe wird die neue Zivilisation immer phantastischere Höhen erreichen: Mit dem Griff nach den Sternen wird der Mensch den Weltraum erobern und die Illusion der Zeit zerstören. Die Energien des Kosmos, die heute noch unbekannt sind, werden nutzbar gemacht und angewandt. Das zunehmende Bewusstsein seiner Göttlichkeit veranlasst den Menschen, tief nach innen zu schauen, wo er die Essenz seiner wahren Identität und seiner Einheit mit Natur und Gott finden wird. So wird auch seine Umwelt, die er nun nicht mehr ausbeutet und für seine Zwecke missbraucht, wieder aufblühen und ihn mit allem versorgen, was er zum Leben braucht.

So wird die neue Zivilisation der nächste große Abschnitt in der Ausführung des großen Plans sein. So wird der Mensch in seiner Evolution wieder eine Dynamik entwickeln, die er vor langer Zeit verlor. Und so werden wir, eure Älteren Brüder, euch beobachten und ermutigen, euch warnen und schützen und mit Freude erleben, wie der Mensch in den Schoß der Familie zurückkehrt. So soll es sein.

Wie Maitreya so oft betont hat, „müssen die Menschen sich als Einheit betrachten". Das ist der erste und für jegliche Weiterentwicklung entscheidende Schritt; alles hängt davon ab, dass diese Bedingung erfüllt wird. Die erste Aufgabe Maitreyas und seiner Gruppe wird sein, den Menschen zu zeigen, dass dies so ist, dass nur unter dieser Voraussetzung die Selbstzerstörung verhindert und das schlafende Potenzial des Menschen für seine nächste, große Leistung freigesetzt werden kann.

Wir zweifeln nicht daran, dass die Menschen sich ihrer Einheit bewusst werden. Hinter ihren rastlosen Bemühungen verbirgt sich die allmähliche Erkenntnis, dass sich alle an der Lösung der großen und vielfältigen Probleme, die die Menschheit heute bedrängen, beteiligen müssen; dass die Verantwortung und die Probleme global und unteilbar sind und nur durch Zusammenarbeit und Selbstlosigkeit erkannt und bewältigt werden können.

Maitreya, der sich der Welt bald zeigen wird, hat die Aufgabe, den Menschen diese Wahrheiten zu erschließen. Zweifelt nicht an seiner Fähigkeit und seinem Erfolg.

Juni 1999

Eine harte Lektion

Selten sieht der Mensch die Konsequenzen seines Handelns voraus, und selbst wenn, führt diese Erkenntnis selten dazu, dass er von seinem Vorhaben ablässt. Die Macht des Verlangens ist so groß, dass die meisten ihren Einflüsterungen erliegen.

So ist es heute auch in Jugoslawien, wo die Machtgier eines schwachen und eigensinnigen Mannes Abertausenden unsagbares Elend und Tod gebracht hat. Die Länder, die sich jetzt gegen diesen skrupellosen Abenteurer im Streit liegen, ignorieren auf eigene Gefahr die brutale Vergangenheit dieses rücksichtslosen Mannes. Die Vereinten Nationen müssen geschlossen gegen ihn Anklage erheben und ihn als den Kriminellen vor Gericht stellen, als der er sich erwiesen hat. Sonst kann man die Hoffnung auf Frieden auf dem Balkan – und wegen der Nachahmungsgefahr auch anderswo – gleich aufgeben.

Es ist nur natürlich, dass die Nationen unterschiedlich auf das Vorgehen der NATO-Streitkräfte reagieren. Jedes Land hat seine Gründe für Bedenken und Kritik, doch ohne solche Maßnahmen würden die Tyrannen der Welt ihren Völkern und vermeintlichen Widersachern immer größeres Unheil und Leid zufügen.

Wir, eure Älteren Brüder, stehen niemals aufseiten des Krieges. Aber genauso wenig vertreten wir die stumpfe Hinnahme von Völkermord und menschlicher Entwürdigung; die Welt von heute birgt zu viele Gefahren für eine solche Beschwichtigungspolitik.

Von nun an müssen die Nationen für derartige Fälle Vorsorge treffen und ihren Willen zum Eingreifen deutlich machen. Der sentimentale Ruf nach Frieden um jeden Preis ist unsere Sache nicht; der Pfad der Liebe muss auch ein Pfad der Gerechtigkeit und Vernunft sein.

Es stellt sich die Frage, wie weiter zu verfahren ist, um eine tragische Episode in der jüngsten europäischen Geschichte zu Ende zu bringen. Einzig und allein die vollständige Abkehr der serbischen Führung von ihrer grausamen separatistischen Vorgehensweise kann nach rechtsstaatlichen Prinzipien annehmbar sein. Andernfalls wird dieses gottlose Abenteuer auch anderer Leute Ehrgeiz wecken und sich als konstante Bedrohung erweisen. Die Rückkehr und Wiedereingliederung der Flüchtlinge hat hohe Priorität; der Wiederaufbau ihrer verbrannten und geplünderten Dörfer ist eine Aufgabe, die Mut erfordert. Das serbische

Volk sollte für die erforderlichen Reparationen zur Rechenschaft gezogen werden und damit seine Schuld in gewisser Weise sühnen. Die jugoslawische Föderation wird hohe Anleihen nötig haben, um diesen Verpflichtungen nachzukommen und ihre eigene, vom Krieg zerstörte Heimat wieder aufzubauen. Sie muss zu der Einsicht gebracht werden, dass ihre nationalistischen Ambitionen unannehmbar sind und dass sie sich von einer Regierung, die sie so in die Irre führt, verabschieden muss.

Es ist nicht das erste Mal, dass sich das bittere Ferment auf dem Balkan in einem Krieg entladen hat. Die Welt ist heute zu klein und zu vernetzt, als dass man es zulassen dürfte, dass dieser uralte Separatismus weiterhin Zerstörung anrichtet. Mit kluger Diplomatie, mit Weitblick und unter Androhung von Waffengewalt muss das Schadenfeuer territorialer Ambitionen und ethnischen Stolzes eingedämmt werden.

Wir, die Lehrer, wachen sorgsam über diese für die Menschheit harte Lektion und sind angesichts der jetzigen Situation nicht entmutigt.

Juli/August 1999

Zeit der Prüfung

Ohne Zweifel ist dies eine schwere Zeit der Prüfung für die Menschheit. Alle warten auf ein Zeichen, ein Signal, das darauf hindeutet, dass gute Zeiten vor uns liegen, und dass das immer wieder prophezeite Armageddon sich nicht als unerbittliches Schicksal erfüllt, sondern nur eine Ausgeburt der Furcht und Phantasie des Menschen ist. Doch immer noch beschwören viele das traurige Ende der Menschheitsgeschichte auf dem Planeten und vergiften damit das Klima der Hoffnung. Die Zeichen der Hoffnung sind nicht zu übersehen, aber die Zweifel des Menschen hindern ihn, sie richtig zu deuten und zu verstehen.

Mit der Ankunft Maitreyas wird sich das ändern. Seine Gegenwart wird den Massen das beruhigende Gefühl vermitteln, dass ihre Zukunft sicher ist, dass ein neues Licht in ihrer Mitte scheint, und dass sie eine Ära der Brüderlichkeit vor sich haben und sie selbst gestalten können. Sie werden ohne jeden Zweifel wissen, dass alle ihre Bedürfnisse sich erfüllen lassen und auch erfüllt werden, dass sie und ihr Leben wichtig sind und alles einen tieferen Sinn hat. Mit einem neuen Selbstwertgefühl werden sie sich erleichtert einem Prozess der Selbsttransformation unterziehen. Die alten Dogmen und Ängste werden keine Macht mehr über sie haben, und mit dieser ungewohnten Freiheit werden sie auch ihre Lebensfreude wieder finden und den Wandel begrüßen. So wird es sein, und so wird der Große Herr die Liebe und Hingabe von Millionen Menschen wecken und gewinnen.

Als Lehrer ist Maitreya ohnegleichen; wir, seine engsten Schüler wissen das sehr gut. Die Erfahrungen der Jahrtausende haben ihn die Weisheit, die Güte und das Verständnis gelehrt, den Weg in alle Herzen und Gedanken zu finden und somit alle Menschen zu inspirieren, dem nachzueifern, was ihm gelang. Schon heute beginnen viele auf seine unsichtbare Gegenwart zu reagieren und wissen in ihrem Innern, dass sie das Richtige tun. Sobald Maitreya öffentlich angetreten ist, wird sich dieser Prozess dramatisch beschleunigen, bis alle wissen, dass der Christus aufs Neue unter den Menschen lebt und lehrt.

Zuerst wird Maitreya sich auf die wesentlichen politischen, wirtschaftlichen, ökologischen und sozialen Probleme konzentrieren, die das Gleichgewicht der Welt und das Wohlergehen der Menschheit bedrohen. Sobald die Lösung dieser Probleme sich abzuzeichnen beginnt, wird er seine Aufmerksamkeit der inneren Konstitution und Psychologie des Menschen zuwenden, den Ursachen für Krankheit und deren Vorbeugung und Heilung. Er wird uns wieder an die großen und grundlegenden Gesetze erinnern, denen das Leben auf der Erde und unsere Beziehung zum Kosmos unterliegen. Er wird uns zeigen, dass richtige mitmenschliche Beziehungen das zentrale Thema sind, wenn man den wahren Sinn unserer Anwesenheit auf diesem Planeten verstehen will, und dass ihr Gelingen die nächste Errungenschaft der Menschheit sein wird.

Viele Aufgaben kommen also auf Maitreya zu, und er steht bereit, sich den Menschen mit ihrer brennenden Neugier und Hoffnung im hellen Licht des Tages zu zeigen. Der Große Herr lässt sich durch die immense Tragweite der Aufgaben – die nur er ganz versteht – nicht entmutigen; er weiß, dass alles sorgfältig geplant und durchdacht ist, und dass auch der Mensch zu dem neuen Leben bereit ist, das vor ihm liegt.

September 1999

Blaupause für die Zukunft

Wenn die Menschen Maitreya sehen können, werden sie viel Bewundernswertes an ihm entdecken: seine Würde und Heiterkeit, seine unaufdringliche Weisheit und allumfassende Liebe, seine Bereitschaft, alles, was er hat und ist, mit Menschen jeden Ranges zu teilen. Seine Bescheidenheit wird alle in Erstaunen versetzen, sein gewaltiges, unermesslich tiefes Wissen wird ihnen vor Augen führen, wie gering das ihre ist. Und so werden sie ihn um seinen Rat bitten und, seiner Anteilnahme gewiss, wieder die Lernenden und aufrichtigen Sucher sein, die sie einst waren. So wird es sein, und so wird der Große Herr den Menschen die Blaupause für die Zukunft präsentieren – eine Zukunft, die für die Menschheit Wunder birgt, die heute noch kaum jemand begreifen würde.

Man stelle sich eine Welt vor, in der es niemandem an irgendetwas fehlt, wo die Talente und die Kreativität aller Menschen ihre göttliche Herkunft offenbaren, wo der Gedanke an Krieg keinen Platz mehr hat und der gute Wille alle Herzen und Gedanken milde stimmt.

Man stelle sich Lichterstädte vor, von schierem Licht erleuchtet, wo es den Schmutz und die Entbehrungen von heute nicht mehr gibt; man stelle sich Verkehrsmittel vor, schnell und leise, nur von Licht angetrieben, mit denen entfernte Welten und selbst die Sterne in greifbare Nähe rücken. Eine solche Zukunft erwartet alle, die den Mut haben, zu teilen.

Eine solche Zukunft erwartet die Tapferen, die die Freiheit lieben.

Eine solch herrliche Zukunft erwartet alle, die den tieferen Sinn des Lebens verstehen wollen.

Maitreya seinerseits wartet auf die für ihn günstige Gelegenheit, um öffentlich antreten und seine Mission aufnehmen zu können. Auch er wird durch das lange Warten allmählich ungeduldig. Aber alles unterliegt dem Gesetz, und liebevoll fügt sich Maitreya dessen Weisheit. Dennoch ist die Zeit sehr nah, wo der Große Herr sich zeigen und die Menschen direkt ansprechen kann. Daher bleibt diejenigen, deren Aufgabe darin besteht, ihm den Weg zu bereiten, nur noch wenig Zeit. Macht dies also zu eurer *obersten Priorität* und lasst alles andere beiseite.

Wie immer darf der freie Wille der Menschen nicht angetastet werden. Deshalb wird Maitreyas Name bei den ersten Auftritten nicht genannt werden, damit sich die Menschen selbst von seiner wahren Größe überzeugen können. Er wird als einer unter vielen auftreten und laut und deutlich die Nöte und Gedanken seiner Brüder ansprechen.

Mit der Zeit werden so viele auf ihn reagieren, dass seine wahre Identität und sein tatsächlicher Rang bestätigt werden können. Dies wird vermutlich nicht lange dauern, aber wie schnell die Menschen ihn erkennen, das liegt in ihrer Hand. Die Phase der nunmehr weltweiten Wunder wird andauern und diese Entwicklung begleiten, bis niemand mehr ihre Bedeutsamkeit für die heutige Zeit bestreiten kann.

So wird die Welt für den Wandel gewonnen und auf ihn vorbereitet. So werden die Menschen aller Länder nach dem Avatar rufen und ihn hören wollen, und so wird Maitreya dem Ruf folgen und seine Mission und seine Ziele erklären.

Diese stille Deklaration wird den Beginn einer neuen Ära ankündigen: eine Ära des Friedens, des Teilens, der Gerechtigkeit und der Freiheit, in der die Menschen sich wieder auf ihre Göttlichkeit besinnen und eine Zivilisation schaffen werden, die nach Gottes Plan gestaltet ist.

Oktober 1999

Lebensgesetze und Lebensregeln

Seit undenklichen Zeiten wissen und erwarten die Menschen, dass ein großer Lehrer kommt, der sie an Weisheit und absoluter Wahrheit weit überragt. Im Zyklus der Zeitalter haben sich solche großen Gestalten immer wieder zu Erkennen gegeben. Auch die heutige Zeit bildet keine Ausnahme in diesem kosmischen Gesetz. Mit dem Anbruch der neuen Epoche sind die Menschen jetzt mehr als je zuvor von der Erwartung erfüllt, dem großen Lehrer zu begegnen, der bereits, auch wenn sie es noch nicht wissen, mitten unter ihnen lebt.

Auf dem ganzen Erdball machen sich Alt und Jung, Arm und Reich bereit für diese Ankündigung, die Deklaration seiner Mission und seiner Ziele, und sein Zusammentreffen mit der Menschheit. Während das alte Jahrhundert und Zeitalter sich dem Ende zuneigen, reagieren die Menschen immer stärker auf die neuen Energien, die der neuen Zivilisation ihre Form geben und mit ihren Eigenschaften das menschliche Bewusstsein prägen werden. Mit diesen Qualitäten – Synthese und Verschmelzung, Toleranz und gutem Willen, Gewaltlosigkeit und brüderlicher Liebe – wird die Menschheit mit der Zeit die ihr bestimmte Würde wiederfinden. So wird es sein. So werden die Menschen ihren uralten Bund mit dem Göttlichen erneuern.

Auch wenn es ihnen kaum bewusst sein mag, stehen die Menschen doch kurz davor, wieder den tieferen Sinn ihres Daseins zu entdecken.

Ihre Älteren Brüder, die Meister der Weisheit, kehren unter anderem auch deshalb jetzt in die Welt zurück, weil sie die Menschen in dieser Zeit der Erprobung und Prüfung begleiten und beschützen wollen. Mit ihrem erfahrenen Oberhaupt – dem Weltlehrer Maitreya – werden sie zum Aufbau neuer, geeigneterer Strukturen inspirieren, in denen alle Menschen friedlich zusammen leben und arbeiten können. Dieser Frieden wird so viel kreative Energien und Potenziale freisetzen, wie man es bisher noch nicht erlebt hat.

Die Menschen werden die subtilen Gesetze, die ihr Leben regieren, kennenlernen und begreifen: das Urgesetz des Lebens, das Gesetz des Karmas – das Gesetz von Ursache und Wirkung –, dem das Schicksal aller unterliegt; das damit verwandte Gesetz der Wiedergeburt, das die Reise der Seele in die Materie ermöglicht; das Gesetz des Nichtverletzens, das die mitmenschlichen Beziehungen regiert, und das große Gesetz des Verzichts, auf dem die ganze Evolution beruht.

Wenn sie diese Gesetze begreifen, werden die Menschen ihren Mentoren, ihren Älteren Brüdern allmählich ähnlich werden und das Göttliche, das allen gemeinsam ist, ebenso demonstrieren. Sie werden den Lehren der Weisen lauschen und Schritt für Schritt ihrem Geburtsrecht entsprechend ihr Erbe antreten. Der Mensch ist dazu geboren ein Gott zu werden, und nichts kann diese Bestimmung vereiteln; doch wann die Menschen dies schaffen, liegt in ihrer Hand.

Bald wird die Welt wissen, dass der, auf den sie wartet, jetzt unter uns ist. Schon sehr bald wird er den Menschen sein Gesicht zeigen und sie an seine Seite rufen. Indem er Gerechtigkeit für alle fordert, wird der Große Herr sein Anrecht geltend machen, die Lebensgesetze und Lebensregeln zu lehren, den geheiligten Pfad, auf dem die Menschen Götter werden.

November 1999

Die Reaktion der Menschheit auf Maitreya

Die Vorbereitungen für Maitreyas Auftritt sind in vollem Gange. Nichts kann dieses segensreiche Ereignis aufhalten; allein der richtige Zeitpunkt muss noch entschieden werden. Die Frage des Zeitpunkts ist komplexer und schwieriger als die Menschen ahnen, denn diese Entscheidung beruht auf einer Kenntnis des Gesetzes und auf Erwägungen, die das menschliche Verständnis übersteigen. Trotz dieser Schwierigkeiten steht fest, dass der Tag, an dem der Große Herr sich zum ersten Mal öffentlich zeigen und – wenn auch nicht unter seinem Namen – zu Millionen sprechen wird, wirklich nahe ist. Trotz der Anonymität, die das Gesetz erfordert, besteht kaum Zweifel, dass sehr viele seinen Worten Beachtung schenken und sich seinen Ideen anschließen werden. Seine Botschaft wird viele Menschen, die – wissentlich oder nicht – auf sein Kommen warten, tief berühren und ihr Herz öffnen. So wird er ihre innere Sehnsucht in Worte fassen und sie zu Taten zum Wohl aller beflügeln.

Viele werden seine Worte nicht überraschen, da sie seit Langem genauso gedacht und empfunden haben. Doch wenn sie hören, wie sie so einfach und von Herzen kommend vorgetragen werden, wird das in ihnen wieder Hoffnungen wecken und ihren Wunsch nach Veränderung entzünden. Andere werden meinen, dass Maitreyas Worte geradezu eine Katastrophe heraufbeschwören: All das, was ihnen lieb ist, scheint durch sein Plädoyer für das Teilen bedroht zu sein. Doch der Logik seiner Überzeugung werden sie sich nicht lange verschließen können; zunehmend werden auch sie erkennen, dass nur Teilen und Gerechtigkeit die Missstände in der Welt zu beheben und die vielfältigen Probleme unserer Zeit zu lösen vermögen.

Der eigentliche und einfache Sinn seiner Ideen wird allmählich auch die Herzen jener erweichen, die bisher kaum Leid erfahren haben und für die die Welt noch in Ordnung ist. Ihre blinde Selbstgefälligkeit wird von den äußeren, durch eigene Habgier verursachten Veränderungen erschüttert werden. Wenn ihnen das Glück nicht mehr gewogen ist, werden sie zur Vernunft kommen und sich mit der Zeit auf Maitreyas Seite schlagen.

Der Kult um Geld und Gier wird jetzt erstmals dort in Frage gestellt, wo er seine Wurzeln hat: Den Jüngern des Marktes kommen allmählich Bedenken, weil ihr Glücksspiel ihnen immer neue, schwindelerregende Gewinne beschert. Der „Mann auf der Straße" wird sich allmählich seiner unsicheren Lage in diesem Wirtschaftschaos bewusst und erkennt, dass man ihn mit falschen Zusicherungen getäuscht hat.

Auch in den ärmeren Ländern bahnt sich eine neue Stimmung an: Der Ruf nach Gerechtigkeit wird lauter und eindringlicher. Millionen verarmter Menschen werden ihr Leid nicht mehr lange stumm ertragen. Mehr als alle anderen werden sie Maitreyas Ruf nach Gerechtigkeit und Teilen begrüßen, weil das auch ihr Wunsch ist. Mehr als alle anderen werden sie ihn als ihren Vorkämpfer, als ihre Stimme begreifen und sich zu ihm bekennen. Mit der Zeit werden sich die Menschen mit einer Stimme erheben und verlangen, dass man ihn als Lehrer, als Wegbereiter, als Mentor und als Führer in eine neue Zeit offiziell anerkennt.

So wird Maitreya den Energien und Hoffnungen der Menschen eine andere und sinnvollere Richtung geben, damit sich der Plan Gottes und die Bestimmung des Menschen erfüllen kann.

Dezember 1999

Am Beginn des neuen Jahrtausends

Mit atemloser Spannung erwarten die Menschen Maitreyas Ankunft. Das „Millenniumsfieber" hat jetzt seinen Höhepunkt erreicht, und die Menschen fiebern nach Taten, unruhig und nervös wie Rennpferde vor dem Start. In welcher Form oder Richtung dies zu geschehen hat, ist vielen noch nicht klar, aber die Vorstellung tief gehender Veränderungen beherrscht das Denken aller.

Weltweit haben Jung und Alt gezeigt, dass sie sich nichts sehnlicher wünschen als Frieden. Sie erkennen besser als die Politiker, dass Frieden dringend notwendig ist. Ein neues Gefühl der Einheit hat, wenn auch nur kurz, den Menschen die Vorstellung vermittelt, dass dauerhafter Frieden und praktischer guter Wille möglich sind. Das allein ist schon ein gutes Omen für die Zukunft.

Während der Jahrtausendfeiern hat sich in den Herzen und Köpfen der Menschen die Erkenntnis durchgesetzt, dass eine alte Ära zu Ende gegangen ist und eine neue Epoche begonnen hat. Die bisherige Apathie ist einer neuen Hoffnung und Zuversicht gewichen und hat in ihnen den Wunsch nach einem besseren Leben für alle entzündet. Die erweiterten Hilfsprogramme für die Mittellosen, die bereits in Gang gesetzt wurden, spiegeln das wachsende Verantwortungsgefühl, das viele Menschen – Jung und Alt gleichermaßen – inzwischen verspüren.

Jetzt bedarf es nur noch der Inspiration durch Maitreya, damit die Bereitschaft der Menschen zu handeln und der Welt zu dienen aktiviert wird. Der Vorgeschmack der Einheit hat ihre Herzen geöffnet: sie erkennen, wie wunderbar Liebe und Teilen sind und sind mittlerweile bereit, eine bessere Welt zu schaffen.

Die von Maitreya angebotene Führung wird niemanden enttäuschen. Er wird alle Hoffnungen und Erwartungen beflügeln und die höchsten Eigenschaften in den Menschen wecken, die, zurzeit noch von Angst und Unwissenheit verdeckt, in ihnen schlummern. Er wird die Furcht der Menschen besiegen und eine wahrhaft neue Menschheit begründen.

Auf diese Weise wird der Große Herr den Weg für die nächste Phase seiner Mission ebnen: das Reich Gottes unter den Menschen zu verankern. Dabei handelt es sich nicht um das Himmelreich, wie gläubige Menschen es sich zumeist ersehnen, sondern um die Geistige Hierarchie der Meister und Eingeweihten, an deren Spitze Maitreya steht.

Seine Aufgabe ist es, eine Spiegelung dieser göttlichen Manifestation in der äußeren, irdischen Welt zu erschaffen – ein Reich, das alle Menschen sehen können und in das sie auf dem Weg zur Vollendung schließlich alle einbezogen werden.

Durch die Tore der Einweihung werden die Jünger in die Hallen der Weisheit eintreten und ihren Platz als bewusste Diener des göttlichen Plans einnehmen. So wird es sein, und so werden die großen Lehrer die neue Menschheit auf dem Weg zu ihrer Bestimmung als Söhne Gottes begleiten.

Maitreya wird nun laut an die Tore pochen, die in die Freiheit und zu Gerechtigkeit und Frieden führen. Horcht auf sein Klopfen und seid bereit, unter seiner Führung mutig und besonnen zu handeln.

Januar/Februar 2000

Die Stimme der Zukunft

Seit dem Beginn des neuen Jahrhunderts hat sich in vielen Teilen der Welt ein merklicher Wandel vollzogen. Einerseits hat man viele wichtige Schritte eingeleitet, um das Leid in der Dritten Welt zu lindern; andererseits ist aber in Mittel- und Osteuropa wieder Unfrieden ausgebrochen, der zu den sozialen und politischen Spannungen, für die diese Region so anfällig ist, beiträgt. Der Neujahrssegen, den Maitreya allen Menschen schenkte, hat viele in ihrer Hoffnung bestärkt und unzähligen Suchenden das Herz erleichtert, auch wenn es ihnen nicht bewusst sein sollte.

Über Brüderlichkeit, diesen heiligen Zustand der Einheit, nach dem sich alle Menschen sehnen, wurde schon viel geschrieben. Unter dem Einfluss von Maitreyas Liebesenergie haben viele diesen segensreichen Zustand unmittelbar erleben können.

Mittlerweile setzten die „Spielkasinos", die Weltbörsen, ihren Aufstieg in schwindelerregende Höhen fort – um von dort mitten ins Chaos zu stürzen.

Das Erstaunliche daran ist, dass viele kluge Leute den Kopf schütteln und warnen, aber nur wenige in dieser allgemeinen, gierigen Erregung die warnenden Stimmen hören. Damit ist der Zusammenbruch der gegenwärtigen ökonomischen Unordnung vorprogrammiert. So heizen die Menschen ihren Ruin selbst an.

In diesem allgemeinen Aufruhr wird Maitreya antreten. Die Menschen werden sich an ihn wenden und um Antworten auf ihr Dilemma bitten. Wenn alles, was ihnen lieb und wert ist, zunichte wurde, sieht die Zukunft wirklich düster aus. Wie sollen sie vorgehen und wieder zu Wohlstand kommen?

Maitreya wird zeigen, dass die Antworten einfach, aber für die meisten bisher noch schwer zu akzeptieren sind: dass Teilen das natürliche, wenn auch noch nicht erprobte Rezept für das Zusammenleben der Menschen ist, und dass damit das Ende der großen Menschheitsprobleme näher rückt.

Aus purer Notwendigkeit werden die Menschen die Chancen einer Neuverteilung – und damit die Aussicht auf Gerechtigkeit – mit anderen Augen betrachten und sie für gut befinden. Auf diese Weise werden sie Schritt um Schritt ihr zerstörtes Haus, das auf Habgier und Ausbeutung gebaut war, in ein Wunderwerk verwandeln, das den Bedürfnissen aller gerecht wird. So wird es sein. So wird Maitreya die Menschen auf eine spirituelle Reise vorbereiten, wie man sie noch nicht erlebt hat, eine Reise, auf der sie mit der Zeit zu den Göttern werden, die sie sind.

Die alte Ordnung hat bald ein Ende. Das neue Jahrtausend drängt ungeduldig nach Gestaltung, um den Menschen die vor ihnen liegende Schönheit zu enthüllen. Wissentlich oder nicht schauen die Menschen auf und nehmen ein neues Licht und bald auch eine neue Stimme wahr. Sie ist die Stimme der Zukunft, die Stimme Maitreyas.

März 2000

Voraussetzungen für die Zukunft

In Kürze werden die Menschen erkennen, dass signifikante Veränderungen vor sich gehen. Fast unbemerkt hat sich die Art und Weise, wie Menschen lokal, national und international miteinander umgehen, entscheidend verändert und gilt bereits als selbstverständlich. Sicher sind die noch immer zahlreichen Verletzungen der Würde und des freien Willens des Menschen durch einzelne Personen sowie auch Staaten beschämend, und schon der Gedanke an diese Unmenschlichkeit schmerzt.

Aber fast unmerklich setzt sich ein neuer Geist der Toleranz und der Verständigung durch. Gleichzeitig zeigt man sich denen gegenüber weniger tolerant, die sich über die Prinzipien der Rechtsstaatlichkeit hinwegsetzen, dem Gemeinwohl entgegenarbeiten und Gewalt und Misswirtschaft fördern. Das lässt für die Zukunft der Menschheit hoffen. Toleranz gegenüber dem Bösen ist nicht unsere Art.

Alle Menschen sind von Natur aus eins. Bald kommt die Zeit, wo alle das erkennen werden. Und wenn diese Zeit anbricht, werden alle glücklich sein.

Mittlerweile beginnt ein neuer Abschnitt in der Geschichte des Menschen. Schritt für Schritt werden die Menschen die für die Zukunft notwendigen Voraussetzungen schaffen. Dabei sind das Lebensziel und der freie Wille aller zu respektieren. Das Recht auf essenzielle Lebensbedingungen – Nahrung, Wohnung, medizinische Betreuung und Bildung – muss die Richtschnur aller staatlichen Maßnahmen sein. Der Schutz der Umwelt – mit allem, was dazugehört – muss zu einer heiligen Pflicht werden, damit der Planet allmählich wieder gesunden kann. So muss es sein, wenn die Menschen sich ihres Erbes würdig erweisen und den Weg zu Gott wiederfinden wollen.

Um die Menschen dabei zu unterstützen, wird Maitreya bald seine Gegenwart bekannt geben und sein Mitgefühl für alle beweisen. Keineswegs entmutigt von der immensen Größe der Aufgabe wird er sich der Menschheit annehmen und ihr Schiff sanft in sicherere Gewässer lenken, weit ab von den trügerischen Klippen, an denen sie zu stranden droht. Er wird den Menschen den Weg aus diesen Gefahren zeigen und sie in den Hafen lotsen. So wird er den Eintritt in die neue Epoche erleichtern und ihnen viel Leid und Kummer ersparen. Es gibt viele, die davon überzeugt sind, dass der Christus in der Welt ist, und die es kaum erwarten können, bis er sich der Öffentlichkeit präsentiert. Doch sie tun nichts weiter als warten und hoffen und überlassen die Vorbereitungsarbeiten anderen. Es ist bedauerlich, dass sie die Gelegenheit zu diesem einzigartigen Dienst in dieser einzigartigen Zeit ungenutzt verstreichen lassen, denn eine Zeit wie diese gab es noch nie zuvor und wird es auch niemals wieder geben.

Mein aufrichtiger Wunsch ist es, dass sie diese Gelegenheit nutzen, um den Christus und ihre Brüder und Schwestern, die von seiner Anwesenheit noch nichts wissen, zu unterstützen. Erzählt ihnen, an was ihr glaubt: dass der Große Herr hier ist, und dass Maitreya laut ans Tor pocht. Es bleibt euch nur noch wenig Zeit, eure Mitmenschen auf diese kostbare Begegnung vorzubereiten. Nutzt also die Zeit und *handelt*.

April 2000

Das Ende des Chaos

Wenn man die Welt mit den Augen des Wissenden betrachtet, bietet sich dem geschulten Blick ein völlig anderes Bild als den meisten anderen Beobachtern. Für die überwältigende Mehrheit ist diese Welt vom Chaos, von Krieg, Flut und Seuchen gezeichnet. Furcht und Schrecken lähmen die Herzen von Millionen. Kein Zweifel, die Welt von heute kennt alle diese Katastrophen – und viele leiden entsetzlich darunter – aber hinter den Schrecken und Strapazen keimt schon die Hoffnung, dass sich die Dinge zum Guten wenden, dass diese Periode nur ein Übergang und daher nicht von Dauer ist. Das trifft auf viele Gegenden zu, wo der Aufruhr am heftigsten, die Not am größten und am schwersten auszuhalten ist.

Hinter alldem, hinter der grenzenlosen und sinnlosen Zerstörung taucht diese Welt aus einem dunklen, traumerfüllten Schlaf auf, und das Erwachen ist extrem schwierig und traumatisch. Neue, mächtige Energien regen jetzt die Menschheit wie nie zuvor zum Handeln an, und wie immer in solchen Situationen sind die ersten Reaktionen gemischt – chaotisch und destruktiv. Dann aber setzt ein neuer, dynamischerer Rhythmus ein, der nach und nach das Ganze beherrschen wird.

Wir, die wir das Leben hinter den äußeren Formen und Ereignissen betrachten, wissen mit Sicherheit, dass diese schwierige Periode schon fast zu Ende ist und bald wieder Stabilität einkehrt – die Ruhe, nach der sich so viele sehnen – und dass die Menschheit mit frischen Kräften aus ihrer langen, dunklen Nacht erwacht.

Nun ist die Welt also bereit für die Wiederkehr des Christus. Nun sind die Menschen bereit für das, was er zu geben hat.

Als er damals durch seinen Jünger Jesus wirkte, waren die Menschen noch nicht bereit, auf seine Lehren zu reagieren. Nach Jahrhunderten des Leids, der Schulung und Erfahrung sind die Menschen heute darauf vorbereitet, seine Prinzipien zu verstehen und danach zu *handeln*. Als Mentor kommt er; als Lehrer, nicht als Erlöser, erfüllt er seine Mission.

Bald wird der, auf den die Welt wartet, sich für alle sichtbar der Welt vorstellen. Bald werden die Menschen sich auf einen Dialog mit ihrem höheren Ich einlassen und sich entscheiden, ob sie leben oder sterben wollen. So spielt sich das große Drama dieser Zeit ab.

Auch wenn die Menschen es nicht wissen, ist doch das Ende von Anfang an bekannt, und sie dürfen versichert sein, dass Vernunft und Wahrheit schließlich triumphieren werden.

Maitreya wird den Zusammenbruch der Aktienmärkte, der Spielkasinos der Gier, als Startsignal benutzen; dann wird er offiziell die Weltbühne betreten und ein Plädoyer für Gerechtigkeit und Freiheit, Teilen und gesunden Menschenverstand halten.

Die Menschen sollten sich über sich und ihre Prioritäten, ihre Ziele und Werte wirklich klar werden, denn auf ihren künftigen Entscheidungen beruht die Zukunft der Welt, das Wohlergehen der Menschheit und ihre bevorstehende Rolle in Gottes Plan.

Wir, die Wächter, eure Älteren Brüder, sehen eurer gerechten Entscheidung und eurer zukünftigen Herrlichkeit mit Zuversicht und mit Freude entgegen.

Mai 2000

Neue Freiheit

Mit Verwunderung verfolgen wir, eure Älteren Brüder, das seltsame Schauspiel, das jetzt von jenen, die für die Wirtschaft und die Finanzen der Nationen verantwortlich sind, inszeniert wird.

Angesichts der Lage an den Aktienmärkten, die sich unter dem zweifachen Ansturm von Habgier und Angst in einem unkontrollierbaren Auf und Ab befinden, wollen die „Männer des Geldes" nun, um ihre Macht zu sichern, die großen Märkte zu einem verschmelzen. Das sollte ihrer Ansicht nach alle stärken.

In unseren Augen wird damit der völlige Zusammenbruch dieser globalen „Spielkasinos" nur beschleunigt. Die Börsen werden dann als ein einziger Markt auf die mal heißen, mal kalten Winde reagieren, die das Fieber der Spekulanten anfachen und sie in den Abgrund treiben. Wenn die „Puffer" durch eine breite Streuung aufgegeben werden, kann nichts die Abwärtsspirale mehr bremsen.

Wenn das geschieht, werden die Menschen die Torheit dieses aufgeblasenen Unterfangens einsehen und sich zum ersten Mal mit der Wirklichkeit konfrontieren. Und wenn auch dies geschieht, wird Maitreya sich an die Öffentlichkeit wenden und die Menschen in ihrer Verwirrung und Verzweiflung direkt ansprechen.

Er wird ihnen beweisen, dass keineswegs alles verloren ist, sondern sie eine neue Freiheit gewonnen haben: Der Verlust erstreckt sich nur auf den verführerischen Reiz des Reichtums und der Macht. Wenn die Menschen ihn reden hören, werden sie begreifen, dass die Wirklichkeit, nach der sie eigentlich suchen, sich in richtigen Beziehungen äußert, und ermutigt und geläutert den Prozess des Teilens und der Gerechtigkeit voranbringen. So werden sie den Frieden garantieren, nach dem sie sich sehnen und der sich ihnen so lange entzogen hat.

Maitreya wird den Menschen beweisen, dass sie bei allem, was sie sie tun, solange es von Herzen kommt, im Einklang mit dem großen Plan handeln, der, wenn sie es doch erkennen würden, alles Leben regiert. Wenn die Menschen das einsehen, werden sie erleichtert auf ihre früheren Torheiten und Irrwege aufgeben, um jene neuen und besseren zwischenmenschlichen Beziehungen zu entwickeln, die die künftige Zeit auszeichnen. So wird es sein. So werden sie Schritt um Schritt in ihre Aufgabe, eine neue Zivilisation zu schaffen, hineinwachsen.

Unter der Regie von Maitreya und seiner Gruppe wird man – mit ihrem Rat und Beistand – keine Zeit verlieren und die Pläne und Entwürfe, die bereits vorliegen, zügig ausführen.

Zu gegebener Zeit wird alles transformiert werden und sich zum Guten wenden. Die Konturen dieser neuen Seinsordnung werden sich sehr bald abzeichnen und die Menschen zu noch mutigeren Schritten inspirieren. So wird es sein. Und so werden sich diese großen Lehrer, eure Älteren Brüder seit Urzeiten, wieder einmal unter die Menschen begeben, die nun den nächsten Schritt auf ihrem Wege selbst tun: ein Weg, der sie langsam und sicher zu ihrem Ursprung zurückführt.

Juni 2000

Auf dem Weg zur Göttlichkeit

Überall auf der Welt wird den Menschen allmählich klar, dass ihre lang gehegten Überzeugungen und Gewissheiten doch nicht so sicher sind, wie sie immer meinten. Der Zusammenbruch ihrer sozialen und politischen Institutionen stellt den Wert ihrer herkömmlichen Denkgewohnheiten in Frage und konfrontiert die Menschen mit einem Dilemma: Die derzeitigen Denk- und Handlungsweisen scheinen nicht mehr zu funktionieren; wie man aber in Zukunft denken und handeln soll, ist unklar. Daher sind die Menschen unschlüssig, erwarten Führung und verlieren sich in dem vergeblichen Versuch, die Vergangenheit zu bewahren oder die Zukunft vorherzusagen. In solchen Situationen sind Menschen reif für den Wandel.

Nur wenige kennen die Richtung oder das Ausmaß der erforderlichen Veränderungen, noch wissen sie, wie diese vor sich gehen könnten; aber langsam wird vielen der Bankrott der heutigen Lebensweise klar, weil der Sinn verloren gegangen und das Glück des Menschen so nicht zu verwirklichen ist. Sehr viele steigen daher aus dem ewigen Kampf aus und suchen Trost und Halt in den zunehmenden Religionen, Philosophien und in alten und neuen Kulten. Die erforderlichen Veränderungen scheinen zu immens, zu radikal zu sein, als dass Menschenhand und Menschendenken sie in Bewegung bringen könnten – und sie wenden sich nach innen, zu dem Gott, der, wie sie glauben, ihre Geschicke lenkt.

Wenn sie nur wüssten, dass sie selbst dieses Göttliche sind, das auf die Gelegenheit wartet, sich zu manifestieren. Sie selbst lenken ihr Leben – zum Guten oder zum Schlechten. Sie selbst drehen mit dem, was sie tun, das Rad der Ereignisse weiter, bewirken Konflikte oder Frieden und säen Zwietracht oder guten Willen.

Die Menschen müssen ihre Rolle im Leben und ihre angeborene Macht und Fähigkeit verstehen lernen und damit auch Verantwortung für die Qualität und Richtung ihres Lebens übernehmen. Nur wenn sie das tun, werden sie jemals ihrer Kindheit entwachsen.

Maitreya betritt nun die Weltbühne, um die Menschen zu lehren, dass sie potenziell Gott in sich tragen und tatsächlich mächtig sind und dass allein ihre Konditionierung sie zu Sklaven von Aberglauben und Angst, Wettbewerb und Gier macht. Er wird ihnen zeigen, wie sie ihre

Vergangenheit abstreifen und unter seiner weisen Anleitung eine Zivilisation aufbauen können, die der Menschen würdig ist, die auf dem Weg zu ihrer Göttlichkeit sind. Der Tag ist nicht fern, wo die Menschen seinen Ruf hören und darauf reagieren werden. Der Tag ist nicht fern, wo die Menschen wissen werden, dass die lange dunkle Nacht vorüber und die Zeit gekommen ist, das neue Licht, das in die Welt kam, zu begrüßen.

Dann werden sie mit der Aufgabe des Umbaus beginnen, eine Arbeit, die von allen Stärke und Willen fordert. Alle müssen diese Zeit als eine Gelegenheit zu Dienst und Wachstum sehen, um das Schicksal zu erfüllen, das sie zu dieser Zeit in die Welt gebracht hat.

Wenn die Menschen in der Zukunft auf diese kritischen Tage zurückblicken, werden sie sich erstaunt und ungläubig fragen, wie leicht wir die Ungerechtigkeiten von heute hatten hinnehmen können: die Grausamkeit und das sinnlose Leiden, die unser Leben entwürdigen. Maitreya kommt, um diesem uralten Unrecht den Kampf anzusagen und die Menschen in die Ära des Lichts zu führen. Reicht ihm eure Hand zum Willkommensgruß und erlaubt ihm, euch zu euch selbst zu führen.

Juli/August 2000

Die Kunst der Zusammenarbeit

Zunehmend begreifen die Menschen den Ernst der Probleme, mit denen sie heute konfrontiert sind. An allen Fronten, im politischen, wirtschaftlichen und sozialen Bereich nehmen die Probleme überhand und verursachen Kummer und ratloses Kopfschütteln. Nimmt man die Umweltprobleme hinzu, die der Mensch mit seinem allzu sorglosen Umgang mit der Natur und ihren Ressourcen erzeugt hat, dann sieht die Zukunft der Menschheit noch düsterer aus. Langsam keimt die Erkenntnis, dass das Leben der Menschheit in einer Krise steckt und etwas Drastisches geschehen muss, bevor es zu spät ist.

Was kann der Mensch tun, um sich vor der Katastrophe zu retten? Mit welchen Maßnahmen könnte er die Bedrohung seines Wohlergehens wenigstens noch abschwächen?

Die Antwort ist relativ simpel, aber, wie es aussieht, für die Menschen schwer zu begreifen, da sie sich im Netz ihrer eigenen Konditionierungen verfangen haben.

Die Menschen müssen sich vom Gift des Konkurrenzdenkens befreien; sie müssen Wettbewerb als das begreifen, was er ist – eine Verblendung –, und wenn sie die Einheit aller Menschen erkennen, sich zur Kooperation für das Wohl aller bereitfinden. Nur Zusammenarbeit und Gerechtigkeit können die Menschheit vor der selbst verursachten Katastrophe retten; Kooperation und Gerechtigkeit sind die alleinigen Garanten ihrer Zukunft. In Anbetracht dessen hat der Mensch kaum eine andere Wahl: Er muss Zusammenarbeit als Schlüssel zu seiner Rettung akzeptieren.

Wenn die Menschen kooperieren, anstatt zu konkurrieren, wird es sein, als habe ein Zaubertrank sie verwandelt. Alle werden überrascht sein, wie leicht dann langwierige Probleme gelöst werden können. Was undenkbar erschien, wird auf den leisesten Impuls hin möglich. Nur durch Zusammenarbeit werden die Menschen auch die Kunst zu leben lernen. So wird es sein, und so werden die Menschen die Schönheit des Miteinanders schätzen lernen, die sich einem nur auf dem Wege der Zusammenarbeit erschließt. Durch Kooperation wird die neue Zivilisation aufgebaut, die neue Wissenschaft entdeckt und diese neue Erkenntnis manifestiert. Auf diese Weise werden die Menschen zusammenwachsen und gemeinsam ihre Göttlichkeit entdecken; dann werden sie die Freuden und das Glück ihrer Verbundenheit erleben.

Die Meister, eure Älteren Brüder, wissen, was Zusammenarbeit ist. Bei allem, was sie tun, spielt Kooperation eine wesentliche Rolle. In brüderlichen Verhältnissen, wo man das Gift des Wettbewerbs nicht kennt, kann das auch nicht anders sein.

Es ist unser sehnlicher Wunsch, dass die Menschen die Kunst der Zusammenarbeit lernen, und deshalb wollen wir sie als Mentoren fördern und dafür als Beispiel dienen. Wenn man bedenkt, wie befreiend Zusammenarbeit ist, verwundert es doch sehr, wie langsam die Menschen begreifen, welche Freude sie bereiten kann.

Die Ära des Wettbewerbs geht nun bald zu Ende. Mit ihrem Niedergang wird auch die Erinnerung an Gewalt und Krieg, an Hunger mitten im Überfluss, an Gier und Ausgrenzung verblassen. Diese Leidenszeit wird abgelöst von Segen bringender Zusammenarbeit und die wesenhafte Göttlichkeit des Menschen garantiert. So wird es sein, und auf diese Weise werden die Menschen eine andere Facette der Natur Gottes kennenlernen.

September 2000

Gelegenheit und Aufgabe

Die Probleme, die auf die Menschheit einstürzen, sind zahlreich und schwierig zu lösen; einige sind gefährlich und müssen unverzüglich angegangen werden. Ohne Hilfe und Rat ist es unwahrscheinlich, dass die Menschen schnell genug und wirklich angemessen reagieren, um eine Katastrophe verhindern zu können. Allein aus diesen Gründen ist es notwendig, dass wir, die Älteren Brüder uns jetzt als Berater und Lehrer zu erkennen geben.

Wir werden darum unsere Plätze unter euch einnehmen und euch helfen, eure Welt wiederherzustellen. Seid ohne Furcht, dass unser Kommen euren Rang als Menschen schmälern könnte; wir kommen allein, um zu helfen. Euer freier Wille wird von uns geachtet und niemals angetastet werden.

Viele Menschen bezweifeln heute, dass es uns überhaupt gibt. Viele halten unser Kommen nur für ein Märchen. Bald werden die Menschen jedoch sehen, dass dieses Märchen wahr wird, und begreifen, dass wir immer hinter euch standen, euch behütet und beschützt und geduldig auf den Tag gewartet haben, wo wir wieder offen unter euch leben können.

Wenn wir nun also, einer nach dem anderen, in euer Leben treten, empfinden wir es als unsere heilige Pflicht, euch in jeglicher Hinsicht zu helfen. Aus langer Erfahrung kennen wir die Wendungen des Lebens. Dieses Wissen und unsere hart errungenen Gaben werden wir vor euch ausbreiten, um euch zu erbauen und zu trösten. Wir werden euch eure lange Geschichte vor Augen führen: Ereignisse, die viele tausend Jahre zurückliegen, werden für euch wieder lebendig werden, und ihr werdet staunend die Herkunft des Menschen erkennen können. Dann werdet ihr euch auch der Herrlichkeiten bewusst, die verloren gingen, und an die Errungenschaften der Vergangenheit anknüpfen wollen. So wird es sein, und damit werdet ihr eine neue Bescheidenheit und Ehrlichkeit erfahren.

Wenn ihr seht, aus welchen Höhen ihr kommt, werdet ihr die Konsequenz daraus ziehen und euch fragen, warum ihr in Anarchie und Unfrieden versunken seid. Ihr werdet sehen, dass die Ursachen in dem Materialismus liegen, auf den ihr euch, auf euer eigenes Wohl bedacht, Jahrhundert um Jahrhundert immer mehr eingelassen und darüber den

Plan vergessen habt. Nun aber müsst ihr euch dies wieder bewusst machen und den Weg einschlagen, der allein euch zum Licht führt. Es hängt jetzt viel davon ab, dass der Mensch die richtigen Entscheidungen trifft, denn nie befand er sich in größerer Gefahr als jetzt. Wir beobachten und warten auf unsere Gelegenheit, euch die Hand zur Freundschaft und zum Beistand zu reichen, und wir sind sicher, dass ihr gerne einschlagen werdet.

Für uns, eure Älteren Brüder, ist dies eine doppelt gesegnete Zeit: als Geistige Hierarchie kehren wir jetzt offiziell in die Welt zurück, weil uns eine höhere Evolution ruft; und ihr, unsere jüngeren Brüder, bietet uns ein Dienstfeld und eine Aufgabe an, die wir mit Freude ergreifen. Der Plan und seine Umsetzung durch den Menschen sind unser zentrales Anliegen; die Menschen haben noch vieles zu lernen und als Lehrer für die unteren Reiche noch vieles zu vermitteln.

Wenn auch noch unerkannt, so sind wir doch in wachsender Zahl bereits hier. Bald werdet ihr uns sehen und inspiriert sein, uns nachzueifern: Unsere Zusammenarbeit wird euren Wettbewerb ablösen, unsere Großherzigkeit eure Intoleranz und unsere Liebe eure Gewalt und euren Hass überwinden. So wird es sein, und somit werdet ihr euch wieder dem Plan zuwenden und ihn euch zu eigen machen.

Oktober 2000

Das Volk meldet sich zu Wort

In der kommenden Zeit wird die Menschheit dem großen Plan entsprechend solche Fortschritte machen, dass sich daraus ein neuer Menschenschlag entwickeln wird. Damit dies möglich wird, haben sich in den letzten fünfzig Jahren viele weiter entwickelte Seelen inkarniert, die nur auf diesen Moment gewartet haben. Ihre Fähigkeiten sind bereits erkennbar, und sie werden dafür sorgen, dass die Probleme der Menschheit auf die richtige Weise und mit dem richtigen Tempo in Angriff genommen werden.

Selbstlosigkeit ist der Grundton ihrer Vorgehensweise, und ihre Vorstellungen zeichnen sich aus durch eine neue Einfachheit und praktischen Verstand. Daher findet man sie nicht in den Reihen der jungen Millionäre, sondern eher unter den praktischen Idealisten jedes Landes. Sie werden schnell erkennen, wie praxisnah Maitreyas Ideen sind, und versuchen, sie unverzüglich in die Tat umzusetzen. Ihre Jugend und ihr Enthusiasmus werden zu einer neuen Herangehensweise an die uralten Probleme inspirieren, die so vielen die Zukunft verdunkeln, und ihre ungewöhnliche geistige Reife wird ihren Erfolg garantieren. Sie verkörpern derzeit das Beste der Menschheit und die größte Hoffnung für die Zukunft.

Was immer zum Wohlergehen der Menschen beiträgt, wird ihre Unterstützung finden; kein sinnloses Dogma wird sie in ihrem Tun behindern. Ein neues Gefühl der Dringlichkeit wird ihre Schritte beschleunigen und ein neuer Realismus dafür sorgen, dass sie kluge Entscheidungen treffen. So wird es sein. Die Menschen werden aus ihrer Apathie erwachen und sich an die Arbeit machen, um die Welt wiederaufzubauen.

Zurzeit präsentieren die mächtigen Medien ein weitgehend unwahres Bild der Welt. Unter dem Einfluss der Marktkräfte und der Kommerzialisierung wird ihre Sichtweise von Geld und den falschen Werten des „Marktes" bestimmt. Deshalb sind die meisten Menschen auch völlig ratlos und überfordert, wenn sie versuchen, das Zeitgeschehen zu verstehen.

Mit dem Erscheinen Maitreyas wird sich anstelle dieser skeptischen und materialistischen Haltung ein sensiblerer Umgang mit den vielen Problemen, die die Menschheit heute zu bewältigen hat, durchsetzen.

Nach und nach wird der Glamour des Geldes der Menschlichkeit weichen, und Millionen Menschen werden diesen Sieg feiern, indem sie ihren Brüdern und Schwestern weltweit dienen.

Auf diese Weise wird ein neues geistiges Klima entstehen. Eine neue Ernsthaftigkeit wird in der Gesellschaft um sich greifen, und alle Regierungen und ihre Vertreter werden sich verpflichtet sehen, auf die Nöte und Sorgen der Menschen zu hören.

So wird der „Wille des Volkes" mehr und mehr die Richtung des Handelns vorgeben und alles wird getan, um den Bedürfnissen der Menschen gerecht zu werden.

Die anarchistischen und gewaltsamen Übergriffe von heute, in denen die Frustration von Millionen zum Ausdruck kommt, lassen erkennen, dass das Volk die Kraft und das Bedürfnis hat, zu handeln. So blind und unkoordiniert diese Aktionen auch sein mögen, sind sie dennoch Zeichen der neuen Zeit und erst der Anfang.

Solange die Institutionen der Welt sich der gegenwärtigen Not der Menschen nicht annehmen, werden die Proteste, die zudem immer waghalsiger werden, weitergehen. Das Volk wird sich seiner Macht und Fähigkeit bewusst, Ereignisse zu beeinflussen und seinen Willen umzusetzen.

November 2000

Ein neuer Anfang

Wenn den Menschen klar wird, wie tief sie gefallen sind, werden sie Bilanz ziehen und wieder zu Vernunft und Sicherheit zurückkehren. Das braucht natürlich Zeit, denn der Fall aus der Gnade in die Korruption und das Chaos von heute hat eine lange Geschichte. Seit Jahrtausenden hat der Mensch sich von der geistigen Basis, die einst sein Leben bestimmte, immer weiter entfernt. Er hat seinen Ursprung und sein Ziel vergessen, während das Dunkle Zeitalter seine Erinnerung trübte und ihm das Herz raubte. Befangen in dem zweifachen Wahn von Materie und Zeit erwacht der Mensch erst jetzt allmählich aus seinem langen Traum und seinen Illusionen.

Unnötig zu betonen, dass einzelne Menschen über die Masse herausragten und sich durch die Nebel des Unwissens ihren Weg zu etwas mehr Licht erkämpften. Sie sind die hellen Sterne, die dem Wissen und dem Ziel ihrer Seele treu blieben und so zum Leuchtfeuer für die anderen wurden. Diese außergewöhnlichen Männer und Frauen haben in den dunkelsten Tagen die Wahrheit von der ewigen Reise des Menschen zur Entfaltung des Bewusstseins lebendig erhalten und genährt.

Wenn wir jetzt zum Ordnungssystem des Wassermann-Zeitalters übergehen, wird ein neues Kapitel aufgeschlagen und der Menschheit ein neuer Anfang ermöglicht.

Jahrtausendelang hat sich die Menschheit im Dunkeln abgemüht, ohne sich der Gruppe der Älteren Brüder bewusst zu sein, die ihre stockenden Fortschritte beobachten und sie sicher durch die selbst geschaffenen Probleme und Gefahren leiten.

Nun können die Brüder endlich ins Licht treten und sich den Menschen zeigen.

Nun können sie endlich offen lehren und führen.

Als Brüder können die Meister ein neues Verständnis für die wirkliche Verwandtschaft aller Menschen wecken.

Als Meister werden die Brüder den Menschen die Weisheit und das Wissen zeigen, die eines Tages auch ihre sein werden, und so die menschlichen Aspirationen beflügeln.

Als Freunde und Berater werden sie ihnen ein Spiegel sein, um ihnen zu zeigen, was aus ihnen werden kann, und dadurch die Reise des Menschen beschleunigen.

Sie kommen, um zu lehren und zu begleiten und allen ihre Hilfe anzubieten.

Ihr Großer Herr, Maitreya, ist bereit, sich auf eine unvergleichliche Reise einzulassen, eine Reise, die ihn sichtbar, im vollen Licht des Tages den Herzen und Gedanken der Menschen näher bringt.

Seine Lehre wird die Menschen inspirieren, ihr Leben zum Guten zu verändern und wieder aufzubauen und die Zukunft dem göttlichen Plan entsprechend zu gestalten.

So wird die Menschheit wieder aufsteigen und sich dem Höhepunkt aus fernen Tagen nähern, von dem sie einst herabgestiegen ist.

Nichts als der Wille des Menschen kann diesen Aufstieg verhindern.

Daher befinden sich die Menschen nun – wie nie zuvor in ihrer langen Geschichte – in einer Zeit der Prüfung; doch die Vorhut der Meister ist unter ihnen, ihre Zukunft ist gesichert.

Maitreya selbst steht bereit, sich der Welt zu zeigen und sich der Ignoranz der Zeit zu stellen. Er hat aus allen Kontinenten Helfer um sich geschart, Männer und Frauen jeder Rasse und Konfession. Gemeinsam sind sie bereit, den Kampf mit Ignoranz und Gier, Selbstsucht und Grausamkeit aufzunehmen, und dürfen sich ihres Sieges sicher sein.

Dezember 2000

Die Furcht vor Veränderungen überwinden

Viele warten auf den Weltlehrer in der zunehmenden Hoffnung, dass er die Probleme lösen kann, die den Menschen unüberwindbar erscheinen. Sie fühlen, dass sie seinem weisen Urteil und seiner Erfahrung vertrauen können. Das ist zweifelsohne wahr. Er ist in der Tat ein weiser Ratgeber, und die Menschen sollten seinem Rat zuversichtlich folgen. Doch seinem Eingreifen in die Geschicke des Menschen sind durch das Gesetz auch Grenzen gesetzt. Sie müssen wissen, dass das Gesetz die Anwendung von Gewalt verbietet – der freie Wille des Menschen darf nicht verletzt werden. Das heißt also, dass der Mensch allein die Entscheidungen für die Veränderungen treffen muss – wie Maitreya gesagt hat: „Ich bin nur der Architekt des Plans. Ihr, meine Freunde und Brüder, seid die willigen Erbauer des leuchtenden Tempels der Wahrheit."

Wenn die Menschen sich ihm zuwenden, wird er den Weg des Friedens und der Liebe lehren: nur wenn Teilen und Gerechtigkeit in die Praxis umgesetzt werden, wird beides überhaupt erst möglich. Er beschreibt also die Lösung des menschlichen Dilemmas in wenigen, sehr einfachen Worten.

Schon jetzt muss der Mensch mit ansehen, wie seine Strukturen versagen. Er kann nicht verstehen, weshalb mitten im Überfluss die Zahl der Verbrechen so beängstigend zunimmt. Er kann nicht verstehen, weshalb bei all dem Überfluss nicht alle Menschen glücklich sind. Er kann nicht sehen, dass die Menschen in Angst leben und daher keine Hoffnung haben.

Weil Vorsicht und Furcht vor Veränderungen eine realistische Einstellung verhindern, quälen sich die Menschen mit alten, maroden Strukturen ab. Die echten und dringenden Probleme entgehen ihnen und treiben sie dabei immer weiter an den Rand des Abgrunds.

Angst durchsetzt alles menschliche Tun und Denken; nur deshalb sind Veränderungen so schwierig und doch notwendiger denn je.

Ihr werdet sehen, dass Maitreya zum Wandel rät, aber der Mensch muss selbst den Wunsch nach Veränderungen haben. So bestimmt also der Mensch die Geschwindigkeit und den Umfang der Transformation, und damit wird auch den Vorgaben des Gesetzes Genüge getan.

Maitreya wird die Ängste der Menschen ansprechen und ihnen helfen, dieses vielköpfige Ungeheuer zu überwältigen. Er wird ihnen zeigen, dass sie beim Aufbau der neuen Welt nur die Angst selbst zu fürchten haben.

Vielleicht bezweifeln heute noch viele, dass dies überhaupt möglich ist, aber Maitreya weiß, dass Milliarden von Menschen sich nach den Veränderungen, für die er eintritt, und nach der Welt, die er vor Augen hat, sehnen. Sie warten nur auf seine Worte, seine Stimme, seinen Ruf nach Gerechtigkeit. In den Aufbau dieser neuen Welt werden die Hoffnungen aller Menschen einfließen. Ihr uralter Wunsch nach Frieden und Gerechtigkeit wird sich endlich erfüllen.

Diese Wünsche und Gedanken werden mittlerweile konkreter, sie bewegen bereits die Herzen und Köpfe der Menschen und bauen schon jetzt an der Zukunft.

Wie nie zuvor ist die Welt bereit für die Ankunft des Christus. Nichts kann dieses denkwürdige Ereignis verhindern. Auch jetzt, in diesem Augenblick, wird an den letzten Vorbereitungen gearbeitet. Bald wird Maitreya, der Christus, der Weltlehrer, der Herr der Liebe unter uns leben.

Januar/Februar 2001

Große Dinge bahnen sich an

Die meisten Leute wären überrascht zu hören, dass mit Ausnahme einiger sehr ernstzunehmender Bereiche die Welt heute ein viel sicherer Ort zum Leben ist als früher. Die Mehrheit der Menschen rechnet inzwischen nicht mehr mit der Gefahr eines plötzlichen, katastrophalen Krieges, der die Menschheit auslöschen könnte, sie konzentriert sich jetzt mehr auf die Zukunft und ordnet und plant ihr Leben mit etwas mehr Zuversicht und vor allem Hoffnung. Mit dem Ende des Kalten Krieges wuchsen auch die Überzeugung und die Erwartung, dass die Menschheit rechtzeitig einen Weg finden wird, ihre Probleme zu überwinden (oder zu vermeiden), so vielfältig sie auch sein mögen.

Umso bedrohlicher und gefährlicher für den Frieden auf der Welt ist daher das Bekenntnis, das die neue amerikanische Regierung zu ihrem nationalen Raketenabwehrprogramm abgegeben hat. Dargestellt wird es als rein defensives Waffensystem, das die Vereinigten Staaten und Europa (wenn die Völker zustimmen) vor der Bedrohung durch Terroristen und „Schurkenstaaten" schützen soll, die dazu jedoch weder die Mittel noch den Willen haben. Das Hauptanliegen derer, die für das Projekt eintreten, ist in Wirklichkeit die Ausdehnung der amerikanischen Hegemonie in der Welt, obwohl dadurch das gegenwärtige Machtgleichgewicht zerstört wird und ein neues Wettrüsten droht. Wer sich um den Frieden sorgt, sollte deshalb alles ablehnen, was zu diesem Vorhaben beiträgt.

Die gegenwärtige amerikanische Regierung will zwar keinen neuen Krieg, fühlt sich aber bemüßigt, jedem möglichen Feind oder jeder Koalition von Feinden ihre unerschütterliche Überlegenheit zu demonstrieren. Dies sind die letzten Gesten einer alten, zerfallenden Ordnung, die von Wettbewerb und Konfrontation geprägt war. Dies sind die Methoden der Vergangenheit, die bald endgültig der Vergangenheit angehören werden. Sie weiter hinzunehmen, wäre ein Kapitalfehler für die Welt.

Unterdessen bereiten aber noch viele andere Fragen der Menschheit Sorgen. Die globale Erwärmung ist für viele Regierungen zur höchsten Priorität geworden, auch wenn Amerika sich dem Wandel verweigert. Eine Verpflichtung zum Wandel, so scheint es, wird mit der neuen Regierung sicher schwerer zu erreichen sein, aber die Welt beginnt die

Gefahren zu sehen, auch wenn sie noch nicht alle Fakten kennt. Die Erde wird wärmer, aber ein Teil des Temperaturanstiegs ist unvermeidlich – er beruht darauf, dass Maitreya die Erde etwas näher an die Sonne heranbewegt. Das wird sich als außerordentlich segensreich erweisen, dennoch sind vorübergehende Störungen im Wettergeschehen leider unumgänglich.

Die Menschen durchschauen inzwischen zunehmend, wie sehr die Weltkonzerne nach der Macht greifen und welche Gefahren dies für die Demokratie bedeutet. Die Stimmen des Volkes werden lauter und werden auch gehört, vor allem in den USA, dem Giganten der Konzerne.

Im Nahen Osten erreicht die Konfrontation ein neues Extrem. Die Reaktionäre auf beiden Seiten verhindern jede vernünftige Auseinandersetzung, während die Menschen sinnlos leiden und sterben. Maitreya, so scheint es, ist die einzige Hoffnung für dieses tragische Land.

Maitreya wägt nun die möglichen Schritte ab, um diese Probleme zu lösen. Der freie Wille der Menschheit darf nicht verletzt werden, aber Maitreya bemüht sich, im Rahmen des Gesetzes auf jede nur erdenkliche Weise zu helfen. So kann es sein, dass er früher vor die Menschen treten wird, als noch unlängst geplant. Seid wachsam und wartet, denn es bahnen sich große Dinge an.

März 2001

Eine neue Ära für die Menschen

Mit jedem Tag, der vorübergeht, werden der Menschheit die Katastrophen vorgeführt, die aus dem Missbrauch des freien Willens resultieren. Der göttliche freie Wille ist heilig und der größte Schatz des Menschen, doch ist er nur dann rechtmäßig und angebracht, wenn er dem Plan des Logos gemäß eingesetzt wird.

Der Mensch hat sich von dieser Erkenntnis sehr weit entfernt und erntet nun den Sturm, den er mit seinem falschen Denken und Handeln gesät hat. So kommt es, dass Millionen sinnlos inmitten des Überflusses leiden, weil sie entbehren müssen, was andere ganz selbstverständlich für ihr Geburtsrecht halten.

Sehr viel länger wird der Mensch diese Spaltung nicht mehr aufrechterhalten können; das Gesetz fordert ein gesundes Gleichgewicht, und findet es dies nicht vor, schreitet es ein, um zu regulieren und auszugleichen.

Hinzu kommt, dass die neuen Energien der Synthese mehr und mehr nach konkreten Formen verlangen und daher die Menschheit Tag für Tag behutsam in diese Richtung lenken. Weltweit finden die Menschen die wachsende Spannung immer unerträglicher und quälen sich verstört durch das entstandene Chaos.

Tief in ihrem Innern spüren die Menschen, dass der Weg in die Zukunft nur über Veränderungen geht, können aber den vorgezeichneten Pfad noch nicht erkennen. Sie warten auf ein Zeichen, dass ihre Probleme erkannt und gelöst werden, trauen aber der Überfülle der Zeichen nicht, die allerorts die bereits gegenwärtige Hilfe ankündigen. Sie hoffen und fürchten zugleich und verwerfen die Möglichkeit dessen, wonach sie sich sehnen. So ist es immer gewesen.

Unterdessen berauschen sich Teile der Menschheit weiterhin an ihrem leicht verdienten Reichtum, der ihre hungrigen, gierigen Gemüter jeden Tag aufs Neue überrascht. Sie sind blind für alles außer für ihren eigenen, fraglichen Erfolg und können daher weder die Spannung noch das Läuten der Glocke wahrnehmen. Das Fieber der Spekulation hat sie befallen, und das alles erinnert sehr an die Exzesse des sterbenden antiken Rom.

Die Hierarchie beobachtet dieses unterschiedliche und widersprüchliche Verhalten und sucht auf jede nur erdenkliche Weise zu helfen. Nur der freie Wille des Menschen verhindert eine direkte Intervention, doch Gesetz ist Gesetz und muss stets befolgt werden. Dennoch erhält die Menschheit sehr viel Hilfe, die sie aber nicht erkennt.

Maitreya beurteilt die Situation von Tag zu Tag, um noch vor dem bereits angekündigten Börsenkollaps an die Öffentlichkeit zu treten. Damit dies geschehen kann, werden bereits Schritte eingeleitet. Die Zeit bis zum Beginn seiner öffentlichen Mission ist daher nur noch sehr kurz. Beobachtet gut und seid wachsam, damit ihr die ersten Zeichen nicht überseht.

Maitreya wird sich bemühen, alle Männer und Frauen guten Willens zum Handeln zu motivieren. Es gibt viele, die nur auf seinen Aufruf warten. Auf diese Weise wird eine große Debatte in Gang gesetzt, um herauszufinden, welche Grundbedürfnisse die Menschen weltweit haben. Auf diese Weise werden die Menschen die neuen Möglichkeiten, die ein Wandel bieten kann, kennenlernen und prüfen und dadurch den Mut finden, mit der nötigen Transformation zu beginnen. So wird es sein, und so wird der Große Herr die Menschen begleiten und beraten und die neue Ära einleiten.

April 2001

Das Geburtsrecht des Menschen

Immer noch befällt viele Menschen panische Angst, wenn sie den Tod ahnen oder kurz davorstehen. Das ist schade, wenn man bedenkt, dass dies wirklich nicht sein müsste. Für die meisten Menschen ist der Eintritt ins Leben mit weitaus mehr Anstrengung verbunden als der stille Rückzug aus der Form in eine neue und größere Freiheit.

Eine vergleichbare Furcht ergreift heute viele Menschen, wenn sie sehen, wie die alten, bekannten Strukturen zerfallen. Sie wissen nicht, was kommt, nur dass ihre Welt im Sterben liegt und zu ihrem Entsetzen vor ihren Augen zusammenbricht. Und das erleben sie an allen Fronten: in wirtschaftlichen, religiösen und sozialen Bereichen – täglich erreicht sie die Hiobsbotschaft eines weiteren Verlustes.

Die Welt befindet sich in der Schwebe zwischen Alt und Neu, zwischen Vergangenheit und Zukunft, und die Menschen halten den Atem an und warten gespannt, wie es weitergehen wird. Zeichen freilich gibt es in Hülle und Fülle, doch viele weigern sich, in ihnen den ersehnten Hoffnungsschimmer zu erkennen, und mindern damit ihr Glück und ihre Seelenruhe.

Habt keine Furcht vor der Zukunft; sie wird, wenn der Mensch es will, großartiger und schöner sein, als er sich vorstellen kann – bei Weitem größer als seine kühnsten Träume. Die Unsicherheit und Verzweiflung, die Furcht vor Verlust und Veränderung sind nur die schmerzlichen Geburtswehen einer neuen und besseren Welt, die sich ins Leben kämpft.

Diese neue Welt, diese neue Zivilisation wird in zunehmendem Maße das göttliche Wesen des Menschen widerspiegeln. Eigenschaften und Kräfte, die bis dahin ausschließlich Gott zugeschrieben wurden, wird auch der Mensch tagtäglich offenbaren. Wenn man die Wunder von heute richtig verstehen lernt, wird man begreifen, dass sie natürlich und im Einklang mit den Gesetzen der Natur geschehen und einer überragenden Gedanken- und Willenskraft gehorchen.

So wird es sein, und so wird der Mensch mit wachsender Zuversicht wissen, dass er sich eindeutig wieder auf dem geistigen Weg befindet und die Fehler der heutigen Zeit nun hinter ihm liegen.

Wenn der Mensch in Wort und Tat akzeptiert, dass die Menschheit eins ist, dass alle Menschen Brüder sind, wird ihm gefahrlos alles zur Verfügung stehen. Sein Geburtsrecht wartet auf ihn.

Also müssen die Menschen zeigen, dass sie für den Frieden bereit sind – bereit, gemeinsam, ohne Blutvergießen oder Wettbewerb in die Zukunft zu gehen. Es muss ihnen eine Freude sein, zu teilen und einträchtig zum Wohle aller zusammenzuarbeiten. Wenn die Menschen von sich aus zu dieser Erkenntnis kommen, werden sie Maitreya (unter welchem Namen auch immer) anrufen und bitten, ihnen den Weg zu zeigen, der sie aus ihrem Morast in das Zeitalter des Friedens führt.

Dann wird der Große Herr antworten. Dann wird Maitreya das Heer seiner Mitarbeiter rufen, das er über die Jahre versammelt hat. Aus jedem Land werden Scharen bereitwilliger Helfer kommen, die sehr engagiert und in den neuen Verfahren geschult sind.

So wird der Mensch, der Probejünger, sich als Sohn Gottes erweisen und seiner wahren Bestimmung und Kraft gemäß sein Erbe antreten.

Mai 2001

Die Große Mutter

Mehr als die Menschen glauben, wendet sich die Welt zum Guten. Trotz der unheilvollen Wolken, die von Zeit zu Zeit über den Planeten hinwegziehen, zeigen die Ereignisse eine allgemein hoffnungsvolle und positive Entwicklung. Dass es um sie noch viel besser bestellt ist, als den Menschen klar ist, lässt sich nur ermessen, wenn man die vielfältigen Mittel kennt, die der Hierarchie zur Verfügung stehen. Allerdings gibt es nach wie vor ernste Probleme, die der Mensch auf eigene Gefahr ignoriert. Die größte Rolle spielt dabei die Umwelt, die die Menschen, wie ihnen bekannt sein dürfte, Tag für Tag immer weiter zerstören. Der Raubbau an der Natur bedroht inzwischen das Wohlergehen aller und lässt für kommende Generationen nichts Gutes erwarten. Die Verschmutzung des Planeten hat jetzt gefährliche, lebensbedrohliche Ausmaße erreicht: Sie schwächt das Immunsystem des Menschen und bringt Krankheiten wieder zum Ausbruch, die man für immer besiegt glaubte.

Die Menschen müssen begreifen, dass sie für den Planeten, den sie bewohnen, verantwortlich sind. Sie sind Verwalter eines starken, aber sensiblen Organismus und müssen ihn vor Schaden bewahren. Wenige können heute von sich behaupten, dass sie das tun. Im Gegenteil, auf die grenzenlose Großzügigkeit der Natur antworten sie mit rücksichtsloser Ausbeutung und Verschwendung und denken nicht an morgen oder die Bedürfnisse ihrer Kinder. Es ist zwar wahr, dass dieses Problem vielen bewusst ist, aber solange die Menschen nicht begreifen, dass es sie alle angeht und sie global handeln müssen, wird ein Richtungswechsel nicht zustande kommen.

Ich kann versichern, dass Maitreya weiß welche Gefahren der Menschheit drohen, sollte sie diese kritische Situation ignorieren. Er wird die Menschen eindringlich darauf hinweisen, dass jeder sich für die Sanierung des Planeten einzusetzen muss, und ihnen den Weg zu einem einfacheren und glücklicheren Leben zeigen.

Sobald die Gesundheit des Planeten wiederhergestellt ist, wird dieser uns auch weiterhin seine reichen Gaben schenken, wenn wir ihm mit Umsicht und Liebe begegnen. Die Elementarwesen der unteren Reiche kennen ihre Aufgaben genau; ohne den störenden Einfluss des Menschen und seiner wirren Gedanken können diese fleißigen Baumeister einträchtig eine neue und bessere Welt schaffen.

Wenn die Menschen die Natur als die Große Mutter verstehen, werden sie sich ihr wieder mit Ehrfurcht nähern. Dann wird sie den Menschen auch ihre Geheimnisse und Gesetze enthüllen. Mit diesem neuen Wissen werden sich die Menschen wahrhaft als Götter erweisen.

Der Mensch ist ein Schmelztiegel, in dem ein neues Wesen erschaffen wird. In der Gluthitze der Erfahrung lernt der Mensch nach und nach, die Wege Gottes zu gehen. Wenn auch die ersten Schritte noch langsam und schmerzhaft sein können, so wird sich das Tempo doch mit der Zeit beschleunigen. Immer neue Offenbarungen werden sein Bewusstsein erweitern und einen gewaltigen Kreativitäts- und Wissensschub auslösen. Der Mensch wird einst dastehen als ein Sohn Gottes.

Der erste Schritt besteht darin, sich der Gefahren der gegenwärtigen Situation bewusst zu werden. Das ist bereits ganz gut gelungen, und viele versuchen, darauf hinzuwirken, dass global gehandelt wird. Doch das erfordert, wie so vieles andere auch, einen Gesinnungswandel bei den großen Nationen, die ja die größten Umweltverschmutzer sind.

Maitreya wird sich mit seiner Stimme und seinem jahrtausendealten Wissen in die künftige Auseinandersetzung einschalten und für jene sprechen, die keine Stimme haben und im Stillen leiden.

Juni 2001

Einheit

Wann immer Menschen sich in großen Gruppen treffen, entwickeln sie ein neues Selbstverständnis und sehen einander mit anderen Augen. Sie werden ermutigt und in ihren Wünschen bestärkt und fühlen sich zu jenen hingezogen, die ihre Ansichten teilen. Auch wenn das ganz natürlich scheint, warum ist das überhaupt so?

Im Grunde ihres Herzens suchen alle Menschen nach Einheit und finden deren Abglanz in einer Übereinstimmung von Ideen und Gedanken. Dieser Instinkt liegt der Bildung politischer Parteien und anderer Gruppierungen zugrunde. Der ideologische Konsens fungiert als Magnet und verstärkt die Wirksamkeit des Ganzen.

Gruppen und Parteien zerfallen, wenn die innere Einheit gestört ist. Einheit ist eine Qualität der Seele und für den Zusammenhalt der Gruppe unentbehrlich. Eine zu starke Betonung von Individualität und persönlichen Unterschieden trägt deshalb dazu bei, das einigende Gefüge, das die Gruppe zusammenhält, zu schwächen.

Dieses Prinzip ist bei allen Unternehmungen der Menschen zu beobachten. Der Aufstieg und Fall von Parteien, Gruppen und selbst von Nationen wird von diesem Gesetz bestimmt. Einigkeit macht stark, sagen die Menschen, und so ist es auch; Einheit ist ein Wesensmerkmal des Menschen.

Einheit ist in den Anfangsphasen der Gruppenbildung nicht allzu schwer zu erreichen; wenn ihr anfängliches Ziel magnetisch genug ist, reicht das schon aus, um eine Gruppe zusammenzuhalten. Mit der Zeit jedoch kommen Differenzen und Unzufriedenheit auf. Unterschiedliche Stimmen werden laut, die ihren Willen durchsetzen wollen. Wenn der *Wunsch* nach Einheit verloren geht, ist die Gruppe in Gefahr.

Der Zweck, der allem Leben zugrunde liegt, ist die Entwicklung der Einheit, in der sich die gegenseitige Verbundenheit aller Atome manifestiert. Für die meisten Menschen ist der Kosmos eine unendlich große und weitläufige Ansammlung einzelner, stofflicher Substanzen, die träge den mechanischen Gesetzen der Materie gehorchen. In Wirklichkeit ist der Kosmos, der Weltraum als solcher, ein lebendiges Wesen, die Quelle unseres Seins, unsere Mutter und unser Vater. Als Seelen wissen wir, dass dies so ist, und versuchen der fundamentalen Einheit, die in unserer Natur liegt, Gestalt zu geben. Wenn eine Gruppe ihre

Einheit aufgibt, dann tut sie das auf eigene Gefahr. Ohne diese Einheit arbeitet sie nicht als Gruppe, sondern planlos, ohne Sinn und Zusammenhalt, und ist nur eine unvereinbare Ansammlung von Einstellungen und Konditionierungen.

Wir kommen jetzt in das Zeitalter der Gruppe; die Eigenschaften des Wassermanns und seiner Energien können nur in Gruppenformation gelebt und erfahren werden. Die Hauptqualität des Wassermanns ist Synthese. Seine einigenden und harmonisierenden Strahlen werden das Leben aller nachhaltig prägen, bis nach und nach die höhere Alchemie ihren wohltätigen Zweck erfüllt hat und die Menschheit eins geworden ist. So wird es sein. So werden die Menschen erkennen, dass Einigkeit tatsächlich Stärke ist; sie ist das Wesensmerkmal unseres Seins, das Ziel, das alle Menschen anstreben und in allem, was sie tun, zu verwirklichen suchen.

Wenn Maitreya sich in naher Zukunft zeigt, wird er nachdrücklich darauf hinweisen, dass Einheit in allen unseren Unternehmungen unbedingt notwendig ist. Er wird zeigen, wie wichtig es ist, dass wir als Menschen und als Nationen bei der Lösung menschlicher Probleme zu einem gemeinsamen Ziel finden und damit unsere mächtige Individualität in den Dienst der Gruppe stellen.

Juli/August 2001

Innere Gelassenheit

„Jeder Tag hat an seinem Übel genug."* Vermutlich haben nur wenige, vor allem in der westlichen Welt, von diesem alten christlichen Grundsatz noch nichts gehört. Von Generation zu Generation weitergegeben, hat er die Moralvorstellungen von Millionen geprägt. Obwohl er den Menschen seit so langer Zeit vertraut ist, scheinen aber nur wenige die eigentliche Bedeutung dieser Bibelworte zu kennen oder nach ihrer Weisheit zu leben. Im Grunde geht es dabei um innere Gelassenheit.

Das Übel – die Kritiksucht, die destruktiven Gerüchte und Handlungen –, das in vielen sogenannten spirituellen Gruppen sehr verbreitet ist, erreicht sein Ziel, wenn keine innere Gelassenheit herrscht. Sein bitteres und zersetzendes Gift tut dort seine Wirkung, wo es durch ständige Gedanken und Rechtfertigungen Energie erhält. Sehr viel besser wäre es aber, es dem Wirken des karmischen Gesetzes zu überlassen und nicht mehr darüber zu grübeln oder sich über seinen Ursprung zu ärgern.

Weil das so ist, ist die Art des Übels oder der beabsichtigten Schädigung ohne Belang. Das Gesetz ist unparteiisch und wirkt darauf hin, dass das Gleichgewicht wiederhergestellt wird. Kein Ringen um eine Richtigstellung oder Verteidigung des guten Rufes kann die Wirkung des karmischen Gesetzes noch verbessern.

Spart euch also eure Energie für Besseres auf und lasst das Gesetz über Ausmaß und Zeitpunkt der Reaktion entscheiden.

Wenn das Übel zuschlägt, ist die beste Verteidigung eine Haltung innerer Gelassenheit. Wenn das gejagte Tier still und unbeweglich bleibt, zieht der Jäger irritiert und mit leeren Händen davon. Wenn ein Mensch innerlich gelassen ist – frei von Furcht und dem Bedürfnis nach Vergeltung – kann er es ruhig dem großen Gesetz überlassen, die Schlacht für ihn zu schlagen. So kann das Böse weder zum Zug kommen noch an Stärke gewinnen.

Diese tiefgründige Lehre Christi wird im Allgemeinen so verstanden, dass man Kränkungen oder Verletzungen nicht von einem Tag zum anderen mitschleppen soll – weil sie sonst länger dauern und damit das Opfer weiterhin verletzen.

Daran knüpft auch das christliche Konzept der Vergebung an. Wenn ein Mensch wirklich gelassen ist, dann hat er bereits vergeben. Geduldig wartet er, dass der Verursacher des Übels den Schaden erkennt, den er sich selbst, dem Opfer und der Gruppe zufügt, und ihn wiedergutmacht. Auf diese Weise wird das Üble gebremst, und so „hat jeder Tag an seinem Übel genug".

Wenn Maitreya, der Große Herr, sich in aller Öffentlichkeit zu erkennen gibt, wird er dem Konzept der Gelassenheit viel Zeit widmen. Nicht umsonst ist es ein zentraler Teil seiner Lehren. Er hat seine Ansichten zur Ehrlichkeit im Denken, Lauterkeit des Herzens und inneren Gelassenheit bereits mitgeteilt. Zunächst werden wohl nicht alle seinen Gedanken folgen können, aber mit der Zeit wird seine Energie der Liebe den Menschen den praktischen Nutzen seiner Weisheit bewusst machen. Nach und nach werden Hass und Neid — die alten, mechanischen Reaktionsweisen — sich auflösen, da die soziale Not beseitigt wird und sich immer mehr Menschen beglückt und ermutigt für Maitreyas Anliegen einsetzen. So wird es sein, und so werden die Menschen aller Nationen als werdende Götter an Format gewinnen.

September 2001

* *„So seid nun nicht besorgt um den morgigen Tag, denn der morgige Tag wird für sich selbst sorgen. Jeder Tag hat an seinem Übel genug."*

Matthäus 6, 34

Der Empfang Maitreyas

Da Maitreyas Auftritt immer näher rückt, wollen wir uns die Reaktionen etwas genauer ansehen, die seine Anwesenheit möglicherweise auslösen wird. Zunächst einmal werden diejenigen, die sich dafür eingesetzt haben, ihn anzukündigen, wohl überrascht sein, dass die Reaktionen zurückhaltender sind, als sie erwarteten. Das mag am Anfang auch durchaus so sein. Zu Beginn seiner öffentlichen Mission muss der Große Herr behutsam vorgehen, um nicht jene zu verschrecken, denen er helfen will. Von daher sollte man sich zuerst auf einen ruhigen aber herzlichen Ton einstellen. Mit der Zeit werden seine Formulierungen eindringlicher und deutlicher werden und sein Aufruf an die Menschen energischer. Stellt euch deshalb auf starke Worte und strengere Warnungen aus Maitreyas Mund ein. Im Laufe der Zeit wird es verschiedenste Reaktionen auf seine Äußerungen geben. Wer eher der Tradition verhaftet ist, wird wohl viele seiner Ideen schwer akzeptieren können und sie in aller Schärfe verurteilen. Wer weniger voreingenommen ist, wird über sie nachdenken und sie schätzen lernen, und aus diesen Kreisen werden sich viele bereitwillig seiner Sache anschließen. Sie werden sich zunehmend zu ihm hingezogen fühlen und seine Ratschläge aufgreifen.

Auf diesem Wege wird Maitreyas Lehre in den Menschen die höchsten Hoffnungen wachrufen und ihren Sinn für die Probleme und Gefahren unserer Zeit schärfen – und auch für die einfachen Mittel, mit denen sie für immer überwunden werden können. So wird es sein. So wird den Menschen die lang ersehnte Einsicht und Führung zuteil, sodass sie nach den Veränderungen verlangen, die für das menschliche Lebensgefüge wirklich notwendig sind.

Natürlich ist zu erwarten, dass auch viele die Lehren des Großen Herrn ablehnen werden. Einige Religionsgemeinschaften, die ihren Dogmen und Erwartungen sehr verhaftet sind, werden Maitreyas Gegenwart und seine Ideen bestreiten und viele unerfreuliche Vorwürfe gegen ihn erheben. Dennoch werden viele inspiriert und mit neuem Vertrauen sich nach besten Kräften für seine Sache einsetzen.

Das wirtschaftliche Konglomerat, das in die jetzt zerfallenden Strukturen sehr viel investiert hat, wird zwei mögliche Reaktionsweisen zeigen: Diejenigen, die Maitreya als Feind all dessen ansehen, wofür sie stehen, werden sich gegen ihn stellen und seine Empfehlungen mit allen Mitteln hintertreiben. Anderen dagegen werden ihn als die Stimme der Zukunft verstehen, als den einzig möglichen Weg für die Menschheit. Sie werden seine Ideen begrüßen und annehmen und ihn mit ihren Fachkenntnissen unterstützen. So werden die Parteien handeln und Stellung beziehen: für oder gegen die Zukunft – das ist die Alternative, vor der die Menschheit steht.

Die Massen werden ihren Führern folgen. Erst allmählich werden sie begreifen, dass Maitreya für sie eintritt – für ihre Bedürfnisse und ihre Hoffnungen auf ein besseres, sichereres Leben für ihre Familien, auf eine Zukunft, die ihnen, wie sie vage spüren, rechtmäßig zusteht, die aber erst noch geboren werden muss. Dann werden die Völker der Welt ihre Stimmen zur Unterstützung und zum Lob des Großen Herrn erheben, ihn zu ihrer Erleuchtung und Läuterung um seine Lehren bitten und sich bereitwillig in eine verheißungsvolle und segensreiche Zukunft führen lassen.

Oktober 2001

Abkehr vom Hass

Die Welt ist in eine schwere Krise geraten – eine Krise, die viele Nationen auf neue Weise zusammenführen wird. Die gemeinsame Angst vor dem Terrorismus hat etwas zustande gebracht, was sonst Jahre beharrlicher Bemühungen erfordert hätte. Und noch bemerkenswerter ist, dass die Ursachen des Terrorismus – die Demütigung, der Groll, die hilflose Verzweiflung von Millionen Menschen im Osten – jetzt vielen Amerikanern zum ersten Mal bewusst werden; so können sie die jüngsten Ereignisse nun in einem größeren Zusammenhang sehen und fordern deshalb eine besonnene Vorgehensweise. Vor allem aber wird ein neuer Geist der Zusammenarbeit spürbar und bei vielen Menschen ein neues Verantwortungsbewusstsein – im Osten wie im Westen.

So hat dieses schreckliche Attentat, das so viele auf einen Schlag ums Leben gebracht oder zu Krüppeln gemacht hat, das Feuer des Wandels entfacht, den diese Welt so bitter nötig hat, und jene zum Handeln gezwungen, die ihn aufgehalten haben. So entsteht aus diesem brutalen Verbrechen am Ende vielleicht mehr Verständnis dafür, dass alle Menschen überall Anspruch auf Gerechtigkeit, Freiheit und Rechtsstaatlichkeit haben.

Nach den bei den Menschen geltenden Maßstäben hat diese Tragödie die Großmächte dazu gezwungen, ihre Militärmacht einzusetzen und zur Selbstverteidigung zurückzuschlagen. Es entspräche jedoch größerer Weisheit, würde man die Kornspeicher und Banken öffnen und damit beweisen, dass man das Problem versteht und auch den Wunsch hat, wirklich etwas zu verändern. Eine Beschwichtigungspolitik ist sicher keine Antwort, aber ebenso wenig ist es der Krieg.

Nur in einem fairen und offenen Gerichtsverfahren vor den Augen der Welt kann die Schuld oder Unschuld eines Menschen bewiesen werden. Nur wenn man sich zu einer gewissen Verantwortung für die Bedingungen bekennt, die Menschen zu solch barbarischen Handlungen veranlassen, kann man sie überwinden. Wer nichts mehr zu verlieren hat, misst dem Leben anderer oder seinem eigenen nur noch wenig Wert bei.

Der Rat, den wir, eure Älteren Brüder den Menschen daher erteilen, ist folgender: Ruft alle Parteien zusammen, die an den Problemen, die den Terroranschlägen zugrunde liegen, beteiligt sind. Enthaltet euch einer verzweifelten Vergeltung und öffnet dem Dialog die Tür. Macht eine aufrichtige Anstrengung, die zahllosen Millionen in ihrem Groll zu verstehen und helft mit, ihr Leben und ihr Denken zu transformieren.

Die Reichen dürfen nicht mehr mithilfe ihres Vermögens oder ihrer Waffen ihren Willen durchsetzen; die Ressourcen müssen geteilt werden – das ist der einzige Weg zu Frieden und Gerechtigkeit.

Ergreift jetzt diese Gelegenheit, die Fehler der Vergangenheit wiedergutzumachen und entfernt für immer das Krebsgeschwür des Terrors und der Gewalt.

Maitreya beobachtet und wartet auf seinen Auftritt. Sein großes Herz sendet die Liebe aus, die alle, die darauf reagieren können, tröstet und beschützt; seine erhobene Hand segnet alle, die sich ihr nähern.

Nehmt diese, seine Liebe an und kehrt ab vom Hass.

November 2001

Der Einzug Maitreyas

Wenn der Mensch sich wie heute am Scheideweg befindet und Rat sucht, welchen Weg er einschlagen soll, schickt er einen invokativen Hilferuf aus. Und wenn dieser Ruf eine bestimmte Stärke erreicht hat, reagieren und antworten wir, eure Älteren Brüder darauf. So ist es auch heute, wo die Menschen verzweifelt in ihrem selbst erzeugten Chaos zappeln und sich fürchten, die Schritte zu unternehmen, die sie vor noch mehr Chaos bewahren könnten.

Maitreya steht nun im Begriff, sich in diesen Mahlstrom hineinzubegeben, und ist sich der Aufgabe, die vor ihm liegt, durchaus bewusst. Nur ein Wesen von unermesslicher Weisheit wie er kann eine solche Bürde auf sich nehmen. Nur jemand von unvergleichlichem Mut wie er kann eine solche Aufgabe bewältigen.

Aus den anarchischen Zuständen von heute muss er die neue und bessere Ordnung aufbauen. Aus der Agonie von Millionen muss er eine neue Welt gestalten.

Wer wird ihm bei seiner Rettungsaktion zur Seite stehen?

Wer wird sich seiner Sache anschließen und seinen Brüdern und Schwestern helfen?

Wie niemals zuvor bietet sich jetzt die Gelegenheit, einer Welt zu dienen, die in den Geburtswehen liegt, einer neuen Welt, die auf ihren Eintritt ins Leben wartet.

Maitreya möchte dem Menschen zu seinem Geburtsrecht verhelfen.

Er möchte zum Aufbau einer neuen und glücklicheren Welt inspirieren.

Der Große Herr möchte dem Leben jedes Einzelnen Heiligkeit und Wert verleihen.

Er möchte die Welt von Gewalt und Krieg befreien.

Wo wird er seine Helfer finden?

Wer ist bereit, darauf zu reagieren?

Wer hat den Mut, dem Herrn der Liebe behilflich zu sein?

Er weiß bereits, auf wen er sich verlassen kann.

Macht euch bereit, ihn zu sehen.

Lasst eure Tatkraft wieder aufblühen.

Lasst euch von der Größe der Aufgabe nicht einschüchtern.

Seid in allem, was ihr tut, einfach und aufrichtig.

Maitreya nähert sich eilends auf einem leuchtend weißen Ross.

Sein Mantram ist: Fürchtet euch nicht!

Alles wird mit der Zeit erneuert werden.

Alles wird mit der Zeit ins Licht zurückkehren.

Denkt an diesen Hinweis: „Macht die Not eures Bruders zum Maßstab eures Handelns und löst die Probleme der Welt. Einen anderen Weg gibt es nicht."

Maitreya begibt sich nun in eure unglückliche Welt. Er kennt eure Agonie und euer Leid besser als ihr selbst, denn er kennt auch die Freude, die euer Geburtsrecht ist.

Diese ungebrochene Freude möchte er in euch wieder zum Leben erwecken. Dafür ist er unter euch.

Nehmt ihn in euer Herz auf und lasst ihn euch dienen. Erkennt ihn als euren Freund und Bruder von alters her. Lasst ihn euch leiten und euch lehren; so werdet ihr in eurer Göttlichkeit wachsen.

Die Zeit ist jetzt gekommen, wo ihr sein Angesicht sehen werdet. Sein Lächeln wird euch voller Liebe an seine Seite rufen. Ihr werdet eure Liebe – tausendfach vergrößert – wieder finden und euch im Dienst an seiner Sache dem großen Plan, dessen Teil ihr seid, anschließen.

Dezember 2001

Das fehlende Bindeglied

Allmählich gelangt die Menschheit an den Punkt, an dem sie bereit ist, Entscheidungen zu treffen. Die Ereignisse zwingen die Regierungen, nach neuen Antworten auf die leidigen, bisher nicht lösbaren Probleme zu suchen. Immer häufiger gehen sie auf die vielfältigen neuen Konzepte ein, die völlig andere Lösungsansätze für ihr Dilemma bieten. Das Gedankengut dieser neuen Richtung menschlichen Denkens und Handelns setzt sich mehr und mehr durch. Trotz allem gegenwärtigen Chaos lässt diese Entwicklung daher dennoch Gutes für die Zukunft erwarten.

Die Nationen müssen jetzt feststellen, dass die alten Methoden und Mechanismen nicht mehr funktionieren, dass die ständigen Krisen jeden möglichen Fortschritt zunichte machen, während die Bitten und Forderungen der Armen immer beharrlicher und lauter werden. Langsam aber sicher beginnen viele zu begreifen, dass Teilen eine Notwendigkeit ist. Bald wird die Menschheit sich der Tragweite dieses Gedankens bewusst werden und darin das „fehlende Bindeglied" bei ihren Überlegungen erkennen.

Selbstverständlich werden nicht gleich alle die Notwendigkeit dieser drastischen und radikalen Antwort auf ihre Sorgen einsehen. Der alte Konkurrenzinstinkt ist zählebig. Nach und nach jedoch werden die einfache Logik des Teilens, die Vorteile der Kooperation und das wiedergewonnene Verständnis dafür, dass Wohl*befinden* durch Wohl*tun* entsteht, alle bis auf einige wenige überzeugen. Eine neue Ära des Lichts wird sich in der Welt manifestieren.

Im Glanz dieser Offenbarung wird der Mensch mit der Zeit gewisse grundlegende Wahrheiten über sein Dasein und sein Wesen erkennen. Er wird das Offensichtliche begreifen: dass er Teil einer großen Bruderschaft ist, die, weil sie eins ist, gemeinsam lebt und leidet und stirbt. Dass die Grenzen und Unterschiede, die vielen sehr viel bedeuteten und die großes Leid verursacht haben, nur dem Anschein nach bestehen. Dass hinter jeglicher äußeren Erscheinung der unsterbliche Mensch steht und dass sich alle gemeinsam auf der Reise zur Vollkommenheit, zur Entfaltung ihrer Göttlichkeit befinden.

Die Welt wird sich allmählich der Wahrheit der menschlichen Existenz bewusst: Der Mensch ist göttlich und die äußere Erscheinungsform seiner wahren Wirklichkeit – der Seele. Bei allen Schicksalsschlägen hat ihn seine Seele beschützt und ihm den Weg gewiesen. Die Seele war immer gegenwärtig – bei verzweifelten, hochherzigen oder zögerlichen Bemühungen. Mensch und Seele sind eins.

Das ist die Wahrheit, die von den Menschen noch entdeckt werden muss. Die Seele wartet auf diese sich anbahnende Offenbarung. Der Mensch wird seine Lehrzeit im Leben jetzt beenden.

Von nun an bestimmt die Seele einen höheren und freieren Weg.

Januar/Februar 2002

Krieger des Lichts

Wo immer wir unseren Blick heute hinwenden, sehen wir Zeichen des Wandels. Das war schon immer so, aber was derzeit vor sich geht, sind schnelle, plötzliche und radikale Veränderungen, die sich von den langsamen Umwandlungsprozessen der Vergangenheit grundlegend unterscheiden. Die eng vernetzten Kommunikationssysteme von heute stellen sicher, dass jede Veränderung umgehend und mehr oder weniger weltweit registriert und anerkannt werden kann.

Wenn sich die formalen Strukturen der menschlichen Lebensweise so abrupt ändern, hat dies natürlich tief greifende Auswirkungen auf das psychologische Gleichgewicht des Menschen. Die alten Gewissheiten scheinen für immer verschwunden zu sein, sodass viele sich zu extremen Reaktionen hinreißen lassen. Da dieser Umbruch im Denken und Handeln des Menschen sich vor allem auf den Schauplätzen der Politik und der Wirtschaft abspielt, ist die Mitwirkung aller geboten. Alle sind davon betroffen, ob sie wollen oder nicht.

In diesen Aufruhr begibt sich der Christus hinein. Seine Aufgabe ist es, die Veränderungen zu überwachen und sie dort, wo sie sich als mangelhaft oder unangemessen, übertrieben und zu extrem erweisen, entsprechend zu berichtigen. Um das zu erreichen, werden Energien zugeführt, bis ein zeitweiliges Gleichgewicht entstanden ist.

So bemüht sich der Große Herr, die Geschwindigkeit der Veränderungen zu kontrollieren und die Reibungen, die dieser Prozess erzeugt, möglichst gering zu halten. In jeder Phase besteht sein Ziel darin, das Gleichgewicht zu erhalten. Um ihn bei dieser subtilen Aufgabe zu unterstützen, lässt der Geist des Friedens oder Gleichgewichts sein mächtiges kosmisches Gesetz durch ihn in die Welt strömen.

So verändert sich die Welt zum Guten. So nimmt die neue Zeit langsam Gestalt an. Trotz aller gegenteiligen Anzeichen bahnt sich das neue Zeitalter seinen Weg.

Still und beinahe unmerklich nimmt die neue Ordnung im Bewusstsein der Menschen allmählich Konturen an. Die Notwendigkeit besserer Beziehungen erscheint immer offensichtlicher und dringlicher, und die Menschen sind mehr als jemals zuvor dazu bereit, über weitreichende Veränderungen in ihren Lebensgewohnheiten nachzudenken.

Für uns, die Beobachter im Hintergrund, ist das ein viel versprechendes Zeichen dafür, dass die Menschheit auf die neuen und höheren Energien sensibel und richtig reagiert. Dies ist eine Zeit der Krise, und in einer Krise sind die Menschen oft mutiger und kreativer in ihren Überlegungen.

Maitreya bereitet sich auf seinen baldigen Auftritt vor der Weltbevölkerung vor. Alle vorbereitenden Maßnahmen sind nun abgeschlossen. Seine Armee, wie er sie nennt, ist aufgestellt und zum Einsatz bereit. Jeder kennt seinen Platz und seine Aufgabe.

Niemals zuvor hat sich eine spirituelle Streitmacht dieser Größenordnung auf der Erde versammelt. Niemals zuvor gab es einen Avatar von dem Format Maitreyas, um sie anzuführen. Gemeinsam werden sich diese Krieger des Lichts als unbesiegbar erweisen.

März 2002

Die Wahl der Menschheit

In vielen Bereichen macht die Menschheit bereits bewusst oder unbewusst Fortschritte. Aus unserer Perspektive sind diese Schritte nach vorn deutlich zu erkennen. Trotz des Chaos, trotz der Krise heute geht die Verbesserung der ärgsten Lebensumstände vielerorts zügig voran. Wahr ist auch, dass es Gegenden gibt, in denen Menschen unter äußersten Entbehrungen und unter Vernachlässigung leiden; dass immer noch Millionen hungern und grundlos sterben; dass die halbe Welt nach Gerechtigkeit schreit, während die anderen sich im Licht ihrer Ignoranz und Selbstzufriedenheit sonnen. Trotz allem gibt es weitreichende und echte Veränderungen, die für die Zukunft Gutes erwarten lassen. Daher haben wir die Hoffnung, dass die Menschen bereitwillig und prompt auf Maitreya reagieren werden.

Wenn Maitreya vor der Welt erscheint, wird er sein Programm zu ihrer Erneuerung darlegen. Er wird zeigen, dass die gegenwärtigen Methoden, mit denen wir unsere vielen Probleme zu lösen versuchen, von Grund auf falsch sind, da sie sich auf Konkurrenzkampf und auf Eigeninteresse stützen; dass die heutigen Spannungen und Gefahren ein unmittelbares Ergebnis der Ungleichgewichte sind, die durch Selbstzufriedenheit und Gier verursacht werden; dass wir nur in Zusammenarbeit die Probleme der Welt lösen, die Armen und Hungernden speisen, die Gesundheit des Planeten schützen können und dass Krieg nur noch ein Albtraum aus vergangenen Zeiten sein wird.

Die Völker werden zuhören, debattieren und Stellung beziehen: für die Entwicklung eines neuen und besseren Lebensstils, für den Brüderlichkeit und Teilen selbstverständlich sind, oder für den Abstieg, für weitere Entwürdigung und Gewalt und die endgültige Selbstzerstörung.

Die Menschheit muss ihre Wahl treffen. Männer und Frauen überall sollten verstehen, dass es um eine Entscheidung für das Leben geht, für eine unvorstellbar neue und menschenwürdige Lebensweise oder: für einen schändlichen Tod von eigener Hand. Der Zukunft mutig entgegenzusehen und gemeinsam am Neuen zu bauen, ist weitaus besser, als sich geschlagen zu geben und auf den Abgrund zu zu kriechen.

Wie willst du dich nun entscheiden, Leser? Welche Form willst du deinem Leben geben? Wirst du dich Maitreya und seinem Ruf nach

Gerechtigkeit und Freiheit anschließen? Für eine Welt, die durch Teilen und Liebe neu gestaltet wird? Wirst du deine und deiner Brüder Göttlichkeit erkennen? Den Weg zu den Sternen, der vor dir liegt?

Wird diese Entscheidung, die Wahl deiner Seele, dich froh machen? Und dich zum Urquell der Liebe führen?

Maitreya weiß bereits, auf wen er zählen kann. Er weiß, dass die Herzen der Menschen verständig und stark sind – auf sie kann er sich verlassen. Er weiß, dass seine Armee zum guten Kampf für das Allgemeinwohl bereit ist. Dass alle Männer und Frauen guten Willens seine Gegenwart spüren und auf die Not der Welt reagieren.

Er hat keine Angst, dass die Menschen von heute ihre vorbestimmte Gelegenheit, sich für das Allgemeinwohl zu entscheiden, verpassen werden. Sie sind furchtlos, bereit für die Zukunft und wollen ihr dienen.

April 2002

Zeit der Entscheidung

Die Welt befindet sich in einem ernsten Krisenzustand, der vor allem durch die Reaktion des amerikanischen Präsidenten auf den Terroranschlag vom 11. September letzten Jahres hervorgerufen wurde. Der Krieg in Afghanistan und die plötzliche Zunahme israelischer Gewalttätigkeit haben genauso wie der beabsichtigte Angriff auf den Irak ursächlich miteinander zu tun. Im Grunde geht es darum, alte Rechnungen zu begleichen. Ein derart kindisches Verhalten im Umgang mit Problemen, die das Wohlergehen der ganzen Welt bedrohen, ist unwürdig und verantwortungslos. Die Meister plädieren nicht für eine Beschwichtigungspolitik gegenüber dem Terrorismus, aber die Art und Weise, wie in Afghanistan und im Nahen Osten vorgegangen wird, ist nicht nach unserem Geschmack. Sie berücksichtigt nicht die *Ursachen* des Terrorismus – Armut, Frustration, Demütigung und Hoffnungslosigkeit – und setzt weiter auf Gewalt und Brutalität. In Selbstmitleid und verletztem Stolz versunken, ist Amerika auch die Weisheit, Vorsicht und der Sinn für die Verhältnismäßigkeit der Mittel abhanden gekommen.

Israel unterdessen – von Selbstmordattentätern zum Handeln gedrängt – reagiert wie immer übertrieben und benutzt den „Krieg gegen den Terrorismus" als Vorwand, um seinen Willen durchzusetzen. Angesichts der schamlosen Verfolgung und Herabwürdigung Arafats haben die politisch und militärisch Verantwortlichen in Israel keinen Grund, stolz zu sein. Mehr als andere sollte das israelische Volk das Elend der Unterdrückten verstehen.

Wann werden diese Männer begreifen, dass die Welt allen gehört? Sie sind weder Herrscher noch Weltpolizisten, ihr Reichtum und ihre Macht rechtfertigen keine Kontrolle über andere. Sobald sie diesen Reichtum um des Gemeinwohls willen teilen, werden sie das Ende des Terrorismus erleben und nachts ruhiger schlafen können. Die Machtmenschen, die die Welt wie eine Firma zugunsten einer kleinen Minderheit führen wollen, sind trunken von dieser Macht, die sie unverdienterweise besitzen.

Es wird immer offensichtlicher, dass eine klügere Stimme in der Welt vonnöten ist, eine Stimme, auf die viele und unterschiedlich gesinnte Menschen hören. Solch eine Stimme, die Stimme Maitreyas, wird bald die hasserfüllten Schreie nach Rache übertönen. Bald wird die Menschheit sich seiner Präsenz in unserer Mitte bewusst werden und sich vor die große Wahl gestellt sehen. Darum ist dies eine Zeit der großen Prüfung für die Menschheit. Es ist also die Zeit der Entscheidung, eine Zeit ohne Beispiel in der Geschichte.

Wenn die Menschen das begreifen, werden sie sich um das Banner Maitreyas scharen und ihr Bedürfnis nach Gerechtigkeit und Freiheit geltend machen. Sie werden ihre Bereitschaft, zu teilen und zu dienen, zeigen und auf diese Weise die Welt neu gestalten.

So wird es sein. So werden die Menschen ihr uraltes Gelübde erneuern und zu ihrem Weg in die Göttlichkeit zurückfinden.

Mai 2002

Ein neuer Tag

Wenn die Menschen die Weltlage betrachten, nehmen sie nur die Schwierigkeiten und Traumata, die Gefahren und Krisen wahr und verfallen, vor Angst wie gelähmt, in Untätigkeit, statt die Trägheit zu überwinden, die ihre Verzweiflung in ihnen ausgelöst hat. So kommt es auch, dass sie völlig übersehen, welche positiven Entwicklungen sie bereits in Gang gesetzt haben und nur selten den Ablauf der Ereignisse durchschauen. Sie verstehen wenig von den Gesetzmäßigkeiten, die allen Begebenheiten zugrunde liegen, und sind daher nicht in der Lage, die Folgen zu handhaben. Würden sie nach diesen unsichtbaren Gesetzen leben, könnte sich ihr Leben harmonisch und geordnet entwickeln.

Trotz aller Unwissenheit und Furcht haben die Menschen inzwischen eine neue Sensibilität für die Kräfte entwickelt, die sie stetig auf ihrem Weg vorantreiben. Sie spüren, wenn auch nur oberflächlich, dass es vieles gibt, was sie weder verstehen noch beherrschen; aber allmählich können sie sich einen größeren Sinnzusammenhang, eine größere Einheit und Schönheit in ihnen selbst und ihrer Umwelt vorstellen.

Wir, die Beobachter, betrachten die Bemühungen des Menschen, seine sich wandelnde Welt zu beherrschen, von unserer Warte aus und begrüßen die Anzeichen einer größeren Sensitivität für die höheren Kräfte, die das Leben der Menschen maßgeblich beeinflussen. Wir sind erfreut und erwarten eine Intensivierung dieser Reaktion und eine sinnvolle Nutzung dieser Kräfte.

Es ist wahr, dass wir gleichfalls eine Eskalation des Hasses und der Grausamkeit, der Brutalität und des Krieges sehen, aber diese auf Angst beruhenden Reaktionen nähern sich dem Ende und werden sich legen.

Diese Übergangsphase ist eine wirklich schwierige Zeit. Viele Menschen bauen auf die Zukunft, sie sehnen sich nach Veränderungen und neuen Antworten auf die Probleme. Andere hingegen halten verbittert an den alten Verhaltensweisen fest und versuchen, sich dem Ansturm des Neuen zu widersetzen. Wir beobachten und warten in der Überzeugung, dass die Menschen den Weg finden werden.

Maitreya, der Meister der Meister, steht bereit, offiziell sein Amt anzutreten und tätig zu werden. Das soll nicht bedeuten, dass er mit seiner Arbeit hinter den Kulissen ganz aufhören wird. Vieles, was er derzeit unternimmt, fördert Bemühungen, die sonst scheitern würden.

Sein Beistand und sein Rat führen mehr als einem weisen Führer die Hand und beschützen sie davor, Schaden zu nehmen.

Diejenigen, die die Welt bedrohen, weil sie ihre Stärke beweisen wollen, greifen auch Maitreya an. Hinter allen Menschen guten Willens steht Maitreya mit seiner Gruppe. Sie bilden einen Schild, von dem alle Pfeile wirkungslos abprallen. Eilt an seine Seite, wenn er sich zeigt. Versammelt euch unter seinem Banner des Friedens, der Gerechtigkeit und der Freiheit und unterstützt ihn bei seinem gewaltigen Werk. Ein neuer Tag im Leben der Menschen bricht an, ein Tag, wie es ihn noch nie zuvor gegeben hat.

Juni 2002

Maitreya am Tor

Unter dem Einfluss der neu einströmenden Energien finden große Veränderungen in der Welt statt. Einige erleben diese Veränderungen als wohltuend und nützlich, als Einleitung zu einer besser geordneten und sicheren Welt. Andere jedoch sehen darin nur Niedergang und Unordnung, Chaos und Zerstörung, das Werk wahnsinniger und böser Menschen.

Wenn das höchste Ziel der Aufrechterhaltung des „Status quo" gilt, dann ist natürlich jede noch so nötige und überfällige Veränderung verdächtig und unerwünscht und das Werk von „militanten" Gruppen und „Unruhestiftern".

So kommt es, dass viele der derzeitigen Veränderungen als eine Bedrohung der Gesellschaftsordnung angesehen werden und Anlass zu ständiger Sorge, Wut und Angst geben.

Würden die Menschen nur die wahre Dimension der Veränderungen erkennen, die von diesen heilsamen Energien ausgelöst werden, so könnten sie sich gelassener und kooperativ darauf einstellen.

Aber ein „Status quo" lässt sich natürlich nie lange aufrechterhalten; Wandel und Evolution liegen in der Natur des Lebens und bestimmen in guten wie in schlechten Zeiten das Grundmuster des Neuen. Die Form und die Qualität der neuen Strukturen werden von den Menschen selbst gestaltet. Somit ist es nutzlos, dem großen Magneten widerstehen zu wollen, der alles Leben auf seinem Kurs zur Vollendung vorwärtstreibt.

Wenn Maitreya und seine Gruppe sich offen unter den Menschen bewegen, werden viele der Gesetze, die das Leben regieren, verständlich. Nach anfänglichem Erstaunen werden die Menschen allmählich das Phänomen des Wandels begreifen und vernünftiger darauf reagieren. Die alten Reaktionäre werden natürlich bleiben, aber ihr Einfluss wird abnehmen, wenn sich das Neue durchzusetzen beginnt. So wird es sein, und so werden die Menschen das große Abenteuer, das wir Leben nennen, besser verstehen.

Maitreya steht jetzt am Tor und hat die Hand zum Anklopfen erhoben. Während er darauf wartet, dass man ihn erkennt, nehmen seine Zeichen immer weiter zu. Heißt ihn in eurem Herzen willkommen und macht ihm seinen Eintritt leicht; lasst ihn durch euch wirken. Denkt daran, dass eure Brüder es ebenso verdienen, die großen Neuigkeiten zu erfahren; lasst sie und eure Schwestern nicht im Dunkeln.

Die elfte Stunde ist angebrochen. Der schicksalhafte Zeitpunkt ist gekommen. Das lange Warten ist bald vorüber. Sammelt nun eure Kräfte für das große Werk, das vor uns liegt. Eine Zeit wie diese gab es niemals zuvor. Myriaden von Engelscharen zittern vor Erwartung. Maitreyas Kämpfer für die Wahrheit sind gerüstet und versammeln sich hinter ihm.

Inmitten von Chaos und Gewalt und angesichts der Kriegsgefahr erhebt der Große Herr seine Hand. Seine Lichtpfeile werden das Dunkel dieser Zeit durchdringen und den Menschen Erleichterung bringen. Sein großes Herz glüht vor Liebe für alle Völker. Den Hungernden und Unterdrückten gilt seine erste Sorge. Unterstützt ihn bei dieser denkwürdigen Aufgabe.

Juli/August 2002

Maitreya in Eile

Viele wären heute über die Perspektiven erstaunt, die wir, eure Älteren Brüder für den Menschen sehen. Ungeachtet der Fehlschläge und Spannungen, der Krisen und Sorgen wissen wir, dass die Menschen darüber hinauswachsen und die neue Zeit richtig gestalten werden. Wir wissen, dass die Zeit der Prüfung so gut wie vorüber ist, dass ein entscheidender Wendepunkt erreicht ist und der Mensch nun vor Entdeckungen jenseits seiner Vorstellungskraft steht.

Wir sehen aber auch die Probleme, mit denen die Menschen konfrontiert sind. Wir kennen die Sorgen, die in vielen Herzen jede Freude erstickt. Wir teilen den Schmerz und die Qual von Millionen, die ohne Hoffnung leben und sterben müssen.

Wir wissen, dass trotz der Gefahren und Ungerechtigkeiten der Geist der Hoffnung jederzeit wach werden und zu Großtaten beflügeln kann; er ist das Göttliche im Menschen und daher nicht auszulöschen.

„Die dunkelste Stunde ist dicht vor Tagesanbruch", sagt ein altes Sprichwort, das auch heute gilt. Inmitten von Chaos und Furcht, Verwirrung und Schmerz sehen wir die Auflösung und das Ende der Konflikte, den ersten Schimmer eines Lichts, das die Menschen wieder mit Hoffnung in die Zukunft blicken lässt.

Alles entwickelt sich gemäß dem Gesetz, so auch ein neuer Gleichgewichtszustand, der von uns geschaffen wird. Entgegen allem Anschein macht sich ein neuer Rhythmus bemerkbar, der diese dissonante Welt wieder ausbalancieren wird.

Dieses große Gesetz wird von Maitreya selbst dirigiert, damit es in seiner kosmischen Dimension im täglichen Leben der Menschen wirksam werden kann. So werden sie wieder Hoffnung schöpfen und motiviert sein, ihre Zukunft in Übereinstimmung mit dem Plan neu zu gestalten.

Maitreya hat den Fuß auf die Schwelle gesetzt, seine Hand ist zum Anklopfen bereit. Hört aufmerksam hin, damit ihr ihn nicht verpasst. Er kommt, um das Gesetz zu erfüllen, um dem Plan zu dienen, um die Menschheit zu lehren und um seine Brüder in ihre vorbestimmte Zukunft zu führen. Er kommt, um sein Versprechen zu erfüllen, das er den Menschen vor langer Zeit gab: sie mit seiner Liebe zu erlösen und ihnen bewusst zu machen, dass sie göttlich sind.

Wenn ihr Maitreya seht, lasst euch nicht von seiner anfänglichen Zurückhaltung verwirren; er muss das Vertrauen jener gewinnen, denen er helfen will. Zur rechten Zeit wird er sagen, was zu sagen ist, um das Gewissen der Menschen wachzurütteln. Dann wird er sie inspirieren, die Schranken zu beseitigen, die jetzt die Menschen voneinander trennen und Millionen dazu verurteilen, zu hungern und im Elend zu sterben. So wird es sein, und so werden die Menschen endlich erkennen, in welcher Notlage sich ihre Brüder und Schwestern befinden. Auch sie haben Maitreya an ihre Seite gerufen. Maitreya eilt nun an die Öffentlichkeit.

September 2002

Die Familie

Die Familieneinheit ist die Grundlage der Gesellschaft. Ihre Bedeutung kann gar nicht genug betont werden. Diese Vorrangstellung wird heute durch Nachlässigkeit, durch Experimente und fehlendes Verständnis für die eigentlichen Bedürfnisse von Kindern allmählich untergraben.

Alle Kinder brauchen einen stabilen Rahmen, in dem sie wachsen können, und eine Mutter und einen Vater als Vorbilder dieses Prozesses. Dass nicht alle Eltern diese Stabilität bieten oder ein würdiges Beispiel geben, ist leider allzu wahr, und diese unglückliche Entwicklung wird von vielen Faktoren bestimmt: Mangel an Bildung, Armut, unzureichende Wohnbedingungen, Krankheit sowie verantwortungslose oder hilflose Erwachsene, die für die hohen Anforderungen des Familienlebens zu unreif oder ungeeignet sind.

Allerdings darf hier nicht unerwähnt bleiben, dass sich in jedem Land Millionen in großer Armut und bar aller Annehmlichkeiten tapfer und trotz schlechter Chancen meist erfolgreich darum bemühen, ihre Familien zusammenzuhalten und ihren Kindern ein stabiles und liebevolles Beispiel zu geben. Sie sind die namenlosen Helden, die mit ihrer Zielstrebigkeit und unermüdlichen Selbstaufopferung die besten Eigenschaften der Menschheit beweisen.

Die neue Erziehung muss sich mit diesem fundamentalen Problem befassen und sich um die Schulung und die Voraussetzungen für das Familienleben kümmern. Ist es nicht seltsam genug, dass dieser elementarste Aspekt des sozialen Lebens nur so geringe Aufmerksamkeit erhält und so sehr den Launen des Zufalls überlassen bleibt?

In den meisten Ländern ist der Erhalt eines Führerscheins vom Alter und von einer mehr oder weniger strengen Prüfung abhängig. Ärzte und Krankenschwestern, Piloten und Zugführer – sie alle dürfen ihren sinnvollen Dienst erst nach entsprechender Ausbildung und sorgfältiger Vorbereitung ausüben. Und das ist auch richtig so. Gleichzeitig aber lässt man es zu, dass sich Millionen junger Leute in dieses Aufgabenfeld – das schwierigste auf der Welt – begeben, ohne in den meisten Fällen dafür geschult worden zu sein. Der simple biologische Drang, sich zu reproduzieren und das Diktat der biologischen Uhr der Frau gelten als ausreichend, um das Recht auf Vermehrung in einer bereits überfüllten Welt zu erhalten.

Wenn junge Paare mit der subtilen und schwierigen Kunst beginnen, Seelen in Inkarnation aufzuziehen und zu umsorgen, ist es meist nur die eigene Konditionierung, die sie leitet. Diese Konditionierung geben sie selbstverständlich an ihre Kinder weiter, und damit nehmen Torheit und Unwissenheit ihren Lauf. Aus diesem Grund ist es so notwendig, eine neue Einstellung zu dieser heiligen Aufgabe zu entwikkeln.

Heute wird dieses Problem durch einen zusätzlichen Faktor kompliziert. Sexuelle Experimente im Bereich des Familienlebens werden immer häufiger und führen zu einer Verzerrung und einem Missverständnis der eigentlichen Eltern-Kind-Beziehung. Das Kind ist eine Seele in einer Familie von Seelen. Dadurch erhält die Familieneinheit die Gelegenheit, Karma abzutragen, das über viele Inkarnationen gemeinsam in wechselnden Verhältnissen entwickelt wurde.

Die Hierarchie ist den Homosexuellen nicht feindlich gesinnt, aber die zunehmende Forderung homosexueller Männer und Frauen nach dem Recht, Kinder aufzuziehen, beruht auf einem falschen Verständnis und ist für Kinder nicht hilfreich.

Alle Menschen sollten – unabhängig von ihrer sexuellen Orientierung – tief über Dimension und Sinn der Inkarnation nachdenken: das Aufziehen von Seelen, die eine Mutter und einen Vater brauchen, die ihnen sowohl Beispiel als auch den Beistand und die karmische Gelegenheit geben, zu wachsen und sich im Sinne des Plans zu entwickeln. Wenn Menschen sich aus welchen Gründen auch immer für diese Aufgabe nicht geeignet fühlen, könnte es weise sein, in diesem Leben ein entsprechendes Opfer zu bringen und darauf zu verzichten.

Oktober 2002

Die Verführung der Macht

Am Jahresanfang feiern die Menschen fast überall die Gelegenheit, neu zu beginnen, und fassen gute Vorsätze. Während dieses Jahr der Spannungen und Krisen seinem Ende zugeht, halten die Menschen bereits Ausschau nach neuen und konstruktiveren Leitlinien und Vorgehensweisen, die dem Leben aller eine Wendung zum Besseren geben könnten.

Diese Periode der Krise wird bald ein Ende haben und von einer Phase des Experimentierens in allen Lebensbereichen abgelöst werden. Sobald der Mensch sich mit den Problemen, die heute die Welt belasten, auseinandersetzt und sie bewältigt, werden sich ihm völlig neue Perspektiven eröffnen.

Die Menschen machen sich jetzt vor allem Gedanken wegen der politischen Krise, die die Welt zu destabilisieren droht. Das ist ganz natürlich und unvermeidlich. Die Hysterie, die nach dem 11. September die Vereinigten Staaten erfasst hat, hat sich fast über die ganze Welt ausgebreitet. Mit seinen kämpferischen Tönen und Reden hat der amerikanische Präsident Öl ins Feuer gegossen und die Angst geschürt, sodass eine unvoreingenommene Sichtweise fast unmöglich wird. Diese ist aber notwendig, wenn man die Lage richtig beurteilen und angemessen darauf reagieren will. Spekulationen und Gerüchte beherrschen gegenwärtig die Situation und nehmen der beobachtenden Welt die Lebenskraft.

An oberster Stelle steht die genaue Kenntnis der Fakten. Das ist aber schwierig. So viele unterschiedliche Stimmen verbreiten lautstark widersprüchliche Informationen, und so viele Meinungen werden als Tatsachen ausgegeben, dass man nur wenigen noch zuhören oder glauben kann. Unter diesen Umständen ist zu weiser Vorsicht und Zurückhaltung zu raten.

Umfassende Maßnahmen wurden geplant und bereits auf den Weg gebracht, doch nur wenige können sehen, wohin sie führen werden. In unseren Augen werden sie sowohl positive als auch negative Auswirkungen haben: die Zerstörung einer trostlosen und sträflichen Tyrannenherrschaft auf Kosten vieler unschuldiger Leben und die weitere Destabilisierung einer Region, die sich bereits in einer Krise befindet.

Es gibt Stimmen in Amerika und anderswo, die zur Vorsicht mahnen, aber es scheint, dass sie nicht stark genug sind, um die rücksichtslosen Eiferer um den Präsidenten zu zügeln. Sie sind dem Wahn der Macht verfallen, und es wird einiges erfordern, sie zur Raison zu bringen. Die ölreichen Sandwüsten des Iraks sind ein zu verlockendes Ziel für ihre ungezügelte Gier und ihren Drang nach Dominanz.

Nichtsdestotrotz müssen die Gegner eines gefährlichen Kriegs gegen den Irak ihre ablehnende Haltung auch weiterhin deutlich machen. Sie müssen den Willen aufbringen, zu marschieren und zu demonstrieren, um ihrer Stimme Gehör zu verschaffen. Diese gewissenlosen Männer müssen erkennen, dass die Welt nicht ihnen gehört; dass sie, wenn sie herrschen, das im Rahmen des Gesetzes tun müssen; und dass viele vergangene und größere Reiche aus eben diesem Grund zu Fall gekommen sind.

Diese Gleichgültigkeit gegenüber der Weltmeinung kann nur noch für gewisse Zeit aufrechterhalten werden. Die Weltereignisse, Ereignisse ganz anderer Natur, entwickeln sich jetzt so schnell, dass sie diese Menschen, die der Vergangenheit angehören und deren überholten Methoden verhaftet sind, überrollen werden und sie schweigend in das langsam verblassende Gestern verweisen.

Maitreya, der Große Herr, tritt vor und wird den Weg weisen. Verliert nicht den Mut, denn alles wird gut werden.

November 2002

Der vorbestimmte Weg

Es wird immer deutlicher, dass der Mensch bereit ist für einen großen Sprung nach vorn. Trotz der vielen Spannungen und Gefahren, die immer noch bestehen und die in den Augen vieler zuzunehmen scheinen, bewegt sich das Menschenreich vorwärts und aufwärts im Einklang mit dem Plan, der uns und unser Handeln lenkt. Der kosmische Magnet führt alles einer geplanten Bestimmung zu; die Energien des Magneten werden immer stärker und nichts kann sich ihnen entziehen. Der Mensch muss die Kraft und die Schätze des Kosmos kennen und verstehen lernen. Dann wird er sich weiterentwickeln und nur wenig leiden müssen.

Das Licht des Kosmos strahlt auf die Menschen ein wie nie zuvor und inspiriert sie, ihr Leben zu vereinfachen und dadurch die Verbindung zu ihrer Quelle wiederherzustellen, die sie leider verloren haben.

Wenn die Menschen diese Worte beachten würden, könnten sie bald einen Seinszustand erreichen, der auf ihrem langen Weg zur Vollkommenheit in jeder Hinsicht neu ist.

Die Zeit der alten Wege ist fast vorbei. Das alte Denken und Handeln, das den Menschen so sehr in Bedrängnis gebracht hat, nähert sich seinem Ende. Ein neues Licht ergießt sich in seiner ganzen Schönheit über die Menschheit und macht den Verirrungen der Vergangenheit ein Ende.

Daher sehen wir die Zukunft der Menschheit bereits vom Licht dieser neuen Erkenntnis durchdrungen. Daher freuen wir uns, denn die Zeit ist nun nah.

Der lange Kampf des Menschen, Strukturen aufzubauen, die seinen rechtmäßigen Zielen dienen, ist fast vorüber. Die erforderlichen Formen werden bereits schemenhaft erahnt und ihm bald zur plötzlichen Gewissheit werden.

Von diesem Zeitpunkt an wird ihr Fortschritt alle bis auf uns, die beobachtenden Brüder, erstaunen. Seit Langem haben wir auf dieses Ziel hingearbeitet und warten nun geduldig auf seine Umsetzung. Wir wissen, dass die Menschen im Herzen bereit sind, ihren höchsten Hoffnungen eine Form zu geben, sich einer noch unbekannten Zukunft zuzuwenden, die Fehler der Vergangenheit zu korrigieren und einen neuen Anfang auf der langen Leiter des Aufstiegs zu machen. Wir wissen, dass dies so ist, und haben Vertrauen in die Fähigkeit des Menschen, sich zu ändern, wenn er es muss.

Dies ist eine solche Zeit. Die Zustände auf der Erde verschlechtern sich rapide: Die spalterischen Tendenzen, die den Menschen seit Jahrhunderten geschadet haben, werfen unverändert die ewig gleichen Probleme auf. Der Planet stöhnt unter dem Druck der mutwilligen Zerstörung durch den Menschen. Die Menschen warten auf ein Zeichen, das ihnen Führung und Hilfe verspricht und wieder Hoffnung macht.

Die Zeichen sind für die Menschen überall sichtbar. Hilfe ist sicher. Anlässe zur Hoffnung werden ihnen unaufhörlich und seit Langem geboten.

Dass die Menschen ihnen keine Beachtung schenken, beruht auf Angst. Die Menschen sind blind, weil sie Angst haben, die Augen zu öffnen. Wenn Maitreya in Kürze an die Öffentlichkeit tritt und ihnen die Gründe und Lösungen für ihre Probleme darlegt, werden sie sehen, dass ihnen die Führung, nach der sie sich sehnen, seit Langem zur Verfügung steht, dass die Zeit gekommen ist, die zerstörerischen Wege der Vergangenheit zu verlassen, und dass sie alle – ohne dass es ihnen bewusst ist – die Kraft und Hoffnung in sich tragen, mit der sie diese Welt erneuern und in einen ausgewogenen und sicheren Zustand versetzen können, um sie dann mutig auf ihren vorbestimmten Weg zurückzuführen.

Dezember 2002

Eine gesündere Einstellung zum Leben

Auf den ersten Blick könnte man meinen, dass die Welt sich momentan in einer tieferen Krise befindet als je zuvor. Krieg und Terrorismus haben den Fortgang der Ereignisse beschleunigt und die Herzen von Millionen mit Angst erfüllt. Wäre dies die richtige Interpretation der gegenwärtigen Situation, dann gäbe es tatsächlich Grund zu Furcht und Klagen. Glücklicherweise ist diese Ansicht oberflächlich, weil sie die vielen Veränderungen zum Guten übersieht, die – ruhig und ohne viel Aufsehen – gleichfalls stattfinden. Krieg und Terror sind Sensationen, die zugkräftige Nachrichten abgeben. Weitreichende Maßnahmen, die das Leben von Millionen verbessern, machen selten Schlagzeilen und gehen im Lärm herrschsüchtiger Regierungen und beunruhigender Diktatoren unter.

Die Welt steht tief in der Schuld der vielen Organisationen der Vereinten Nationen, deren umsichtige und selbstlose Arbeit unter den leeren Phrasen und dem Imponiergehabe der machttrunkenen Politiker kontinuierlich weitergeht. Schon bald kommt eine Zeit, wo die Menschen begreifen werden, dass die Bedürfnisse der Welt die Bedürfnisse von Männern und Frauen überall sind: Nahrung und Arbeit, medizinische Grundversorgung und Bildung. Das sind die Prioritäten, nach denen die Menschen handeln und für die sie alle Energie und Erfindungsgabe aufbringen sollten. Das sind die immerwährenden Bedürfnisse aller, und die Menschheit vernachlässigt sie auf eigene Gefahr.

Auch Nichtregierungsorganisationen tragen mit ihren Einsichten und Nachforschungen dazu bei, dass sich die Menschen der Gefahren bewusst werden, die ein kopflos betriebener Raubbau an dem bereits leidenden Planeten mit sich bringt.

Viele Menschen sehen jetzt, was sie vorher nicht gesehen haben. Viele Menschen, die bisher nur zuschauten, wie ihre Brüder über das Spielfeld rannten, haben sich nun in Bewegung gesetzt. Für viele, die still gelitten haben, ist erstmals in ihrem Leben die Welt voller Hoffnung.

Für diese stillen und geduldigen Menschen öffnet das Leben seine Fenster, um Sonnenschein und frische Luft hereinzulassen. In der Arbeit der vielen Organisationen spürt man jetzt eine neue, erfrischende Energie, und die Menschen reagieren darauf und freuen sich. Diese dienstbaren Helfer sind die wahren Helden dieser Zeit. Nicht diejenigen, die hoch aus den Wolken Bomben abwerfen, sondern jene, die die Bedürfnisse ihrer Brüder und Schwestern wahrnehmen und handeln, koste es, was es wolle.

Wenn Maitreya an die Öffentlichkeit tritt, wird er die Menschen inspirieren, eine gesündere Einstellung zum Leben zu entwickeln, die den Bedürfnissen aller Männer und Frauen gerecht wird. Er wird uns zeigen, dass die Konflikte der Gegenwart nicht unvermeidlich sind. Dass die Führer der Nationen der ganzen Menschheit gegenüber und nicht bloß ihren subjektiven Empfindungen oder Ideologien verpflichtet sind. Er wird angesichts der heutigen, entsetzlichen Waffensysteme zu Vorsicht und Besonnenheit aufrufen und warnen, dass Kriege „um des Friedens willen" keinen Erfolg haben.

Frieden, wird er zeigen, ist nicht schwer zu finden, wenn man aufrichtig danach sucht. Frieden schaffen, wird er sagen, wird nur durch Gerechtigkeit und Freiheit für alle Menschen möglich. So wird Maitreya die Weichen für den Wandel stellen. So werden die Menschen dazu inspiriert, den kleinen Schritt in das Unbekannte zu machen, um zu erleben, wie ihre Träume und ihre Sehnsucht nach Frieden, die sie schon seit Langem im Herzen tragen, in Erfüllung gehen.

Januar/Februar 2003

Der Beginn der Basisdemokratie

Will man die gegenwärtige internationale Situation beschreiben, genügt ein Wort: chaotisch. Machthungrige Kriegstreiber, zögernde „Agnostiker" und selbsternannte Helden, die unbedingt die Welt retten wollen, kämpfen darum, die Unterstützung des Volkes für ihre unterschiedlichen Standpunkte zu gewinnen. In diesem Lärm versucht die Stimme des Volkes, sich Gehör zu verschaffen, und wird nun mehr und mehr zu einem Faktor, mit dem man rechnen muss.

In vielen Ländern demonstrieren Scharen von Menschen gegen eine forcierte und unrechtmäßige Konfrontation und äußern ihre Ängste vor einem schrecklichen Nachspiel.

Im Laufe der Geschichte gab es immer wieder ähnliche Situationen, aber nur selten war der Wille des Volkes – selbst wenn es direkt beteiligt war – ein maßgebender Faktor der Beratungen und Entscheidungen. In den letzten Jahrhunderten hat die Stimme des Volkes nur in den großen, umwälzenden Revolutionsbewegungen eine zentrale Rolle gespielt und ihrer Zeit den Stempel aufgedrückt.

Heute ist wieder der Augenblick gekommen, wo die Stimme des Volkes sich Gehör verschaffen muss. Auch heute wieder gilt, dass das Bedürfnis aller Völker nach Gerechtigkeit, Freiheit und Frieden von den rücksichtslosen Machthabern ernst genommen wird.

Diese gefährlichen, im Wahn ihrer Macht befangenen Männer müssen begreifen, dass die Zeit für Kriege vorbei ist, dass die Menschheit sich nach Frieden und nach Sicherheit sehnt, die jedoch zusehends schwindet. Den kleinen „Napoleons" muss klargemacht werden, dass die Tage ihrer Macht gezählt sind; dass sie aufgrund der sich ändernden Zeiten jegliche Bedeutung verloren haben; und dass die Macht nun bei jenen liegt, die den wirklichen Bedürfnissen der Menschen dienen.

Wenn Maitreya sich in das Kampfgetümmel hineinbegibt, wird er in den hektischen Ereignissen, die den Menschen täglich ihre Gelassenheit und Ruhe rauben, vielleicht zunächst noch unbeachtet bleiben. Doch bald werden die Menschen erkennen, dass es jemanden gibt, der ihre Gedanken und Bedürfnisse wahrnimmt und tiefgründiger und überzeugender formuliert, als sie es könnten. Auf diese Weise werden sie sich ermutigt fühlen und sich zusammenschließen, um besser gehört zu werden.

Maitreya wird ihre akuten Bedürfnisse, ihre tiefsten Hoffnungen und Ängste zur Sprache bringen. Er wird im Namen aller Menschen sprechen und die Qualität einer neuen Gesellschaft beschreiben, die die Träume und Erwartungen aller im Innersten zufriedenstellt.

Schon sehr bald wird sich Maitreya offiziell am Leben der Menschen beteiligen. Er ist gut vorbereitet, er freut sich auf die Herausforderung, die vor ihm liegt, und wird mit seinem Mut alle stärken, die dafür empfänglich sind. Von ihm, von seinem großen Herzen wird die Liebe ausströmen, wie es seinem Wesen entspricht, und dann, wenn die Menschen bereit sind, wird er seinen Namen und sein Amt bekannt geben. So wird der Große Herr seine enge Beziehung zu allen Männern und Frauen auf der Welt beweisen und damit auch das Vertrauen erfüllen, das sie auf alle Zeit in ihn gesetzt haben.

März 2003

Das Ende der Knechtschaft

Wie das unscheinbare Schneeglöckchen durch den Schnee bricht und den nahen Frühling ankündigt, so rufen die Menschen überall nach Gerechtigkeit und Frieden und fordern, dass der lange Winter der Sklaverei und Tyrannei ein Ende hat. Die Stimme des Volkes erhebt sich und verschafft sich Gehör. Sie ist der Vorbote der neuen Zeit, der neuen Ordnung, die nun ans Licht drängt. Trotz, nein, wegen der Pläne und Aktivitäten einiger gefährlicher Männer werfen die Menschen ihr uraltes Joch ab und bestehen auf ihrem Recht, gehört zu werden. Mit ungewohnter Eindringlichkeit und einem neuem Selbstvertrauen gewinnt ihre Forderung an Überzeugungskraft. Die Kraft der Stimme des Volkes durchbricht die uralte Knechtschaft und weist den Weg in die Zukunft. Mehr und mehr begreifen die Menschen, dass Regierungen die Aufgabe haben, den Bedürfnissen der Bevölkerung gerecht zu werden, und dass es keine Probleme oder schwierigen Situationen gibt, deren einzige Lösung darin besteht, Krieg zu führen. Die verbitterten Stimmen machthungriger Führer können momentan vielleicht noch die Furchtsamen und Unbesonnenen verführen, aber ihre Zeit ist begrenzt und nähert sich dem Ende.

Eine neue Zeit ist im Werden – eine Zeit der Gerechtigkeit, der Freiheit und des Friedens. In dieser kommenden Zeit werden die Menschen aller Nationen erleben, wie sich ihre Träume und ihre Hoffnungen auf ein besseres Leben erfüllen – ein Leben, in dem Sinn und Zweck, Schönheit und Verständnis, mitmenschliche Beziehungen und Liebe überwiegen. Jeder Tag wird eine innere und äußere Entdeckungsreise sein, und jede Stunde eine Gelegenheit, der Welt zu dienen. So wird es sein. Dann wird jeder Mann, jede Frau und jedes Kind das Göttliche ausstrahlen, das in uns allen ist, und die facettenreiche Schönheit Gottes in allen Variationen zum Ausdruck bringen.

Wenn Maitreya an die Öffentlichkeit tritt, wird er sich bemühen, die Hoffnungen der Abermillionen von Menschen, die diese Wahrheiten spüren, sie aber nicht in Worte fassen können, in die richtige Bahn zu lenken. Sie werden in ihm einen Wortführer finden, der sich eloquent und ernsthaft, der Situation entsprechend, für sie einsetzt und ihre Bedürfnisse bekannt macht – das Bedürfnis aller Menschen nach einer gerechten und friedlichen Welt.

Dieser Prozess ist bereits im Gange. Auf den Protestveranstaltungen und Demonstrationen, mit denen die Menschen Gerechtigkeit, Frieden und Vernunft fordern, wird man vielleicht auch Maitreya begegnen und erleben, wie er in der einen oder anderen Gestalt die Sache der Menschen vertritt und sich in ihrem Namen äußert. Bei diesen Versammlungen verbreitet er seine Liebesenergie und inspiriert die Menschen, die für Gerechtigkeit eintreten, zu weiteren Anstrengungen. Seine Kraft geht auf sie über und gibt ihnen ein Gefühl der Unerschrockenheit und Sicherheit. Auf diese Weise bewirkt der Herr der Liebe eine Wende – die Abkehr vom Hass; er potenziert die Begeisterung von Millionen von Menschen und weiß nun, dass die Menschen überall ihre Bestimmung erkannt haben und nach Wegen suchen, ihre tiefsten Wünsche in die Tat umzusetzen.

April 2003

Die Welt wartet

Die Welt taumelt unter dem Schock der aktuellen Irak-Invasion der amerikanischen und britischen Streitkräfte. Selten hat ein Krieg von scheinbar so begrenzter Reichweite und Dauer so schwerwiegende Auswirkungen gehabt und so viele Sorgen und Skrupel ausgelöst. Und selten ist ein derart gefährlicher Irrsinn von der Mehrheit der Weltbevölkerung als solcher erkannt und auch verurteilt worden.

Die tragischen Ereignisse des 11. September 2001 haben der US-Regierung eine verhängnisvolle Möglichkeit eröffnet, sich unter dem Vorwand der Terrorbekämpfung moralisch ins Recht zu setzen und eine gemeine Piraterie an den von ihnen ausgesuchten Opfern zu begehen.

Der Krieg hat begonnen, möglicherweise ist er schon fast wieder vorbei, aber die Menschen mit Herz und gesundem Menschenverstand haben ihre Stimme wiedergefunden und wissen, sich Gehör zu verschaffen. Endlich, nach langer, langer Zeit fangen die Menschen an, ihre Macht zu entdecken und ihr Recht, sich zu Wort zu melden, Einfluss zu nehmen und ihr Schicksal selbst zu gestalten.

Aus dem Chaos und Elend dieses forcierten und unnötigen Kriegs werden jedoch Veränderungen erwachsen, die sich seine Betreiber nie hätten vorstellen können.

Sie haben sich über den vereinten Willen der Versammlung der Nationen hinweggesetzt und Besonnenheit für Furcht, Vorsicht für Feigheit gehalten. Sie haben sich der Methoden der Vergangenheit bedient und werden erkennen müssen, dass diese in den kommenden Zeiten fruchtlos sind. In ihrer Arroganz und Machtgier sind sie zu weit gegangen und haben die Völker der Erde gegen sich aufgebracht. Ihre skandalöse Torheit hat die Menschheit dazu gebracht, sich zu erheben und sich gegen diese Usurpation ihrer Rechte zu verteidigen.

Wenn die Menschen den Schaden genauer untersuchen, der den internationalen Beziehungen durch diesen törichten, unilateralen Akt zugefügt wurde, wird die Bestürzung groß sein. Viele Jahre behutsamer Diplomatie, der langsame Aufbau von Vertrauen, das alles wurde zunichte gemacht. Ein tiefes Gefühl des Argwohns, des Misstrauens und der Angst geht in den diplomatischen Schaltzentralen der Welt um. Viele führende Politiker spüren, dass einer von ihnen – der mächtigste von allen – außer Kontrolle geraten ist, dass alte Verträge nichts mehr wert sind und dass sie sich anderweitig umsehen müssen, um das alte Sicherheits- und Bündnisnetz wieder aufzubauen. Amerikas Präventivdoktrin und sein nahezu unverhüllter Imperialismus haben diese große Nation von der Wahrheit und der Gemeinschaft der Nationen abgeschnitten, deren Führer deshalb traurig ihre Köpfe schütteln und sich ernste Sorgen über die Zukunft machen.

Die Welt wartet darauf, dass sich die Seele Amerikas zeigt, die vor langer Zeit einmal den wunderbaren Marshallplan ins Leben rief. Die Welt wartet ebenso, dass Maitreya antritt und den Menschen den Weg zeigt. Die Lehren Maitreyas werden die idealistische Seele der Vereinigten Staaten wachrufen und deren besten Bürgern wieder das Licht bewusst machen, das sie immer in ihrem Herzen bewahrt haben. Sie werden sich mit ihren Brüdern und Schwestern auf der ganzen Welt verbünden und gemeinsam, von Maitreya inspiriert, der wartenden Welt Gerechtigkeit und daher Frieden bringen.

Mai 2003

Vertrauen schaffen

Wenn die Menschen jemals Frieden haben wollen, ist es schlicht und einfach ihre Aufgabe, den Weg des Friedens zu wählen. Es gibt nur einen Weg zum Frieden, wie alle Menschen im Grunde ihres Herzens wissen: Es geht darum, Gerechtigkeit zu schaffen. Wenn die Menschen endlich einsehen, dass Gerechtigkeit unumgänglich ist – für sie selbst und für andere –, dann wird der segenbringende Tag des Friedens auf dieser Erde anbrechen. Der Weg zur Gerechtigkeit ist nicht schwer zu finden: Dazu gehört allein die Bereitschaft zu teilen.

Das göttliche Prinzip des Teilens ist das Wesentliche im Leben – jegliche Harmonie und jegliches Gleichgewicht beruhen darauf. Ohne Teilen ist jeder Versuch, ins Gleichgewicht zu kommen, zum Scheitern verurteilt.

Seit Jahrhunderten wissen die Menschen das. Von diesen Ideen waren die großen Bewegungen durchdrungen, die den Freiheitsgedanken hochgehalten haben. Sie gehören zu den Grundsätzen der Verfassung vieler Länder. Warum fällt es den Menschen dann so schwer, sie umzusetzen? Warum erdulden sie es überhaupt und warum so lange schon, dass diese Grundsätze nicht verwirklicht werden?

Antworten auf diese Fragen gibt es viele, aber eine ist bezeichnend und besonders hartnäckig: Die Menschen leben in ständiger Angst. Die Furcht vor Veränderung, vor Verlust, vor noch größerer Unsicherheit verfolgt Millionen von Menschen und erzeugt eine Trägheit, die sie an den Vorgehensweisen der Vergangenheit festhalten lässt. Auch wenn diese beschwerlich und schier unerträglich sind, man kennt sie, es waren die Methoden der Vorväter. Diese Konditionierung beherrscht die ganze Welt und wird von den Habgierigen und Mächtigen geschickt gesteuert und genährt.

Furcht entsteht, wenn ein Mangel an Vertrauen herrscht; nur wenige vertrauen ihren Mitmenschen. Dadurch haben die Menschen seit langer Zeit das Bewusstsein dafür verloren, dass sie eins, Brüder und Schwestern sind, dass sie die Aufgaben des Lebens gemeinsam und zum Wohle aller meistern sollten und ebenfalls gemeinsam für alles Lebensnotwendige jedes Einzelnen sorgen müssen.

Die Wiederentdeckung dieses gemeinsamen Vermächtnisses wird die Menschen beflügeln und ihnen ihre Bestimmung bewusst machen: eine

Lebensweise zu entwickeln, die die Menschen zu Mitschöpfern Gottes macht.

Maitreya hat die Aufgabe, die Menschen an ihre heroische Bestimmung zu erinnern und sie davon zu überzeugen, dass durch Teilen das Vertrauen geschaffen werden kann, das ihnen fehlt. Er wird zeigen, dass Teilen nicht mehr nur eine Option, eine von vielen Möglichkeiten ist, sondern die unvermeidliche Folge der Erkenntnis, dass die Menschheit eins ist.

So werden Maitreya und seine Gruppe die Menschheit von dem Abgrund wegführen, der sie, wie viele glauben, zu verschlingen droht. Und so wird er auch die Menschen wieder auf den Weg bringen, damit sie ihre göttliche Bestimmung erfüllen können.

Juni 2003

Für den Frieden

Es kommt häufig vor, dass Länder mit dem, was sie Gutes für die Welt zu tun meinen, ein globales Chaos anrichten. Die Nebelschwaden der Verblendung, die ihr Handeln beeinträchtigen, sind so dicht und ihre Überlegungen so illusorisch, dass sie trotz bester Absichten großen Schaden und viel Schmerz und Leid verursachen können.

So ist es auch heute. In jüngster Zeit sind die USA unter dem Schlagwort „Krieg gegen den Terrorismus" in Afghanistan und Irak einmarschiert, was Tausende ziviler Opfer gefordert und enormen materiellen Schaden an der Infrastruktur angerichtet hat. Die Taliban, die zwar fanatisch und starrsinnig sind, aber im Allgemeinen mit dem Terrorismus nichts zu tun haben, wurden zerstreut, beginnen sich jetzt aber neu zu organisieren und bilden Kämpfer in Terror-Camps aus. Im Irak gibt es keinen Saddam Hussein mehr, doch anstelle seines bösartigen Regimes herrscht nun Entbehrung und Leid, Rechtlosigkeit und Chaos.

Jetzt hat sich die Aufmerksamkeit der US-Regierung Syrien, dem Iran und Nordkorea zugewandt; sie wurden gemahnt, sich zu ändern oder den Zorn und die Macht der Hüter des „Friedens" und der Verfechter der „Freiheit" in der Welt zu erfahren.

Auf diese Weise hat Amerika die Welt in eine angespannte und von Angst geprägte Stimmung versetzt, die zum Auslöser von Epidemien und Naturkatastrophen wird, die wiederum die Ängste und Spannungen weiter verstärken.

Was ist zu tun, um diese gefährliche Situation zu stabilisieren? Wie können die Nationen Amerika in Schach halten? Wie können normale Leute ihren Einfluss geltend machen? Das sind die großen Fragen, auf die es in der Tat keine einfachen Antworten gibt. Sie erfordern außerordentliche Weisheit und eine koordinierte Vorgehensweise.

Vor allem muss die Welt den Kern des Problems erkennen: Die USA werden heute von Männern geführt, die für die Impulse einer skrupellosen Energie empfänglich sind, die ihr Handeln lenkt und den Frieden in Gefahr bringt. Sie stimuliert ihre Machtbesessenheit, die sich auf die ganze Welt erstreckt, und bedroht den Weltfrieden. Ihre Vorposten liegen in Israel und Osteuropa, wobei Israel der eigentliche Brennpunkt ist. Diese Destruktivität leitet sich – wenn auch in geringerer Potenz – von der Energie ab, die im 20. Jahrhundert die Welt ins

Kriegschaos gestürzt hat und die die Menschheit bereits überwunden zu haben glaubte.

Daran kann man sehen, wie wichtig der Frieden im Nahen Osten ist; wie wichtig es ist, dass die Palästinenser wirklich Gerechtigkeit erfahren und ein existenzfähiges Heimatland erhalten. Das ist das mit Abstand wichtigste Problem, das sich den Menschen heute stellt. In der Lösung dieser Frage zu versagen, wäre katastrophal für die Welt.

Es wird die vereinten Kräfte der Weisheit und des Willens sowohl der Hierarchie als auch der Menschheit erfordern, diese bösartige Kraft endlich zu überwinden. Deshalb ist es unabdingbar, dass die Menschen die Dimension der Bedrohung wirklich begreifen. Die Menschen müssen sich organisieren und einmütig handeln. Sie müssen ein Ende der Unterdrückung des palästinensischen Volkes fordern und auf diese Weise auch der Angst ein Ende setzen, die das israelische Volk verfolgt. Die Vereinten Nationen müssen jeden erdenklichen Druck auf Amerika und Israel ausüben; sie müssen der Supermacht die Stirn bieten und sich für den Frieden einsetzen. Die Völker der Erde sind bereits im Vormarsch. Sie müssen ihre Stimmen erheben und den Frieden einfordern. Sie sind die Erben der Zukunft und müssen sie in Frieden gestalten.

Wir, die Meister, eure Älteren Brüder werden unseren Teil dazu beitragen, aber euer Mangel an Verständnis und Willen ist für uns ein Hindernis. Daher diese Worte.

Handelt ohne Furcht. Seid klug und gewissenhaft in dem, was ihr tut, und alles wird gut werden.

Juli/August 2003

Glanzvolle Zukunft

Woher, mag man sich fragen, soll die Vision kommen, die die Menschen dazu inspirieren könnte, die Verhaltensweisen der Vergangenheit aufzugeben – Krieg, Wettbewerb und die Zerstörung des Planeten – und einen anderen Weg einzuschlagen, der zum Teilen, zu Gerechtigkeit und Frieden führt? Wie lange müssen die Menschen noch auf ein Zeichen warten, dass dies überhaupt möglich ist? Wohin sollen sich die Menschen wenden, um auch nur einen Schimmer von Hoffnung sehen zu können? Zweifellos geschieht vieles in der Welt, was den Glauben, dass diese so wünschenswerte Entwicklung nicht nur möglich sondern auch sicher ist, bei allen auf eine harte Probe stellt – diejenigen ausgenommen, die ohnehin schon davon überzeugt sind.

Welchen Grund kann eine derartige Behauptung haben? Welcher höheren Erkenntnis könnte sie entspringen? Wie kann man sich in dieser unsicheren Welt diese Zuversicht bewahren? Die Antwort auf diese berechtigten Fragen besteht in der den Meistern (aber noch nicht allen Menschen) bekannten Tatsache, dass ihr Oberhaupt, Maitreya, der Leiter der Hierarchie seit vielen Jahren schon am Alltagsleben der Menschen teilnimmt, und dass viele ihrer illustren Brüder ebenfalls wieder unter den Menschen leben. Schon diese Tatsache an sich ist beispiellos. Damit kündigt sich etwas Wunderbares und für die Menschen völlig Neues an. Zum ersten Mal seit unzähligen Jahrtausenden werden diese „Menschen ohne Makel" die Menschheit lehren, wie man einfach und gut in Frieden und richtigen mitmenschlichen Beziehungen leben kann.

Deshalb kann man sagen, dass die Zukunft des Menschen gesichert ist. Allerdings müssen die Menschen den Mechanismus des Friedens akzeptieren und selbst in Gang setzen: die Anerkennung dessen, dass alle Menschen gleich und eins sind und jeder Einzelne eine Äußerung des Göttlichen ist, das alles Leben durchdringt. Wenn sie das wirklich verstanden haben, wird es ihnen auch keine Mühe mehr bereiten, den Weg zum Frieden zu gestalten. Die göttlichen Aspekte Gerechtigkeit und Freiheit werden immer mehr Gewicht bekommen und die Zeit verkürzen, bis zu dem Tag, von dem an das Teilen der Ressourcen die einzig natürliche und logische Antwort auf das Dilemma und den Kampf von heute sein wird.

Bisher wurden derartige Ideen und Vorbilder einer spirituellen Lebensweise von den Menschen allein hervorgebracht. Die Reaktion auf ihr heldenhaftes Beispiel war allerdings sehr zurückhaltend. Heute jedoch üben die Umstände einen ungewohnten und unerträglichen Druck auf die Menschen aus – sie müssen sich nun umstellen und verändern, wenn sie nicht zugrunde gehen wollen.

Bei ihrer Suche nach Antworten auf ihre Probleme werden ihnen Maitreya und seine Gruppe beistehen und sie vor weiteren Gefahren und Torheiten bewahren. Sie haben die Antworten, die die Menschen bisher nicht fanden und die allein die Zukunft der Menschheit sichern können – eine Zukunft, die glanzvoller sein wird als alles, was man bisher für denkbar hielt.

September 2003

Wassermann – Geschenk der Einheit

In jedem Zeitalter erringt die Menschheit eine spezifische neue Qualität. Im Zeitalter der Fische, das jetzt endet, war es die göttliche Entwicklung zur Individualität mit den Eigenschaften der Hingabe und des Idealismus. Das ist ein gewaltiger Fortschritt auf dem langen Weg der Evolution, der die Menschen auf die Segnungen des Wassermanns vorbereitet hat.

Auch das neue Wassermann-Zeitalter hat eine eigene Qualität – Synthese – und wird dafür sorgen, dass dieses göttliche Attribut sich in der kommenden Zeit in weltweiter Einheit niederschlägt. Die heutige Zeit des Umbruchs, der Polarisierung und Ausgrenzung wird nach und nach in eine Epoche münden, in der die zunehmenden Kräfte des Wassermanns ihre Magie entfalten und die isolierten, widerspenstigen Teile wieder zusammenführen und miteinander verknüpfen werden. Dadurch werden die Menschen eine außergewöhnliche Transformation erfahren, die umfassender und schneller vor sich gehen wird als je zuvor in ihrer langen Geschichte.

Damit das geschehen kann, müssen die Menschen auf die einströmenden Energien entsprechend reagieren und die Weltstrukturen so umgestalten, dass sie für die synthetisierenden Kräfte des Wassermanns kein Hindernis darstellen.

Die Meister werden als reale Personen mitten unter den Menschen leben und ihnen all ihre Erfahrung und ihr ganzes Wissen zur Verfügung stellen. So wird es sein, und damit werden die Menschen wieder mit dem Aufstieg zu ihrer gottgegebenen Bestimmung beginnen und ihre Einheit – in ihrer ganzen Herrlichkeit – mit Gott und mit allen Menschen demonstrieren.

Bald wird Maitreya in Erscheinung treten und nach ihm die Vorhut der Meister. Sie werden die Menschen beraten, ihnen die Richtung der nötigen Veränderungen weisen und mit ihrer Weisheit die Überlegungen der Menschen bereichern. Alles, das den Menschen heute lieb und teuer ist, wird dann in Frage gestellt, alles das, was die Welt heute in diese bedauernswerte und gefährliche Situation gebracht hat.

Bald wird die Schwäche der gegenwärtigen Strukturen auch dem engstirnigen Betrachter nicht mehr verborgen bleiben. Die Brüche und Risse werden erkennbar als das, was sie sind: Zeichen des Niedergangs einer überlebten und zerfallenden Ordnung, die nun der Erneuerung bedarf. Das Tempo dieser Erneuerung bestimmen die Menschen selbst; sie allein müssen das Neue voll und ganz begrüßen und frohen Mutes die Aufgaben des Wiederaufbaus auf sich nehmen.

Mit dem Rat und dem Beistand der Hierarchie werden sie bald die Vorzüge der Veränderungen erkennen und darauf vertrauen, dass sie mit der Weisheit ihrer Älteren Brüder diese Periode des Übergangs bewältigen können.

So wird es sein. Und so werden die Menschen zum Göttlichen zurückfinden, das ihnen heute scheinbar verloren gegangen ist. Sie werden endlich ihre Neigung zu Krieg und Konfrontation aufgeben. Indem sie lernen zu teilen, leiten sie eine Ära des Vertrauens ein. Wenn sie Vertrauen haben, werden sie zusammenarbeiten und dadurch die vielen Probleme lösen, vor denen sie heute stehen, und während sie dem Beispiel der Meister folgen, werden sie sich der seit jeher allgegenwärtigen Liebe bewusst, die ihnen bis dahin unbekannt war.

Oktober 2003

Das Geheimnis des Lebens

Man weiß heute kaum mehr, dass es in alten Zeiten, als der Mensch noch jünger und klüger war, in keiner Sprache ein Wort für „stehlen" gab. Damals lebten die Meister der Weisheit offen unter den Menschen und ermutigten sie, keine Verbrechen zu begehen. Keine Tür war abgeschlossen und Teilen war eine Selbstverständlichkeit. Jahrtausendelang dauerte dieser segensreiche Zustand in vielen Gegenden an.

Wie weit hat sich doch der Mensch von diesem schlichten Glanz entfernt. Wie weit ist er doch von seinem Lebensziel abgekommen. Heute steht der Mensch am Scheideweg: Der eine Weg, der Pfad der Ausgrenzung und der Spaltung, den der Mensch heute verfolgt, führt unweigerlich ins Verderben. Der andere verspricht ihm, seine innere Bestimmung zu erfüllen, das Wunder, das sich heute noch nicht beschreiben lässt – der Pfad, auf dem der Mensch in sich die Fähigkeit entdeckt, ein Gott zu werden.

Um den Menschen bei ihrer Wahl behilflich zu sein und ihr Urteilsvermögen zu fördern, kehren die Meister heute wieder in eine Welt zurück, in der sie einmal genauso wie die Menschen heute gekämpft und gelitten haben, ohne sich über den Weg und die richtige Vorgehensweise klar zu sein. Aus ihrem reichen Wissens- und Erfahrungsschatz werden sie ihren Rat anbieten und die Menschen vom Abgrund fernhalten und sicher zurückbegleiten. So wird es sein, und so werden die Menschen wieder den Weg hinauf zum Berggipfel einschlagen und die Gewissheit haben, dass ihre Mentoren, ihre Älteren Brüder, sie weder im Stich lassen noch in die Irre führen.

Wenn sich die Menschen entscheiden, die Güter dieser großzügigen Welt miteinander zu teilen, wird sich etwas Außerordentliches und Geheimnisvolles ereignen: Mit einem Mal wird den Menschen bewusst, dass Krieg der Vergangenheit angehört und die Gefahr des Terrorismus gebannt ist. Mit diesem Vertrauen, das entsteht, wenn man untereinander teilt, können die ökologischen und territorialen Probleme, mit denen sie sich heute auseinandersetzen müssen, im gegenseitigen Wohlwollen auf einmal gelöst werden.

Wenn die Menschen teilen, werden sie erkennen, dass sie Brüder sind, und wenn sie als Brüder eng zusammenarbeiten, kann die Transformation dieser Welt beginnen.

So wird Gottes Plan für die Menschen und den Planeten Erde wieder Gültigkeit gewinnen, und damit können auch Weisheit und Liebe im Menschen wieder wachsen. Sie werden das Geheimnis des Lebens in all seiner ganzen, schlichten Größe und Würde wiederentdecken und das Recht jedes Menschen auf Leben, auf ein Leben in Harmonie, respektieren. Sie werden gemeinsam Gottes Plan und Willen ehren und mit ihrer Erkenntnis und ihrer Sehnsucht nach Wahrheit die Annalen der Menschheit bereichern.

Maitreya und seine Gruppe der Meister sind bereit, den Menschen in der Stunde ihrer Not beizustehen. Geduldig warten sie darauf, am Leben der Menschen öffentlich teilnehmen zu können und umsichtig im Rahmen des Gesetzes ihre reichen Gaben und ihre Hilfe zur Verfügung zu stellen. Dieser Zeitpunkt ist nicht mehr fern.

November 2003

Eine Zeit wie nie zuvor

Wenngleich wenig darauf hindeutet, bewegt sich die Menschheit kontinuierlich auf ihre Bestimmung zu. Trotz der angespannten und besorgniserregenden Situation heute haben wir, eure Älteren Brüder, volles Vertrauen, dass der Mensch sich der Gefahren bewusst werden und rechtzeitig handeln wird. Dieses Vertrauen gründet vorwiegend auf dem Wissen, dass die Menschen nicht allein sind, sondern auf unsere Hilfe und Fürsorge bauen können. Wir sehen die Menschen nicht als von uns getrennt, sondern als jüngere Brüder auf dem Evolutionsweg, die mit unserer Hilfe die vielen Schwierigkeiten und Gefahren meistern und überwinden, die dieser Weg Unwissenden wie Weisen gleichermaßen bereitet.

Die Menschen sollten verstehen, dass diese Zeit keine gewöhnliche, sondern eine Zeit des Umbruchs ist; dies ist dem Ausmaß wie dem Charakter nach eine Zeit wie nie zuvor. Allein aus diesem Grund vergrößern sich die Probleme und Gefahren und verlangen von den Menschen ebenso wie von uns die sorgfältigste Behandlung. Unsere physische Anwesenheit unter den Menschen, auch wenn vorerst noch in relativ kleiner Zahl, garantiert, dass unsere Hilfe in größerem Maße als je zuvor zur Verfügung steht und der Aufgabe angemessen ist.

Unser Vertrauen wird auch dadurch bestärkt, dass unser großer Meister, Maitreya, jetzt unter den Menschen lebt. Seine Möglichkeiten sind unermesslich. Wenn auch derzeit noch hinter den Kulissen, arbeitet er dennoch unermüdlich daran, dass die Menschen Frieden und Fortschritt zustande bringen, indem er im Rahmen des Gesetzes die vielen gegensätzlichen Interessen zu klären versucht und damit die Voraussetzungen schafft, von denen ein wahrer Frieden abhängt. Allein Gerechtigkeit kann den Frieden bringen, den sich die Menschen wünschen, und nur wenn Frieden herrscht, wird Krieg in der Erinnerung langsam verblassen. In fast jedem Land der Welt ist Maitreya unterwegs, um ein Netzwerk von Helfern auf allen Gebieten aufzubauen. Auf diese Weise arbeitet er am Gefüge des Neuen.

Diese ausgewählten Mitarbeiter kennen ihre Aufgabe gut. Sie werden sich bald mit neuen Ideen vorstellen und der Welt begreiflich machen, dass Gerechtigkeit das vordringlichste Ziel sein muss. Sie werden beweisen, dass dies allein die Geißel des Krieges und die Seuche des Terrors für immer beenden kann; dass nur eine vernünftige Neuordnung unserer Wirtschaftsstrukturen Gerechtigkeit möglich macht und die Menschen auf der Basis gegenseitigen Vertrauens wieder zusammenführen wird. So wird es sein, und so werden Maitreyas Weisheit und seine Lehre bei den Menschen Anklang finden und an Einfluss gewinnen.

Viele reagieren bereits auf diese Lehre. In jedem Land bilden sich Gruppen, die für ein besseres Leben für alle Menschen demonstrieren und ein Ende des Kriegs fordern; sie rufen nach Gerechtigkeit und Freiheit für alle; sie rufen zum Teilen auf, weil es der natürliche und einzige Weg ist, der eine Zukunft verspricht. Habt keine Angst, die Menschen reagieren auf den Ruf und werden ganz sicher triumphieren.

Dezember 2003

Transmissionsmeditation

Wenn die Energien des beginnenden Wassermann-Zeitalters Herz und Verstand in uns stimulieren und wir allmählich Verbindung zur Seele, unserem höheren Aspekt aufnehmen, erwacht in uns ein inneres Bedürfnis, uns für das Wohl unserer Mitmenschen einzusetzen. Dadurch kommen wir unweigerlich mit Menschen und Situationen in Kontakt, die uns Gelegenheit geben, diesen Seelenimpuls zum Dienst an der Welt im Alltag umzusetzen.

Dienst ist am wirksamsten in Gruppenform. Im Hinblick auf Meditation bedeutet das, dass Gruppen einen bei weitem stärkeren Energiefluss ermöglichen können als Einzelpersonen, die alleine meditieren. Auf diese Weise bietet sich mit der Transmissionsmeditation eine einzigartige Möglichkeit, zusammen mit Gleichgesinnten am jeweiligen Wohnort etwas Sinnvolles für die Menschheit zu tun.

Transmissionsmeditation ist eine Gruppenarbeit, mit der starke geistige Energien, die fortwährend in unsere Planetensphäre einströmen, „heruntergestuft" und daher von der Menschheit besser genutzt werden können. Dieser Prozess ist mit der Funktionsweise eines Transformators vergleichbar, der die elektrische Spannung zwischen Stromgenerator und Steckdose herabsetzt. Die transformierten geistigen Energien heben allmählich das Niveau aller Lebensformen an und verändern dadurch unsere Welt zum Positiven. Während der Transmissionsmeditation leiten die „älteren Brüder" der Menschheit, die im Osten als Meister der Weisheit bezeichnet werden, Energien von den höchsten geistigen Ebenen durch die Energiezentren (Chakren) der Gruppenmitglieder. Auf diese Weise wird ein Energievorrat geschaffen, der für die Menschheit und die anderen Naturreiche leichter zugänglich ist. Aufgrund ihrer eingehenden Kenntnis unserer Weltsituation leiten die Meister die transformierten Energien jeweils dorthin, wo sie im Augenblick am dringendsten benötigt werden.

Transmissionsmeditation ist eine sichere, wissenschaftliche und äußerst wirksame Möglichkeit der Welt zu dienen und dabei persönlich zu wachsen. Sie ist kostenlos und an keine Konfession gebunden. Transmissionsmeditation beeinträchtigt auch keine anderen spirituellen oder religiösen Übungen. Im Gegenteil, sie verstärkt die Wirkung jeder anderen sinnvollen Tätigkeit oder Meditation, der Sie sich möglicherweise sonst noch widmen. Viele Menschen stellen fest, dass sie nach regelmäßiger Transmissionsmeditation liebevoller geworden sind. Andere berichten, dass sie viel besser und kreativer denken können oder mehr Willenskraft haben und charakterlich stabiler geworden sind.

Es gibt weltweit Hunderte von Transmissionsgruppen, die sich regelmäßig treffen. Sie können sich einer bereits bestehenden Gruppe in Ihrer Gegend anschließen oder eine eigene gründen. Voraussetzung ist lediglich, dass Sie ernsthaft den Wunsch haben, der Welt zu dienen. Wenn Sie zu dritt sind, können Sie schon damit anfangen. Laden Sie einfach ein paar Freunde mit ähnlichen Interessen dazu ein, sich regelmäßig mit Ihnen zu treffen und eventuell weitere Bekannte darauf anzusprechen.

Spezielle Vorkenntnisse in Meditation sind nicht notwendig. Wichtig ist, dass Sie eine Verbindung zwischen dem Gehirn und der Seele, dem höheren Ich aufrechterhalten können. Alles Weitere erledigen die Meister. *Einfachheit ist das Schlüsselwort.*

Bei den im Folgenden genannten Adressen können Sie eine Liste mit Gruppen in Ihrer Nähe erhalten. Eine Gruppe zu gründen, ist sehr einfach, es erfordert nur ein Minimum an Zeit und Vorbereitung.

Deutschland:
Edition Tetraeder e.V., Postfach 200701, D-80007 München
fon/fax +49-89-123 25 22, E-Mail: EditionTetraeder@aol.com
www.shareinternational-de.org

Österreich:
Transmissionsmeditation, Postfach 408, A-1061 Wien
fon +43-699-1-999 0 888, E-Mail: info-ueber-maitreya@gmx.at

Schweiz:
Share Schweiz, Postfach, CH-8050 Zürich
fon +41-1-3119289

Die Große Invokation

Aus dem Quell des Lichts im Denken Gottes
ströme Licht herab ins Menschendenken.
Es werde Licht auf Erden.

Aus dem Quell der Liebe im Herzen Gottes
ströme Liebe aus in alle Menschenherzen.
Möge Christus wiederkommen auf Erden.

Aus dem Zentrum, das den Willen Gottes kennt,
lenke planbeseelte Kraft den kleinen Menschenwillen
zu dem Ziele, dem die Meister wissend dienen.

Durch das Zentrum, das wir Menschheit nennen,
entfalte sich der Plan der Liebe und des Lichts
und siegle zu die Tür zum Übel.

Lass Licht und Liebe und Kraft
den Plan auf Erden wieder herstellen.

Die Große Invokation wurde von Christus zum ersten Mal im Juni 1945 angewandt. Er gab sie der Menschheit, damit wir die Energien anrufen können, die die Welt verändern und die Rückkehr des Christus und der Hierarchie ermöglichen. Dieses Weltgebet wurde in viele Sprachen übersetzt und ist für alle gedacht, nicht nur für einige Gruppen oder Religionsgemeinschaften. Es wird täglich von gut gesinnten Menschen gesprochen, deren Anliegen es ist, richtige mitmenschliche Beziehungen in der Welt zu schaffen.

Bücher von Benjamin Creme

Maitreya – Christus und die Meister der Weisheit
Benjamin Cremes erstes Werk liefert die Grundinformationen über die Wiederkehr des Christus und deren Auswirkung auf die bestehenden Institutionen; über den Antichrist und die Kräfte des Bösen, die Seele und Reinkarnation, Meditation, Telepathie, Kernenergie, Ufos, alte Zivilisationen und die Notwendigkeit einer neuen Wirtschaftsordnung.
ISBN 978-3-932400-00-1, 273 Seiten, EUR 13,- / Fr. 22,70

Maitreyas Mission, Band Eins
Der Weltlehrer Maitreya – seine Arbeit und seine Lehren, das Leben im neuen Zeitalter, Evolution und Einweihung, Meditation und Dienst, Heilen und gesellschaftliche Veränderungen, die Meister der Weisheit und ihr Schritt in die Öffentlichkeit, die Sieben Strahlen sowie Strahlenstrukturen von über 600 bedeutenden historischen Persönlichkeiten.
ISBN 978-3-932400-02-5, 396 Seiten, EUR 16,- / Fr. 27,50

Maitreyas Mission, Band Zwei
Maitreyas geistige Lehren und seine Voraussagen; weltweite Zeichen und Wunder; Interviews mit einem Meister der Weisheit zum Zeitgeschehen und Vorträge von Benjamin Creme zu Themen wie Meditation, Bewusstseinswachstum, Psychologie, Dienst an der Welt, Gesundheit, Umwelt, Wissenschaft und Technik im neuen Zeitalter, sowie weitere Strahlenstrukturen.
ISBN 978-3-932400-03-2, 710 Seiten, 8 Farbabb., EUR 20,- / Fr. 33,80

Maitreyas Mission, Band Drei
Maitreyas Prioritäten für die Zukunft, Interviews mit einem Meister der Weisheit über die Herausforderungen des 21. Jahrhunderts; Karma und Wiedergeburt, der Ursprung der Menschheit, neue Erziehung und Architektur, Meditation und Dienst, der Evolutionsplan und andere grundlegende Konzepte der zeitlosen Weisheit.
ISBN 978-3-932400-08-7, 643 Seiten, EUR 20,- / Fr. 33,80

Transmission – eine Meditation für das neue Zeitalter
Eine Übersicht über die Wissenschaft der Energieübermittlung, wie sie auf diesem Planeten seit über 18 Millionen Jahren besteht. Dieses Buch gibt Anleitungen zur Bildung von Transmissionsgruppen und detaillierte Antworten auf viele diesbezügliche Fragen.
ISBN 978-3-932400-07-0, 188 Seiten, EUR 9,- / Fr. 16,-

Botschaften von Maitreya – dem Christus

In den Jahren der Vorbereitung seiner Wiederkehr übermittelte Maitreya Benjamin Creme 140 Botschaften. Sie wollen den Leser dazu inspirieren, die Nachricht seiner Wiederkehr zu verbreiten und sich für die Millionen Menschen einzusetzen, die in einer Welt des Überflusses hungern müssen.

ISBN 978-3-932400-06-3, 287 Seiten, EUR 12,- / Fr. 21,10

Lehren der zeitlosen Weisheit

Dieses Buch will Verständnis wecken für das geistige Vermächtnis der Menschheit und bietet eine sorgfältige und leicht verständliche Einführung in die zeitlosen Weisheiten, die allen geistigen Lehren jeder Richtung zugrunde liegen.

ISBN 978-3-932400-05-6, 74 Seiten, EUR 5,- / Fr. 9,-

Die große Annäherung

Dieses Buch beschreibt die Probleme unserer chaotischen Welt und ihre allmähliche Transformation unter dem Einfluss einer Gruppe vollkommener Menschen, der Meister der Weisheit, die jetzt erstmals seit 98.000 Jahren in das Alltagsleben zurückkehren. In einer außergewöhnlichen Synthese von Erkenntnissen malt es zukünftige Entwicklungen aus; mit visionärem Weitblick werden geistige Errungenschaften beschrieben, die einmal zu den erstaunlichsten wissenschaftlichen Entdeckungen führen werden. Es zeigt eine Welt, in der Kriege der Vergangenheit angehören – eine Welt, die die Bedürfnisse aller Menschen erfüllt.

ISBN 978-3-932400-09-4, 300 Seiten, 12 Farbabb., EUR 14,- / Fr. 24,40

Die Kunst der Zusammenarbeit

Das zehnte Buch von Benjamin Creme zeigt, wie die Menschheit am uralten Konkurrenzkampf festhält und ihre Probleme mit alten, überholten Methoden zu bewältigen versucht, während die Lösung – Zusammenarbeit – viel einfacher ist. Dieser Band weist den Weg in eine bessere Welt – eine Welt, in der Gerechtigkeit, Freiheit und Frieden herrschen können, wenn wir uns der Einheit, die allem Leben innewohnt, bewusst werden. Die Anwesenheit des Weltlehrers Maitreya und seine Gruppe der Meister der Weisheit wird uns zu dieser wachsenden Erkenntnis inspirieren. Ein Buch, das Mut macht.

ISBN 978-3-932400-10-0, 240 Seiten, 8 Farbabb., EUR 14,- / Fr. 24,40

Erschienen bei Edition Tetraeder, München. Alle Bücher sind im Buchhandel erhältlich. Sie wurden von Gruppen, die die Verbreitung dieser Information unterstützen, auch in verschiedenen anderen Sprachen veröffentlicht, unter anderem auf Arabisch, Chinesisch, Französisch, Hebräisch, Italienisch, Japanisch, Niederländisch, Rumänisch, Russisch, Schwedisch und Spanisch. Weitere Übersetzungen sind geplant.

SHARE INTERNATIONAL

Ein Aufruf zum Teilen

Die Zeitschrift SHARE INTERNATIONAL bringt regelmäßig: neue Informationen über den Weltlehrer Maitreya, einen Beitrag von einem Meister der Weisheit, weiterführende Erläuterungen der esoterischen Lehren, Beiträge und Interviews von Fachleuten verschiedener Gebiete zu Themen wie: Beseitigung von Hunger und Armut, gesellschaftliche und wirtschaftliche Veränderungen, Politik, Frieden und Menschenrechte, Naturwissenschaften und Medizin, Psychologie und Bildung, Nachrichten über UN-Aktivitäten und positive Entwicklungen bei der Transformation unserer Welt, sowie eine Rubrik, in der Benjamin Creme auf Leserzuschriften zu diesen Themen eingeht.

SHARE INTERNATIONAL vereint die beiden vorwiegenden Denkrichtungen des neuen Zeitalters – die politische und die spirituelle, das heißt die geistige Denkweise. Die Zeitschrift weist auf die Synthese hin, die den heute weltweit zu beobachtenden politischen, sozialen, ökonomischen und geistigen Veränderungen zugrunde liegt; und sie sucht zu praktischem Handeln und Mitarbeit bei der Umgestaltung der Welt anzuregen – im Sinne von mehr Gerechtigkeit und Mitgefühl.

SHARE INTERNATIONAL befasst sich mit Nachrichten, Ereignissen und Kommentaren, die einen Bezug zu Maitreyas Prioritäten haben: ausreichende, gute Ernährung und angemessene Wohnverhältnisse für alle sowie Gesundheitsfürsorge und Bildung als universelles Recht und die Erhaltung des ökologischen Gleichgewichts in der Welt.

SHARE INTERNATIONAL erscheint zehnmal im Jahr im DIN-A5-Format mit jeweils 30 bis 40 Seiten. Jahresabonnement EUR 30,- / Fr. 62,-

Info und Bestellung:
Edition Tetraeder, Postfach 200 701, D-80007 München
Share Schweiz, Abodienst, Postfach, CH-8050 Zürich

www.shareinternational-de.org